Né en 1966 à Johannesburg, Mike Horn obtient un diplôme de science du mouvement humain à l'université de Stellenbosch. Il quitte l'Afrique du Sud en 1990, pour voyager en Europe où il commence à travailler en tant qu'instructeur de ski et guide de rafting et canyoning. Depuis, il multiplie les exploits inédits. Il a descendu l'Amazone à la nage, a fait le tour du monde en suivant la ligne de l'Équateur, a marché le long du cercle polaire arctique, et a bravé la nuit hivernale pour rejoindre le Pôle Nord. Il raconte ces aventures dans ses livres : *Latitude Zéro* (2001), *Conquérant de l'impossible* (2005) et *Objectif : Pôle Nord de nuit* (2007), tous parus chez XO Éditions. Il prépare actuellement son prochain voyage : dès mars 2008, il débutera un tour du monde qui traversera les cinq continents, sans aucun moyen de transport motorisé. Mike Horn est marié et père de deux filles.

CONQUÉRANT DE L'IMPOSSIBLE

DU MÊME AUTEUR
CHEZ POCKET

LATITUDE ZÉRO
CONQUÉRANT DE L'IMPOSSIBLE
À L'ÉCOLE DU GRAND NORD
OBJECTIF : PÔLE NORD DE NUIT

MIKE HORN

CONQUÉRANT DE L'IMPOSSIBLE

Récit

Avec la collaboration
de Jean-Philippe Chatrier

XO ÉDITIONS

ISBN : 978-2-266-16125-1

À Cathy, ma femme, à Annika et Jessica, mes filles,
qui me donnent la liberté de faire ce que je fais.

« Nous appelons impossible ce qui n'a jamais été tenté. »

ALEXIS de TOCQUEVILLE

« L'impossible est le seul adversaire digne de l'homme. »

ANDRÉE CHÉDID

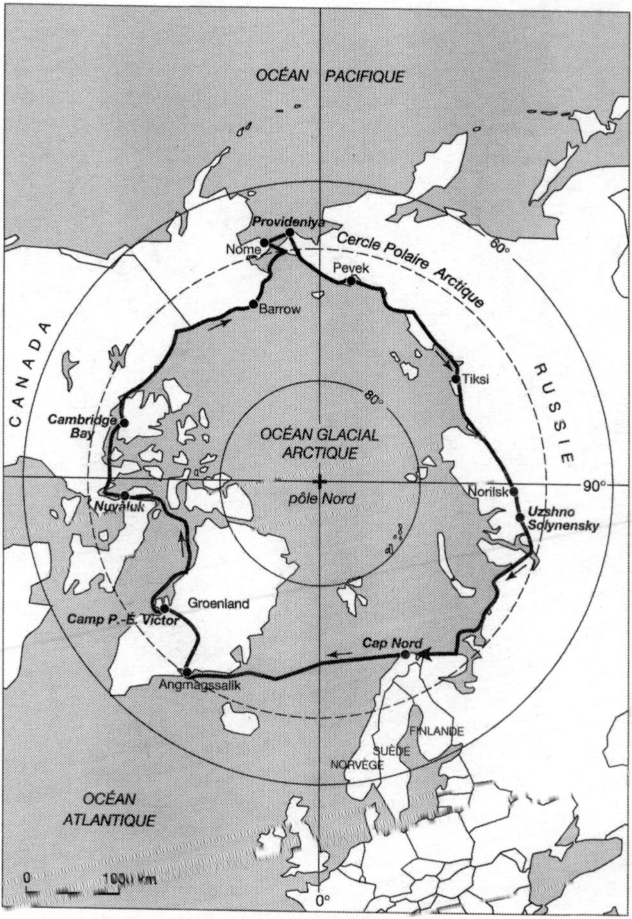
OCÉAN PACIFIQUE
Providenia
Nome
Cercle Polaire Arctique
60°
Pevek
Barrow
CANADA
RUSSIE
Tiksi
80°
Cambridge Bay
OCÉAN GLACIAL ARCTIQUE
pôle Nord
90°
Norilsk
Nuvaluk
Uzshno Solynensky
Groenland
Camp P.-É. Victor
Cap Nord
Angmagssalik
FINLANDE
SUÈDE
NORVÈGE
OCÉAN ATLANTIQUE
0
1000 km
0°

Prologue

Nome, Alaska. Octobre 2003.

Tout est gris. Glacé. Dans la rue principale, large comme les Champs-Élysées, que longent des constructions cubiques et préfabriquées, un vent neigeux pousse de rares *pick-up trucks* et fait chalouper les Inuits ivres. À quelques mètres, le détroit de Béring étale une mer métallique et hachée, hostile. Une eau qui décourage la navigation et sanctionne douloureusement les participants à la « Trempette de l'ours polaire », une tradition locale. Ici, c'est le bout de la terre. Sur le continent nord-américain, on ne peut pas aller plus à l'ouest.

Dans ce pays perdu, une ville de quarante mille habitants, avec saloons, danseuses de cancan et duels au colt Frontier, a poussé il y a un siècle comme un bouton de fièvre : celle de l'or. Quelques-uns ont fait fortune. D'autres sont retournés vers le sud et vers l'est, balayés comme la poussière de leurs rêves. D'autres enfin sont toujours là, en haut d'une colline chauve, une croix de bois blanc sur le ventre.

À Nome, dont la plupart des gens ont oublié jusqu'à l'existence, il reste un peu plus de trois mille habitants. Ouvriers de chantiers, employés de forages pétroliers... et une poignée de chercheurs d'or. Tente plantée sur la plage rocailleuse, ils s'obstinent à aspirer le sable du fond de l'eau pour en arracher les derniers grammes de *beach gold*.

En fin d'après-midi, cette tribu presque exclusivement masculine se soude au comptoir du Breakers Bar, du Polaris ou du Trading Post. Un œil sur une télé qui diffuse du base-ball en boucle, ces fantômes attaquent leur première tournée de Rolling Rock, la bière locale. La première d'une longue série...

De temps en temps, je les rejoins. Parce que j'ai trouvé en Jeff, Jerry et une poignée d'autres des amis chaleureux et fiables. Et aussi, avouons-le, parce que je n'ai rien d'autre à faire ici qu'à tuer le temps.

Qui n'a pas eu affaire à l'administration russe ne sait pas ce que le verbe « attendre » signifie vraiment. Quelque part, dans un ministère moscovite, mon autorisation de traverser le Tchoukotka (la péninsule sibérienne qui se trouve en face de l'Alaska) attend d'être validée et transmise. De même, mon autorisation d'emporter un GPS. Celle de posséder un téléphone satellite et une arme également. Une fois ces documents en ma possession, je traverserai cette mer violente qui me barre symboliquement la route et attaquerai la dernière partie de mon périple, celle qui me conduira jusqu'au cap Nord, en Norvège, le point le plus septentrional de l'Europe.

Celui, précisément, d'où je suis parti le 4 août 2002, pour un tour complet du cercle polaire arctique, à contre-vents et à contre-courants.

Il y a quatorze mois.

Je ne vis pas à Nome même mais, la plupart du temps, dans une simple cabane, à quarante kilomètres de là, en pleine toundra. Jeff, qui tient un magasin de pièces détachées et accessoires auto, me laisse habiter cet endroit qu'il utilise parfois pour des barbecues de fin de semaine, ou comme base de chasse au loup ou à l'élan. J'ai de quoi me chauffer, me nourrir, et mon téléphone satellite me permet d'appeler régulièrement Cathy. Soutenue par mon équipe, aidée de quelques relations bien placées, ma femme affronte les représentants de la paperasserie ex-soviétiques avec bravoure et constance.

Je ne sais pas si elle finira ou non par les leur arracher, ces autorisations. Ce que je sais, c'est que dans la négative, je m'en passerai.

En effet, si mon aventure devait s'arrêter ici, à une année du but, tout ce que j'ai fait jusqu'à présent n'aurait servi à rien, puisque j'aurais échoué avant la fin.

J'ai failli mourir dans l'eau glacée, j'ai senti les crocs des ours polaires contre mon visage, j'ai survécu à des températures de moins soixante ; j'ai fait des détours de mille deux cents kilomètres dans la nuit totale de l'hiver arctique, j'ai eu les doigts, la figure et même les poumons gelés, j'ai lutté cinq jours et cinq nuits, dans mon bateau crevé par un tronc d'arbre, pour atteindre les côtes du Groenland, avant de battre le record mondial de la traversée de ce pays ; j'ai perdu tout mon équipement et j'ai commencé à brûler vif... et je n'en suis qu'à la moitié de mon voyage ! Cette expédition aura été l'une des plus dures, mentalement et physiquement, de ma carrière, car l'Arctique est un maître qui ne tolère aucune erreur. L'une des plus passionnantes, aussi, puisque tout ce que j'ai affronté était nouveau pour moi. Mais je peux bien avouer qu'au cours de ces quatorze mois, je n'ai trouvé le courage de surmonter certaines épreuves que parce que j'ignorais les souffrances qu'elles représenteraient.

Maintenant que je le sais, je serais incapable de recommencer.

C'est dire si je suis déterminé à ne pas me laisser arrêter.

Pour garder la forme, j'ouvre à coups de sécateur des chemins dans la broussaille qui s'élève à hauteur d'homme ; je cours dans la toundra en traînant derrière moi une paire de pneus de 4 × 4 ; j'escalade les montagnes environnantes, poussé par la question qui fait voyager les hommes depuis la nuit des temps : qu'est-ce qu'il y a derrière ? Mais derrière, il n'y a rien. Le « rien » absolu sur des millions de kilomètres carrés. De la toundra, des reliefs secs ou neigeux, des lacs bleu acier... et pas une route, ou presque, dans ce pays où voyageurs et fret ne se transportent qu'en avion. Je croise un *moose* (orignal, en français), cet équidé géant qu'on rencontre dans le Grand Nord ; un ours kodiak vient parfois renifler aux abords de ma cabane ; le silence est si profond que j'entends battre mon propre cœur.

Non loin d'ici, sur un sommet, quatre menhirs carrés dressent leurs crocs vers le ciel. Ce sont les restes d'une des citadelles abandonnées de la *DEW*[1] *Line*, dont les radars et les sentinelles ont guetté pendant quarante ans le plus petit mouvement de troupes, le plus léger glissement de bottes chez l'ennemi communiste. Qui, bien entendu, faisait de même. Russes et Américains se sont surveillés ainsi, en chiens de faïence, pendant près d'un demi-siècle. Et puis, plus rien ; comme si ces décennies de folie n'avaient été qu'un mauvais

1. *Defense Early Warning.*

rêve. Ces dérisoires vestiges de la guerre froide ne sont plus aujourd'hui que des bornes sans objet, une Grande Muraille version américaine, les touristes en moins.

De quoi réfléchir à la vanité des entreprises humaines. Les miennes ne résisteraient pas au test du bon sens le plus élémentaire. Pourtant, depuis plus de dix ans, c'est d'une manière professionnelle, organisée et réfléchie que je pratique ce que la plupart des gens considèrent comme de la folie suicidaire : descente de l'Amazone à la nage, tour du monde en suivant l'équateur... Je suis aventurier de l'extrême comme d'autres sont libraires, profs ou charcutiers. Je récuse l'étiquette de surhomme qu'on me colle parfois. Je ne veux être – je ne suis – qu'un type ordinaire qui fait des choses sortant de l'ordinaire. Si j'ai un atout de plus que la moyenne des individus, c'est une détermination qui ne se laisse arrêter par aucun obstacle. Ni par des températures de moins soixante, ni par la rage meurtrière des fauves de la glace, ni par le déchaînement des mers arctiques...

Encore moins par quelques fonctionnaires trop zélés.

1

Trois doigts de glace

Après mon tour du monde sur l'équateur, j'ai cherché un nouveau défi à relever, avec trois critères d'exigence : la nouveauté pour moi, que le niveau de difficulté soit au moins équivalent et, surtout, que personne ne l'ait fait. L'exploit physique ou sportif ne suffit pas à me motiver. J'ai besoin d'ouvrir une voie, de défricher de nouveaux territoires. Autrement, le mot « aventure » perdrait son sens. Mon choix s'est vite porté sur le tour du cercle polaire arctique. En termes de kilomètres, la distance est certes plus courte que l'équateur, mais le niveau de difficulté compense largement cet « avantage ». Les froids extrêmes, les mers glacées, la banquise, les crevasses et les montagnes à franchir, la sauvagerie des ours polaires... forment un environnement où les techniques de survie sont différentes de celles de la jungle tropicale. Tout cela n'a rien de commun avec ce que j'ai pu affronter jusqu'à présent, ce qui est essentiel à mes yeux. En outre, de tous ceux qui ont tenté avant moi cet exploit, aucun n'a réussi. De toutes les raisons qui me poussent vers ce défi, celle-là est sans doute la principale.

Mais le Grand Nord est un milieu que je ne connais pas. Et j'ai assez d'expérience pour savoir que je n'ai aucune chance, sans une préparation et un entraînement qui me rendront capable de survivre dans cet environnement.

Mon ami le Suisse Jean Troillet rêve depuis longtemps de battre le record de la traversée du Groenland. Il invite deux personnes à le suivre dans l'aventure : moi, et un autre de mes amis suisses, Erhard Loretan, qui est le troisième homme au monde à avoir escaladé l'un après l'autre, sans oxygène, tous les sommets de plus de 8 000 mètres (dont huit en compagnie de Jean). En ce qui me concerne, j'accepte avec d'autant plus d'enthousiasme que je comptais justement aller au Groenland me familiariser avec l'équipement et tout ce qui touche à l'aventure, version grands froids. Cette expédition constituera le « stage préparatoire » dont j'ai besoin pour mon tour du cercle polaire. De plus, avoir comme « moniteurs » les deux plus grands spécialistes au monde de l'Himalaya est un privilège dont je compte bien tirer tout le parti possible.

Dans l'expédition, je joue donc le rôle du « mulet » : je travaille et j'apprends. Je regarde, j'écoute, j'absorbe comme une éponge.

De la quantité de choses que Erhard et Jean m'apprennent, la plus importante est sans doute la patience. Par très grands froids, savoir rester sous la tente plutôt que de continuer à tout prix peut faire la différence entre vivre et mourir. Moi qui suis impatient et impulsif de nature, moi qui ne tiens pas en place, j'apprends à être zen et maître de moi.

Indispensable quand, par exemple, le blizzard dure des jours et qu'il est d'une telle intensité qu'on peut se perdre à deux mètres de sa tente, devenue invisible.

Tout est blanc, il n'y a ni terre ni ciel, aucun relief, aucun repère. Beaucoup de gens sont morts comme ça, dans l'Arctique : à deux mètres de leur tente.

C'est ce qui nous arriverait si nous nous risquions dehors pendant les deux semaines que dure la terrible tempête de neige qui s'abat sur nous. Je ne cesse de m'agiter, de manifester des signes d'impatience... Mais Erhard et Jean me calment et me retiennent, faisant preuve en cela d'une sagesse et d'un savoir dont je saurai m'inspirer plus tard.

Peu de temps avant mon départ pour le Groenland, j'ai appris ma nomination aux *Laureus World Sports Awards*, les Lauriers mondiaux du sport, une manifestation de prestige organisée par Daimler Chrysler et le groupe Richemont à Monaco. J'ai été sélectionné pour mon tour du monde en suivant la ligne de l'équateur[1], aventure qui a été précédée par une descente de l'Amazone à la nage.

On m'a invité trois jours sur le « Rocher », tous frais payés bien entendu. N'étant pas l'homme des mondanités ou des remises de prix, j'ai poliment décliné l'invitation. Erhard et Jean m'attendaient. Entre le luxe monégasque et une chance de mourir de froid, je n'ai pas hésité une seconde.

Au téléphone satellite, j'annonce à Cathy que nos réserves alimentaires s'amenuisent et que, la météo exécrable ne donnant aucun signe d'amélioration, nous envisageons de faire demi tour. De son côté, m'apprend-elle, les organisateurs des Lauriers du sport insistent pour que j'assiste à la cérémonie, où ma présence, disent-ils, est indispensable. Tout ça ne me tente pas. Je suis heureux

1. Réalisé entre juin 1999 et octobre 2000. Cf. *Latitude zéro*, Pocket n° 11856.

comme un roi, ici. Si nous faisons demi-tour, j'en profiterai pour aller crapahuter en solo sur la glace, histoire de me familiariser avec l'exercice. En plaisantant, je réponds à Cathy que si les Monégasques me veulent à ce point-là, ils n'ont qu'à venir me chercher sur la banquise.

Ma femme transmet le message, persuadée comme moi que l'histoire s'arrêtera là. Mais les organisateurs des Lauriers du sport ne se laissent pas décourager. Ils envoient un hélicoptère nous récupérer, Erhard, Jean et moi, à Angmagssalik, sur la côte est du Groenland, pour nous emmener à la base militaire de Kulusuk. Là, un jet privé venu tout spécialement d'Europe nous emmène tels quels, dans notre « jus », avec la totalité de notre équipement, mais aucun vêtement « civil ». Ceux-ci sont restés sur la côte ouest du Groenland, où nous devions les récupérer après la traversée. Mais nous ne sommes jamais arrivés de l'autre côté...

Lors de la dernière étape de mon voyage, en classe affaires, je sens tellement mauvais que ma voisine demande à changer de place. Confus, je ne peux que m'excuser platement... Suant comme un bœuf dans ma tenue polaire et mes sous-vêtements thermiques totalement inadaptés au climat de la Riviera (nous sommes en mai), je débarque à Monaco, où l'on m'annonce que « ma » voiture et « mon » chauffeur m'attendent pour me conduire à « mon » hôtel. Je me retrouve dans un palace où, n'ayant pas un centime sur moi, je dévore les rations énergétiques qui traînent encore dans mes poches. Comme je n'ai pas d'autres vêtements que ceux que je porte, on m'emmène faire les boutiques et on m'habille de sportswear neuf. Cathy m'apportera demain ma tenue de soirée, un costume sombre que j'appelle mon « costume papal ».

C'est en effet le Vatican qui me l'a offert, afin que je sois dignement vêtu pour rencontrer Sa Sainteté.

Malgré les soins empressés dont je fais l'objet, j'ai du mal à m'acclimater. Il y a vingt-quatre heures, j'étais sur la banquise, et une partie de moi se demande encore ce que je fais ici. Tout change très vite quand le grand soir arrive. Soudain, une foule de légendes vivantes viennent me dire leur amitié et me témoigner leur respect. Michael Jordan, Alberto Tomba, Ernie Els, Edwin Moses, Juan-Pablo Montoya, John McEnroe, Boris Becker, Jennifer Capriati... J'en ai le vertige ! Il s'avère qu'ils me connaissent car, faisant également partie du jury, on leur a soumis mon « dossier » parmi beaucoup d'autres.

Je remporte mon « Oscar », dans la catégorie des « Sports alternatifs », mais ce n'est pas ma seule récompense de la soirée. Plusieurs, parmi les grands sponsors de l'événement, vont devenir les miens. Notamment, mon compatriote, le Sud-Africain Johann Rupert, président du groupe horloger Richemont, dont fait partie Cartier, entre autres, me propose un partenariat. Il deviendra un ami.

Malgré le temps exécrable et le relatif insuccès de l'entreprise, l'expédition groenlandaise a été pour moi une période privilégiée, au cours de laquelle j'ai énormément appris. Cette expérience me sera précieuse pour mon deuxième projet « préparatoire » au tour du cercle arctique : atteindre le pôle Nord en solitaire.

Objectivement, j'ai deux atouts importants : un mental en béton et une solide endurance physique. Mais sans le soutien d'Erhard et de Jean, seul pour la première fois dans cet environnement terrible, je me demande si ce sera suffisant pour réussir.

Je suis presque sûr de trouver la réponse auprès de Borge Ousland.

Premier homme à avoir atteint le pôle Nord en solo, auteur d'une traversée de l'Antarctique en solitaire, le Norvégien Borge Ousland est à mes yeux le plus grand spécialiste au monde de l'expédition polaire en solo. Parce qu'il est pour moi la référence absolue, je décide d'aller le voir pour... l'étudier. Je veux tout savoir de sa manière d'être, de son caractère, de sa façon de fonctionner, de ses attitudes et de ses réactions aux événements et à la vie en général, et jusqu'à ses gestes les plus quotidiens.

Après quoi, je saurai si oui ou non je suis capable de l'égaler.

Je pars pour Oslo et m'installe chez lui, dans sa maison donnant sur le fjord. Zenissime, Borge Ousland fonctionne comme un animal à sang froid qui conserve la moindre parcelle d'énergie. À certains moments, son cœur ne doit plus battre qu'une fois par minute, comme celui des grands maîtres de l'apnée. Deux bonnes heures s'écoulent entre le moment où il propose un café et celui où on y trempe les lèvres.

Je l'observe...

Parce qu'il juge que mes motivations sont bonnes – peut-être aussi parce que nous avons eu un sponsor en commun –, Borge se montre d'une générosité sans réserve avec moi, le Sud-Africain qui n'a jamais mis les pieds sur la banquise. « Je veux t'aider à devenir le deuxième homme à atteindre le pôle Nord en solo », me dit-il. En quelques jours, il me transmet la somme de connaissances théoriques qu'il a accumulées pendant ses années de pratique du Grand Nord, et me fait prendre conscience que la condition physique qu'il m'a fallu pour traverser la jungle amazonienne n'a rien à voir avec celle qu'exige une expédition polaire.

Je rentre chez moi avec l'inestimable savoir transmis par Borge, et un agenda chargé. Je dois faire fabriquer des chaussures, un traîneau, une tente... conçus selon ses directives, spécialement pour moi et en vue de cette expédition. Ce matériel de pointe coûte cher et ne se trouve pas chez le marchand d'articles de sport du coin. Mais j'ai la chance d'être aidé, financièrement et techniquement, par des sponsors à qui je suis d'autant plus reconnaissant que, n'étant pas une star du foot ou du tennis, je ne peux leur offrir que de modestes retombées médiatiques.

Sitôt que ma première tente polaire est réalisée, je contacte Mercedes-AMG – qui me soutiennent depuis le jour où l'on m'a décerné un Laurier du sport, à Monaco, cérémonie dont ils sont l'un des sponsors – et sollicite l'autorisation de la tester dans leurs souffleries de Munich. Je dois m'assurer qu'elle est capable de résister aux vents de cent cinquante kilomètres à l'heure que l'on rencontre sur la banquise.

Mes fabricants de tentes italiens en apportent trois ou quatre exemplaires. Les abris synthétiques s'écrasent sous la puissance des rafales. C'est spectaculaire... et concluant.

Aux designers de chez Eider, le spécialiste français du vêtement *outdoor*, à Annecy, je commande la totalité de mon habillement. Pour commencer un anorak qui me descende jusqu'aux genoux, avec de vastes poches capables de contenir aussi bien des médicaments que des aliments, et une fermeture à glissière qui ne puisse ni geler ni casser.

Salomon, enfin, me confectionne les skis et les chaussures répondant à mon cahier des charges.

Je suis d'autant plus exigeant que pendant cette expédition, ma vie dépendra plus encore que d'habitude de mon équipement. Je dois pouvoir lui faire une confiance absolue, car je ne peux rien emporter en double.

Certaines commandes prennent du retard, des problèmes d'organisation surgissent et, à trois semaines de la date prévue pour mon départ vers le pôle, je suis encore loin d'être prêt. Je l'avoue à Borge Ousland, qui m'appelle pour savoir où j'en suis.

– Si tu paies mon billet d'avion, me dit-il, je te rejoins chez toi ce week-end.

J'accepte et, deux jours plus tard, Borge débarque dans notre chalet familial des Moulins, près de Château-d'Œx. Difficile de ne pas remarquer le gigantesque sac qu'il a apporté avec lui, et qu'il pose négligemment dans un coin de la cuisine. Il demande à passer en revue mon matériel, et ses jugements tombent : « Ça, oui ; ça, non... Ça, ça pourrait fonctionner... ça, sûrement pas. » Il s'enquiert de ce qui me manque et je lui confie que j'attends encore mes chaussures. Sans hésiter, il ouvre son énorme sac et me dit : « Tiens, les voilà, tes chaussures ! »

Ce sont les siennes, celles qui l'ont conduit jusqu'au pôle. Les mêmes que celles de Nansen [1] ! Ému, mais gêné, je refuse. « Je tiens à ce que tu reviennes avec tous tes orteils ! » insiste-t-il en me passant les doublures thermiques qui vont avec.

1. Le Norvégien Fridtjof Nansen (1861-1930), océanographe, fut le premier homme à explorer les régions polaires. Homme politique, il dirigea l'organisation internationale responsable des problèmes des réfugiés, et reçut le prix Nobel de la paix en 1922.

La question de savoir si Borge et moi avons le même pied ne se pose pas : les chaussures en question font bien quatre ou cinq pointures de plus que mes baskets ou souliers de ville habituels. Elles sont faites pour accueillir les nombreuses couches d'isolant superposées dont j'envelopperai mes pieds, avant de les glisser à l'intérieur.

Premier principe de la lutte contre les froids extrêmes : ce n'est pas le vêtement qui tient chaud, mais l'air chaud qui circule entre les couches. Autrement dit : ce n'est pas le vêtement qui réchauffe le corps, mais le corps qui réchauffe le vêtement. C'est pourquoi le serré-moulant est banni, au profit du spacieux-flottant.

Quand je lui montre mes moufles, Borge sort son couteau et tranche les élastiques des poignets. « Rien ne doit, si peu que ce soit, arrêter ou ralentir ta circulation, dit-il, ou tes doigts risquent de geler. Tu dois entrer dans tes moufles comme une voiture dans un garage. »

À mes fermetures à glissière, il accroche des prolongements de tissu synthétique pour que je puisse les saisir facilement en toutes circonstances.

Il examine ma tente et me demande combien de temps il me faut pour la monter. Je réponds innocemment que ça dépend des jours, de la météo, du vent, de mon état de fatigue... « Vingt secondes ! tranche-t-il. Par moins quarante, tu as exactement vingt secondes pour monter ta tente. Au-delà de ce délai, tu es mort. Commence dès maintenant à t'entraîner et ne pars surtout pas avant d'être capable de monter ta tente en vingt secondes maxi, quels que soient les conditions météo ou ton état d'épuisement. »

« À l'intérieur de ton sac de couchage, enchaîne-t-il, tu dois t'enfermer dans une enveloppe isolante qui empêchera le litre d'eau que tu perdras chaque nuit, sur la banquise, de s'échapper et de geler à l'intérieur du sac. Faute de quoi, celui-ci pèserait un kilo de plus par jour ; et tu te coucherais chaque soir et te réveillerais chaque matin dans un congélateur. »

Outre l'enveloppe isolante idéale, Borge m'offre une paire de bâtons de ski, qu'il me garantit incassables.

L'homme qui m'a confié qu'il lui avait fallu toute une vie pour perfectionner son équipement s'est transformé en père Noël, descendu du Grand Nord avec une hotte pleine de cadeaux à mon intention !

Des cadeaux, je n'ai pas fini d'en recevoir. Le grand chef étoilé Philippe Rochat, qui officie à Crissier, près de Lausanne, est l'un de mes plus fervents supporters. D'après lui, je suis le « Christophe Colomb moderne ». Non content d'avoir ajouté à sa carte un délicieux – et nourrissant – « Gâteau Mike Horn » (fruits, armagnac, sucre et sirop), d'avoir distribué mon premier livre à ses vingt-cinq employés et à deux cents personnes de ses relations, il insiste pour confectionner lui-même – et gratuitement ! – la totalité de ma nourriture pour l'expédition ! J'ai du mal à refuser. Le chef se met donc en devoir de préparer et d'emballer individuellement sous vide mes cent prochains « plats du jour ».

Trois mois plus tard, en février 2002, c'est avec des rations alimentaires qui vaudraient plusieurs étoiles au Michelin que je m'envole vers mon prochain défi qui est aussi un prélude à mon tour du cercle arctique : tenter d'atteindre le pôle Nord à pied.

Une foule d'amis de Château-d'Œx – Pipo le fermier, P.-A. le restaurateur, Corinne, etc. –, des journalistes, un cameraman, un photographe, un représentant de mon sponsor Gore-Tex et Daniel de Bonneville, de la banque genevoise Mirabaud, avec Antoine Boissier, qui en est l'un des propriétaires, s'embarquent avec moi, ma femme et mes deux filles, Annika et Jessica, dans le charter affrété pour nous emmener vers la petite ville de Khatanga, au nord de la Russie. À partir de ce camp de base, nous nous transportons jusqu'à Cheredeny, une minuscule station météo installée sur une île, en plein océan Arctique.

Le maître des lieux est un Russe isolé ici depuis dix ans, avec sa femme et son fils. Dix ans qu'il envoie des informations météo en morse – il n'a même pas encore de fax, ne parlons pas d'e-mail ! – à des gens qu'il n'a jamais vus ; dix ans qu'il vit ici comme un gardien de phare oublié en pleine mer. Il nous raconte qu'un de ses collègues s'est fait dévorer par un ours polaire entre les deux bâtiments de l'installation, pourtant séparés d'à peine cinquante mètres. Il nous montre un film – pas du collègue : de l'ours – et met à ma disposition tout l'espace nécessaire pour tester ma tente et le reste de mon équipement en conditions réelles.

Lorsque, enfin, le temps le permet, Cathy, Annika et Jessica, mon frère Martin, Jean-Philippe Patthey, Sebastian Devenish, K-Soul le cameraman, deux de mes sponsors et un journaliste s'entassent avec moi dans l'hélicoptère qui va me déposer à une heure de vol de Cheredeny, au cap Artechevsky, au bord de la calotte glaciaire arctique. C'est, vu du continent européen, le point le plus proche d'où il soit possible d'atteindre le pôle par voie terrestre.

Nous survolons des centaines de kilomètres d'une surface uniformément blanche et glacée. Quand l'appareil se pose, je suis le premier à sauter à terre. Le froid me saisit comme un étau. Il fait moins quarante et pour la première fois, planté sur la banquise, je me demande avec angoisse si je suis réellement capable de faire ce que je suis venu faire...

Jessica, ma plus jeune fille, sort de l'hélico juste après moi. Elle fait quelques pas de plus, s'arrête et fixe l'immensité blanche comme si elle essayait de comprendre. Puis elle se retourne vers moi avec des yeux qui semblent demander : « Papa, qu'est-ce que tu fais ici ?... »

Ce qui résume parfaitement le sentiment général.

Je prends pleinement conscience qu'à partir d'ici, je serai totalement seul face au défi que je me suis lancé. Jusqu'à présent, j'ai été aidé, entouré, financé, soutenu, porté par des gens qui ont cru en moi et y croient encore.

Mais dès que cet hélicoptère aura emporté loin d'ici les derniers d'entre eux, ce sera à moi de jouer. À moi seul.

Je me rappelle avoir ressenti quelque chose d'équivalent, il y a quatre ou cinq ans, au moment de dire au revoir à mon équipe et de me lancer seul dans la traversée à pied de la jungle amazonienne.

Cette fois-là, j'avais gagné mon pari...

L'hélicoptère ne peut s'attarder trop longtemps sur la banquise : il risque de geler et de ne plus pouvoir décoller. Nous nous dépêchons de décharger mon équipement et de procéder au petit cérémonial d'usage, qui consiste à boire un verre de vodka et à tirer en l'air une fusée éclairante.

Cathy, mon frère Martin et moi nous serrons une dernière fois les uns contre les autres pour une courte prière. L'aide de Dieu ne sera pas de trop.

Plus personne ne parle. L'émotion est au-delà des mots. Tout le monde a conscience que ce que je m'apprête à faire va changer le cours de ma vie. Ce froid terrible qui nous empêche presque de respirer, cette grisaille affolante ne font que renforcer ce sentiment d'angoisse. À cet instant, il est évident pour chacun que c'est peut-être la mort qui m'attend.

Le moment est venu de se dire au revoir. Mes filles pleurent, ma femme aussi. Leurs larmes gèlent... Tout le monde remonte dans l'hélicoptère, qui repart aussitôt. Je lui tourne le dos pour faire face à ce qui m'attend. Dans l'immédiat, j'ai besoin d'oublier ce que j'ai laissé derrière moi, pour être totalement concentré.

J'accroche mon traîneau à mon harnais. Il y a deux mètres cinquante entre moi et mon chargement. Une distance soigneusement étudiée pour ne pas que je me retrouve en train de soulever le traîneau, s'il est trop près, mais aussi pour m'épargner l'effort superflu de le tracter à travers les reliefs de la glace, s'il est trop loin et que son nez reste désespérément collé au sol. La corde qui me relie à lui est faite d'un Nylon spécial qui ne s'imbibera pas au contact de l'eau, ne coulera pas, et ne cassera pas sous l'effet du gel. Les bâtons, enfin, ont des dragonnes suffisamment larges pour ne pas interrompre la circulation du sang à la hauteur de mes poignets.

Je resserre ma capuche autour de mon visage. La fourrure réduit mon champ de vision à un tout petit cercle...

Je fais mon premier pas sur la banquise, harnaché comme une bête de somme, et constate aussitôt que les deux cent dix kilos de mon traîneau pèsent... une tonne ! La moindre aspérité de la glace accroche, freine ou bloque net mon chargement. Et j'ai huit cents kilomètres à faire comme ça ! Arc-bouté sous le fardeau, je tire de toutes mes forces et finis par trouver un semblant de rythme...

Devant moi, à une bonne journée de marche, se trouve une brèche ouverte dans la banquise par les tempêtes polaires. Nous l'avons repérée pendant le vol et, pour me permettre de l'éviter, l'hélico passe au-dessus de ma tête et file quelques instants sur un axe correspondant exactement à la trajectoire que je dois emprunter. Une aide qui est la bienvenue, dans la nuit quasi permanente de ce mois de février où, à ces latitudes, le soleil ne fait qu'un bref saut de puce quotidien au-dessus de l'horizon ; où le froid rend les GPS inutilisables pour cause de gel des cristaux liquides ; où les boussoles indiquant le nord magnétique s'affolent, à cause de la proximité du pôle.

Désormais, je n'aurai pour me diriger qu'un peu de soleil, et beaucoup de vent.

L'hélico vire à 180 degrés et passe une dernière fois au-dessus de moi en zigzaguant, sa manière de m'adresser un salut d'adieu. Je le suis du regard jusqu'à ce qu'il ne soit plus qu'un point, avant de disparaître tout à fait.

À présent, il n'y a plus que ce froid terrible, cette immensité... et moi.

Les agressions climatiques que j'ai affrontées depuis mon arrivée à ces latitudes n'étaient rien à côté de la solitude que je découvre maintenant. Une solitude rendue plus oppressante encore par la certitude qu'ici, la moindre erreur sera fatale.

Mais je suis remonté à bloc. J'emporte une grande quantité de matériel et des connaissances qui sont – me semble-t-il – considérables. Je possède d'inépuisables réserves d'énergie et de volonté. Seule l'expérience me fait défaut, dans cet environnement où tout est nouveau pour moi. Or, sur la banquise, c'est l'expérience qui permet de déterminer dans quelle direction se déplace tel ou tel morceau de la calotte glaciaire, qui avertit de rester sous la tente quand les conditions deviennent trop périlleuses pour avancer, qui aide à tracer la meilleure route possible, malgré les repères qui changent et les mouvements du *pack*, cette gigantesque frange régulièrement larguée par la banquise, qui dérive et se morcelle.

Je me fixe en guise de repère, sur l'horizon, un iceberg plus haut que les autres, et j'y vais. Pendant trois ou quatre heures, j'avance avec régularité. Puis le vent se lève et devient de plus en plus violent. Déjà, mon défaut d'expérience me pose un premier – et sérieux – problème : j'ignore à partir de quelle force de vent il deviendra impossible de planter ma tente.

Je choisis de dresser mon premier campement trop tôt, plutôt que trop tard. Deuxième problème : sur la quantité d'équipements soigneusement empaquetés sous la bâche de mon traîneau, je ne sais pas avec certitude ce qu'il me sera indispensable d'avoir près de moi sous la tente.

J'installe mon abri à huit cents mètres de la brèche ouverte entre la banquise et ce morceau de *pack* sur lequel je me trouve. Et surtout, loin de la moindre fissure, qui risquerait de s'élargir brutalement pendant la nuit. Là-dessus, j'ai été solidement briefé : au cours des dernières années, un Japonais qui avait commis cette erreur a été englouti, tente comprise, lors de tentatives similaires à la mienne.

Est-ce que j'enlève ma parka, avant de me glisser dans mon sac de couchage ? Je décide de retirer autant de couches que nécessaire à mon confort, quitte à les remettre une par une, en cas de besoin.

Pendant la nuit, j'entends éclater la glace, du côté de l'eau : ce sont les blocs qui se détachent ou entrent en collision. Mon « île » se fragmente, s'émiette comme un gros biscuit. Sans bouger, je me rapproche dangereusement du bord. Et pas moyen de sortir pour plier bagage et reculer : la tempête qui s'est levée est d'une telle violence qu'elle m'empêche de mettre le nez dehors.

J'en profite pour me familiariser avec l'usage du réchaud à combustible, qui me sert moins à me chauffer qu'à rendre consommables mes aliments. Congelés à l'origine, ils le sont doublement par le froid. Or, par très basses températures – quand ma chaleur corporelle a « réchauffé » l'intérieur de mon abri, il y fait encore moins trente –, le combustible ne s'enflamme pas aussi facilement que dans des conditions normales. La flamme doit être maintenue longtemps au contact du produit, qui se réchauffe progressivement avant de s'enflammer. N'ayant pas encore le coup de main, j'en répands un peu partout. Surtout, éviter de mettre le feu à la tente ! Si je la perds, je suis mort.

Armé d'un réchaud qui fonctionne enfin, je déguste le premier plat mitonné à mon intention par Philippe Rochat : un poulet farci qui est une véritable merveille. Et il y a même un bonus : un petit mot, griffonné par Franziska, sa femme, une athlète qui a remporté le marathon de New York. « Courage, Mike, me dit-elle, on est avec toi ! » J'en ai les larmes aux yeux. Entre Philippe aux fourneaux et Franziska au moral, c'est vrai que je me sens soudain beaucoup moins seul.

Coiffé de ma lampe frontale et emmailloté dans mon sac de couchage comme une momie dans ses bandelettes, je passe quarante-huit heures, prisonnier de ma bulle de toile, à écouter hurler la bourrasque et craquer la glace de plus en plus fort, à mesure que la mer se rapproche.

Quand finalement la tempête se calme suffisamment pour me permettre de sortir, je découvre que je suis à dix mètres à peine du bain le plus glacé de ma vie. Cette constatation, ajoutée au blizzard qui continue de souffler en rafales, me donne un coup de blues. J'ai le sentiment que rien ne se déroule comme prévu. Avec mon téléphone satellite, j'appelle mon camarade de Cheredeny, pour m'enquérir de la météo. Il me répond que chez lui, les mauvaises conditions atmosphériques interdisent tout décollage d'hélico pour quatre jours au moins. Même les autres expéditions polaires sont clouées sur place, obligées de retarder leur départ. Je suis le seul sur la glace.

Bref, personne ne peut rien pour moi. Je me suis jeté tout seul dans le grand bain, je n'ai plus qu'à apprendre à nager.

Je me console en me disant que la météo ne peut pas être pire. Ce que me confirme Nicolas Mingassan, qui en sait quelque chose puisqu'il a déjà organisé plusieurs expéditions polaires. « Accroche-toi », me conseille-t-il.

Je reprends confiance. Avec de quoi me nourrir et un sac de couchage qui me tient chaud, je suis équipé pour soutenir le siège des éléments.

Quand la météo se décide enfin à devenir plus clémente, c'est pour dévoiler un autre obstacle, infranchissable, celui-là : la brèche qui se trouve entre moi et le pôle est devenue un bras de mer de trente kilomètres de large !

Je passe quatre jours sur place, à espérer que les courants qui ont éloigné de sa matrice ce morceau de calotte glaciaire sur lequel je me trouve voudront bien les réunir de nouveau. Mais aucun signe favorable ne se manifeste, et je ne peux pas m'éterniser ici. De telles failles dans la banquise attirent immanquablement les phoques, venus respirer à la surface, et les phoques attirent les ours, leurs principaux prédateurs. Depuis l'hélico qui m'a déposé au cap Artechevsky, j'en ai vu un grand nombre se diriger vers cette zone. Ils s'attaqueront sans hésiter à la proie idéale que je représenterai, si je m'obstine à faire du sur-place.

Les hélicos pouvant de nouveau décoller, les expéditions australienne et japonaise quittent Cheredeny pour être déposées à peu près au même endroit que moi, près du cap Artechevsky. Constatant que la brèche est infranchissable, les pilotes refont le plein et emmènent leurs passagers de l'autre côté. Ce faisant, ils me survolent, me repèrent, et me contactent une fois là-bas pour me proposer de profiter de la navette. Comme il y a peu de chances que les courants recollent miraculeusement les deux morceaux de banquise, j'accepte.

Ayant profité de ce pont aérien, je peux enfin prendre un vrai départ. Les autres ont de l'avance sur moi, mais nous ne boxons pas dans la même catégorie, puisque leurs expéditions sont composées de plusieurs personnes. Si je suis en compétition avec quelqu'un, c'est avec le Japonais qui, comme moi, tente l'aventure en solo.

Une bonne neige balaie horizontalement la surface vierge de la banquise. Je progresse en orientant ma trajectoire légèrement à l'est, pour compenser le mouvement contraire de la calotte glaciaire, qui dérive à l'ouest. Un peu plus chaque jour, j'essaie de grignoter l'avance du Japonais.

Le troisième jour, je consulte au telsat mon sorcier des glaces, Borge Ousland, qui me demande à quelle vitesse j'avance.

– Entre douze et quinze kilomètres par jour.

– Formidable ! s'écrie Borge. Je n'ai jamais atteint cette moyenne au début d'une expédition.

Et il ajoute :

– Si tu passes le cap des quinze premiers jours, c'est gagné, tu arriveras au pôle. Accroche-toi, Mike !

Jour après jour, je me bats pour hisser mon traîneau par-dessus les crevasses du *pack*... Afin de traverser l'une d'elles, devenue trop large pour être franchie à pied et qui s'agrandit à vue d'œil, j'enlève mes skis, je prends mon élan et je saute, avec mon traîneau au bout d'une corde. Mais mon saut est trop court, je glisse et m'assomme à moitié, tout en m'entaillant le visage sur la glace coupante du rebord. Je me retrouve dans l'eau glacée jusqu'à la taille, pendant que mon traîneau, resté du mauvais côté, s'éloigne à mesure que celui-ci continue de dériver.

Je finis par m'en sortir, mais il est clair que je prends trop de risques. Si je continue comme ça, je serai mort avant d'arriver au bout.

Le cinquième jour, j'appelle Cathy, qui se trouve toujours à Cheredeny, pour lui faire un petit résumé de ma situation :

– Je me suis assommé, balafré, gelé les oreilles... À part ça, j'apprends un peu plus chaque jour et j'ai un moral d'acier.

De son côté, ma femme m'informe que toutes les autres équipes ont abandonné. Je suis désormais seul en course !

Tétanisé par cette nouvelle, je ne sais plus quoi penser. Comment se fait-il que moi, avec mon inexpérience, je puisse continuer quand tout le monde a renoncé ? Suis-je trop borné pour comprendre que la raison la plus élémentaire commande de faire demi-tour ?

Mon salut vient sans doute de mon ignorance. Les autres ont affirmé, paraît-il, n'avoir jamais rencontré autant de brèches, ou vu un *pack* aussi morcelé. Moi qui ne peux me référer à aucune précédente expédition, ces conditions me semblent normales...

Je continue...

Les ours polaires se mettent de la partie, sans trop d'agressivité. En croisant ma route, ils m'observent et me tournent autour, mais gardent leurs distances.

Pour me permettre d'avancer en tractant une charge de deux cents kilos, mes skis ne doivent glisser... que vers l'avant. D'où les peaux de phoque. Comme elles ont une fâcheuse tendance à rétrécir et à se décoller sous l'effet des froids extrêmes, les miennes sont vissées à la semelle de mes skis.

Soudain, j'ai l'impression de pratiquer le *moonwalk* de Michael Jackson. Je réalise que je viens de perdre l'une de mes peaux de phoque. Elle est encore accrochée par une extrémité à mon ski gauche et traîne lamentablement derrière moi. Je pousse un juron (que personne ne risque d'entendre) : pour la recoller, je dois m'arrêter, déchausser, monter ma tente, allumer mon réchaud (autant de combustible gâché) et chauffer la semelle de mon ski, avant de pouvoir y refixer ma peau de phoque, préchauffée elle aussi. Puis, bien sûr, replier le campement avant de pouvoir repartir.

Le tout me prend trois bonnes heures. Je suis fou de rage et de frustration.

Une heure plus tard, ma peau de phoque s'arrache de nouveau et tout est à recommencer !

Il y a vingt et un jours que j'ai quitté le cap Artechevsky, et – malgré plusieurs problème de peau de phoque – j'ai le moral au beau fixe. Les journées s'allongent, je me repère plus facilement, les températures deviennent comparativement plus clémentes (autour de moins trente), le traîneau s'allège à mesure que je consomme ce qu'il contient. Avec l'exploit en ligne de mire, je suis le roi du monde.

La surface gelée qui se présente soudain devant moi est enserrée entre deux gigantesques monticules de glace, soulevés par la pression contraire de deux masses glaciaires. Cette pression, capable de faire éclater comme du petit bois des couches de cinq mètres d'épaisseur, a projeté en l'air des éclats de banquise qui, en retombant comme les pièces d'un jeu de construction jetées en vrac, ont créé ces petites montagnes. Lorsque les masses glaciaires se sont de nouveau séparées, elles ont laissé entre elles cette surface, que le froid a aussitôt recouverte d'une mince couche de glace.

La prudence voudrait que j'en fasse le tour. Mais dans l'état d'esprit qui est le mien, je me sens pratiquement capable de marcher sur les eaux.

J'ai avec moi une sorte de combinaison imperméable, prévue pour le cas où je serais amené à me risquer sur une glace peu sûre, par exemple. Cette « enveloppe », qui tient à la fois de la combinaison de plongée et des cuissardes de pêcheur en rivière, est assez ample pour que je puisse l'enfiler par-dessus ma tenue, chaussures comprises. Elle comporte des bras, fermés aux extrémités, et ne laisse dépasser que la tête. Si je tombais à l'eau, elle me sauverait la vie en empêchant mes vêtements de s'imbiber et en me permettant de flotter, grâce à l'air retenu à l'intérieur. Je pourrais même nager jusqu'à l'autre rive. Et une fois au sec, je n'aurais qu'à l'enlever pour éviter de geler instantanément.

Seul inconvénient de cet accessoire de survie : il faut du temps pour s'y glisser et du temps pour s'en extraire.

Or je suis pressé et je n'ai pas envie de perdre une minute de plus. Cette « vallée » n'est pas trop large... Je décide de prendre le risque de me passer de combinaison.

En m'aventurant sur cette surface fragile, j'en testerai régulièrement la résistance selon une méthode enseignée par Borge Ousland et qui consiste, à intervalles réguliers, à y planter énergiquement mon bâton de ski trois fois de suite. Si le bâton ne traverse qu'au troisième impact, j'ai 70 % de chances de passer. Mais la glace étant de moins en moins épaisse en se rapprochant du milieu, les 70 % deviennent 50 %, 40 %... Par conséquent, la marge de sécurité idéale, c'est quand le bâton ne traverse la glace qu'au quatrième impact.

Au deuxième planté, le mien passe au travers : j'évalue à 50 % mes chances d'arriver sans encombre de l'autre côté.

Deux mètres... Trois mètres... Quatre mètres... J'avance avec précaution, en évitant les secousses et les gestes brusques, en posant mes skis sur la glace comme sur des œufs, et en répartissant au maximum mes quatre-vingts kilos sur la surface des deux planches... Les ours polaires sont capables de progresser sur une glace extrêmement mince, tant ils sont passés maîtres dans l'art de distribuer leur poids. À cet instant, je voudrais bien être un ours...

Je suis presque arrivé de l'autre côté quand un craquement sinistre retentit. Au même instant, je sens la glace se dérober sous moi. Elle vient de céder sous les cent quatre-vingts kilos que pèse encore mon traîneau. En une seconde, je me retrouve jusqu'au cou dans l'eau glacée. Mes skis, toujours à mes pieds, m'alourdissent et m'enfoncent. Je tente de m'accrocher aux blocs de la paroi la plus proche, puisque mon traîneau m'empêche de nager jusqu'à l'autre bord. Heureusement qu'il flotte... tant qu'il ne se retourne pas ! Auquel cas, il m'entraînerait au fond avec lui.

Pour libérer mes mains, je lâche mes bâtons de ski, qui restent accrochés à mes poignets. Dans ma tête, les réflexes de survie se télescopent. « Détache le traîneau ! Non, utilise-le comme radeau ! Non, il risque de se retourner, tout ton équipement sera trempé, donc perdu ! De toute façon, je coulerai avec... »

Peu à peu, je reprends mes esprits et le contrôle de moi-même. Je réalise que ma situation immédiate n'est pas si catastrophique. Je suis dans une eau à trois ou quatre degrés, c'est-à-dire chaude par rapport à la température ambiante qui doit frôler les moins quarante. Ce n'est pas dans l'eau que je risque la mort par hypothermie, mais quand j'en sortirai. Ce qui me laisse quelques secondes de plus pour planifier la suite. Je dois absolument, un : trouver le moyen de remonter sur la banquise ; deux : enlever mes skis ; trois : me déshabiller ; quatre : enfiler des vêtements secs.

Je garde mes pics à glace sur moi. Ils sont à portée de main, dans les grandes poches ajoutées spécialement à ma parka. Pourtant, je n'ai même pas le réflexe de m'en servir. C'est à la force des bras – et surtout par un miracle que je n'arrive pas à m'expliquer – que j'escalade les deux mètres de paroi glacée qui me séparent de la surface de la banquise. Je suis alourdi par l'eau, j'ai mes skis aux pieds et mon traîneau est toujours accroché au bout de mon harnais... mais j'y arrive. Une fois là, pas question de souffler une seconde. L'eau qui imbibe mes vêtements commence déjà à geler. Mon premier réflexe est de ramasser des poignées de neige fraîche et de m'en recouvrir. Grâce à ses propriétés absorbantes, la poudreuse me « sèche » très vite et m'évite de geler complètement. À présent, il faut que je plante ma tente pour y emmagasiner un peu de chaleur et me changer dans cette bulle. Mais les paquets de glace qui envahissent le paysage ne laissent pas la moindre surface plane où installer mon abri. Pendant que je « trace » furieusement pour tenter de me réchauffer, la glace se solidifie sur mes vêtements et craque à chacun de mes gestes. Je la sens se former jusque sur ma peau.

Enfin, je débouche sur un espace dégagé, juste assez grand pour y planter ma tente. Ce que je fais en douze secondes chrono. Je me jette à l'intérieur en arrachant mes vêtements et saute dans mon sac de couchage.

Mais j'ai à peine moins froid que si j'étais nu sur la banquise. Il faut absolument que j'allume mon réchaud. Mes rations de carburant sont de deux unités journalières, pour réchauffer mes aliments et transformer la glace en eau potable. Si j'en utilise davantage aujourd'hui, je n'aurai rien à boire demain. Tant pis : demain est un autre jour ; c'est maintenant qu'il faut survivre.

Quelques instants plus tard, sorti de mon sac de couchage, je suis collé à la flamme du réchaud, entièrement nu afin que la chaleur n'ait pas à traverser mes vêtements pour m'atteindre.

Parce que c'est le corps qui réchauffe les habits et le sac de couchage, pas l'inverse (les habits et le sac ne font que conserver la chaleur corporelle), c'est moi-même que je dois réchauffer d'abord.

Pendant que mon organisme retrouve progressivement une température normale, j'essaie de faire sécher mes vêtements, mais je me rends compte que l'opération va épuiser toutes mes réserves de carburant. Je m'arrête donc au caleçon et au body thermiques. Pour le reste, j'ai une autre idée : je jette le tout dehors et j'attends cinq minutes. Puis je ramène ma veste, entièrement gelée, à l'intérieur, et je la débarrasse de toute cette glace en la brossant énergiquement. Je viens d'inventer le gel à sec : pour expulser toute l'humidité d'un vêtement, transformez-la d'abord en glace.

Le lendemain matin, dans une tenue entièrement sèche – je n'ai changé que mes chaussettes de laine et la doublure de mes chaussures, dont je n'ai pas réussi à extraire la glace –, je repars à l'assaut du pôle. En me jurant solennellement que plus jamais je ne négligerai de mettre ma combinaison isolante, ou ne m'aventurerai sur une glace trop mince. Même si je dois faire un détour de dix kilomètres.

Dans un flash-back, je me revois dans la forêt vierge amazonienne. Mon objectif de départ était de la traverser. Puis, après que la morsure d'un serpent venimeux m'a laissé cinq jours entre la vie et la mort, mon objectif a changé. Il est devenu : rester en vie... ensuite, traverser la jungle.

Survivre. Ensuite, atteindre le pôle.

Les jours s'allongent, les températures se font moins sévères, ma moyenne s'améliore à mesure que mon traîneau s'allège, je perds du poids mais je tiens la grande forme...

« Fais gaffe aux ours ! » m'enjoint Franziska Rochat dans son petit mot du jour, qui accompagne le plat de son mari. Philippe en a concocté sept différents : un pour chaque jour de la semaine. Grâce à lui, je mange comme je n'ai jamais mangé sur une expédition. Grâce à elle, j'ai du « courrier » deux fois par semaine...

Tout va bien. Voilà plus de vingt-cinq jours que je suis sur la banquise, et Borge Ousland m'a prédit le succès si je passais le cap des deux semaines. Raison de plus pour m'en tenir à ma résolution d'éviter désormais les risques inutiles.

Je l'appelle, comme j'ai pris l'habitude de le faire tous les dix jours environ, pour le tenir au courant de l'état de mon moral et lui faire un point de ma situation : position, réserves alimentaires, comportement de mon traîneau, etc. Sa réaction est enthousiaste. D'après lui, à ce stade, je ne peux plus échouer.

Je suis d'autant plus tenté de le croire que j'approche des 85° de latitude nord (90°, c'est le pôle) et qu'à cette hauteur, la glace devient plus homogène, plus régulière, donc plus praticable.

Borge me le confirme. Au-delà de 85° nord, dit-il, ça devient plus facile car la glace est plus épaisse et on rencontre moins de brèches. Seul problème dans cette zone : les ours polaires égarés, qui errent sur la banquise et peuvent se montrer agressifs.

Je m'arrangerai avec les ours. Tout ce que je vois, c'est que je touche enfin du doigt ce pour quoi je me suis si longuement préparé et que je crois avoir amplement mérité. Cette victoire, je l'ai gagnée, on ne peut plus me la refuser.

Cette nuit-là, j'entends, comme souvent, craquer la glace un peu partout autour de moi. Cela tient du feu de bois qui crépite et des allumettes qu'une main géante ferait exploser par milliers. Dans le noir, des bouches s'ouvrent dans la banquise. Il suffirait que l'une d'elles, plus grande que les autres, s'écarte sous ma tente pour que je finisse comme le Japonais...

Soudain, cette angoisse disparaît au profit d'une autre. Aux pétarades de la glace vient s'ajouter le frottement étouffé de pas dans la neige. J'entends se rapprocher le léger concassement de la poudreuse écrasée sous le poids d'un...

D'un ours !

Logique : ils sont capables de flairer à cinquante kilomètres une faille dans la banquise et ce qui en résulte : un coin d'eau salée idéal pour pêcher le phoque.

Je me sens à peu près aussi vulnérable que cet animal, prisonnier de mon sac de couchage dont seule ma tête dépasse. Je ne vois rien, mais j'entends se rapprocher les pas du fauve. À présent, je perçois son souffle rauque... tout près de moi. Et brusquement, il est là ! Sa curiosité excitée par ma tente, cet objet aussi gros que lui venu d'une autre planète, il y enfonce son museau, histoire de sonder les intentions de l'extraterrestre. Le mufle du monstre, imprimé dans le Nylon distendu, est à quelques centimètres de mon propre visage. J'ai l'impression de pouvoir compter ses crocs, derrière lesquels se trouve une demi-tonne de viande et de griffes. Mon cœur doit faire du trois cents pulsations minute. Instinctivement, je dégage un bras et empoigne le fusil à canon court qui ne me quitte jamais...

L'ours entreprend de faire le tour de ma tente en reniflant, pour le cas où l'objet non identifié contiendrait quelque chose de comestible. Moi, par exemple. J'ai du mal à m'extraire de mon sac de couchage : ma respiration a gelé la fermeture à glissière.

Je sors finalement de mon sac de couchage après avoir réchauffé le zip dans ma main et me fige, l'index sur la détente. Si je tire à travers la toile, je perds ma tente. Mieux vaut attendre un peu. Mais si l'ours attaque mon abri à coups de griffes, je risque de ne pas avoir le temps de tirer...

Enfin, le plantigrade se désintéresse de ma coquille synthétique. Avec une délicatesse de funambule, il enjambe les suspentes sans en effleurer une seule et reporte son attention sur mon traîneau. Il pousse ma remorque du bout de son nez (j'entends les patins racler la glace) en essayant de soulever la bâche pour voir ce qu'il y a en dessous. Emballé sous vide, mon ravitaillement échappe à son odorat. Sinon... Malgré la situation tendue, le dessin d'un humoriste suisse, paru avant mon départ, me revient en mémoire : j'avançais sur la banquise, pendant qu'une cohorte d'ours, alléchés par le fumet de la fine cuisine de Philippe Rochat, me suivaient en se léchant les babines.

Mon visiteur finit par s'éloigner, et mon cœur par retrouver un rythme normal. Le lendemain, les traces qu'il a laissées dans la neige racontent en détail la scène que j'ai vécue la nuit précédente, par l'oreille et l'imagination.

Le trente-cinquième jour, un blizzard terrible se lève, m'obligeant à me retrancher sous ma tente. La même nuit, la glace sur laquelle je me trouve se met à dériver, et le lendemain matin, je me réveille vingt kilomètres plus au sud.

Le temps de fermer l'œil, j'ai reculé de vingt kilomètres, sans avoir fait un pas. Et je suis toujours immobilisé par le blizzard. Vingt-quatre heures s'écoulent encore, et la calotte glaciaire se met à éclater tout autour de moi, formant un amalgame de plaques instables. Ça devient dangereux. J'hésite entre attendre que la météo s'améliore et avancer malgré tout. Cette dernière option reviendrait à faire du sur-place, mais, au moins, je cesserais de reculer.

Je dresse un rapide bilan : j'ai passé deux jours sous la tente et perdu vingt kilomètres, ce qui rallonge d'autant la distance qui me reste à parcourir, et me prive de cinq jours de rations alimentaires. Mais il m'en reste encore assez pour relier à pied, en solo, la Russie au Canada, *via* le pôle.

Je décide d'attendre.

Mais quarante-huit heures plus tard, le temps ne montre toujours aucun signe d'amélioration et les brèches se rapprochent dangereusement. Soudain, l'une d'elles s'ouvre pratiquement sous ma tente et mon traîneau se retrouve à moitié immergé.

Cet incident me fait l'effet d'un signal d'alarme. J'appelle Borge pour lui expliquer ma situation et lui demander s'il lui est déjà arrivé, à ce stade d'une expédition vers le pôle, de se mettre à dériver au sud. « Jamais ! » dit-il. Pourtant, quand j'ajoute que je continue à dériver, il me conseille de patienter encore.

– Mais le terrain devient de plus en plus dangereux ! Je ne peux pas rester sur place.

– À toi de voir, répond Borge. Tu es seul maître de tes décisions. Tu t'en es bien tiré jusque-là, fais confiance à ton jugement.

Le blizzard ne faiblit pas, la glace craque de partout... Puisqu'il faut décider, je décide de bouger. Et vite. Je replie ma tente, accroche mon traîneau à mon harnais, et repars. Je marche au nord, face au vent, mais je continue à dériver au sud. La bourrasque me souffle en pleine figure, me brûle le visage, me gèle les lèvres et le bout du nez... Je ne m'en tire pas si mal, compte tenu de tout ce qui joue contre moi.

Un lacet de chaussure qui se défait, c'est un détail insignifiant, réglé en quelques secondes en d'autres circonstances. Pour moi, c'est une véritable catastrophe. Je passe quotidiennement vingt minutes à me chausser, et je ne peux le faire qu'à l'intérieur de la tente parce que l'opération m'oblige à enlever mes moufles, et que j'ai pour règle absolue de ne jamais les ôter à l'extérieur. Surtout par moins trente ou moins quarante. Or, ce jour-là, le blizzard glacial a fait descendre le thermomètre jusqu'à moins soixante !

Continuer avec un lacet défait est tout simplement impossible. Comme sur les skis de fond, mes chaussures ne sont fixées qu'à l'avant et le talon se décolle à chaque enjambée. Mon pied sortira de la chaussure au premier mouvement : cela me ralentira et entraînera une hypothermie mortelle.

Je n'ai pas d'autre choix que d'essayer d'attacher mon lacet sans enlever mes moufles. C'est déjà presque impossible dans des conditions normales, mais par moins soixante, avec ce blizzard qui me cingle la peau et me hurle aux oreilles...

Pendant que je m'acharne en vain sur ce lacet, apparaissent les premiers signes annonciateurs de l'hypothermie : tremblements, nez et lèvres bleus... Je n'y arrive toujours pas. Tant pis : j'arrache mes moufles et les cale sous mes bras pour qu'elles conservent un peu de leur chaleur. Mais elles glissent, tombent, et le vent les remplit de neige.

Avant que j'aie fini d'attacher mon lacet, mes doigts sont en partie gelés. Je renfile mes moufles, gelées, elles aussi. Et ce ne sont pas mes mains qui vont les réchauffer. Je les coince sous mes bras, rien n'y fait. À présent, je sens mon corps tout entier en train de geler. Une seule chose à faire : bouger (mes mains gelées m'empêchent de monter ma tente). Six heures d'affilée, je fonce comme un fou dans le blizzard. Je me réchauffe un peu, mais mes mains restent sans vie. J'appuie du bout des doigts sur mes bâtons de ski : rien, aucune sensation. Cette fois, c'est foutu. J'enlève une moufle pour constater les dégâts. Sous l'effet des particules de glace, coupantes comme des lames, qui tranchent les veines et les nerfs avant de provoquer le gel total, mon pouce a éclaté comme de la viande dans un congélateur mal réglé. Les chairs froides sont visibles jusqu'à l'os.

Je m'arrête pour monter ma tente, en partie avec les dents, car j'ai pratiquement perdu l'usage de mes mains, que j'utilise comme des moignons. Je mets deux heures à installer mon campement, au lieu des dix à vingt minutes habituelles. La moindre opération relève de l'insurmontable : défaire le Velcro de la bâche recouvrant le traîneau, la soulever pour récupérer mon réchaud ; tourner la molette de la valve d'alimentation en carburant pour pouvoir faire fondre de la neige dans un récipient... Impossible de saisir la molette avec mes pouces gelés. Je tente de l'actionner avec les dents, ma langue s'y retrouve collée et je l'arrache à moitié en me libérant. Mon souffle a recouvert le bouton d'une pellicule de glace, ce qui augmente la difficulté. J'arrive enfin à le faire tourner avec les dents, mais il faut maintenant actionner une tirette qui agit comme une pompe pour faire monter le combustible. Comme, malgré mes efforts, je n'arrive pas à faire fonctionner la tirette avec les dents, j'ouvre le réservoir et le liquide inflammable se répand un peu partout.

Par ces températures, un briquet est inutilisable : le gaz liquide ou l'essence gèle à l'intérieur. Seules les allumettes fonctionnent. Mais sortir une allumette de sa boîte et la craquer sans l'usage de ses doigts, c'est mission impossible ! J'essaie avec la bouche, mais elles cassent les unes après les autres sans s'allumer.

Pendant une demi-heure, je tente vainement d'enflammer mon combustible. J'y laisse une quantité d'allumettes, ce qui est grave, car pour m'alléger au maximum, économiser le moindre gramme, j'ai – entre autres – coupé en deux le manche de ma brosse à dents, retiré les étiquettes de mes vêtements... et rationné mes allumettes à deux par jour.

J'ai l'idée de mettre mon briquet dans ma bouche pour le réchauffer et dégeler le gaz liquide qu'il contient. Au bout d'un quart d'heure, je pense y être arrivé. L'ennui, c'est que, ne pouvant pas refermer mes doigts dessus, je ne peux pas non plus me servir d'un briquet. Je finis par le coincer, ouvert, entre mes mains, pour faire courir la pierre contre le sol de la tente, là où s'est répandu le combustible. Enfin, une étincelle se produit et le combustible s'enflamme. Mais il s'en est déversé une telle quantité qu'un véritable incendie se déclenche sous ma tente ! Pour éviter de passer du surgelé au carbonisé en quelques secondes, je me dépêche de l'étouffer avec mon sac de couchage, en essayant de ne pas éteindre du même coup le réchaud qui s'est enfin allumé, grâce aux flammes remontées jusqu'à lui.

Dans un premier temps, la chaleur du réchaud me permet de revitaliser partiellement mes mains, juste assez pour pouvoir de nouveau plier les doigts. Je commence par les mettre directement dans le feu, pour – si ce n'est pas trop tard – les dégeler plus vite. Mauvaise idée : la chair anesthésiée par le froid ne me transmet aucune douleur, mais dégage une forte odeur de viande brûlée. Il faut y aller progressivement. La mobilité partielle que j'ai retrouvée dans les extrémités me permet de faire chauffer un peu d'eau. J'y trempe les mains, mais je ne sens pas le liquide se réchauffer. Alors je goûte régulièrement, comme le biberon de bébé, jusqu'à ce que l'eau atteigne les trente-six, trente-sept degrés... à vue de langue. Je reste deux heures... trois heures, dans ce bain de mains, avant de ressentir quelques picotements au bout des doigts. Sept d'entre eux, en tout cas. Le pouce, l'index et l'annulaire de la main droite ne « répondent » plus.

J'ai d'abord une réaction de désespoir à l'idée que je vais perdre mes doigts, alors que j'ai pourtant fait tout ce qu'il fallait pour ne pas en arriver là. Et puis, la volonté reprenant le dessus, je me dis qu'avec un peu de chance, je ne devrais pas y laisser plus de trois demi-phalanges. Peut-être même seulement les coussinets des extrémités. Ça aurait pu être les dix doigts, ou les orteils... Avouons-le, je savais dès le début que ce genre de chose allait m'arriver. De même que je savais parfaitement qu'à un moment ou un autre, je tomberais à l'eau. Je n'ignorais qu'une chose : quand ? Il n'y avait là aucun penchant suicidaire de ma part, juste une sorte de fatalisme bien géré, une conscience acquise du fait que l'Arctique, autrement, ne serait pas l'Arctique.

Le lendemain, je ne mets pas le nez dehors et passe la journée les mains dans l'eau tiède. J'enduis mes doigts de Bétadyne et j'avale des quantités d'aspirine pour me diluer le sang, afin qu'il irrigue plus facilement mes dernières phalanges. La glace qui s'était formée à l'intérieur de ma chair commence à fondre. J'enfonce la lame de mon couteau dans les crevasses de mes trois doigts infirmes, afin de repérer l'endroit exact à partir duquel je ne sens plus rien. La partie morte est finalement assez réduite. Si on ne m'enlève que ça, eh bien... je survivrai. Après tout, il me manque depuis longtemps la dernière phalange du médius droit, coincé dans la tourelle d'une mitrailleuse, en Angola, pendant la guerre contre les Cubains. Ce doigt-là, du coup, est toujours plus ou moins gelé, sans que cela me cause une gêne insurmontable.

Ces trente premiers jours ont été d'une dureté effroyable. Pourtant, j'approche des 85° de latitude nord, alors que toutes les autres expéditions ont abandonné. Mes réserves de carburant et de nourriture sont à un seuil critique, et je continue à dériver sur mon morceau de banquise. Mais je tiens toujours la forme, et je me sens capable de rattraper mon retard, compensant ainsi l'insuffisance de mes réserves. J'ai fait le plus dur. À présent, un boulevard s'ouvre devant moi. Je n'ai qu'un handicap : mes doigts. Chaque soir, je m'arrête deux heures plus tôt pour les désinfecter et les tremper dans l'eau chaude. Pour éviter qu'au sortir du « bain », ils ne gèlent instantanément au contact de l'air qui, même sous la tente, est à moins trente, moins quarante, j'éteins le réchaud, je transporte jusqu'à mon sac de couchage cette eau qui refroidit déjà, je me glisse dans le sac, je retire très vite mes mains de l'eau, je ferme mon sac de couchage et je coince mes mains entre mes jambes, pour les garder au chaud. C'est là que commence mon véritable calvaire : l'impression qu'on écrase mes doigts sur une enclume en tapant dessus avec un marteau de forgeron. Et ça dure toute la nuit ! Je devrais m'en réjouir, puisque cette douleur signifie que mes doigts dégèlent. Mais la souffrance est telle qu'elle me ferait presque préférer l'amputation.

Le matin, sitôt que j'ai replié mon campement, renfilé mes moufles et repris ma progression, mes doigts recommencent à geler, malgré le soin que j'en prends. Les veines sectionnées par les cristaux de glace empêchent désormais le sang d'irriguer mes dernières phalanges.

Soudain, la voix de Cathy, au telsat, fait s'ouvrir la banquise sous mes pieds :

– Franziska est morte.

Notre amie, qui est aussi une alpiniste accomplie, vient de se tuer lors d'une ascension dans les Alpes. Une corniche a cédé et l'a emmenée avec elle dans sa chute.

Le choc est tel que j'en oublie mes blessures, mes souffrances, ce froid terrible qui me brûle les chairs...

« Franziska est morte. »

J'appelle Philippe Rochat au téléphone satellite. J'ai pris l'habitude de le faire de temps à autre, comme avec toutes celles et tous ceux qui m'ont aidé. Cette fois, bien sûr, c'est différent. C'est à un homme brisé, détruit, que j'adresse des paroles de réconfort dont je mesure tout le vide, toute l'inutilité. Pourtant, Philippe semble content de m'entendre et l'ironie de la situation me ferait presque sourire : moi que mes blessures ont rendu à moitié infirme, moi qui survis dans des conditions inhumaines et qui ai besoin de tout le soutien qu'on peut m'apporter, je me retrouve en train de soutenir moralement un homme qui, sans avoir bougé de chez lui, traverse une épreuve pire que la mienne...

Et c'est à moi, je le sais, que cette situation apporte un « supplément d'âme »...

Sous la peau de mes pouce, index et annulaire gelés, ainsi que sur mon autre pouce, sont apparues de grosses cloques, des « ampoules de froid », dont je n'ignore pas qu'elles sont le premier signe de la gangrène.

Cette fois, je prends mon telsat pour appeler Cathy. Je ne lui ai pas encore parlé de ce qui est arrivé à mes doigts, pour ne pas qu'elle s'inquiète inutilement, et parce que j'estimais que c'était mon problème, donc à moi et à personne d'autre de le résoudre. D'une manière aussi peu alarmiste que possible, je lui décris mes symptômes en lui demandant de consulter pour moi un spécialiste. Elle me met en contact avec une doctoresse spécialiste des mains.

– Vos doigts ont-ils changé de couleur ? me demande-t-elle.

Oui, et il y a pire : mes deux pouces, mon index et mon annulaire droits ont éclaté en chou-fleur, prenant un vilain aspect de tripes congelées.

– Il y a combien de temps que vos doigts sont gelés ?

– Trois, quatre jours.

À sa demande, je lui fais une description aussi détaillée que possible des ampoules et des parties ouvertes. Elle veut savoir si ça sent. Ça ne sent pas, ça pue ! Chaque fois que je sors mes doigts de l'eau chaude, un véritable relent de pourriture me saute aux narines.

– Rentrez immédiatement, m'ordonne la spécialiste, si vous voulez nous donner une petite chance de sauver vos mains.

Je n'en reviens pas ! On voit bien qu'elle n'a pas passé trente-cinq jours à arpenter la banquise, cette soi-disant spécialiste, un traîneau de deux cent dix kilos accroché aux reins ! Que sait-elle de ma situation ? De quel droit m'ordonne-t-elle de tout laisser tomber et d'abandonner maintenant ?

Je raccroche plutôt sèchement, sur un bref : « Merci, je vous rappellerai si j'ai d'autres questions. »

Je rapporte cette conversation à Cathy, qui se tourne vers mon sponsor, Groupama assistance. Celui-ci contacte, à son cabinet de Chamonix, un homme qui est unanimement considéré comme l'un des plus grands spécialistes des pathologies liées au froid, le docteur Cauchy. Dans son domaine, ce médecin français est une sorte de gourou, écouté avec le même respect.

Au téléphone, le docteur Cauchy commence par me poser à peu près les mêmes questions que sa consœur, et me recommande de ne surtout pas crever mes ampoules. Je lui explique que j'ai récupéré un peu de sensibilité dans le bout des doigts. Il admet que c'est encourageant, mais diagnostique que j'ai atteint ce qui est considéré dans sa partie comme des lésions de niveau 4. « Au-delà, m'assène-t-il, il n'y aura plus d'autre possibilité que l'amputation. Celle-ci deviendra irrémédiable si vous continuez à vous exposer au froid, car l'état de vos doigts ne fera que se détériorer. »

Je suis furieux et déçu. J'ai besoin de supporters qui me tapent dans le dos et me crient des encouragements, pas d'oiseaux de mauvais augure qui me poussent à jeter l'éponge.

Pendant que je m'obstine à refuser de céder aux sirènes de la défaite, la nouvelle de ma mésaventure se répand sur le net, puis dans les journaux. Chez moi, en Suisse, la télévision monte en épingle l'« affaire Mike Horn », et de toute part on presse Cathy de venir prendre en direct la défense de son irresponsable de mari, qui refuse d'écouter la voix de la raison. Ma femme réplique bravement que je n'ai pas besoin d'elle pour me défendre. « C'est lui le maître à bord, dit-elle, lui qui prend les décisions. Je ne le défends pas, je l'assiste et je le soutiens, quels que soient ses choix. » Elle refuse de donner aux médias le nom des deux médecins que j'ai consultés par téléphone, mais les journalistes les débusquent et les invitent à un *talk-show* sur le thème des gelures et des risques encourus par les imprudents dans mon genre. « Que va-t-il arriver à Mike, s'il refuse de rentrer ? » La question est au cœur du débat.

Pour moi, elle ne se pose même pas. Ce sont *mes* doigts, *ma* vie, *mes* choix... ceux de personne d'autre.

Je continue d'avancer, en renonçant désormais à me tremper les doigts dans l'eau chaude. La méthode serait efficace en milieu hospitalier, ou sous un climat tempéré. Ici, par moins trente ou quarante, ils ne font que geler un peu plus profondément, chaque fois que je les sors du bain ou que je m'en sers pour monter ma tente, attacher un mousqueton, nouer mes lacets de chaussures, me préparer à manger... et à chaque pas que je fais sur la banquise. Des pansements feront l'affaire. J'apprends même à fonctionner sans l'usage de mes mains, du moins au sens où on l'entend habituellement. J'utilise mes dents, et mes paumes rassemblées pour saisir un objet, s'il n'est pas trop petit.

Pour compenser les heures que je mets à exécuter la moindre tâche, je réduis la durée de mes journées de marche. Résultat, j'avance moins vite qu'au début de l'expédition, mais je tiens une bonne moyenne – plus de quinze kilomètres par jour – et j'ai toutes les raisons d'être optimiste. Une, en particulier : malgré mes mésaventures, j'ai atteint le même point, après le même nombre de jours, que les quatre légionnaires français qui ont tenté la même expédition, l'année dernière à la même date.

Mais l'avertissement de l'homme de Chamonix ne cesse de me hanter. Les quelques jours qui me séparent encore du pôle vont très probablement me coûter mes doigts : ceux qui sont déjà atteints, mais peut-être aussi les autres ; ce qui ferait de moi un handicapé et mettrait un terme définitif à ma carrière. Atteindre le pôle... oui, bien sûr. Je me suis assez battu pour ça. Mais une fois là, je me retrouverai sur un morceau de banquise flottant, qui m'obligera à me déplacer sans cesse, uniquement pour rester sur mon objectif... Est-ce vraiment plus important que de pouvoir continuer longtemps, le plus longtemps possible, à vivre cette vie d'aventures, cette vie que j'ai choisie et à laquelle je ne renoncerais pour rien au monde ?

J'appelle mon ami Johann Rupert, président du groupe Richemont, pour lui confier mes états d'âme. Il n'a pas une hésitation : « Rentre tout de suite ! » me dit-il.

C'est la troisième fois qu'on me donne ce conseil – je devrais dire cet ordre. Je suis de plus en plus tenté d'obéir, mais... je n'ai encore jamais échoué. Si j'arrête, ce sera une première.

– Bien, dis-je à Johann, j'ai juste besoin d'un petit peu de temps pour prendre ma décision.

Du temps, pour m'habituer à l'idée de ne pas arriver au bout, alors que je suis plus en forme que jamais, malgré de gigantesques ampoules aux talons que je ne sens même plus, et trois doigts gelés qui ne me gênent pas pour marcher. Du temps, pour m'habituer à l'idée de l'échec, alors que je suis en position de gagner. Du temps, pour accepter de ne jamais, peut-être, avoir une deuxième chance. Pendant que je continue encore à avancer, les affres du dilemme me font presque oublier le froid. Et puis, à force de retourner le problème dans tous les sens, je finis par envisager cette expédition comme ce qu'elle est avant tout : une inestimable source d'enseignements sur moi-même. Parmi beaucoup d'autres choses, elle m'aura fait découvrir le goût de l'échec et appris à gérer la défaite, moi qui, jusqu'à présent, n'ai connu que la réussite. Je vais devoir rentrer en Europe, affronter le jugement des autres et les regarder dans les yeux en leur répondant : « Au moins, j'ai essayé. » Une expérience nouvelle, et peut-être aussi une profitable leçon d'humilité.

Franziska continue à me parler, chaque fois qu'en déballant le repas préparé par son mari, je lis le petit mot qui l'accompagne : « Bon appétit et bon courage ! » « Accroche-toi, c'est bientôt fini ! » « Encore un effort, et tu rentres à la maison ! » « Fait pas chaud, mais on t'attend au coin du feu ! »

Savoir que cette voix qui m'encourage est celle d'une femme qui a cessé de vivre me bouleverse et me donne une raison supplémentaire de me dépasser.

Soudain, une question incongrue me vient à l'esprit : que faire de tous ces petits mots, les derniers que Franziska aura écrits ? Philippe veut-il que je les lui rapporte ?

– Non, me répond-il sans hésiter. Répands-les sur la banquise, près du pôle. Donne-les à la nature et au vent, comme des drapeaux de prières tibétains. C'est ce qu'elle aurait voulu : faire partie pour toujours des éléments.

Quelques jours plus tard, j'obéis à Philippe et livre aux bourrasques arctiques une poignée de petits rubans de papier blanc. Le souffle est si puissant qu'ils disparaissent à peine sortis de ma main... comme si Franziska était pressée de rejoindre cette nature sauvage qu'elle a aimée à en mourir.

J'ai dépassé les 85° de latitude nord. À présent, c'est une véritable autoroute, une banquise aussi plate que le Grand Lac salé, qui s'étend devant moi. La nuit, je dors deux ou trois heures, grâce à la morphine que contient ma trousse médicale et qui calme les coups de marteau assenés sur mes doigts. La douleur revient au réveil, mais je l'oublie dès que je me remets à avancer. Je ne suis plus qu'à une quinzaine de jours de marche du point le plus septentrional de la planète : le pôle Nord.

C'est à ce moment-là que le déclic libérateur se produit.

Atteindre le pôle a été une obsession qui a dominé ma vie au point de me rendre aveugle à tout le reste. C'est pourquoi... je serai forcément déçu en atteignant mon but. J'ai l'impression qu'en posant le pied sur ce repère fatidique, je me viderai pour toujours de cette force qui m'a poussé jusqu'ici et fait relever tant d'autres défis.

Je m'imagine tourner autour du pôle, le renifler à quelques mètres... sans y poser le pied. Ainsi, il me restera toujours ce but à atteindre, ce Graal à conquérir, comme une douceur dont on se prive parce que « plus on attend, meilleur c'est ». J'aurai dominé les éléments en décidant moi-même de l'issue du combat. Et même si je semble avoir échoué, je remporterai une victoire personnelle.

Il y a une semaine que mes doigts sont gelés. Ce soir, il fait légèrement moins froid et je monte ma tente par un coucher de soleil magnifique. Autour de moi règne une sorte d'harmonie fragile et parfaite. Ni le froid, ni le *pack*, ni les crevasses ne m'ont vaincu. Parce que j'ai survécu à tout, la décision est mienne.

Je suis prêt à rentrer chez moi.

J'appelle Cathy, qui prévient Gouram Assathiany, un garçon d'origine géorgienne qui parle couramment le russe et prend les choses en main. Parce que je me trouve sur la partie russe de la banquise, Gouram contacte différentes bases militaires sibériennes, et finit par dénicher un pilote et un hélicoptère disponibles.

Avant de me ramener chez moi, il faut d'abord me retrouver, ce qui n'est pas simple. Les gens de chez Argos avaient proposé de me « prêter » une balise pour une durée de deux ans, moyennant cinquante mille euros. Trop cher pour moi. Mon ami Vincent Borde m'a alors obtenu une balise de chez Plastimo, qui l'a expédiée en Russie, et de là à un campement situé près du pôle et relié au cap Artechevsky par une navette hélico. Un pilote chargé de convoyer ma balise m'a fait savoir qu'il allait me la larguer. Mais au moment où il arrive, j'apprends qu'il m'en coûtera dix mille euros ! Tout ça pour un détour de quelques kilomètres sur un trajet qu'il fait pratiquement tous les jours !

Voilà, en bref, pourquoi je n'ai pas de balise. Or, entre le chemin parcouru depuis le départ et mes longues dérives, on a perdu ma trace. Il faudrait balayer quatre ou cinq cents kilomètres de banquise pour me retrouver, et les Russes n'ont, disent-ils, pas assez de carburant pour effectuer de telles recherches. Ils ne peuvent que venir me récupérer à un endroit précis et me ramener directement sur leur base. Je donne donc ma position à Cathy, qui la transmet à Gouram Assathiany, lequel organise ma récupération avec les Russes, dans un déploiement logistique impressionnant.

Mais dans ce pays où la bureaucratie règne en despote, ramener sur le territoire quelqu'un qui n'a ni passeport ni visa d'entrée, et qui est armé, par surcroît (pour me défendre contre les ours), est une affaire d'État. Même si c'est une question de vie ou de mort. Je passe deux jours à attendre, replié sous ma tente. Deux jours pendant lesquels mes doigts gelés me font souffrir atrocement ; deux jours où la glace recommence à se fissurer autour de moi, et où je me remets à dériver sur un morceau de banquise. Furieux, j'appelle Gouram pour l'avertir que, n'ayant pas cessé, depuis quarante-huit heures, de m'éloigner de ma position, je vais devoir me remettre en marche pour la rejoindre. Il me répond de ne surtout plus bouger : le processus de récupération est en marche. De guerre lasse, j'obéis et me recroqueville de nouveau sous mon abri, comme un escargot dans sa coquille. Je me bourre de cachets de morphine pour calmer la douleur terrible qui ne cesse de martyriser mes doigts. Quand Cathy m'appelle, le lendemain matin, pour m'annoncer que l'hélico m'aura rejoint dans huit heures, je n'ai plus la force d'y croire. Je m'offre une nouvelle dose de morphine et je plonge dans un sommeil comateux. Mes rêves, pleins d'énormes glaçons qui s'entrechoquent dans tous les sens, sont soudain perturbés par le toussotement d'un hachoir électrique... à moins que ce ne soit le crachotement d'une tondeuse à gazon. Soudain, je suis réveillé en sursaut par le glissement métallique du zip de ma tente, dont les pans s'écartent sur le visage encapuchonné et barbu d'un militaire russe. « Allez, viens ! crie-t-il. Amène-toi, on s'en va ! Vite ! »

Et moi, le cerveau encore embrumé :

– Où ça ?

– On retourne à la base, et tout de suite ! L'hélico ne peut pas se poser à cause de l'état de la glace, et il a juste assez de carburant pour faire l'aller-retour !

On me sort de ma tente et on m'enjoint de grimper dans l'hélico – suspendu, en effet, à un mètre du sol – en laissant tout mon équipement derrière moi. Je refuse net. Plutôt rester ici que d'abandonner tout ce par quoi, pour quoi et grâce à quoi j'ai survécu pendant ces quarante jours et ces quarante nuits. C'est peut-être l'effet de la morphine, mais il me semble que ce matériel est devenu une partie de moi-même. L'abandonner sur la glace ne me paraît même pas envisageable.

Devant mon obstination, les Russes préfèrent céder, plutôt que de perdre une minute de plus à discuter. Dans la tempête de neige soulevée par les pales, ils ouvrent les soutes de l'appareil et y jettent mon matériel avec une brutalité de déménageurs sous-payés. Il est vrai qu'il n'y a pas le moindre endroit où atterrir entre ici et le cap Artechevsky, et qu'en cas de panne sèche, ce sera le plongeon direct dans l'Arctique et la fin du voyage pour tout le monde. De quoi être nerveux, en effet.

Je saute à bord et l'hélico s'arrache aussitôt. Un médecin russe, envoyé pour m'administrer les premiers soins, examine mes doigts avec une mine sombre et des hochements de tête éloquents. Il remplace mes pansements artisanaux par des bandages frais, répand un spray antiseptique sur mes gelures et m'administre une nouvelle dose de morphine, en piqûre, cette fois. Je les regarde faire avec indifférence, lui et cette jeune Russe – venue d'une télévision locale – qui, caméra à l'épaule, filme tout ce qui se passe. Je n'éprouve plus rien qu'une profonde déception, une tristesse irrésistible qui me fait monter les larmes aux yeux, pendant que défilent sous mes pieds les kilomètres de banquise que j'ai eu tant de mal à parcourir en sens inverse. Je suis malheureux, frustré, plein de colère : ce n'est pas normal ! Ce n'est pas de cette manière-là que les choses devaient finir !

Je subis de plein fouet le contrecoup de l'arrachement brutal à cette nature avec laquelle j'ai fini par faire corps, à force de n'avoir personne à qui parler qu'à la glace et la neige... J'en arrive à penser qu'il aurait mieux valu que je meure sur la banquise.

On me fait boire de la vodka et du thé brûlant, on me donne de la viande de renne, que j'avale machinalement. Je prête à peine attention au pilote qui se retourne pour nous annoncer que la jauge est au plus bas et qu'on n'est pas sûrs d'arriver. Plus rien n'a d'importance. J'entends les signaux que le navigateur expédie en morse. N'a-t-il pas d'autre moyen de communication ? Je remarque que nous volons à présent en rase-mottes au-dessus de la glace ; c'est peut-être pour raccourcir la chute : un hélico en panne d'essence doit tomber comme une pierre...

Le rotor s'arrête d'un coup, avec un claquement terrible, à la seconde précise où nous touchons l'aire d'atterrissage du cap Artechevsky. L'équipage pousse un énorme soupir de soulagement. Mission accomplie.

Le temps de refaire le plein, nous repartons pour Dickson, un port de l'Arctique russe qui est aussi la base de l'hélico. Là, on me charge dans une ambulance, qui fonce dans la neige jusqu'à l'hôpital, un gigantesque et sinistre bâtiment de béton lézardé qui semble à peine tenir debout. Il est aussi vide que ses dortoirs où s'alignent des sommiers métalliques dépourvus de matelas. Je me retrouve dans une salle d'eau dont le carrelage a partiellement disparu et dont la tuyauterie n'est qu'un souvenir. On remplit l'unique baignoire avec des seaux d'eau, préalablement chauffée sur un poêle à charbon. J'ai l'impression d'être dans un goulag abandonné.

Mais venant d'où je viens, c'est une thalasso trois étoiles, où je vais m'offrir un décrassage qui ne sera pas du luxe : il y a près de cinquante jours que je ne me suis pas lavé et je dégage une solide odeur de putois.

Seul problème : je vais avoir du mal à me déshabiller sans l'usage de mes mains. C'est alors qu'apparaît l'infirmière russe venue m'assister dans mes ablutions. Loin du vieux fantasme de la bombe sexuelle, nue sous sa blouse, celle-là aurait pu être championne olympique d'haltérophilie au temps de l'Union soviétique. Sa masse l'oblige à passer la porte de profil et quand elle se plante devant moi, j'ai l'impression d'avoir enfin rencontré le yéti, en plus velu. Avec un grognement sourd, l'abominable femme des glaces se jette sur moi et m'arrache mes vêtements. Quand je ne suis plus vêtu que de ma saleté, elle me pousse dans l'eau bouillante et sort en me laissant mijoter, histoire de décoller ma crasse. J'ai à peine le temps de commencer à me détendre qu'elle réapparaît, brandissant une brosse terrifiante. La matrone gonflée aux stéroïdes m'empoigne et me soulève aussi facilement qu'un bébé, puis entreprend de frotter chaque centimètre carré de ma personne, comme on bouchonne un cheval. Avec la forêt de poils qu'elle a sous les bras, on pourrait faire des chapkas pour toute une famille. Mais elle connaît son travail. Bientôt, je suis rouge vif, mais d'une propreté irréprochable.

Habillé en tout et pour tout d'une paire de chaussons et d'une blouse chirurgicale à lacets qui me laisse le derrière à l'air, je rencontre un chirurgien russe. Celui-ci trace au feutre des cercles à la base de mes pouces, et me fait comprendre son intention de trancher dans le vif.

Je hurle :

– *NIET !*

J'ai beau être devenu fataliste depuis qu'on m'a récupéré sur la banquise, il est hors de question que je me laisse charcuter par ce Frankenstein sibérien ! Si je perds mes pouces, c'est comme si je perdais les mains ; et si je n'ai plus de mains, autant me suicider tout de suite !

Je suis sauvé par Gouram qui, quelques minutes plus tard, appelle le maire de Dickson pour l'avertir qu'un *learjet* avec un médecin à bord vient de décoller de Paris, direction Norilsk, pour me ramener en Europe où je serai soigné. Dans l'intervalle, on ne doit pratiquer aucune intervention sur ma personne. Quand le chirurgien de l'hôpital reçoit ces instructions, il est visiblement déçu, lui qui se faisait une joie de me découper. On m'installe dans un lit garni d'un matelas et d'une paire de draps dénichés Dieu sait où, et on me plante une perfusion « d'époque » : la bouteille est en verre, et je hurle quand mon infirmière haltérophile m'enfonce dans le bras une aiguille qui ressemble à un pot d'échappement de 2CV.

Quelques minutes plus tard, le maire de Dickson fait son entrée. Il est venu en personne présenter ses respects à un homme dont il n'a jamais entendu parler, mais que Gouram Assathiany lui a présenté comme une star de l'aventure, une célébrité internationale. Visiblement ravi de ma visite dans sa bonne ville, il me tient des propos que je devine chaleureux, car je ne parle pas un mot de russe, et lui pas un mot d'autre chose. Sans façon, il s'asseoit sur mon lit et, avec un sourire convivial, écarte les pans de sa grosse veste en cuir dont il extrait successivement : une bouteille de vodka, deux verres, trois oranges, un couteau, un pain et un saucisson à l'ail. Il découpe les oranges, le pain et le saucisson, nous verse deux rasades et trinque avec moi en lançant : « *Za zdarov'ié* ! » Santé !

Je doute que l'alcool – surtout aussi fort que celui-là – me soit vraiment recommandé, alors que je n'en ai pas bu une goutte depuis quarante-cinq jours, et qu'on m'a bourré de morphine, entre autres médicaments. Mais après tout... Mon hôte m'explique l'art et la manière d'alterner les bouchées d'orange, de pain ou de saucisson avec les lampées de vodka avalées cul sec. Mon verre se remplit tout seul chaque fois que je le pose. Je n'ignore pas qu'en Russie, on n'ouvre pas une bouteille de vodka sans la finir. Il faut ce qu'il faut...

Les murs gris de l'hôpital commencent à tourner. Heureusement que je suis déjà couché, et que la bouteille est vide...

Mais la veste du maire en contient une deuxième ! Celle-là, je rends les armes avant d'en venir à bout. Qu'à cela ne tienne ! Mon hôte la finit tout seul. Je m'attends à le voir s'écrouler sur le lit voisin du mien, mais il repart en titubant à peine, le visage illuminé d'un sourire radieux.

Pendant la nuit que je passe à l'hôpital de Dickson, j'ai le temps de réfléchir. Il y a toutes les chances pour qu'on sauve mes doigts ; j'ai fait ce que j'avais à faire, j'ai accompli ce que j'ai accompli. Il ne me reste qu'à l'expliquer aux journalistes, aux amis, à tous les autres... et à faire la paix avec moi-même.

Gouram a organisé pour le lendemain mon transfert en hélico jusqu'à Norilsk, où le *learjet* venu de Paris m'attend pour m'emmener à Genève. De là, on me conduira à Chamonix, chez le docteur Cauchy. Mais les hélicos sont cloués au sol par le mauvais temps et je patiente vingt-quatre heures de plus avant de rejoindre Norilsk. Là, des enveloppes bourrées d'argent liquide changent discrètement de main, et je suis miraculeusement dispensé de toute formalité.

J'apprendrai plus tard que les enveloppes étaient plus grosses et plus nombreuses encore que ce que j'imaginais, et que mon sauvetage a été tout aussi homérique, vu du bureau parisien de Groupama Assistance.

Quand je lui ai donné le feu vert, Gouram Assathiany a successivement contacté trois bases militaires russes de la région sibérienne me concernant. La première avait bien un hélico... dont on avait démonté les pales ; la deuxième possédait un appareil, mais le moteur était introuvable. À la troisième base, celle de Dickson, un pilote a répondu que son hélico était en état de voler... mais lui, de toute évidence, ne l'était pas. Gouram l'a rappelé le lendemain, une fois les effets de la vodka dissipés. À nouveau lucide, l'homme a exigé une petite fortune pour aller me récupérer. Après un marchandage serré, Gouram et lui sont tombés d'accord. Je me trouvais à sept heures de vol de Dickson et le pilote a imposé la présence d'un second équipage – pas bénévole non plus. « Et le gasoil, a-t-il ajouté en substance, vous en avez, ou je vous en vends ? » La base militaire n'en possédant pas assez, il a fallu convaincre – à coups de dollars US – un capitaine de pétrolier croisant dans l'Arctique de faire escale au cap Artechevsky pour ravitailler l'hélico. Résultat : le plein d'essence le plus cher de l'histoire.

Assathiany a dû ensuite faire jouer ses relations moscovites pour obtenir l'autorisation de nous faire entrer sur le territoire russe, moi, mon arme et mon absence de papiers. Là encore, de grosses quantités de cash ont changé de main. Et c'est parce qu'il avait été lui-même copieusement « arrosé » que le maire de Dickson s'était montré si attentionné – et si généreux – à mon égard.

De quoi perdre quelques illusions.

À bord du jet privé m'attendent Cathy, le grand médecin chamoniard... une hôtesse de l'air et trois pilotes. Nourri et dorloté comme un passager de première classe, je fais un voyage de retour qui serait paradisiaque si le spécialiste, sondant mes gelures de la pointe de son scalpel, ne pronostiquait la perte de la plus grande partie de mes premières phalanges. Il faudra de toute façon amputer à partir de l'endroit où l'os est gelé, dit-il. Reste à déterminer cet endroit avec précision, ce qu'il ne peut faire dans l'instant. Toutefois, il reste un espoir : une nouvelle méthode, censée réveiller de force les tissus morts...

Je jubile intérieurement : quoi qu'il arrive, je garderai l'usage de mes mains.

À Genève, comme mes blessures m'empêchent d'enfiler la moindre chaussure, c'est pieds nus et les mains recouvertes de pansements que je descends de l'avion, sous les téléobjectifs de la presse – que personne n'a convoquée, mais qui a été informée de mon arrivée.

Dès mon installation à la clinique de Chamonix, où je débarque vers une heure du matin, on commence le traitement. Celui-ci consiste, pendant que mes mains trempent dans une solution de Bétadyne, à m'injecter dans les doigts un vasodilatateur qui a pour effet de forcer le sang vers les extrémités. Chaque fois que l'organisme commence à s'habituer à la pression, on l'augmente. Je suis au bord de l'évanouissement pendant les trois heures que dure cette première séance. On la renouvelle deux fois par jour, plusieurs jours de suite, en alternance avec des bains de Bétadyne.

Une fois le traitement terminé, le docteur Cauchy m'annonce que nous avons le choix entre : amputer immédiatement, ou attendre un mois, un mois et demi, pour voir comment les choses évoluent. La seconde option est à double tranchant (si j'ose dire) : je peux aussi bien récupérer un morceau de phalange supplémentaire qu'en perdre davantage.

Je décide de courir le risque.

Les doigts toujours bandés, je rentre chez moi. La presse me harcèle de questions pas toujours bienveillantes, auxquelles je mets peu d'empressement à répondre. Fuyant les photographes qui veulent des clichés de mes doigts, je passe quotidiennement des heures à courir ou à pédaler (bien que j'aie du mal à tenir un guidon), à la fois pour me remettre en forme et pour « booster » ma circulation sanguine. Cathy refait mes pansements tous les jours. Mes doigts virent au noir, se flétrissent et se dessèchent, prenant des allures de viande à chiquer. Les ongles tombent, le pus suinte... J'ignore si les choses s'arrangent ou si elles s'aggravent. Mais je suis décidé à ne pas succomber à l'adversité et à me battre de toutes mes forces pour reprendre le dessus.

Au bout d'un mois, je retourne à Chamonix, où l'on m'injecte un produit, une substance « nucléaire » qui a la particularité de coller à toutes les particules vivantes qu'elle rencontre, ce qui fait apparaître au scanner les zones mortes et les zones actives de manière lumineuse et parfaitement distinctes. On constate ainsi – grande nouvelle ! – que j'ai récupéré un peu de vie dans certains tissus. Mais le reste est mort. Définitivement, cette fois.

Dix jours plus tard, on m'ampute de l'extrémité de trois de mes dernières phalanges, et on râpe le bout sans vie de l'os d'un de mes pouces. Ensuite, on rend un semblant de forme aux doigts amputés. L'opération terminée, le chirurgien choisit de ne pas refermer, mais de laisser la peau se reconstituer toute seule, ce qui lui donnera une épaisseur supplémentaire.

Lorsque je retourne le voir, quelques semaines plus tard, mes amputations sont devenues à peine visibles à l'œil nu. J'ai le bout des doigts plat, taillé en biseau au lieu d'être arrondi, et les coussinets des extrémités ont été remplacés par une couche cornée.

Bien sûr, je n'ai plus la même sensibilité et j'ai du mal à ramasser une aiguille, ou à visser un écrou sur une vis de petite taille. Mais j'ai mes dix doigts, et c'est ce qui compte.

Une chose est sûre, me dit le chirurgien : si j'avais passé quelques jours de plus sur la banquise, on n'aurait pas pu sauver mes doigts.

Je lui demande quand je pourrai repartir pour le Grand Nord.

– Interdiction absolue de vous exposer à des froids extrêmes avant au moins deux ans, Mike, me répond le praticien.

Quatre mois plus tard, j'attaque le cercle polaire arctique.

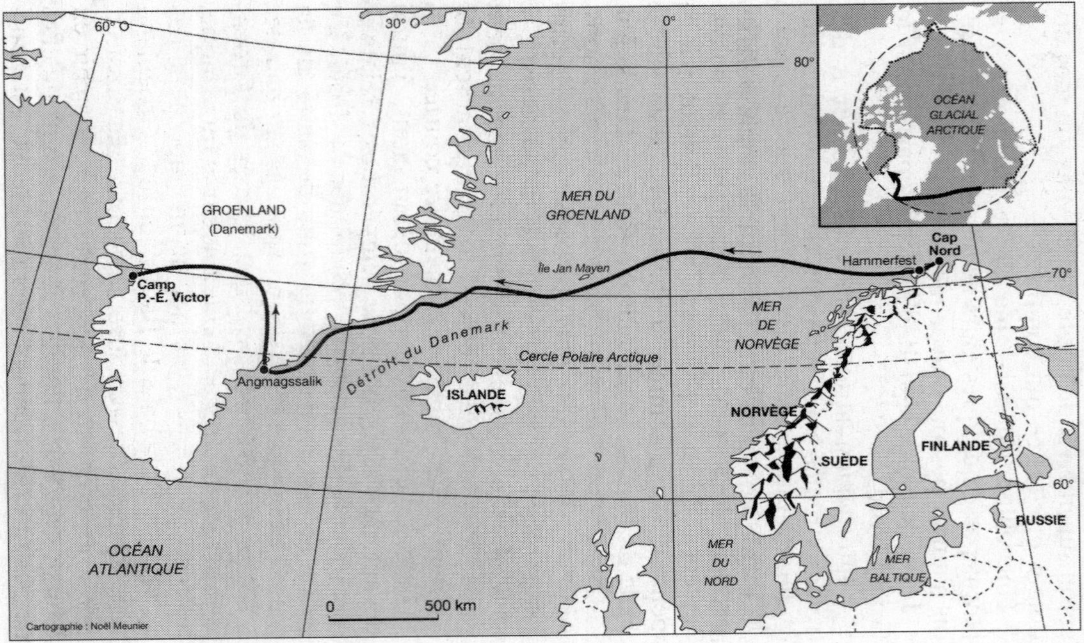
60° O
30° O
0°
80°
70°
60°
OCÉAN
GLACIAL
ARCTIQUE
GROENLAND
(Danemark)
MER DU
GROENLAND
Camp
P.-É. Victor
Angmagssalik
Île Jan Mayen
Cap
Nord
Hammerfest
Détroit du Danemark
Cercle Polaire Arctique
ISLANDE
MER
DE
NORVÈGE
NORVÈGE
SUÈDE
FINLANDE
RUSSIE
MER
DU
NORD
MER
BALTIQUE
OCÉAN
ATLANTIQUE
0
500 km
Cartographie : Noël Meunier

2

Terra incognita

Je suis sûr d'une chose : il faut que je reparte le plus vite possible. Lors de mon rapatriement, pendant mes soins, mon opération, ma convalescence... je n'ai pas cessé d'être là-haut par la pensée. C'est comme si j'attendais, assis sur le banc de touche, le moment de rentrer dans le jeu.

Quoi qu'en dise mon spécialiste, il m'est impossible de m'arrêter pendant deux ans. J'aurais l'impression de m'enterrer vivant. D'autre part, je suis un professionnel, et un professionnel ne peut pas se permettre d'être aussi longtemps absent du « circuit ». Les gens ont la mémoire courte.

Je calcule qu'en partant début août, j'aurai devant moi trois mois de températures relativement clémentes pour me réhabituer au froid. En outre, je me débarrasserai tout de suite de la longue étape maritime de mon voyage ; et dans les meilleures conditions, puisque la mer du Groenland sera libre de glace. Une fois sur la terre ferme, le mauvais temps éventuel ne m'empêchera pas d'avancer. Et la baie de Baffin, entre le Groenland et le Canada, devrait être navigable, elle aussi.

J'ai un créneau de deux mois pour franchir en bateau ces deux étendues marines, avant qu'elles ne gèlent et deviennent impraticables. C'est pourquoi je commencerai par là : pour ne pas risquer, ayant été retardé en Russie ou ailleurs, de me retrouver bloqué sur place pendant huit mois, à attendre le dégel.

Si tout se déroule à peu près comme prévu, ce planning devrait, par ailleurs, m'amener devant le détroit de Béring (entre l'Alaska et la Sibérie) vers le mois de septembre 2003, une période de l'année où les redoutables tempêtes de la mer de Béring observent une trêve estivale. Deux mois plus tard, elle sera gelée et je devrai attendre février de l'année suivante que la glace soit suffisamment épaisse et solide pour traverser à pied.

Bref, une « fenêtre » relativement étroite...

Je fixe au 4 août 2002 mon départ pour mon tour du cercle polaire arctique, ce qui me permettra de traverser plus facilement la zone de glace flottante qui défend l'accès aux côtes.

Loin de m'avoir abattu, mon relatif échec dans ma tentative d'atteindre le pôle m'a enrichi d'une inestimable somme d'expériences, et d'un enseignement précieux : en apprenant à dire « stop ! », j'ai fait un pas de plus vers la sagesse.

Tout s'accélère. L'enseignement de Borge s'est enrichi de ma propre expérience, ce qui me permet d'ajuster mon équipement à mon « style » propre. Je profite des quatre mois qui me séparent du grand départ pour faire fabriquer de nouveaux prototypes de cerfs-volants, plus grands et plus petits, pour me tracter sur la glace. Je choisis chez Salomon des skis de télémark[1] « améliorés », c'est-à-dire dont la largeur se situe entre le ski de fond et le ski alpin. La résistance à la poussée sera plus grande, mais j'aurai plus de surface portante,

1. Le télémark est une discipline voisine du ski de fond, très populaire en Norvège.

ce qui contribuera à me maintenir sur la neige, plutôt qu'en dessous. Les spécialistes maison étudient avec moi l'équilibre idéal entre le bois des lattes intermédiaires, l'acier des carres et le Pytex de la semelle, pour que la courbure parfaite de la planche ne s'inverse pas soudainement à moins quarante.

Je modifie certains boutons, leviers, molettes, de manière à pouvoir les actionner même avec les doigts gelés. Je choisis des bouteilles à double fermeture, pour ne pas perdre le contenu et le contenant si un bouchon cède. J'évite soigneusement les nouveaux Thermos à pressions, ressorts et autres gadgets qui ne demandent qu'à casser sous l'effet du froid. Que leur contenu se répande ou se solidifie, c'est le drame.

Je ne suis pas pointilleux, je veux juste survivre. Et je ne peux que répéter avec encore plus de force ce que j'ai dit avant de partir pour le pôle : ma vie dépendra de chaque pièce de mon équipement, comme elle n'en a jamais dépendu auparavant.

Officine Panerai me fabrique une montre antimagnétique dont le mécanisme, qui ne doit avoir aucun contact avec le boîtier pour résister au froid, est « suspendu » par un moyen si secret que ses inventeurs refusent de le révéler, même à moi. Je la porterai sur ma manche, au moyen d'un long bracelet de Velcro, et non contre ma peau, car le métal y adhérerait avec le froid et – incroyable mais vrai ! – aspirerait la chaleur corporelle de mes doigts. Quant à une montre en plastique... elle ne résisterait pas vingt-quatre heures. Je serai le premier à tester cette Panerai, modèle « Arktos », virtuellement indestructible, créée spécialement pour mon expédition. Si elle surmonte l'épreuve, elle sera commercialisée en série limitée.

Yvan Ravussin me fabrique tout spécialement une pelle à neige qui est un petit bijou. En carbone-Kevlar, comme les pantalons de protection antitronçonneuse et les gilets pare-balles, elle est à la fois incassable et légère comme une plume.

Mais d'abord et avant tout, je fais complètement réétudier ma tente par Ferrino, mon fabricant italien, à qui j'apporte une série de croquis maison et un cahier des charges impressionnant, même pour eux. Si la marque a souvent travaillé pour des expéditions polaires, elle n'a encore jamais conçu une tente en vue d'un usage aussi prolongé dans des conditions extrêmes.

Il faut donc tout revoir, à commencer par les matériaux eux-mêmes.

Ma tente sera en Nylon antidéchirure, c'est-à-dire constitué de petites pièces carrées qui empêchent tout accroc de s'étendre. Ce Nylon ne devra pas casser une fois exposé à des températures où le métal devient friable comme du verre, où l'élastique ne se rétracte plus, où la tente pliée aura la consistance et la rigidité d'une plaque d'acier.

À l'usine, nous hésitons sur sa forme : en dôme, en demi-tube, en « A », en tipi ? Une tente en demi-tube – ou en « tunnel » – est idéale, plantée face au vent (c'est l'effet aile d'avion). Mais dans l'Arctique, le vent tourne sans cesse et par bourrasque latérale, faute d'arceau central, ce « tunnel » s'écrasera par le milieu. Je me décide pour un mélange de tube et de dôme, avec arceaux croisés, qui offrira une plus grande résistance au vent, d'où qu'il vienne. Une tente pas trop haute, pour éviter toute déperdition de chaleur ; pas trop basse, pour pouvoir m'y asseoir, surtout quand la tempête m'y enfermera pendant des jours ; et, bien sûr, assez longue pour y tenir couché. Afin de ne pas gaspiller un centimètre carré, ni m'encombrer de la moindre toile superflue (quelques centaines de grammes représentent une différence non négligeable), je la fais rétrécir aux pieds et élargir aux épaules, où j'ai besoin de davantage de place pour évoluer. Du coup, mon croisement de tube et de dôme a des allures de suppositoire...

Je ne veux pas trop de câbles non plus, ni de points de fixation. En guise d'amarres, j'utiliserai mes bâtons, enterrés dans la neige, mes skis et mon traîneau, ce qui m'évitera de transporter des piquets. Par très grand vent, j'enfoncerai deux « vis à glace » dans le sol et j'y ancrerai ma tente une fois montée.

Elle doit être parfaitement ventilée pour évacuer l'humidité et la vapeur qui se dégagent quand je fais fondre de la neige ou réchauffer mes aliments. Sans quoi, cette humidité couvrirait de glace les parois internes, ainsi que mes vêtements, et je gèlerais sur place. La ventilation sera assurée, au niveau du sol, par une entrée d'air froid qui se réchauffera avant de s'évacuer en haut, grâce à une « cheminée ». Par ailleurs, la tente se composera de deux « couches » : la seconde, la « couverture », ayant une fonction isolante. Entre les deux, l'air un peu moins froid contribuera à réchauffer l'intérieur, et la condensation, en se formant sur la couverture, sera plus facile à évacuer. Enfin, je fais aménager une sorte d'antichambre, un « vestibule » où, chaque soir, je laisserai mes chaussures gelées et couvertes de neige. À l'intérieur, cette neige se transformerait en une véritable croûte de glace dont je n'arriverais plus à me débarrasser.

J'ai besoin d'une fenêtre pour voir ce qui se passe dehors (en cas d'alerte, par exemple) sans être obligé de sortir. D'où la nécessité de mettre au point un matériau transparent qui ne casse pas lorsqu'il est soumis à des froids extrêmes.

L'ouverture, à l'avant de la tente, exige une fermeture à glissière surdimensionnée pour que le gel ne la bloque pas, avec une languette assez grande pour la saisir avec des moufles et moulée dans un plastique rigoureusement incassable. Pour protéger la fermeture à glissière du froid, je la fais recouvrir d'un rabat. Et je la double d'une fermeture Velcro, au cas où... Mais à de très grands froids, le Velcro casse...

Les arceaux en fibre de verre aussi, quand on les plie par ces températures. L'aluminium s'impose donc, mais d'une densité soigneusement calculée pour ne pas que les arceaux, contractés par le gel, ne s'emboîtent plus. Il y en a six en tout, de cinquante centimètres de long. J'en emporterai deux de rechange.

Quant au délicat problème de mes besoins naturels... pas question de me déculotter en plein vent, par moins cinquante. Je fais donc pratiquer une trappe, fermée par un Velcro, dans le sol de la tente. Je n'aurai qu'à l'ouvrir, creuser un trou dans la neige, et... refermer la trappe après usage.

Dernière chose : il faut que je puisse monter ma tente en moins de vingt secondes. Pour cela, elle doit se déployer aussi facilement qu'un parapluie, grâce à un mécanisme simple, solide et que, le cas échéant, je pourrai réparer moi-même.

Je prévois même un point de rupture qui, en cédant si les vents deviennent trop violents, évitera à l'ensemble de se déchirer. Ce talon d'Achille se trouve au niveau du sol, près de l'entrée, ce qui me permettra de réparer sans avoir besoin de sortir.

En résumé, ma tente, comme le reste de mon équipement, répondra aux trois exigences de base :

être à la fois résistante, simple à utiliser et facile à réparer.

C'est, entre autres choses, ce que j'attends de mon sac de couchage, seul élément de confort, seul endroit chaud de mon environnement, qui doit absolument rester... sec et sans glace. Pour cela, il y a d'abord l'enveloppe isolante préconisée par Borge Ousland pour éviter que le litre de sueur que je perdrai chaque nuit gèle dans mon sac, l'alourdisse d'un kilo par jour... et me transforme en surgelé pendant mon sommeil (une « doublure » que je viderai chaque matin). Pas question, donc, de glisser la tête dans mon sac de couchage : la buée de ma respiration formerait de la glace à l'intérieur. Pour conserver l'air chaud, le sac comporte un « col » fermé par une glissière, qui se resserre autour de mon cou. Il n'a pas de coutures, qui laissent échapper la chaleur et entrer le froid sitôt que les genoux, pliés en chien de fusil, y font pression. Aux points d'appui – épaules, hanches, genoux –, il est renforcé d'un matelassage qui s'ajoute au mince tapis de mousse sur lequel il repose, afin de permettre à l'air de circuler tout autour et de maintenir l'isolation (quand on dort sur la glace, ce n'est pas du luxe). Pour les mêmes raisons, la largeur de la base du sac correspond à la longueur de mes pieds... plus quelques centimètres.

La fermeture à glissière de l'ouverture s'arrête à mi-longueur, puisque j'entre par le haut. Mais il est essentiel qu'elle se trouve du côté gauche, afin que mon sac s'écarte de mon réchaud quand je l'ouvre, au lieu de tomber dessus.

S'il faut que tout soit facile à réparer, il faut aussi avoir de quoi le faire. J'ai progressivement mis au point un kit, une « trousse de premiers secours » pour équipement, qui contient des échantillons de laine, de Polartec, de Gore-Tex, des aiguilles capables de percer le cuir, du fil incassable, de la « soudure à couture », du fil de fer, du fil de Kevlar, de la ficelle, du papier de verre, de la colle, des clous, etc. Bref, de quoi réparer absolument tout ce qui pourrait être susceptible de casser.

Lorsqu'on a satisfait à toutes mes demandes, une difficulté imprévue surgit : impossible de tester ce nouvel équipement en conditions « réelles », la plupart des chambres froides industrielles ne descendant pas en dessous de moins dix-huit, moins vingt degrés. Pour moi, sur la banquise, c'est une température à me mettre en short et en tee-shirt ! (Je plaisante à peine.)

Cette situation illustre encore une fois la nécessité qu'une confiance absolue règne entre Ferrino et moi. Plus question d'arguments de vente ou de marketing : c'est de ma vie qu'il s'agit. Cette tente, c'est deux millimètres de Nylon entre moi et les éléments. Deux millimètres entre la vie et la mort. Si je la perds, c'est la fin de mon expédition, peut-être la fin tout court. Et je ne peux pas en emporter deux...

Toute cette activité me fait complètement oublier les blessures encore ouvertes de mes doigts. Je suis déjà là-bas (je devrais dire là-haut). Et je sens – je sais ! – que cet état d'esprit cent pour cent positif se répercutera au niveau physique.

Mon équipe, comme toujours, m'apporte une aide et un soutien inestimables. Jean-Philippe Patthey s'occupe de la logistique avec Cathy. Sebastian Devenish sera le photographe de l'expédition, comme il a été celui du tour de l'équateur.

Raphaël Blanc s'occupera de réaliser le film de mon aventure. Mais comme je serai la plupart du temps seul, c'est moi qui réaliserai l'essentiel des images. Sebastian met au point à mon intention un appareil photo équipé d'une double batterie pour compenser la décharge due au froid, et d'un déclencheur surdimensionné pour que mon doigt le trouve, même avec des moufles. Parce qu'à moins cinquante, la pellicule casse, l'appareil photo enroule la sienne à mesure qu'elle est impressionnée, au lieu du contraire. Grâce à ce système, toute photo prise sera automatiquement sauvegardée.

Nous avons dû éliminer la photo numérique à cause du froid, qui fait « éclater » le support digital de l'image et produit des clichés qui semblent sortis d'un kaléidoscope. Qui dit Arctique... dit argentique.

Cela dit, je tiendrai au chaud sous ma parka une petite caméra numérique, prête à être dégainée en cas d'urgence. Le temps qu'elle gèle, j'aurai toujours attrapé au vol quelques images...

Cathy, non contente de tenir à jour mon site web, de gérer les relations avec les médias et avec mes sponsors, confectionne ma nourriture pour la totalité de l'expédition et l'emballe sous vide, par quantités correspondant à mes futures rations journalières. Avec l'aide d'Annika et de Jessica, la cuisine familiale se transforme en une petite usine produisant d'énormes quantités d'aliments hypercaloriques.

Durant mon expédition, Cathy sera mon seul intermédiaire. C'est elle que j'appellerai pour lui donner de mes nouvelles et lui communiquer ma position. Si je laisse passer trois jours sans la joindre, elle saura que j'ai un problème. Soixante-douze heures... elle alertera les équipes de secours.

Pour éviter d'en arriver là, j'emporte deux téléphones satellite, des telsats, qui fonctionnent quel que soit le point du globe où l'on se trouve, grâce à trois des trente satellites relais en orbite permanente autour de la Terre. Le mien est équipé d'une batterie au lithium (qui se vide moins sous l'effet du froid), légère et facile à brancher. En l'économisant, elle durera jusqu'à un mois et demi. J'en emporte trois. Comme un simple portable, mon telsat correspond à un numéro de téléphone auquel on peut me joindre dès que l'appareil est allumé. C'est par ce moyen que les journalistes me contacteront, après que Cathy leur aura donné un rendez-vous téléphonique.

Jean-Philippe Patthey devra être prêt à tout moment à venir me rejoindre dans les endroits les plus inaccessibles, pour me ravitailler en nourriture ou en équipement, ou pour convoyer quelqu'un jusqu'à moi.

Jean-Philippe, la cinquantaine, est un ancien boulanger industriel breton qui, un jour, a décidé de changer de vie. Il a liquidé son affaire et il est venu m'offrir ses services, sans rien demander en échange que la prise en charge de ses frais. Il n'avait aucune expérience, mais sa motivation – « Je veux commencer à vivre » – m'a donné envie de le prendre à bord. Disponible, passionné, efficace, prêt à se défoncer... il a rapidement fait partie de la famille.

Philippe Varrin s'occupe de traduire mon site web en français. Il doit également être prêt à partir à tout moment pour aller là où j'aurai besoin de lui.

Martin, mon frère, s'occupera du transport de mes bateaux.

Dès mon départ du cap Nord, j'aurai besoin d'un bateau pour rallier les côtes du Groenland ; et plus tard, pour aller du Groenland au Canada. Mais pas n'importe quel bateau : celui-là doit être une sorte de brise-glace miniature, avec une quille rétractable (rarissime, chez les monocoques) pour me permettre de « survoler » la glace. C'est en effet en retombant dessus qu'on la fait céder, pas en la heurtant de front. Je tiens à ce que sa coque soit en aluminium et non pas en acier : l'acier se déchire au contact d'un obstacle, l'aluminium se cabosse ; de plus, un bateau en acier pèserait quarante tonnes et me ralentirait considérablement. La coque doit avoir au moins douze millimètres d'épaisseur dans sa partie inférieure, afin de ne pas craquer comme une noix sous la pression de la glace. Elle doit également être aussi arrondie que possible pour que la glace, en se refermant dessus, soulève le bateau plutôt que de l'emprisonner.

Autant dire que je cherche le mouton à cinq pattes. Pour m'aider à le dénicher, je fais appel à mon maître en navigation et ami, le Suisse Steve Ravussin. C'est lui qui m'a appris, sur le lac de Genève, à manœuvrer le petit trimaran avec lequel j'ai ensuite traversé trois océans, pendant mon tour de l'équateur.

Steve et moi écumons toutes les marinas de la Riviera française, à la recherche de l'embarcation idéale. En vain. Les cinquante ou soixante bateaux qu'on nous propose sont soit inadaptés, soit trop chers pour mon budget. Je n'ai pas non plus les moyens d'en faire construire un. De toute façon, cela prendrait quatre à six mois et je pars dans trente jours. Je commence à m'angoisser sérieusement quand on nous signale un bateau correspondant, paraît-il, à ce que je cherche, en vente à Bénodet. Je n'ai vu ni plans ni photos, j'ignore à quoi il ressemble, mais nous reprenons quand même la route, direction la Bretagne. Enfin arrivés, au terme d'une route épuisante, nous appelons le propriétaire du bateau pour qu'il nous le fasse visiter. Impossible : il est à Paris, où se trouve son cabinet dentaire. Mais sa femme, heureusement, est sur place. Rendez-vous pris avec elle à la marina, nous l'y attendons en regardant les bateaux. L'un d'eux attire notre attention : un quatorze mètres dont la coque est d'un gris dépoli caractéristique de l'aluminium. « Voilà exactement ce qu'il te faut ! » s'écrie Steve. Si seulement c'était celui-là... Quelques instants plus tard, la propriétaire apparaît sur le pont. Second miracle : d'après les plans qu'elle nous montre, le bateau répond en tous points à mes exigences ! À l'intérieur, c'est le grand luxe : couchettes, douche, eau chaude... Il a même un moteur de quatre-vingt-dix chevaux qui aidera mon équipe à le convoyer autour du Groenland, pendant que je traverserai le pays à skis (moi, je n'aurai droit au moteur que pour recharger ma batterie et manœuvrer dans les ports, où c'est obligatoire).

Je nage dans la béatitude, jusqu'à ce qu'on nous annonce le prix : cinquante mille euros de plus que mon budget !

Les propriétaires refusent dans un premier temps de baisser leur tarif. Mais l'agence, dit la dame, acceptera peut-être de revoir sa commission à la baisse. À l'agence en question, je tombe sur un monsieur qui a entendu parler de moi (comme beaucoup de gens en Bretagne, curieusement. Est-ce parce que j'ai navigué avec Laurent Bourgnon ?). Il accepte de réduire sa com en échange d'un peu de publicité. Je fais ensuite plus ample connaissance avec Jean-Yves, le dentiste propriétaire du bateau. Il l'a construit de ses mains, m'apprend-il, et serait fier de voir son « bébé » participer à mon tour du cercle arctique.

Au bout de deux semaines de tractations, nous tombons d'accord sur un chiffre plus raisonnable. L'affaire est faite. J'ai mon bateau !

Il y a peu de modifications à y apporter pour qu'il soit prêt à prendre la mer et à affronter l'hiver arctique. Je sable la coque, je pose un antidérapant sur le pont (à cause de la glace qui s'y formera) et j'installe une hélice rétractable qui ne me freinera pas. Katadyn m'offre un purificateur qui transforme l'eau de mer en eau potable.

Ce bateau, c'était la dernière pièce manquante. À présent, plus rien ne m'empêche de partir.

Un autre volontaire spontané, Pierre-Yves Martin, s'est proposé pour le convoyer jusqu'au cap Nord, puis autour du Groenland. Il s'embarque donc à Bénodet fin juillet 2002, en compagnie de Jean-Philippe et d'un autre de mes amis suisses, Denis, pour une superbe croisière le long de la côte norvégienne, l'une des plus belles du monde.

Je les rejoindrai vers la fin du parcours. Il me reste encore à boucler mon budget, obtenir quelques rallonges, trouver des sponsors supplémentaires, et donner mes dernières conférences avant le départ. Ces conférences représentent mes seules sources de revenus. Je les multiplie préalablement à chaque aventure, pour que Cathy ait de quoi faire tourner la maison en mon absence. (Je lui verse en outre un petit salaire, sur le budget de l'expédition, en échange du gros travail qu'elle fait pour me seconder.)

Je rencontre aussi les journalistes. Certains me reprochent les risques que j'ai pris et ceux que je m'apprête à prendre. Il est vrai que si j'étais resté chez moi, je ne me serais pas gelé les doigts. Comme je le dis toujours : si on n'utilise pas sa pelle, on ne risque pas d'en casser le manche. Ma pelle à moi peut casser n'importe quand. Des accidents, j'en ai eu d'innombrables et j'en aurai encore. Le prochain sera peut-être fatal. Mais les risques font partie de mon métier, comme ils sont inhérents à d'autres professions.

Dans un registre carrément loufoque, un représentant des médias s'interroge : « Comment un Sud-Africain peut-il survivre dans l'Arctique ? Il n'a forcément ni l'expérience ni les connaissances nécessaires. » Je pourrais lui répondre que je n'ai besoin que de cœur au ventre, et de la volonté absolue de rester en vie. Ça se résume à cela, le combat contre l'Arctique...

À bord de notre camion Mercedes Sprinter, Cathy, les filles et moi-même quittons la Suisse pour un long voyage qui nous fait traverser l'Europe de bas en haut. C'est à Tromsö, une petite ville côtière du nord de la Norvège, que nous retrouvons mon bateau et son équipage provisoire. Pierre-Yves s'est occupé de l'équipement – drisses, générateur, batteries et voiles de rechange, outils, etc. – et de quelques touches finales. Résultat : le navire est comme neuf.

Nous échangeons : voilier contre camion. C'est en famille, afin de passer un dernier moment ensemble avant le grand départ, que nous effectuons les trois jours de navigation qui nous séparent encore du cap Nord.

Sponsors, amis de Château-d'Œx, des Moulins et d'ailleurs, beaucoup de gens ont fait le déplacement jusqu'à cet endroit reculé, d'où je m'apprête à m'élancer pour mon prochain défi. Une de mes cousines détient le record du voyage le plus long, puisqu'elle est venue d'Afrique du Sud avec son mari et son fils. Tout le monde communie dans le même enthousiasme. Quant à moi... j'ai déjà eu l'occasion de le ressentir : le moment fort d'une expédition n'est pas l'arrivée, mais le départ, qui est l'aboutissement de tant d'efforts. Le moment de la récompense lorsque, enfin, j'ai les ailes avec lesquelles je vais pouvoir voler. Je me suis énormément dépensé, depuis un an et demi, dans le seul but d'être ici, maintenant, prêt à faire ce que j'ai à faire, et j'y suis arrivé plus vite que je ne l'aurais cru. La parenthèse est refermée. Bien que non encore totalement guéris, mes doigts gelés appartiennent au passé. Je suis de nouveau dans mon élément. À présent, je n'ai plus qu'à concentrer toute mon énergie sur mon premier objectif : m'arracher aux falaises du cap Nord et faire voile vers le Groenland, en me fixant comme objectif de rester dans une bande comprise entre 66° de latitude nord – le cercle polaire – et 76°.

Le 4 août 2002, une partie de mes supporters et moi-même naviguons depuis Hammerfest, la petite ville où se trouve leur hôtel, jusqu'au minuscule village de pêcheurs, Skarwag, près duquel se situe ma ligne de départ. D'autres arrivent par minibus. Sur le quai où est amarré mon bateau, dans une grisaille pluvieuse traversée d'éclats de soleil, nous levons nos gobelets de champagne au succès de mon entreprise.

Le moment des adieux arrive. Cathy et les filles sont les dernières personnes que je serre dans mes bras avant de lever l'ancre. Au moment où mon bateau commence à s'éloigner du quai, Annika et

Jessica s'y accrochent pour m'embrasser une dernière fois, me répéter qu'elles m'aiment et me dire encore qu'elles sont sûres que je vais y arriver. J'ai le cœur qui se serre. Maintenant, plus que jamais, je sais que je dois rentrer vivant. L'euphorie du départ ne m'empêche pas de voir ce que cette séparation a de déchirant pour ma femme et mes filles.

Sur une mer houleuse, mes amis m'accompagnent à bord d'un chalutier en prenant des photos et en m'adressant de grands signes. Debout à la proue, je leur réponds. Grand-voile dehors, mais sur pilote automatique, mon bateau pique du nez dans les creux avant de jaillir à nouveau vers le ciel. Je disparais et réapparais entre les vagues, le visage fouetté par les rafales. L'eau grise explose sous ma coque, projetant des geysers autour de moi. Je suis heureux. C'est ici – et maintenant – que je voulais être ; je me suis battu pour ça, et j'ai remporté cette première victoire.

Je me retourne une dernière fois pour apercevoir le bateau qui transporte mes amis et ma famille. Il disparaît dans le lointain... et je ne me retourne plus.

Pour moi commence l'aventure. Pour eux l'attente.

Je longe les gigantesques falaises du cap Nord : une muraille d'une bonne centaine de mètres de haut contre laquelle se fracassent les vagues grises. Au sommet s'élève un globe de bronze qui marque l'emplacement exact du point le plus au nord de l'Europe.

À l'instant où le GPS m'indique que je franchis ma ligne de départ imaginaire, je me concentre de toutes mes forces pour graver dans ma mémoire le moindre détail de ce qui m'entoure : chaque aspérité rocheuse de ces falaises, chaque relief, chaque pousse végétale... jusqu'aux tourbillons farouches du ciel et aux gonflements sombres de l'eau. Je veux qu'ils m'attendent. Je veux pouvoir superposer cette image à celle que je verrai dans... quand je me présenterai ici même, venant de la même direction, après avoir bouclé le tour du cercle arctique. Parce que de toutes les mers, rivières et lacs que j'aurai franchis, de toutes les banquises, terres noires et infinités glacées que j'aurai traversées, de toutes les failles, crevasses, montagnes, toundras, etc., cette vue est la seule que je n'aurai pas sous les yeux pour la première et la dernière fois.

De plus, elle représente ma ligne d'arrivée, mon objectif final. Je veux à tout instant pouvoir la visualiser, même à vingt mille kilomètres de distance, et me dire : « C'est là que je vais. »

À ce propos, si j'ai choisi de faire ce tour du cercle polaire arctique à contre-vents et à contre-courants, c'est pour une raison toute simple : en cas de réussite dans le sens le plus favorable, j'aurais passé le reste de ma vie à me demander si, dans l'autre...

Il n'y a pas un navire en vue. Rien que la mer et le vent. Ni ciel d'azur ni brise légère, mais des eaux houleuses et menaçantes. C'est du sérieux, à l'image de cette *terra incognita* ou presque qui s'ouvre devant moi. On s'aventure si rarement sur cette mer que les informations la concernant sont pour ainsi dire inexistantes. Loin de m'effrayer, cette idée me stimule. Quoi qu'il se présente entre ici et le Groenland, je l'attends avec impatience, certain que mon expérience de marin me permettra de le gérer. Je suis gonflé à bloc, au point d'imaginer les obstacles comme autant de gourmandises.

Mais la première a un drôle de goût. À peine parti, je constate que mon pilote automatique, incapable de garder le cap, m'entraîne dans toutes les directions. Il est pourtant équipé de la boussole « gyro-compass » indiquant le nord véritable et non le nord magnétique, indispensable à ces latitudes élevées.

Au bout de dix heures de bagarre, j'appelle le représentant de Raytheon, qui me répond que mon pilote automatique est le plus sophistiqué du marché. Il ne PEUT PAS tomber en panne. Je réponds qu'il EST tombé en panne, que je dois constamment réajuster ma trajectoire, que je perds du temps... bref, je m'énerve.

– O.K., me disent les fabricants, retournez à Hammerfest, on envoie nos représentants norvégiens vous y rejoindre.

Je fais donc demi-tour et j'appelle Jean-Philippe Patthey, qui s'apprête à repartir pour la Suisse avec le camion (tous les autres ont déjà repris l'avion), pour lui demander de m'attendre.

À Hammerfest, tout le monde s'acharne à tour de rôle sur mon pilote automatique ; on le démonte, on le remonte, on le teste, le reteste... pour finalement le déclarer en parfait état de fonctionnement. Je continue à bricoler et m'aperçois que le boîtier de mon extincteur est fixé de l'autre côté de la paroi contre laquelle se trouve le pilote automatique. Dont la boussole doit être éloignée de toute pièce métallique.

Je retire l'extincteur et reprends la mer avec Jean-Philippe. Nous « recalibrons » le pilote automatique et sa boussole en décrivant lentement un grand cercle parfait qui couvre les 360° du cadran. Nous testons ensuite le pilote « recalibré ». Celui-ci maintient un cap parfait. C'était bien l'extincteur métallique, le responsable ! Lui qui affolait la boussole et déréglait le pilote automatique. Et ni moi ni personne n'avait remarqué, en équipant le bateau, sa dangereuse proximité avec le pilote...

Les techniciens rentrent chez eux, Jean-Philippe retourne en Suisse, et je prends un second départ.

J'ai à peine quitté Hammerfest qu'un vent idéal vient gonfler mes voiles et m'offrir une assise parfaite. Bien calé sur mon axe, je file dans les embruns qui jaillissent autour de moi, à dix ou douze nœuds, une vitesse plus qu'honorable pour un monocoque comme le mien. J'ai la « banane », je suis heureux comme un roi, je suis libre.

Vent soutenu, horizon dégagé... les conditions restent optimales plusieurs journées de suite. Sans dévier d'un pouce, je file droit sur mon objectif : le détroit de Scoresby, sur la côte est du Groenland, que j'ai prévu d'atteindre dans une petite quinzaine.

Ce n'est que trois jours après avoir levé l'ancre que je dors vraiment pour la première fois. L'adrénaline me tenait éveillé. Maintenant que la tension des préparatifs et le stress du départ sont retombés, mon corps exige de rattraper son retard de sommeil. Le roulis du bateau n'a plus qu'à me pousser un peu... et je m'écroule comme une masse.

Deux jours plus tard, je suis en vue de l'unique parcelle de terre ferme existant entre le cap Nord et le Groenland : l'île Jan Mayen. Je lance un appel radio et une voix féminine me répond. La jeune femme, qui anime la station météo de l'île, s'étonne de ma présence dans ces eaux où l'on n'a pratiquement jamais vu un voilier. Dans un anglais excellent, elle m'annonce pour la suite de mon voyage un temps relativement stable. En revanche, je risque de trouver sur ma route de grosses quantités de glaces dérivantes venues du nord.

J'ai une pensée pour le grand Fridtjof Nansen, premier homme à explorer les régions polaires, parti en bateau de Norvège pour gagner le Groenland. L'accumulation des glaces ayant immobilisé leur baleinier, lui et ses hommes durent finir à la rame, traînant leurs barques par-dessus les failles et les icebergs. C'était il y a un siècle, mais je redoute qu'il m'arrive la même chose.

En attendant, l'atmosphère se réchauffe soudainement. En short et en tee-shirt, je me chauffe au soleil comme un plaisancier.

Mais l'entracte balnéaire ne dure pas. Cinq jours après mon départ, les vents s'énervent, les eaux enflent et ma coque rebondit sur la surface comme sur une route mal pavée. Les choses sérieuses commencent. Les vagues balaient le pont, l'eau qui trempe l'accastillage a tendance à geler sous le vent glacé, mais il ne fait pas assez froid pour que la glace alourdisse la mâture au point de me déséquilibrer. Toutes voiles carguées, je file à dix, douze nœuds par vent arrière, « comme un gentleman », dit-on. C'est rock'n'roll, mais tout va bien.

Jusqu'au moment où, soudain, une véritable déflagration secoue mon navire de la cale au mât. Je n'ai que le temps de m'accrocher à une bastaque pour ne pas être projeté par-dessus bord. Quand je me retourne, je vois s'éloigner dans les eaux grises du soir l'énorme masse d'un tronc d'arbre affleurant, que je viens de percuter de plein fouet. Je fonce dans la cabine, dont j'examine chaque recoin à la recherche d'une brèche. Rien. Soulagé, je reprends la barre. Mais deux ou trois heures plus tard, celle-ci s'alourdit de façon inquiétante. Le bateau ne répond plus aussi bien, ni aussi vite. Je redescends... Il y a dix centimètres d'eau dans la cabine ! Ce qui veut dire que la cale est pleine et qu'il y a plus d'un mètre d'eau dans le bateau.

La première chose qui me vient à l'esprit est que j'ai attendu trop longtemps avant ma seconde vérification, ce qui risque de rendre la situation irrattrapable. Dans un réflexe, j'actionne la pompe de cale. Le moteur, qui la fait fonctionner, est sous l'eau mais tourne quand même. Pour l'instant. Ce qui n'empêche pas le niveau dans la cabine de monter inexorablement...

Pour tout arranger, j'entre dans la zone dangereuse – à moins de trois cents kilomètres des côtes groenlandaises – et j'aperçois mes premiers icebergs. En clair, plus question de lâcher la barre. Heurter un iceberg après un tronc d'arbre, ce serait trop pour un seul bateau.

Par chance, je dispose d'une pompe manuelle, manœuvrable depuis le gouvernail. Je l'actionne d'une main et je tiens la barre de l'autre, pendant que la première pompe continue à fonctionner.

Au bout d'un moment, je constate que le niveau de l'eau dans la cabine s'est stabilisé, mais ne descend pas pour autant. Et une évidence me tombe dessus. Avec toute la volonté et toute l'énergie dont je suis capable, je pourrai sans doute continuer à barrer et à pomper simultanément pendant quelques heures... une journée peut-être. Mais jamais cinq jours d'affilée, le temps que, à la vitesse très ralentie de mon bateau, j'estime nécessaire pour atteindre le Groenland ! À un moment ou un autre, il faudra bien que je dorme...

J'ai mis en marche mon radar de détection d'icebergs. Capable d'en repérer un à des kilomètres, il me signalera sa présence par une alarme sonore. Mais il ne distingue pas les *growlers*, ces morceaux qui s'en détachent et affleurent à la surface. Même sur une coque en aluminium comme la mienne, conçue pour la navigation polaire, ces énormes glaçons aux angles vifs feront l'effet d'une tronçonneuse sur une boîte à chaussures...

Dans l'immédiat, je n'entrevois qu'une solution : mettre le cap droit sur la terre ferme et aller aussi loin que possible. Ensuite, quand le bateau sombrera sous moi, entasser mon équipement polaire dans le canot de sauvetage gonflable et faire comme Nansen : pagayer, traîner, escalader... en espérant atteindre la côte.

À tout hasard, j'appelle l'ancien propriétaire. Mais Jean-Yves Moysin ne connaît pas de point faible à son bateau.

Je branche le pilote automatique et j'entasse fébrilement tout mon équipement terrestre sur mon traîneau, puis mon traîneau sur mon canot de sauvetage. Devant la masse qui en résulte, je me dis que pour ce qui est de ramer... je vais ramer.

J'appelle Cathy pour l'avertir que je vais sans doute devoir abandonner mon bateau et rejoindre le Groenland à la rame.

Perdu entre les icebergs et les *growlers*, épuisé, déçu, j'enrage devant cette injustice qui m'a fait heurter cette saleté de tronc d'arbre, probablement le seul de toute cette zone ! Et qui va me coûter mon bateau, moins d'une semaine après le début de mon expédition !

Je m'enfonce tellement que l'eau entre maintenant par les passe-coques, ces petites ouvertures, au-dessus de la ligne de flottaison, par lesquelles s'évacuent mes eaux usées. Je ferme les passe-coques, reprends la barre et me remets à pomper. Mais cette pompe manuelle est insuffisante ; je dois redescendre écoper à l'aide d'un seau, dont je vide le contenu dans ma douche, qui s'évacue par les passe-coques... qu'il me faut rouvrir. À genoux au fond de la cabine, je mouline avec mon seau pendant que la pompe électrique continue de fonctionner de son côté.

Enfin, le niveau commence à baisser... Quand il est redescendu sous le plancher, je passe dans la cale et continue à écoper. Lorsqu'il n'y a plus que quelques dizaines de centimètres d'eau au fond de ma coque, j'examine celle-ci, centimètre par centimètre, pour trouver la brèche.

Pas de brèche. Mais je m'aperçois que le tronc d'arbre a frappé la poupe, en plein sur l'hélice. L'axe de celle-ci est enveloppé d'une gaine d'aluminium munie d'un « presse-étoupe », un disque de carbone qui, par un effet de valve, empêche l'eau d'entrer. En revanche, celle que contient l'axe de l'hélice a son utilité, puisqu'elle fait office de lubrifiant et de liquide de refroidissement. C'est cette eau que le moteur, qui tourne pour activer la pompe, envoie dans le bateau depuis que le tronc d'arbre a fendu la gaine de l'axe d'hélice.

Impossible de réparer, mais j'entrevois le moyen de réduire considérablement l'inondation. Je découpe en lamelles la chambre à air que j'ai toujours sur mon bateau et j'étire ces lamelles pour former une sorte de bande Velpeau ultraserrée autour de la gaine. En même temps, je continue à écoper pour faire descendre encore un peu le niveau de l'eau et tâcher de me faciliter le travail. Il faut dire que je suis accroupi dans le noir, plié en deux, les mains dans l'eau glacée qui continue de pénétrer dans le bateau ; et que mes doigts encore mal remis de leurs gelures, partiellement amputés et presque insensibles, me rendent la tâche particulièrement ardue.

Et pendant ce temps-là, les icebergs, de plus en plus nombreux à mesure que j'approche des côtes, défilent autour de moi. Si j'en heurte un, c'est le naufrage assuré. Mais si je ne fais rien pour empêcher l'eau d'envahir mon bateau, le résultat sera le même. Je sais que si je réussis à colmater la fuite avant de heurter un obstacle, j'aurai une bonne chance sur deux d'atteindre la côte... De toute façon, rester assis à la barre d'un navire qui coule, en sachant d'où vient la fuite et sans rien faire pour y remédier, est au-dessus de mes forces.

Je m'acharne donc à tirer sur mes rubans de chambre à air, que je fixe à l'aide de pinces et de fil de fer. Au bout du compte, la pression extérieure empêche toujours l'étanchéité totale, mais je n'en suis pas loin. Maintenant, la pompe manuelle devrait suffire. Je me réinstalle au gouvernail, soulagé et heureux. J'ai parié et j'ai gagné. Je suis passé entre les icebergs et les *growlers* ; mon bateau file sereinement sur les flots gris. Je l'ai sauvé, et mon expédition aussi.

J'appelle Jean-Philippe pour l'avertir que je vais avoir besoin d'une nouvelle gaine d'axe d'hélice. Existe-t-il, du côté du détroit de Scoresby, un atelier nautique ou même un garage, bref, un endroit où je pourrai laisser mon bateau pour qu'on le répare pendant que je traverserai le pays ? « Absolument rien, m'annonce-t-il deux heures plus tard. De plus, il n'y a pas le moindre aéroport. On ne pourra pas te rejoindre là-bas. Il va falloir que tu descendes directement sur Angmagssalik. »

Ce petit port de trois cents âmes situé juste en dessous du cercle arctique n'est pas mieux outillé, mais son aérodrome permettra à mon équipe de me rejoindre avec le matériel nécessaire.

Cap au sud, donc, en longeant la côte.

Tout le monde n'a pas des relations à Angmagssalik. Moi, si : mon ami Robert Peroni, qui y vit et que j'ai chargé de m'obtenir l'indispensable permis de traverser le Groenland. Malheureusement, Robert m'a annoncé par radio il y a quelques jours que les choses étaient plus compliquées que prévu et que je devrais peut-être attendre un mois sur place ce fameux permis. J'étais furieux, mais je n'allais pas faire demi-tour une seconde fois. J'ai préféré aller de l'avant. Qui vivra verra...

Dans le toussotement du moteur qui tourne en permanence pour faire fonctionner la pompe électrique, je découvre la beauté sauvage des falaises immenses du Groenland, de ces murailles sombres couronnées de neige. Mes lectures des mémoires de Nansen reviennent piquer mon imagination, et je crois voir le grand explorateur en train de pagayer sur ces mêmes eaux grondantes, ses hommes et lui rêvant d'être les premiers à traverser cette terre farouche...

Le vent tourne soudain et d'énormes morceaux de *pack* se mettent à dériver vers le sud, suivant la même trajectoire que moi. Par vent d'ouest, ces grandes plaques de glace sont expulsées vers le large, où elles finissent par fondre. Mais voilà qu'elles se rabattent en sens inverse, et je me retrouve pris en tenaille entre les falaises de la côte et des blocs de banquise de plusieurs kilomètres de long. Je pourrais encore m'échapper, mais je ne veux pas prendre le risque de me retrouver au large, vu l'état de mon bateau. Mieux vaut coller à la terre ferme. Ainsi, même dans le pire des cas

– celui où je devrais abandonner le navire –, je pourrais encore atteindre le continent avec mon matériel et poursuivre ma route. À mes yeux, c'est la seule chose qui compte.

La bataille dure cinq jours et cinq nuits. Toutes voiles dehors, je me faufile entre les icebergs, heurtant des plaques gelées qui me soulèvent et me laissent retomber lourdement. Coincé entre les murailles de granit et les blocs géants du *pack*, je manœuvre pour éviter à la fois l'écrasement et la collision avec des icebergs qui, pour ne rien arranger, ne suivent pas toujours le sens du vent ou du courant. En effet, leur immense partie émergée agit comme une voile, avec les mêmes angles de poussée. Dans l'impossibilité de lâcher la barre, je lutte contre le sommeil. Mais la peur, et l'obligation d'écoper en permanence l'eau qui s'engouffre à nouveau dans ma coque, suffisent la plupart du temps à me tenir éveillé. Quand je ne tiens plus, je fonce sur un de ces petits îlots glacés et m'y échoue, le nez en l'air. Je me laisse dériver avec lui, sachant que, pendant ce temps, je ne percuterai pas autre chose, et je ferme l'œil jusqu'à ce que ma coque finisse par glisser toute seule de son support. Le choc me réveille et je repars en prenant garde de ne pas heurter un des nombreux icebergs cachés par le brouillard.

Lorsque, enfin, j'aperçois, en haut de leur falaise, les maisons de pêcheurs d'Angmagssalik, petits cubes de bois multicolores éparpillés sur la glace, j'ai l'impression d'être une sorte de miraculé. J'ai longé la côte groenlandaise sur des centaines de kilomètres, je suis à bout de forces, à moitié endormi à la barre, ma coque est remplie d'eau et cabossée par les impacts, mais j'y suis.

Mon équipe atterrit à Angmagssalik le même jour, après un voyage sûrement moins éprouvant que le mien.

Avant de quitter la Suisse, Jean-Philippe a diffusé une petite annonce dans les journaux : « Cherche volontaires pour convoyer le bateau de Mike Horn autour du Groenland. » Il a reçu quatre-vingts réponses et sélectionné deux candidats. Angelo et Pierre-Yves sont arrivés avec lui. Dominique, le second sélectionné, attend en Suisse que nous lui passions une commande précise de pièces et d'éléments de rechange, pour nous les apporter.

Avec l'aide de la marée, nous sortons le bateau de l'eau en utilisant son propre *winch* pour le hisser le long d'une rampe, seul équipement de cet endroit qui est moins un port qu'un abri naturel. Une fois en cale sèche, *Arktos* devient un hôtel-camping où nous nous entassons tous les quatre, le temps des travaux. Angelo se révèle mécanicien et bricoleur surdoué. Bientôt, le navire est comme neuf et totalement étanche, ce que confirme le test que nous faisons en mer.

Côté administratif, tout s'est arrangé comme par enchantement. Après quelques explications avec les autorités d'Angmagssalik, j'ai obtenu mon permis... en vingt-quatre heures.

Mais les travaux ont duré dix jours et je commence à piaffer. Si j'accumule trop de retard, c'est tout mon calendrier qui en sera décalé.

Sans perdre davantage de temps, nous embarquons tous les quatre et quittons définitivement Angmagssalik. Une poignée d'heures plus tard, on me dépose avec mon matériel polaire un peu plus au sud, à un endroit où la pente qui prend naissance dans la mer grimpe sans discontinuer jusqu'à la calotte glaciaire.

Derniers adieux, ultimes embrassades. Mes compagnons me souhaitent bon courage, je leur souhaite bonne chance. Si Dieu et la banquise le veulent, nous nous reverrons à Ilulissat, sur la côte ouest, où je compte sur eux pour m'attendre.

N'ayant plus à me faire de souci pour mon bateau, désormais en bonnes mains, je peux me concentrer sur mon prochain objectif : les sept à huit cents kilomètres de banquise que représente ma traversée du Groenland en solitaire.

Mais il faut d'abord monter : une longue et progressive escalade jusqu'au plateau principal, qui se trouve à trois mille mètres au-dessus du niveau de l'eau. Le retard que j'ai pris à cause des avaries de mon bateau m'a fait débarquer au Groenland au début de l'automne, et je suis accueilli par des rafales de neige, brossées par un vent contraire. Tout ça n'est guère encourageant, vu que je me suis donné une vingtaine de jours – avec dix jours de marge – pour effectuer ma traversée (j'en ai donc donné trente à Jean-Philippe et aux autres pour rallier Ilulissat). J'ai l'intention de battre le record de vitesse entre Angmagssalik et la baie de Disko, juste en dessous du camp d'où Paul-Émile Victor est parti à la découverte de la banquise groenlandaise Ce record a été établi par une équipe allemande de quatre personnes, qui a mis quarante-cinq jours en suivant le même itinéraire [1]. Mais je n'oublie pas que lors de ma première tentative, avec Erhard Loretan et Jean

1. Il existe aussi un record « officiel » de neuf jours qui ne me concerne pas, puisqu'il n'a pas été homologué sur mon itinéraire, mais sur une ligne droite qui suit le cercle arctique depuis Angmagssalik jusqu'à la côte ouest.

Troillet, nous avons passé deux semaines sous la tente, sans pouvoir mettre le nez dehors, pour finalement devoir abandonner.

Je pense à eux et à leurs leçons de patience quand, mon ascension à peine entamée, je suis bloqué vingt-quatre heures dans mon abri par le mauvais temps. Durant la nuit, je dois sortir toutes les demi-heures pour dégager la neige à coups de pelle et l'empêcher d'écraser ma tente sous son poids. Mon traîneau, lui, est complètement recouvert.

Conçu à l'origine par Borge Ousland pour la glace, je l'ai adapté à toutes les surfaces que je serai amené à rencontrer – neige, glace, roches, toundra, épineux... – en rendant le fond plus épais et plus résistant. Même chose pour les patins, dont l'écartement est identique à celui de mes skis, afin qu'ils s'insèrent naturellement dans leurs sillons. Une entaille dans un patin fait dévier le traîneau de sa trajectoire et m'oblige à un effort supplémentaire considérable; je dois donc pouvoir la réparer avec le plat d'une lame de couteau. L'avant du traîneau est arrondi en obus et relevé, pour glisser sur les reliefs et ne pas s'y planter. Les flancs sont bombés pour que l'ensemble, en cas de secousse violente, se stabilise au lieu de se retourner. Le traîneau est insubmersible, ultrarésistant (il subira des chutes de plusieurs mètres sur la glace) et léger.

Je l'accroche à ma personne à l'aide d'un harnais que j'ai déniché dans les réserves de Ferrino, mon fabricant de tentes. Après avoir essayé d'innombrables harnais d'escalade plus ou moins agréables, j'ai demandé à voir le plus confortable des sacs à dos de la marque. En quelques coups de couteau, j'ai séparé le sac de ses bretelles, auxquelles j'ai ajouté deux anneaux de polyester, suffisamment gros pour y clipper sans difficulté les mousquetons d'attache, même avec des moufles et en pleine tempête de neige.

Les cent vingt kilos du traîneau sont dus presque exclusivement à son chargement. Celui-ci se compose d'un mois de réserves alimentaires et de dix bouteilles en aluminium contenant chacune un litre de mon combustible quotidien, de la « benzine rectifiée ». Chaque bouteille pèse un kilo. J'aurais pu emporter un gros jerrican, mais en cas de fuite ou d'incendie, c'est la totalité de ma benzine que je perdrais. En la compartimentant, je limite les éventuels dégâts.

Les bouteilles sont emballées individuellement et isolées des autres pour amortir les heurts. Elles sont scellées à l'aide d'une capsule de plastique qui s'ajuste aux dilatations ou aux contractions de l'aluminium sous l'effet du froid ; lequel fait aussi augmenter le volume du liquide, c'est pourquoi les bouteilles ne sont pas entièrement pleines. Leur fond est renforcé d'une couche de mousse pour éviter que les milliers d'heures de frottement contre le Kevlar du traîneau ne finissent par les percer. Si cela arrivait, je perdrais non seulement mon combustible, mais aussi ma nourriture, imbibée de benzine et immangeable.

Sans coéquipier pour prendre le relais et m'ouvrir la piste, je me fraye péniblement un chemin dans une neige dont l'épaisseur varie cent fois par jour. Mais les conditions météo s'amélioreront forcément – elles ne peuvent pas être pires – et la violence du vent finira, tôt ou tard, par jouer en ma faveur en tassant la neige devant moi.

Je ne vois guère plus loin que le bout de mes skis, et je garde les yeux fixés sur ces planches qui me portent et doivent rester absolument parallèles, pour m'éviter de « dériver ». Parce que je suis droitier, ma jambe droite est un peu plus forte que l'autre et me pousse toujours un peu vers la gauche, ce que je dois compenser régulièrement.

Mes skis sont blancs et se fondraient dans la couleur du sol, si Annika et Jessica n'y avaient laissé s'exprimer leur créativité enfantine. Avec une application attendrissante, elles y ont dessiné au marqueur noir indélébile notre maison suisse. Des volutes de fumée s'échappent de la cheminée et, à la fenêtre, des petits personnages s'expriment dans des bulles : « Papa, tu nous manques... Reviens vite... » Plus loin, un phoque sort la tête de son trou dans la glace, un ours polaire me lance dans un grand sourire : « Bonne chance, Mike ! »

À la pointe d'un ski, mes filles ont dessiné un chat ; à la pointe de l'autre, une souris ; et elles m'ont soufflé à l'oreille que le chat rattrapera la souris quand je serai rentré, et que mes skis seront enfin à la même hauteur...

Ma progression, déjà difficile, est rendue particulièrement délicate par les innombrables crevasses ouvertes dans cette pente par les mouvements contraires des glaciers et des morceaux de banquise qui s'effondrent dans la mer. Ces crevasses sont des pièges mortels. Prisonnier de l'angle aigu qu'elles forment tout au fond, celui qui y tombe est progressivement avalé par la glace, à mesure que sa chaleur corporelle la fait fondre. Un peu comme s'il était digéré vivant par un organisme froid.

À deux, le coéquipier aidera l'autre à s'en sortir – surtout s'ils sont encordés. C'est pourquoi il est en principe interdit de s'aventurer seul dans cette région. Et c'est la raison pour laquelle j'ai obtenu des autorités d'Angmagssalik un permis au nom de deux personnes... en sachant qu'une fois loin de toute civilisation, on ne viendrait pas me demander quoi que ce soit.

On ne viendra pas me secourir non plus. Pendant les trois jours que dure mon ascension, j'ai le cœur qui bat chaque fois que je dois me faufiler, avec mon traîneau, entre deux de ces précipices sans fond. Ou lorsque je sonde le sol du bout de mon bâton pour déceler les crevasses invisibles, recouvertes d'un « pont » de neige fraîche qui ne résistera pas à mon poids ; encore moins à celui de mon traîneau.

Heureusement, il fait encore jour vingt-quatre heures sur vingt-quatre. La lumière violente qui se réverbère sur la glace me brûlerait les yeux, sans mes verres minéraux enveloppants, indice 4, qui s'ajustent aux variations lumineuses et dont les branches en plastique incassable ne collent pas à la peau sous l'effet du froid.

Le bon côté de cette abondance de lumière, c'est qu'elle me donne l'énergie nécessaire pour me repérer dans ce labyrinthe mortel, et faire des détours de plusieurs heures autour des crevasses.

Les moins larges, je les traverse en utilisant une méthode inspirée de l'alpinisme. Je remplace mes skis par de longs crampons pointus, puis je plante dans la glace, à l'intérieur de la crevasse, un piton en titane par lequel je fais coulisser une corde, fixée à mon harnais. Je descends dans la faille et je me jette sur l'autre face, où je m'accroche à l'aide de mes crampons et de mon piolet. Je remonte, et je plante un second piton. Maintenant que j'en ai un de chaque côté, j'installe un système de poulies entre mes deux points de fixation, tends la corde au maximum, et fais traverser mon traîneau, suspendu par ses deux poignées de portage. Il ne me reste plus qu'à récupérer le piton planté du « mauvais » côté, à me hisser du « bon » côté grâce à l'autre, à dévisser celui-ci et... à continuer ma route.

Tout cela prend évidemment un temps considérable et je n'avance pas. Cinq, dix, douze kilomètres par jour... C'est loin de ce que j'avais espéré et je commence à voir mes rêves de record s'envoler. Toutefois, j'ai encore l'espoir qu'une fois sur le plateau, la surface relativement plane et la pente légèrement descendante me permettent de passer à la vitesse supérieure.

J'y suis à peine arrivé que le vent change soudain, comme s'il n'attendait que moi. Cette fois, toutes les conditions sont réunies. Je vais enfin pouvoir utiliser mes cerfs-volants.

J'en ai cinq, adaptés à toutes les forces de vent. Ils ont été fabriqués à mon intention par Éric, de chez Vade Retro, et possèdent la particularité de pouvoir s'utiliser non seulement par vent arrière, mais aussi par vent latéral et même pratiquement contre le vent. Leur concepteur les appelle *Edge*, en anglais, ce qui pourrait se traduire en termes d'aéronautique par « bord d'attaque ». Mais pour moi, ce sont plutôt des voiles... sur lesquelles je compte pour me donner des ailes.

Doublement harnaché – mon traîneau derrière, mon cerf-volant devant –, je file dans la poudreuse en remontant vers le nord, pour contourner le relief glaciaire important qui m'empêche de tracer une ligne droite entre Angmagssalik et Ilulissat. Ce gros détour est compensé par la vitesse que me confèrent mes cerfs-volants. Le plus petit fait deux mètres carrés, le plus grand, vingt-deux. Pour les rendre plus visibles – mais aussi égayer mes journées et mettre un peu de couleur dans ce paysage blafard –, j'ai voulu qu'ils soient polychromes : bleu, vert, orange... Comme les voiles d'un bateau, ils s'utilisent par taille inversement proportionnelle à la force du vent. De celle-ci dépend également la distance à laquelle je les maintiens : les plus petits à quatorze mètres environ, en donnant parfois du fil pour aller en altitude récupérer un vent qui se dérobe ; les plus grands, par vent moyen, à quatre ou cinq mètres devant moi, comme d'imposants spinnakers.

L'efficacité du procédé se traduit immédiatement en termes de distance parcourue : vingt-cinq, trente... quarante kilomètres par jour ! Sans même avoir besoin de marcher, puisque mes skis avancent tout seuls !

Malheureusement, cette médaille a plusieurs revers. D'abord, à force de « suivre » mon cerf-volant en tirant sur ses câbles comme sur les rênes d'un cheval, il m'arrive de m'éloigner de 15 à 20° de ma route, sans même m'en apercevoir. Les mains prises, je ne peux me servir d'aucun instrument et c'est à l'angle d'attaque du vent sur mon visage que je me repère et rectifie ma trajectoire.

Ensuite, mes jambes font chasse-neige dans la poudreuse qui m'arrive aux genoux, et je dois produire un effort ininterrompu pour résister à cette pression. Je tombe, je me relève, je repars... La gymnastique est éreintante. Enfin, je suis presque aveugle dans cet environnement déjà totalement blanc, où l'horizon est bouché par la toile déployée devant moi. Difficile, dans ces conditions, de maintenir la concentration de tous les instants dont j'ai besoin pour rester debout, d'une part, pour deviner le moindre relief et les plaques de glace affleurant sous la neige, d'autre part. Encore une chance que les crevasses soient derrière moi...

Malgré tout, le vent aidant, les avantages du cerf-volant l'emportent sur ses inconvénients. Et les progrès que je fais dans la maîtrise de ce nouvel instrument se répercutent bientôt sur mes performances quotidiennes. Un jour de neige et de vents stables, j'avale cent six kilomètres... qui me consolent, le lendemain, d'être retenu prisonnier sous ma tente par le mauvais temps. Le jour suivant, sans l'aide de mes cerfs-volants, je parcours un véritable marathon de trente-sept kilomètres. Le jour d'après, j'inscris soixante-quinze kilomètres au compteur, moitié avec l'aide des cerfs-volants, moitié sans, le vent ayant tourné entre-temps. Le dixième jour, j'établis un record de dix-huit heures de glisse consécutives et cent quarante-trois kilomètres parcourus !

Je suis de nouveau dans la course ! Si je continue comme ça, je vais battre le record de vitesse sur la traversée du Groenland !

Je suis à deux cent vingt kilomètres du but, quand la catastrophe arrive.

Tracté par mon cerf-volant de vingt-deux mètres carrés, je ne réalise pas tout de suite que le vent est en train de prendre de la vitesse. Quand soudain il retombe, c'est pour un « calme avant la tempête » trop court pour que je puisse réagir. L'instant d'après, une bourrasque d'une violence terrible se lève d'un seul coup et m'arrache littéralement du sol. C'est le vent catabatique, qui part du centre de la calotte goenlandaise pour redescendre vers les côtes. Il y a aussi le *pitarak*, une sorte d'ouragan typiquement groenlandais, qui souffle au ras de la glace et soulève un tel blizzard qu'on ne voit plus ses jambes. Quand les services météo avertissent de son arrivée, les gens lestent leurs toits, attachent leurs chiens, leurs traîneaux, leurs motoneiges, et tout ce qui n'est pas solidement arrimé dans le sol.

En quelques secondes, je passe de zéro à près de cinquante kilomètres à l'heure ! Sur la glace, c'est beaucoup. Surtout avec un traîneau de cent vingt kilos accroché aux reins, et une visibilité à peu près nulle.

D'abord, je ne cherche qu'à rester debout en m'agrippant de toutes mes forces aux câbles tendus de ma toile. Je fonce à travers des couches de poudreuse épaisse, je ripe sur des plaques de glace, je traverse des monticules et saute sur des bosses, je survole des creux... La violence de la tempête m'empêche de ramener mon cerf-volant qui, devenu fou, me ballotte dans tous les sens, me projette de gauche à droite comme s'il était le marionnettiste et moi le pantin au bout de ses ficelles. Je pourrais m'en débarrasser, grâce à un dispositif de largage d'urgence actionné par un mousqueton. Mais je ne veux même pas l'envisager, tant l'idée de perdre mon cerf-volant m'est insupportable. La seule chose à faire dans l'immédiat, c'est de suivre le mouvement et de tenir bon.

Je m'accroche... Mais après quatre heures de ce régime, je sens que mes jambes ne vont plus tarder à lâcher. À bout de fatigue, je me décide à larguer ma toile.

C'est à cet instant précis que je plonge dans un creux rempli de neige molle. Une de mes jambes s'y plante, l'autre continue. Je suis écartelé, puis projeté contre la glace.

Je reste immobile pendant une fraction de seconde. C'est suffisant pour que les cent vingt kilos de mon traîneau en Kevlar, lancé à cinquante à l'heure, me percutent en pleine tête. En sang, à moitié inconscient, je suis traîné sur la glace comme par un cheval emballé. Sur les trente câbles qui retiennent mon cerf-volant, beaucoup ont sauté, mais ceux qui restent maintiennent une surface de toile largement suffisante, dans cette tempête, pour me remorquer. J'essaie désespérément d'atteindre le mousqueton de largage d'urgence, mais, ligoté dans une nasse où se mêlent les courroies du cerf-volant et celles du traîneau, il m'est impossible de faire un geste. Je ne peux pas non plus libérer mes jambes, à cause des skis. La neige entre à flots par la moindre ouverture de mes vêtements et mon corps commence à geler. En heurtant quelque chose, je perds mes lunettes, ainsi que le GPS que je porte autour du cou (heureusement, j'en ai un autre dans mon traîneau, et j'ai toujours ma boussole !). Les reliefs et les angles coupants de la glace, sur laquelle je continue de filer à pleine vitesse, font l'effet d'une râpe sur mon visage. La neige pénètre dans mon nez, ma bouche, mes yeux... Une pensée se forme dans ma tête : si mon traîneau me percute une deuxième fois, je vais y rester.

Je donnerais n'importe quoi pour que le vent retombe, mais il redouble de violence. La situation devient si dramatique que je commence à douter de pouvoir un jour raconter cette histoire...

Mais je ne m'avoue pas encore vaincu. À force de me battre avec les câbles qui me saucissonnent comme un chaton dans une pelote de laine, je parviens finalement à dégager une jambe et à la ramener devant moi. Puis, comme je ne peux toujours pas libérer une main pour atteindre mon mousqueton, j'entreprends de scier avec le carre métallique de mon ski les courroies du cerf-volant qui n'ont pas encore sauté. Ces lignes sont en Kevlar et on les a voulues incassables. Mais, éprouvées par cette tension supérieure à la normale, elles finissent par céder l'une après l'autre.

Il y en a une bonne quinzaine. Chaque fois qu'une de ces lignes rompt sous ma lime improvisée, la toile du cerf-volant s'amollit et je perds un peu de vitesse. Ma jambe s'emmêle de nouveau ; je la libère encore... Lorsque je parviens enfin à récupérer l'usage de mon bras, j'actionne immédiatement le mousqueton de largage. Mon cerf-volant s'envole, emporté par les rafales, et disparaît dans le blizzard.

Enfin immobile sur la glace, je me remets de mes émotions en faisant un bilan général. À l'exception de mes lunettes et du cerf-volant perdus, mon matériel semble intact. Quant à moi, je n'ai rien de cassé, mais je suis vidé et je ne tiens plus debout.

Je monte ma tente en vitesse, me jette dans mon sac de couchage et m'endors aussitôt.

Le lendemain, après plusieurs heures de glisse, j'aperçois une minuscule tache de couleur sur l'horizon blanc. En m'approchant, je découvre qu'il s'agit de mon cerf-volant, dont les câbles se sont pris dans un relief et que les bourrasques de neige ont plaqué au sol. Il est inutilisable, mais je suis fou de joie de l'avoir récupéré. Au prochain rendez-vous avec mon équipe, je le ferai passer au fabricant pour qu'il me le répare.

D'après la dernière position enregistrée sur mon GPS perdu et ma position actuelle, indiquée par l'autre, j'ai été traîné sur plus de trois kilomètres. Sur la glace, à cette vitesse et dans ces conditions, c'est beaucoup ! La morale de cette mésaventure

– qui aurait pu virer à la tragédie –, c'est qu'une fois de plus, j'ai commis une imprudence. Je voulais tellement battre ce record de traversée...

J'ai failli me tuer, mais j'ai tenu une moyenne dépassant mes espérances ! Douze jours après mon départ d'Angmagssalik, je ne suis plus qu'à quatre-vingts kilomètres d'Ilulissat. Si je continue à ce rythme, ce n'est pas en vingt jours, mais en quinze, peut-être moins, que j'aurai accompli ma traversée !

Le treizième jour, je couvre soixante kilomètres ! Malheureusement, il va falloir ralentir : en commençant ma descente vers les côtes, j'entre à nouveau dans la zone des crevasses.

Un vent stable gonfle mon cerf-volant et je continue à filer sur le faux plat favorable du glacier. Tout est d'un blanc grisâtre, uniforme, qui efface le moindre relief et même l'horizon. J'ai l'impression d'être un pilote volant dans les nuages.

Soudain, une ombre traverse mon champ de vision, si vite que seul mon subconscient l'enregistre. Elle m'aurait sans doute échappé, sans cet angle de vue élargi qu'on finit par acquérir sur la glace.

Mais je ne vois toujours pas ce que...

J'ai une poussée d'adrénaline en prenant brusquement conscience que ce que je viens d'apercevoir, c'est la bouche bleu acier d'une gigantesque crevasse. Et s'il y en a une, il y en a d'autres. Prêtes à m'avaler.

Je suis arrivé plus tôt que prévu en zone dangereuse. Il faut absolument que je m'arrête. Mais à la vitesse où je vais, ma distance de freinage est longue. Je dois amener la toile et ralentir progressivement, pour éviter que mon traîneau, lancé à trente à l'heure, ne me percute une fois de plus. Je relâche peu à peu les câbles du cerf-volant pour donner du mou et réduire mon allure. Lorsque je suis enfin immobile, j'attache ma voile à mon traîneau et, débarrassé de mes harnais, m'aventure dans cette purée de pois où on ne voit pas le bout de son ski. Quelques mètres plus loin... j'ai le cœur qui s'arrête. La moitié de mon cerf-volant est engloutie dans l'une des plus énormes crevasses que j'ai vues de ma vie !

Le cerf-volant avait six mètres de câbles. Six mètres de plus... et on n'entendait plus jamais parler de moi.

Je réalise que j'ai forcément « survolé » un certain nombre de crevasses plus petites, dont le pont de neige glacée n'a supporté le poids de mon attelage que grâce à ma vitesse. À présent, dans ce brouillard qui m'aveugle, cerné de pièges mortels que je devine tout autour, je n'ose plus bouger d'un centimètre. Fébrilement, je monte ma tente à l'endroit précis où je me trouve, et m'installe pour la nuit.

Le lendemain, le temps s'est dégagé et mes craintes se vérifient : je suis au milieu d'un véritable labyrinthe de crevasses ! Que je sois arrivé vivant jusqu'ici tient du miracle !

Cela ne fait que confirmer ce que je crois profondément : Dieu existe, et il lui arrive de s'occuper de moi. Ce serait même, dans ce cas précis, un travail à plein temps.

Je mets deux jours entiers à sortir de la zone des crevasses et à rejoindre le dénivelé montagneux qui va jusqu'à la mer. Deux jours pendant lesquels un vent déchaîné ne cesse de me hurler dans les oreilles. À dix kilomètres du camp de Paul-Émile

Victor, je contacte Jean-Philippe Patthey et j'invite mon équipe à venir à ma rencontre. Jean-Philippe m'annonce que mon bateau est fin prêt et n'attend plus que moi. Je ne tarde pas à l'apercevoir, en effet, malgré l'ophtalmie des neiges causée par la perte de mes lunettes. Il est tout en bas, posé sur la surface lumineuse d'un fjord comme une miniature sur un miroir. Pour l'atteindre, je dois traverser une zone de rivières dont les lits ont creusé la glace et dont les flots impétueux peuvent me jeter au fond des crevasses avant que j'aie eu le temps de résister. Mes pieds gèlent à cause de l'eau où ils trempent en permanence. Mais je suis familiarisé avec mon équipement, j'ai appris à le connaître et à en tirer le maximum de performances. À présent lui et moi sommes prêts à affronter l'hiver arctique qui s'annonce.

Une étape se termine, une autre va commencer.

J'ai traversé la calotte glaciaire groenlandaise en quinze jours et huit heures, établissant un nouveau record.

Mais ma préoccupation la plus immédiate est le surplus de nourriture avec lequel je me retrouve, ayant mis moins longtemps que prévu. Pas question d'abandonner ce précieux chargement sur la banquise. Alors, je me goinfre, à la fois par gourmandise, pour augmenter mes réserves de graisse en prévision du froid... et parce que j'ai bien mérité un gueuleton !

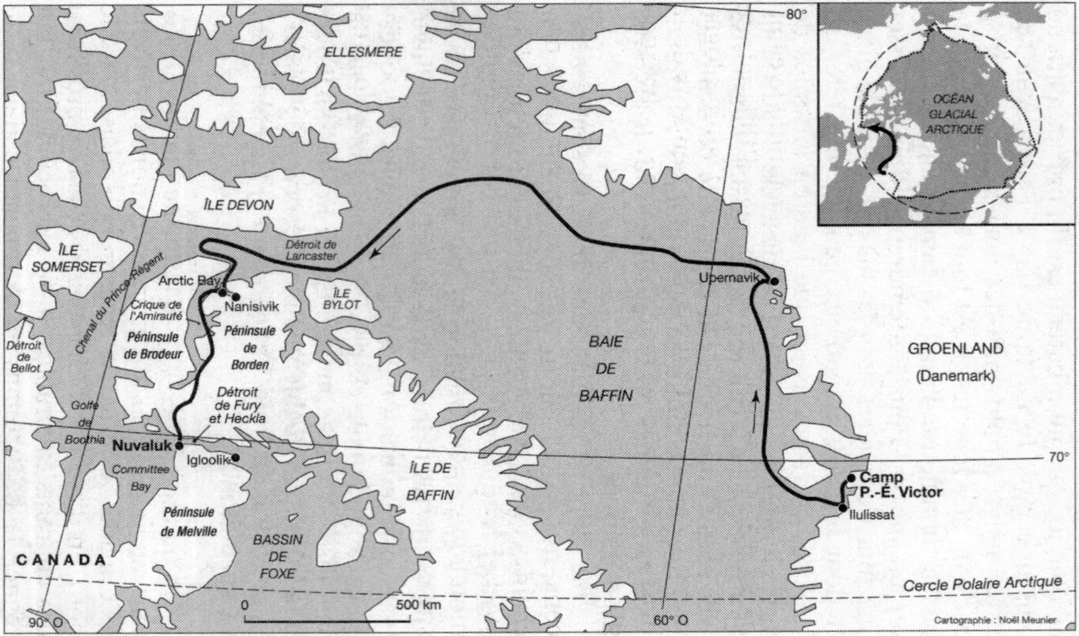
ELLESMERE
ÎLE DEVON
ÎLE SOMERSET
Chenal du Prince-Régent
Détroit de Lancaster
Arctic Bay
Nanisivik
ÎLE BYLOT
Crique de l'Amirauté
Péninsule de Brodeur
Péninsule de Borden
Détroit de Bellot
Golfe de Boothia
Détroit de Fury et Heckla
Nuvaluk
Igloolik
Committee Bay
Péninsule de Melville
BASSIN DE FOXE
ÎLE DE BAFFIN
BAIE DE BAFFIN
Upernavik
GROENLAND
(Danemark)
Camp P.-É. Victor
Ilulissat
OCÉAN GLACIAL ARCTIQUE
CANADA
Cercle Polaire Arctique
80°
70°
90° O
60° O
0
500 km
Cartographie : Noël Meunier

3

Le courage d'un ours

De nouveau à la barre d'*Arktos*, je quitte le camp de Paul-Émile Victor pour le village d'Ilulissat, un peu plus au sud, en compagnie de l'équipe logistique. J'y retrouve Cathy, trois représentants de la banque Mirabaud et mon cameraman, pour quelques séances de travail.

Mes cinq jours à Ilulissat sont essentiellement consacrés à préparer mon bateau en vue de sa prochaine grande traversée (ce qui consiste surtout à y stocker le maximum de nourriture) et à compléter mon équipement polaire en fonction de toutes les situations que je pourrais rencontrer sur la banquise canadienne. Des précautions de principe : j'aurai beau avoir prévu tout ce qui est imaginable, c'est forcément l'inimaginable qui se produira, tôt ou tard. Alors j'emporte le plus possible de matériel, en vue du plus grand nombre d'options climatiques et géographiques.

En quittant Ilulissat, je contourne l'île de Disko, puis, au lieu de filer directement au nord-ouest vers le Canada, je longe la côte groenlandaise vers le nord, en direction d'Upernavik. Ainsi, je profiterai des courants favorables et du microclimat qui fait régner le beau temps en permanence dans cette région. Le paysage est grandiose, mais les icebergs plus nombreux que les semi-remorques sur l'autoroute. Et beaucoup plus gros : des masses de plusieurs kilomètres de long, que je mets parfois des heures à contourner. En admirant leur base immergée dans l'eau cristalline, je songe que la quantité de glace flottante libérée chaque année dans cette zone représente un volume d'eau douce qui suffirait à alimenter les États-Unis pendant dix ans ! Cette partie de la calotte glaciaire groenlandaise est la plus grosse productrice d'icebergs du Grand Nord. Si elle fondait entièrement, le niveau des océans s'élèverait partout de dix mètres ! Un beau film-catastrophe dont nos responsables de l'environnement devraient méditer le scénario.

Upernavik est une légende. Elle fait partie de ma mythologie personnelle depuis que, parmi de nombreux livres dévorés en vue de cette expédition, j'ai lu *Les Fantômes du cap Sabine*, qui raconte l'aventure du lieutenant Adolphus Greely[1]. Cet explorateur américain tenta en 1881 de rallier le point le plus septentrional du continent américain. Les membres de son expédition, après avoir commis pas mal d'erreurs grossières, se sont retrouvés à court de nourriture et ont fini par s'entre-dévorer.

Upernavik fut leur ultime escale connue.

C'est dire si l'endroit est chargé d'histoire ; de toutes les histoires d'explorations polaires, avec leur dénouement souvent tragique.

1. Leonard F. Guttridge, *Ghosts of Cape Sabine : The Harrowing True Story of the Greely Expedition*, qui décrit la tragique épopée d'Adolphus Washington Greely et de son équipage, en 1881.

Je tenais, moi aussi, à y poser le pied, ne serait-ce que pour respirer à mon tour ce parfum d'aventures et de légendes qui y flotte encore.

Après seulement un jour et demi de mer, je jette l'ancre devant un village de pêcheurs encore plus modeste qu'Angmagssalik. Même pas un port, une crique, où le vent qui s'y rue en permanence a poussé vers leur perte un tas de vieux vapeurs, dont les carcasses sont fondues dans la grisaille de l'eau et du ciel.

À part ça, pour la légende et l'histoire, je devrai me contenter de mon imagination.

Deux pilotes d'hélicoptère groenlandais, surpris de me voir là, me posent toutes sortes de questions et m'apprennent qu'ils sont cloués au sol. « On annonce des vents de cinquante à soixante nœuds, me disent-ils. Impossible de décoller d'Upernavik avant au moins deux jours. » Des vents de cinquante nœuds dans une mer pareille, avec tous ces icebergs... je ne suis pas très chaud non plus. Je décide d'attendre jusqu'à demain, pour voir comment les choses évoluent.

J'ai à peine fermé l'œil que je suis réveillé en sursaut par les paquets de mer qui s'écrasent sur mon bateau. Mon ancre est en train de s'arracher ! *Arktos* risque d'être projeté contre la côte et de finir comme toutes ces carcasses de navires échoués, sans doute dans les mêmes conditions. Je n'ai pas d'autre choix que de lever l'ancre complètement et de foncer au large où mon bateau sera plus en sécurité que dans le port. Sur pilote automatique, avec pour toute voile un foc de tempête de la taille d'une feuille de papier, soulevé par des montagnes d'eau entre lesquelles je plonge ensuite à m'engloutir, je slalome entre les icebergs. Il ne fait jamais complètement nuit, mais l'exercice est rendu périlleux par le brouillard qui épaissit l'obscurité et réduit la visibilité...

La tempête m'oblige à tenir la barre quarante-huit heures d'affilée, sans une minute de sommeil.

Et puis, le calme revient.

La météo m'a en quelque sorte forcé la main et obligé à aller de l'avant plus vite que prévu. Plutôt que de retourner à Upernavik, je traverse la baie de Melville et la baie de Baffin, où les icebergs se font plus rares.

Après quelques jours de navigation, je me présente à l'entrée du détroit de Lancaster.

C'est ici que commence le fameux passage du Nord-Ouest, qui emprunte ensuite le détroit de Bellot, contourne l'île du Roi-Guillaume, passe par Cambridge Bay, le golfe d'Amundsen, encercle l'Alaska et débouche dans le détroit de Béring. J'ai prévu de pouvoir naviguer au moins jusqu'à Cambridge Bay, sur la grande île Victoria, avant que mon bateau ne soit pris dans les glaces hivernales et que je doive continuer à pied.

Des courants de six nœuds s'engouffrent d'un côté du détroit de Lancaster et en ressortent de l'autre avec la même force. En tâchant d'en tirer le meilleur parti, j'avance sous une neige lourde qui transforme mon bateau en arbre de Noël. Le vent tourne ; s'il se lève soudain, il pourrait geler les drisses et rendre impossible la manœuvre des voiles. Toutes les heures, je modifie donc ma voilure, histoire d'empêcher les câbles de se souder aux poulies...

Mais les choses se présentent plutôt bien. D'après les gardes-côtes d'un brise-glace canadien nommé le *Terry Fox*, le détroit de Bellot est ouvert. Si je me dépêche, bien que la saison soit très avancée – nous sommes début octobre –, je devrais pouvoir passer !

Génial ! Je me vois déjà filant toutes voiles dehors jusqu'à Cambridge Bay ! On a raison de dire que, malgré les glaces quasi éternelles qui encombrent cette région, on arrive presque toujours à trouver une voie navigable.

Mais deux jours plus tard, c'est la douche froide. Alors que je double la péninsule de Brodeur, le *Terry Fox* m'avertit que le détroit de Bellot, entre l'île de Somerset et la péninsule de Boothia, est obstrué par huit kilomètres de glace ! « Tu aurais encore pu passer il y a deux jours, me disent les gardes-côtes ; plus maintenant. »

Deux jours... Quarante-huit heures qui viennent de tout faire basculer.

Apparemment, la tempête que j'ai subie dans la baie de Melville a poussé la glace dans le détroit de Lancaster, jusqu'à celui de Bellot où d'énormes morceaux de *pack* font maintenant bouchon. Plus un filet d'eau navigable. Le *Terry Fox* m'interroge sur les caractéristiques de mon bateau – taille, puissance du moteur, épaisseur de la coque, etc. – et me le confirme : impossible de passer.

Et dire qu'après le détroit de Bellot, la voie est libre jusqu'à Cambridge Bay !

Je suis fou de rage.

Et ce n'est pas fini. Mes amis les gardes-côtes m'informent à présent que les températures ont amorcé une chute libre et que la mer commence à geler. « Si tu t'obstines, me disent-ils, la glace va se refermer derrière toi, tu y laisseras ton bateau et on ne pourra même pas venir te chercher. Fais demi-tour. Viens nous rejoindre à Nanisivik ! »

Nanisivik ? Jamais entendu parler ! Mais les prévisions peu optimistes des gardes-côtes se confirmant, je décide de suivre leur conseil et je fais demi-tour. La glace se solidifie derrière moi pendant que je m'enfonce dans l'étroite crique de l'Amirauté. Commence un périple mystérieux, une plongée dans l'inconnu de cette région dont je n'ai pas de carte puisque je n'avais pas prévu de m'y aventurer. Suivant aveuglément les instructions du *Terry Fox*, dans une lumière étrange qui n'est ni le jour ni la nuit, je longe en silence les flancs de cette gorge inquiétante, avec ce mélange d'angoisse et d'excitation qu'éprouvaient sans doute les premiers cartographes, dessinant ce qu'ils voyaient à mesure que leur regard le découvrait.

En arrivant à ce qui devrait être Nanisivik, je ne distingue rien. Pas une lumière... excepté celles du *Terry Fox*, le brise-glace des gardes-côtes, vers lequel je m'avance à six petits nœuds prudents.

Je suis à bout de forces. Depuis Upernavik, le travail incessant et le mauvais temps m'ont pratiquement privé de sommeil et de nourriture. Le froid et l'humidité permanente – il n'y a pas de chauffage dans ma cabine – ont ravivé mes gelures et mes mains me font terriblement souffrir. Après l'enfer de ma traversée de la baie de Baffin, après les vents à soixante nœuds, les mauvais courants, le retour sur mes pas, l'encerclement par les glaces et l'empoignade pour sauver mon bateau... j'ai l'impression de rentrer à la maison.

L'équipage du *Terry Fox*, que le radar a averti de mon arrivée, me jette des filins et nous nous amarrons bord à bord. On m'offre de la soupe chaude, de la bière fraîche, et des questions brûlantes qui se résument à : « Qu'est-ce que tu fabriques ici, tout seul ? »

La réponse est déjà une longue histoire...

Le *Terry Fox* repart demain pour son port d'attache, sur le Saint-Laurent. Le brise-glace – pourtant un « classe 4 » – risque de se retrouver prisonnier du froid, lui aussi, et n'a pas un jour à perdre. Je demande à tout hasard au capitaine s'il n'aurait pas l'obligeance, avant de redescendre vers le Québec, d'aller casser la glace qui obstrue le détroit de Bellot, afin de m'ouvrir le passage. « Désolé, Mike, me répond-il : trop épaisse. Même pour moi. »

Au moins, j'aurai tout essayé. La glace se referme derrière moi et m'interdit définitivement de revenir en arrière. Cette fois, c'est certain : ma croisière s'arrête ici.

Nanisivik n'est ni un port ni un village, c'est une mine. Une mine de zinc, dont les mineurs sont les habitants. Vivant dans des baraques préfabriquées, autour d'une broyeuse à minerai dont le ronflement sourd rappelle constamment la présence inquiétante, les hommes se succèdent ici par roulements de quinze jours... pour ne pas devenir fous.

Arktos est le premier voilier à jeter l'ancre à Nanisivik ! Un petit événement, vite occulté par un autre, infiniment plus important.

Le jour de mon arrivée est le dernier jour de Nanisivik.

La mine ferme définitivement, après vingt ou vingt-cinq ans de bons et loyaux services.

Par un hasard étrange et presque inquiétant, c'est au moment précis où j'y mets le pied que la ville disparaît. Partout, on s'agite, on remplit des camions et des *pick-up*. Des hélicos et des avions décollent, emportant matériels et équipements légers. Mineurs et ingénieurs s'envolent vers d'autres contrats.

J'ai l'impression curieuse d'avoir déclenché ce sauve-qui-peut. Je me retiens de crier : « Hé, les gars, attendez ! Ce n'est que moi !... »

Les lois canadiennes sur l'environnement obligent tout exploitant d'un gisement minier, une fois celui-ci épuisé, à rendre au site son état d'origine. On entreprend donc de raser au bulldozer toutes les maisons sans exception, de reboucher la piscine, de démolir la salle de gym, le restaurant, la poste... et tous les équipements utilisés depuis deux décennies par une population presque exclusivement masculine. On aligne dans les carrières et les galeries les semi-remorques et les 4×4 Toyota Land Cruiser, les pelleteuses, les excavatrices, les *caterpillars*, les bulldozers, etc. ; tous flambant neufs ! Et on enterre la totalité sous des milliers de tonnes de roches, soufflées à la dynamite ! Les baraques remplies de stocks de rechange, de matériels de forage et de pièces mécaniques en quantité suffisante pour ouvrir une nouvelle galerie ou changer dix fois n'importe quel moteur – la mine devait pouvoir fonctionner en autarcie complète – subissent le même sort !

Fasciné, je regarde disparaître des millions de dollars d'équipements, enterrés comme de vulgaires détritus ! J'ai beau savoir que, l'avion étant ici l'unique moyen de transport, l'évacuation de ce matériel coûterait plus cher que sa valeur marchande... j'ai beau savoir que la compagnie minière, après avoir ouvert ce site dans une perspective de dix ans d'exploitation, a plus que doublé ses prévisions et rentabilisé ses investissements... je ne peux pas retenir en moi le sentiment d'un gigantesque gâchis.

Mais j'aurai vu un spectacle pareil au moins une fois dans ma vie !

L'ambiance est mélancolique, et même triste. Nanisivik n'était peut-être pas tout à fait une ville, mais elle représentait vingt années – et parfois plus – de la vie de ces hommes qui, désormais, s'inquiètent pour leur avenir.

Comme à chaque fin d'un monde, on donne pourtant une dernière fête, à laquelle je suis convié. L'alcool, d'habitude interdit presque partout pour ne pas « contaminer » les Inuits, fait sa réapparition et coule à flots. Un nommé Bill, l'ingénieur en chef de la mine, m'annonce qu'un brise-glace-cargo, l'*Arctic*, emportera dans quelques jours le dernier chargement de zinc. Après quoi, on abattra la broyeuse à minerai et la fermeture sera définitive.

Comme Bill se passionne pour mes aventures, je lui fais un petit résumé de ma situation et lui explique que, faute de pouvoir naviguer jusqu'à Cambridge Bay, comme je l'avais prévu, je vais devoir faire tout ce chemin à pied. Et pour ne rien arranger, par un itinéraire infiniment plus long, puisque devant moi, entre l'île de Baffin et les terres de Barren, s'étend le golfe de Boothia qui lui, ne gèle jamais. Mon bateau étant bloqué ici, je vais devoir contourner Boothia jusqu'à ce que je trouve un passage...

Quant à attendre le dégel pour pouvoir reprendre mon bateau et continuer comme prévu par la voie maritime... il y en a pour huit mois ! Et sans vouloir vexer l'autochtone, je ne me vois pas passer huit mois dans ce trou... qui d'ailleurs aura disparu d'une minute à l'autre.

Je suis amer, malgré ma conviction d'avoir fait le bon choix en me réfugiant ici : je ne peux ni attendre le printemps ni repartir tout de suite. En effet, nous sommes fin octobre et la neige n'est pas encore assez épaisse ni compacte pour que je puisse avancer sur les immenses étendues rocheuses de l'île de Baffin. Elle tient difficilement dans ce désert froid où les précipitations sont rares et les bourrasques permanentes, ce *no man's land* qui évoque moins la banquise que le sol lunaire.

Des Inuits de rencontre me le confirment : il faudra au moins trois ou quatre semaines pour que la neige devienne praticable.

Autant en prendre mon parti et m'installer aussi confortablement que possible. Bill m'abandonne sa maison, une des dernières à être encore debout. Un engin de levage ayant par miracle échappé à la destruction massive soulève délicatement mon bateau, ancré après le départ du *Terry Fox* à l'abri d'une anse naturelle profonde, et le dépose sur la glace. Comme celle-ci ne fondra pas avant août prochain, je suis tranquille : *Arktos* ne risque pas de dériver ou de sombrer en mon absence.

Puisque j'ai un peu de temps devant moi, je demande à Cathy de me rejoindre avec Annika et Jessica. Je n'ai pas vu les filles depuis mon départ du cap Nord et, quand j'aurai quitté Nanisivik pour m'enfoncer dans l'hiver arctique, il s'écoulera au moins six mois avant que je puisse de nouveau les serrer dans mes bras.

Quelques amis se joignent au petit groupe, qui parvient sans problème jusqu'à moi. Si Nanisivik n'était qu'un village-dortoir, son aéroport, vu l'importance du fret aérien généré par la mine, est capable d'accueillir les avions de ligne.

Sur la partie arrière de mes skis, Annika et Jessica, qui ont déjà richement décoré l'avant, dessinent des *inukchuk*. C'est ainsi que les Inuits appellent ces mystérieux assemblages d'énormes roches plates que l'on aperçoit parfois sur les hauteurs, un peu partout dans l'immense territoire du Nunavut[1]. Depuis la nuit des temps, les *inukchuk* indiquent la direction du prochain village. Au voya-

1. Le Nunavut (« Notre terre », en inuktitut) est un nouvel État canadien qui s'inscrit dans la partie est des anciens Territoires du Nord-Ouest. Ceux-ci comprennent également le Yukon, dernier État canadien avant l'Alaska.

geur qui cherche son chemin, ils disent : « J'y suis allé : voilà la route à suivre. » Les *inukchuk* à l'arrière de mes skis et la maison à l'avant diront désormais : « J'y suis allé. Maintenant, je rentre chez moi. »

Après avoir « campé » quelques jours dans les quatre ou cinq maisons encore ouvertes, mes visiteurs me laissent à une solitude plus grande encore qu'avant. Il ne reste à Nanisivik, en dehors de moi, que cinq hommes chargés de faire le « ménage ». On coupe les arrivées d'eau, le générateur électrique... Seule une infrastructure minimale continuera de fonctionner au ralenti durant tout l'hiver, afin qu'on puisse revenir l'été prochain finir le travail.

La mine achève de fermer ; l'*Arctic* embarque l'ultime cargaison de zinc... et on ferme la dernière maison : la mienne.

Je me retrouve sans abri par un froid qui commence à devenir intense. Heureusement, je sais pouvoir compter sur Claude, qui me propose spontanément la minuscule cabane où il entasse ses peaux de phoque et ses outils, chez lui, à Arctic Bay.

C'est Corey, un copain mineur rencontré ici, qui m'a présenté à Claude Lavallée. Ce Québécois de trente-deux ans s'est installé dans l'Arctique quand il en avait treize, avec son père qui posait les lignes téléphoniques des compagnies minières du Grand Nord pour le compte de Bell Canada. Adolescent, Claude a commencé à travailler avec lui. Mais à quinze ans, il a rencontré Lily, une jeune Inuit. Quand elle s'est retrouvée enceinte, Claude est allé vivre avec Lily à Arctic Bay, le village inuit situé à trente-cinq kilomètres au sud de Nanisivik. Il l'a épousée, puis, pour gagner sa vie, a pris tous les jours avec ses nouveaux « frères » inuit le bus qui relie Arctic Bay à la mine, par l'une des plus longues routes de l'Arctique. Johannessy, le père de Lily, lui a enseigné l'art de la chasse, de la pêche, et de la survie dans le Grand Nord. Mais peu après la naissance du bébé, les parents de Lily se sont séparés. Sa mère s'est installée non loin d'Arctic Bay ; son père beaucoup plus au sud, à Igloolik. Et Claude s'est retrouvé à seize ans responsable d'une famille nombreuse : les frères et sœurs de Lily, qu'il a élevés seul, en travaillant à la mine...

Alors que les dernières traces de vie achèvent de s'effacer pour toujours à Nanisivik, je pars pour Arctic Bay. Le village est situé très au nord du cercle polaire arctique, mais toujours dans la marge de manœuvre que je me suis fixée au départ. La cabane à outils de Claude ne possède qu'un poêle minuscule et il gèle à l'intérieur. J'ai l'impression de dormir sous la tente, à même la banquise. Mais le logement est gratuit, je reste en contact total avec la nature, et je n'ai de comptes à rendre à personne.

Depuis que la mine est fermée, Claude a recours aux recettes millénaires de ses ancêtres d'adoption pour nourrir sa tribu. Il pêche, chasse à pied ou avec ses chiens de traîneau, et s'est reconverti dans la mécanique, la réparation des motoneiges, etc. C'est le champion du bricolage et du système D, le MacGyver de la banquise, capable de fabriquer n'importe quoi à partir de n'importe quoi. À ses revenus s'ajoute la généreuse allocation mensuelle que le gouvernement canadien donne à chaque famille inuit. Il est vrai que « là-haut », vu la rareté des produits et les difficultés d'acheminement, tout est hors de prix.

Je partage les repas de famille, je nourris les chiens, je donne un coup de main à l'atelier et rends tous les services possibles. Lily me confectionne des gants et des bottines en peau de phoque...

Début novembre, quand mon chemin commence enfin à devenir praticable, Claude m'aide à doubler les patins de mon traîneau et à renforcer toute sa carrosserie. Si tout s'était passé comme prévu, j'aurais continué sur la glace et mon traîneau, dans son état actuel, aurait suffi. Mais des réajustements sont indispensables pour évoluer sur la terre, la roche et les reliefs, comme je vais devoir le faire en partant de la pointe nord de l'île de Baffin.

Claude m'indique les positions GPS des points de pêche et des obstacles liquides qui se trouvent sur mon parcours. Il m'explique tout ce qu'il sait des us et coutumes des ours polaires, de leurs routes migratoires et de leurs lieux de rassemblement (qu'il me recommande vivement d'éviter). Il m'initie à la chasse au phoque... Bref, il m'aide avec la générosité totale d'un homme droit, honnête, qui assume sans faiblir d'écrasantes responsabilités familiales depuis l'âge de quinze ans.

Nous devenons de grands amis, mais je reste à ses yeux un de ces randonneurs de l'extrême, comme ces trois aventuriers qu'il a aidés dans leurs préparatifs, il y a trois ans. Ils étaient partis pour relier Arctic Bay à Igloolik, dernier village de la péninsule de Borden, juste avant le détroit de Fury et Heckla ; mais ils ont craqué en cours de route. À présent, c'est à mon tour de lui prouver ce que je vaux.

Et je ne demande que ça. Après trois semaines à Nanisivik et près d'un mois à Arctic Bay, je commence à piaffer d'impatience. Mais Claude insiste pour que j'attende encore un peu, histoire d'être certain que toutes les conditions soient réunies.

Je fais la connaissance de la grand-mère de Lily. L'aïeule, que Claude nourrit comme il nourrit le reste de la tribu, vit dans une cabane en bois de la taille d'un igloo, s'éclaire encore à la lampe à huile et coud avec une aiguille en os de phoque. Par l'intermédiaire de Lily – la vieille femme ne parle que l'inuktitut –, j'évoque la suite de mon expédition et mon futur passage par Cambridge Bay. L'ancêtre me raconte que ses propres parents ont autrefois mis cinq ans pour aller chercher un bateau – un *schooner* – à Cambridge Bay et revenir. À l'époque, les Inuits de la région utilisaient ces *schooners* pour la chasse au phoque et au narval, dont ils revendaient les fourrures et l'ivoire à la Compagnie de la baie d'Hudson. Partis avec traîneau, chiens et enfants, les arrière-grands-parents de Lily avaient utilisé le *schooner*, au retour, sur la moindre parcelle navigable, l'avaient traîné sur la glace le reste du temps, et avaient tout bonnement hiberné sur place dans des igloos quand les conditions devenaient trop rigoureuses.

Lorsque, au bout de cinq ans, l'arrière-grand-père de Lily est enfin revenu à Arctic Bay avec son bateau si chèrement acquis, le chaman du village, qui convoitait sa femme, a exigé qu'il la lui cède. Devant son refus, il a jeté un sort sur le *schooner*, dans lequel son propriétaire, qui croyait aux sortilèges et aux malédictions, n'a plus jamais mis un pied.

La veille du jour où je vais enfin m'élancer, des chasseurs contactent Claude par radio pour lui annoncer que la glace a soudainement fondu dans le chenal du Prince-Régent, lequel est redevenu un bras de mer infranchissable à pied ! « On est coincés de l'autre côté ! » disent-ils.

Après mon tour du monde en suivant la ligne de l'équateur, je décide de m'attaquer au cercle polaire arctique. Certains se demandent comment un Sud-Africain peut survivre sur la banquise, j'ai bien l'intention de le leur montrer.

Les photos des deux cahiers hors texte ont été prises lors de mes rendez-vous avec mon équipe aux différentes étapes.
© Sebastian Devenish, sauf mention contraire.

À l'assaut du pôle Nord

26 février 2002. Vladimir, notre traducteur, me prodigue d'ultimes conseils dans la station arctique russe de Cheredeny. Au mur, les autocollants de précédentes expéditions polaires… victorieuses ou non.

Au moment des adieux, je pense déjà à ce qui m'attend. Je prends pleinement conscience qu'à partir d'ici, je serai totalement seul face au défi que je me suis lancé.

Avant mon départ, Annika et Jessica, mes filles, décorent mes skis. Leurs dessins me feront penser à elles pendant toute mon expédition.

Me voilà fin prêt à affronter le Pôle. La tente et le traîneau, que j'ai fait adapter par les fabricants à mes besoins spécifiques, constituent la base de l'équipement qui me servira aussi pour le tour du cercle arctique.

L'hélicoptère nous a déposés à cap Artechevsky, Cathy, les filles et moi. Après m'être retourné une dernière fois vers celles que j'aime, je fais mes premiers pas vers le pôle Nord et découvre le poids terrible du traîneau.

Dans la nuit arctique qui touche à sa fin, près de huit cents kilomètres de désert glacé s'étendent entre moi et le pôle Nord. Je n'ai jamais autant mesuré le sens du mot « solitude ».

Contrairement à ce que l'on croit, il n'y a jamais plus de 5 °C de différence entre l'extérieur et l'intérieur de la tente.

Le moment est venu de tester la tente et tout le matériel qui me permettront de bivouaquer par des températures extrêmes, pouvant descendre sous les – 60 °C.

Le cap Nord, le grand départ

L'équipe logistique, la famille, les amis... je pose avec le clan au grand complet sous le célèbre monument du cap Nord. Le moment du grand départ approche.

Ce globe de bronze qui voit passer des centaines de milliers de visiteurs par an, je le contemple de tout près une dernière fois. Nous nous reverrons, si tout va bien, dans... environ deux ans.

4 août 2002. Ma ligne de départ virtuelle se situe devant la haute falaise noire du cap Nord. Je grave cette image dans ma tête pour l'emporter avec moi et la regarder chaque jour en me disant : « C'est là que je vais. »

Faux départ. Quelques heures après avoir levé l'ancre, des problèmes de pilote automatique m'obligent à revenir en arrière.

C'est parti. « Arktos » commence par une longue traversée vers le Groenland à bord de mon monocoque spécialement fabriqué pour résister à la glace.

En attaquant la traversée du Groenland, j'essaie aussi d'en battre le record.

Mes bâtons de ski me servent également de piquets pour amarrer ma tente. Elle s'ouvre comme un parapluie, au dernier moment, pour éviter qu'elle ne soit emportée par la bourrasque.

J'arrive sur la côte ouest en vue du fameux camp d'où Paul-Émile Victor est parti à la découverte de la calotte glaciaire groenlandaise. J'ai établi un nouveau record en la traversant en quinze jours et huit heures.

La banquise canadienne

Peu de temps après mon arrivée dans le Grand Nord canadien, mon bateau est pris dans les glaces à Nanisivik, sous le détroit de Lancaster. À moins d'attendre le dégel – ce que je n'ai aucune intention de faire –, je vais devoir entreprendre un détour de mille deux cents kilomètres à pied.

Le cargo *MV Arctic* va bientôt emporter le dernier chargement de la mine de Nanisivik. Pour les mineurs, surtout les plus anciens, c'est une partie de leur vie qui se termine. les sourires cachent la nostalgie, et parfois l'angoisse du lendemain.

À Nanisivik, la baraque de chantier qui fait office d'aéroport est provisoire, comme tout le reste. Dans quelques jours, les logements, les équipements, les véhicules et le personnel auront disparu. De vingt-cinq ans d'exploitation minière la nature ne gardera aucune trace. Ainsi l'exigent les lois canadiennes sur la protection de l'environnement.

Un ami inuit m'a offert cette tenue traditionnelle, aussi superbe qu'efficace contre le froid. C'est avec plaisir que je pose vêtu ainsi pour la photo, mais ces habits sont incompatibles avec les nécessités fonctionnelles auxquelles doit répondre mon équipement.
À droite – à Arctic Bay, un village 100 % inuit, on guette le phoque ou l'omble chevalier qui constituent la base de l'alimentation.

L'ancien boulanger Jean-Philippe Patthey est devenu mon premier responsable logistique et mon bras droit. C'est lui qui organise mes réapprovisionnements et l'acheminement de mes différents modes de locomotion aux endroits les plus inaccessibles. Sans lui, rien ne serait possible.

À l'étape de Nanisivik, Cathy, Jessica (à g.) et Annika sont venues passer quelques jours avec moi. Plusieurs mois s'écouleront sans doute avant que je puisse de nouveau les serrer dans mes bras.

Premier hiver arctique

J'ai réussi à relier Arctic Bay à Pelly Bay, au sud du golfe de Boothia, un parcours que personne n'a encore réalisé en plein cœur de l'hiver arctique. Après ce que je viens de traverser, je suis fier d'être encore en vie… et de pouvoir remettre le cap à l'ouest.

Et moi, du coup, de ce côté-ci.

Je ronge mon frein une semaine supplémentaire. La température retombe à moins trente et la glace se reforme en partie. Nous sommes mi-novembre et il fait nuit de manière quasi permanente.

Soudain, ma patience atteint ses limites et je décide que ça suffit comme ça. Je pars. Tant pis pour le chenal du Prince-Régent. Puisque c'est ça ou attendre les calendes grecques, je prends la décision de m'écarter complètement de ma route et de contourner le golfe de Boothia par le sud. Tout au moins, jusqu'à ce que je trouve un passage qui me permette de le traverser. Faute de quoi, je devrai faire le tour complet, c'est-à-dire descendre jusqu'à la presqu'île de Melville et passer par Committee Bay, à l'extrême sud, avant de remonter jusqu'à Kugaruk. C'est peu de chose, à l'échelle d'une carte. Dans la réalité, ces immenses terres glacées, inhospitalières à l'extrême et plongées dans l'obscurité permanente de l'hiver représentent un détour de mille deux cents kilomètres jusqu'à Cambridge Bay qui rallongera mon expédition d'au moins quatre mois !

Et pour couronner le tout, je vais me retrouver en plein sur la route migratoire des ours polaires, qui passent par Committee Bay dans leur grande transhumance annuelle vers les territoires de chasse au phoque. Les femelles, accompagnées de leurs nouveau-nés, sont particulièrement redoutables.

Ce qui s'appelle être au mauvais endroit au mauvais moment...

Affronter tout cela me paraît au-dessus de mes forces et je ne veux même pas l'envisager pour l'instant.

Pourvu que je trouve un raccourci...

Lorsque, le 16 novembre, je m'apprête de nouveau à prendre le départ... la glace se dérobe, cette fois, dans la crique de l'Amirauté ! Du jamais vu à cet endroit, en cette saison !

La crique de l'Amirauté, qui sépare verticalement la péninsule de Borden de celle de Brodeur, c'est ma voie d'accès vers le sud ; le chemin qui se glisse entre des massifs montagneux infranchissables à pied et qui doit m'emmener au moins jusqu'à Nyboe Fjord. Le temps que j'arrive là-bas, la glace devrait être suffisamment épaisse et tassée pour me permettre de continuer jusqu'à Kugaruk, de l'autre côté du golfe de Boothia.

Mais la crique de l'Amirauté est redevenue une voie navigable !

Je suis abattu, mais pas battu. J'ai toujours été persuadé que les choses n'arrivent jamais sans une raison précise, même si on met parfois du temps à découvrir laquelle. Une défaite, pour moi, n'est qu'une étape vers la victoire. Je n'ai jamais jeté l'éponge sans une très bonne raison.

Fin novembre...

La glace s'est enfin reformée dans la crique de l'Amirauté, le thermomètre plonge... tous les feux sont au vert.

Claude, qui continue de me faire profiter de son précieux savoir, me suggère plusieurs itinéraires et m'indique les îles à contourner entre Arctic Bay et Pelly Bay. Personne n'a encore jamais réussi à relier ces deux villages à pied, en plein hiver. Personne, donc, ne sait exactement à quoi je vais m'exposer. Seules trois choses sont absolument certaines : ce sera terriblement dur, je serai loin de toute assistance, dans une zone infestée d'ours, et je ne pourrai pas me permettre la moindre erreur.

J'ai eu le plaisir, à mon tour, de faire quelque chose pour Claude, qui m'a si généreusement fait bénéficier de ses années d'expérience sur la banquise. Quand le moteur de son motoneige a « serré » à cause d'un carburant américain de mauvaise qualité (qui a fait des dégâts dans tout l'Arctique), je l'ai aidé à en acheter un neuf. Sa survie dépend de ce véhicule, indispensable pour chasser, nourrir sa famille et ses chiens. Il me remboursera quand il pourra. À côté de tout ce qu'il m'a donné, ce petit service est bien modeste.

L'avant-veille de mon départ, invité par la RCMP[1], la police montée canadienne, à partager un énorme et délicieux repas concocté par une auxiliaire féminine, je passe la soirée en compagnie de gens d'une exceptionnelle qualité humaine. Mais je pourrais en dire autant de chaque membre de cette communauté d'Arctic Bay qui, en un mois, m'a adopté.

À l'heure où je m'apprête à repartir vers l'inconnu, on s'inquiète de me voir me livrer volontairement à la nuit et aux fauves. Chacun cherche à me retenir, et je lis de la tristesse dans les regards quand je refuse gentiment mais fermement de me laisser faire.

Il est quatorze heures quand je prends le départ, mais il fait si sombre que je ne vois guère que les phares du nouveau motoneige de Claude, venu me dire adieu. Sans un mot, il me serre dans ses bras. Dans l'obscurité, les larmes font briller ses yeux et il détourne pudiquement la tête pour masquer son émotion. L'aventurier professionnel du début est devenu un véritable ami.

Mais nous nous reverrons sans doute avant longtemps, lui et moi. Si je dois, comme je le crains, faire

1. Royal Canadian Mounted Police.

le tour complet du golfe de Boothia, j'aurai certainement besoin d'un réapprovisionnement aux alentours de Noël. Et je l'ai déjà prévenu que je comptais sur lui.

Je m'éloigne...

En me retournant une dernière fois, j'aperçois la silhouette de Claude, perdu sur la glace, son bras s'agitant lentement dans l'air gelé comme le drapeau de notre amitié.

Puis il disparaît et je n'ai plus devant moi que la nuit glacée de cette fin novembre 2002, dans laquelle j'attaque à pied la descente de la péninsule de Borden.

Ce n'est pas la première fois que je quitte – sans doute pour toujours – un endroit où je me suis fait des amis. Mais c'est la première fois que j'abandonne la chaleur d'une tribu humaine pour m'enfoncer, presque en aveugle, dans une obscurité totale et permanente. On ne se refait pas : je suis un homme du Sud et j'ai besoin du soleil. De plus, chacun de mes pas va désormais m'éloigner de ma route, puisque je suis contraint à cet énorme détour.

Pour toutes ces raisons, ce départ d'Arctic Bay restera l'un des plus déchirants que j'aurai affrontés.

Mes yeux s'habituent rapidement à la pénombre, dans laquelle ma lampe frontale jette un faisceau dérisoire. Mais je ne risque pas de me perdre, car j'avance sur des rails entre les deux longues falaises enserrant la crique de l'Amirauté. En revanche, je dois me réaccoutumer progressivement à jouer les bêtes de somme, un exercice éprouvant que je n'ai pas pratiqué depuis le Groenland, il y a deux mois. Et mon chargement, qui contenait à l'époque dix bouteilles de benzine rectifiée, en comprend désormais trente et pèse vingt kilos de plus.

Histoire de retrouver progressivement la forme, je ne couvre qu'une modeste distance, le premier jour, avant de planter ma tente pour la nuit (enfin... les quelques heures qui en tiennent lieu).

Après les cinq premières heures de marche, je commence à entrer en hypothermie. Dans cette période où je suis en état de fragilité, j'ai sept minutes, pas une de plus, pour monter mon abri. Passé ce délai, je commencerai à mourir de froid. Si quelque chose accroche ou me retarde, si je « m'emmêle les pinceaux », c'est la fin.

Vu les températures qui règnent ici, ce sera comme ça chaque fois que je m'arrêterai.

Le lendemain, j'inscris quelques kilomètres supplémentaires au compteur...

Quatre jours après mon départ d'Arctic Bay, j'ai la surprise, en sortant de mon abri, de me trouver nez à nez avec une famille inuit au grand complet. En revenant d'une pêche à l'omble chevalier, ils sont tombés sur un fou en train de camper au milieu de la banquise : moi. Soupçonnant que je suis en route pour quelque part, l'homme me demande pour où. Quand je réponds : « Alaska », ses yeux plissés s'arrondissent de stupeur et il me rétorque, avec une concision typique du langage anglo-inuit : « Et avion ? » Je rêve ! Lui, l'Esquimau emmitouflé dans ses peaux de phoque et de caribou comme tous ses ancêtres depuis des siècles, me rappelle aux bienfaits de l'aéronautique !

L'Inuit, elle, me considère avec une inquiétude qui se lit sur son visage tanné, prématurément vieilli par une existence aussi rude que le climat. « Tu dois rentrer avec nous à Arctic Bay, dit-elle. Hiver commence, faire nuit, températures descendre très bas, ours en migration... Toi mourir. »

Je réponds le plus diplomatiquement possible que je suis touché par sa sollicitude, mais qu'avec tout le respect que j'ai pour elle et les siens, je sais ce que je fais, pourquoi je le fais, et que je suis fermement décidé à continuer à le faire. Le couple insiste encore pour que je l'accompagne, renonce, repart... et fait demi-tour pour venir me supplier une dernière fois. Comprenant qu'il n'arrivera pas à me faire changer d'avis, l'Inuit dit à son fils de m'offrir sa seconde paire de gants de fourrure...

À propos, si je n'ai pas adopté la garde-robe locale (ce qui aurait été moins compliqué), c'est tout simplement qu'elle ne se prête pas à des marches comme celles que je pratique. Les enfants du Grand Nord sortent pour aller pêcher ou chasser, mais quand les distances s'allongent, ils se laissent transporter par leurs chiens de traîneau ou leurs motoneiges.

À chacun son mode de vie ; à chacun son équipement.

Le harcèlement amical dont je viens de faire l'objet peut sembler disproportionné. Il ne l'est pas. La vie humaine est théoriquement impossible par les températures extrêmes qui règnent ici. On ne peut survivre dans l'Arctique, en hiver, qu'à condition de rester sur place, comme le font les Inuits, qui vivent alors sur leurs réserves de nourriture et de graisses corporelles. Marcher représente un effort considérable et une énorme consommation calorique. Dans mon cas : entre huit et dix mille calories par jour, cinq fois plus que la normale. Chocolat, noix, graisses non toxiques, sucres lents, beurre, oléagineux... toute ma nourriture baigne dans l'huile et les matières grasses. Je ne vis, pour ainsi dire, que de gras. Pourtant, je perds du poids tous les jours, ce que je déplore pour deux raisons : d'abord, parce que les kilos supplémentaires, transformés en graisse, sont censés me protéger du froid ; ensuite, parce que porter ces kilos sur moi m'éviterait d'alourdir mon traîneau avec des réserves superflues...

Je ne bois que le strict minimum durant la journée, afin de m'éviter autant que possible l'épreuve qui consiste à uriner dehors par grand froid. Après mon petit déjeuner – thé ou café accompagné d'un grand bol de céréales –, je remplis deux Thermos d'une boisson énergétique vanillée chaude, à la consistance laiteuse, dont j'avale toutes les deux heures environ quelques gorgées. Cette « nourriture liquide », comme je l'appelle, me réhydrate, me réchauffe et me rassasie. Ce qui ne m'empêche pas de grignoter toute la journée des barres de noix de cajou ou de fruits secs, du chocolat ou des *brownies* faits maison par Cathy.

Et j'évite de porter des lunettes aux verres teintés de rouge. L'expérience m'a démontré que cette couleur donne faim.

Dix jours après avoir quitté Arctic Bay, je fais le point au téléphone satellite avec Borge Ousland. Mais au lieu des félicitations du jury, j'ai droit à un péremptoire : « Trop froid ! Je n'ai jamais voyagé dans ces régions pendant ces périodes. Retourne vers la civilisation. »

Mais dans la situation où je me trouve, j'ai besoin qu'on me pousse à me battre et à vaincre, pas à renoncer.

Un cas de figure qui me rappelle étrangement une certaine tentative d'atteindre le pôle Nord...

Je passe outre.

Mais à chaque conseil de prudence que j'ignore, à chaque appel à la raison que je refuse d'entendre, je sens le poids de la responsabilité s'alourdir sur mes épaules...

Quelques jours plus tard, je rencontre mon premier ours polaire.

C'est une de ces journées où mon cerf-volant, maintenu dans les airs par un petit vent mou, ne me tracte que par à-coups, comme un moteur d'appoint qui n'obéirait qu'à ses propres humeurs. L'ours qui, soudain, croise ma route à une centaine de mètres semble moins intrigué par ma personne que par ce grand chiffon coloré qui la prolonge. Inquiet tout de même, j'ai le réflexe d'agiter le cerf-volant de toutes mes forces. Le résultat est immédiat. Effrayé par cet ovni, le plantigrade se retourne d'un bond et s'enfuit. J'aperçois son volumineux postérieur blanc qui s'éloigne à toute vitesse en bondissant sur la glace.

Je viens de trouver à mes cerfs-volants un usage supplémentaire, imprévu et précieux.

Mais comme je ne dors pas en les faisant flotter au-dessus de moi, j'ai aussi un système d'alarme anti-ours nocturne, mis au point par mes copains Laurent et Daniel, de l'armée suisse. Ce procédé, que nous appelons entre nous le *bearwatch*[1], consiste à entourer ma tente d'un fil accroché à trois piquets, à une vingtaine de mètres et à quarante centimètres environ au-dessus du sol. L'ours, qui marche en traînant les pieds, ne pourra pas l'enjamber, encore moins passer en dessous. Le moindre contact entre le fil et un corps étranger déclenche le lancement d'une fusée éclairante dont la détonation effraiera l'animal et dont la lumière, retombant au bout d'un parachute, me permettra de le situer.

1. Allusion à *Baywatch*, célèbre feuilleton plus connu en France sous le titre : *Alerte à Malibu.*

Tous les soirs, mon *bearwatch* me permet de dormir sur mes deux oreilles. Il n'a qu'un petit défaut : son extrême sensibilité, qui pourrait le faire réagir à une bourrasque un peu violente...

Un ronflement de motoneige, dans le lointain, m'annonce un visiteur. Quand l'engin s'arrête à ma hauteur, je découvre avec joie qu'il s'agit de Claude Lavallée. Il n'a mis qu'une journée pour venir d'Arctic Bay, alors que j'en suis parti depuis deux semaines. Avant que la glace ne devienne trop épaisse pour être percée, il va pêcher une dernière fois pour nourrir ses chiens, sur un lac qui se trouve non loin d'ici.

– Il fallait que je vienne, me dit-il, pour te donner une dernière chance de rentrer.

Une fois de plus, je décline l'invitation. Mais comme cela ne m'oblige pas à un grand détour, je l'accompagne à la pêche. Pendant les quarante-huit heures que nous passons ensemble, je loge sous sa tente de toile et je complète mon apprentissage en l'aidant à poser ses filets et à sortir ses gros poissons de l'eau glacée.

Mais le temps devient menaçant et Claude doit se hâter de rentrer à Arctic Bay, faute de quoi il risque de se retrouver bloqué ici. Tout en repliant son campement et en remballant son matériel, il me demande une dernière fois si je suis absolument certain de vouloir continuer. (« Nous sommes amis, maintenant », dit-il pour excuser son insistance.) Il connaît déjà ma réponse, mais je devine qu'il cherche moins à me retenir qu'à s'assurer une dernière fois que j'ai pleinement conscience de ce que j'entreprends.

À partir de maintenant et pour un bon moment, Claude Lavallée sera la dernière personne à m'avoir vu vivant.

Espérons que ce « moment » ne deviendra pas définitif.

Cette fois, c'est lui qui s'en va. Je me retrouve de nouveau seul, dans une nuit de glace et de roche brûlée par un froid d'enfer.

Seul, avec de sérieux problèmes existentiels. Qu'est-ce qui me pousse à ignorer avec une telle obstination les recommandations de tout le monde, y compris de ceux qui vivent ici et connaissent ce pays mieux que moi ? L'orgueil ? La bêtise ? Dans ma tête, c'est « Tempête sous un crâne ». Au fil des jours, je m'efforce de conclure un accord de paix avec moi-même : divisé, je suis sûr d'être vaincu par les forces de la nature... nettement supérieures.

Les paysages changent lentement, au fil de cette marche sans fin. La crique de l'Amirauté déroulerait un boulevard devant mes skis, si les marées ne compliquaient les choses. L'hiver est encore jeune, en effet, et la glace n'a pas atteint sa pleine épaisseur. Chaque flux la soulève et l'éloigne des rives, rendant l'accès à celles-ci impossible. Je dois attendre que l'eau redescende et « recolle » la glace au rivage, pour pouvoir regagner la terre ferme et y planter ma tente.

Dans cette région du monde où quelques centimètres de glace me séparent souvent du grand plongeon, tout bouge et se déplace en permanence. « Où qu'on se trouve, par ici, la mer est vivante, disait Claude. N'oublie jamais que tu marches sur du vivant. » Il m'a également suggéré d'être particulièrement attentif à chaque épaisseur, chaque relief un peu plus marqué sur la surface gelée. « C'est parfois de la glace... parfois de la neige. Y poser le pied, c'est le bain assuré. » Ce conseil, que j'ai constamment à l'esprit, me sauve la mise plus d'une fois, bien que les reliefs en question soient difficiles à repérer dans l'obscurité... et que la neige, qui tombe par intermittence, rende la nuit encore plus opaque.

Mais je continue à progresser sur la glace, et pas seulement parce que la crique de l'Amirauté m'offre un « couloir » qui va dans ma direction. En hiver, sur l'île de Baffin, les températures sont encore plus rigoureuses qu'au pôle Nord, où les deux ou trois degrés de l'eau, à travers la banquise, adoucissent légèrement l'atmosphère. Sur le permafrost, ce concentré de froid, moins quarante, c'est moins quarante. Sur la banquise, moins quarante peuvent devenir... moins trente-cinq.

C'est la même chose sur mon « boulevard ».

Mais au printemps et en été, ce sera le contraire : sur la glace, le vent et l'humidité feront plonger le thermomètre, tandis que la terre ferme, une fois la neige fondue, noircira et absorbera mieux la chaleur du soleil. C'est là que j'évoluerai dans la mesure du possible.

Ces nuances font sourire beaucoup d'habitués des treks nordiques, qui prétendent qu'elles sont totalement imperceptibles. Personnellement, j'affirme le contraire. D'ailleurs, chaque fois que je sors de ma tente, je joue au petit jeu qui consiste à deviner la température avant de regarder le thermomètre. Je me trompe rarement de plus de deux ou trois degrés.

Tous les matins – si on peut dire, puisque le jour ne se lève pas –, je commence par enfiler une grosse paire de chaussettes de laine. Par-dessus : deux sacs plastique de supermarché, qu'en termes plus techniques j'appelle des doublures anticondensation ;

elles empêchent la sueur de mouiller ma troisième couche : une paire de chaussettes en laine vierge. Quatrième couche : des fourreaux orange en Polartec, un matériau qui sèche vite et qui, au lieu d'absorber l'humidité, la rejette vers l'extérieur, c'est-à-dire vers mes chaussures. Et quand la température descend en dessous de moins quarante-cinq, j'ajoute une cinquième couche : une sorte de gros chausson de laine polaire qui ne dépasse pas le bord de mes chaussures.

Rien de tout cela n'est trop ajusté, comme il se doit.

Enfin, je mets mes chaussures – dont tout ce qui précède donne une idée de la taille – en ne serrant les lacets qu'à partir du troisième crochet, pour laisser libres mes orteils et y faciliter la circulation sanguine.

Ce sont des chaussures identiques à celles qui m'ont déjà conduit une fois à travers le Groenland et – presque – jusqu'au pôle Nord. Faites à la main, spécialement pour moi, en cordura, un matériau qui ne casse pas à moins cinquante, elles sont beaucoup plus souples et légères que leur aspect massif ne le laisse croire. J'en ai essayé de toutes sortes ; la plupart étaient de véritables brodequins qui, comme les chaussures de ski modernes, bloquent l'articulation de la cheville et font reposer tout l'effort sur le genou. Pour quelques jours de marche, passe encore. Mais sur de longues distances, l'effet est catastrophique, je le sais depuis mes études universitaires de sciences du sport : pour aller loin, c'est tout le corps qui doit fonctionner. De nombreux marcheurs, cassés ou épuisés par ces semelles trop rigides, ont dû abandonner en cours de route.

J'ai donc voulu que mes chaussures, par leur souplesse, contribuent à faire travailler chacune de mes articulations : cheville, genou, hanche, épaule, qu'elles ne contraignent aucune partie de mon individu ; et qu'elles me permettent, non seulement de marcher, mais aussi de skier, et même de grimper.

Elles n'ont qu'un point faible : au bout de quelques milliers de kilomètres, je le sais, elles commenceront à casser à la pliure des orteils. Je n'y peux rien : toute structure rigide doit comporter un point de rupture qui permet à l'ensemble de résister. Et je préfère voir se fendiller mes chaussures – dont je pourrai toujours colmater les brèches – que céder mes fixations.

Celles-ci sont à trois points et permettent au talon de se soulever à chaque pas et à chaque virage, selon le principe du télémark (dont mes skis, rappelons-le, sont également inspirés). Appliquant mon incontournable règle de trois : *Solide, Simple, Facile à réparer*, j'ai choisi ces fixations parce qu'elles sont les moins compliquées du marché. Par ailleurs, elles comportent une pression de sécurité qui, si je tombe à l'eau, me permet de me libérer d'un seul geste. (Les skis, hélas, couleront, entraînés par le poids des carres et des fixations métalliques.) C'est Borge Ousland qui m'a fortement conseillé de faire ajouter ce dispositif. Il connaît bien ce côté chien fou qui me fait toujours prendre le risque de trop...

Les températures ne tardent pas à flirter avec les moins quarante.

Et elles continuent à descendre...

Avant d'attaquer chaque nouvelle journée de marche, j'applique une vieille recette esquimaude qui consiste à me moucher dans mes doigts et à étaler le résultat sur mon visage. Qu'on se rassure : il ne s'agit que d'un liquide transparent, qui gèle et forme un masque antigelures plus efficace que toutes les crèmes – ce qui m'évite d'en transporter une, puisque j'ai le nez qui coule en permanence.

Pendant ma progression quotidienne, je porte trois couches de vêtements : un polo à col cheminée et manches longues en *power dry* ; par-dessus, un maillot en laine et polyester pour la chaleur et l'absorption d'humidité (une nouveauté signée Eider). Enfin, un *power stretch*, tissu soyeux dont les points ultraserrés conservent une pellicule d'air chaud et empêchent l'air froid de pénétrer. Comme l'indique le mot *stretch*, il suit et accompagne les mouvements de mon corps, au lieu de me freiner. J'ai fait renforcer les épaules, placer les coutures au milieu du dos et à l'extérieur pour éviter que le frottement du harnais de mon traîneau ne finisse par me mettre la peau à vif. J'ai fait ajourer les aisselles pour évacuer la transpiration et ajouter une poche de poitrine – une sorte de filet – pour y glisser le GPS que je porte autour du cou. Enfin, d'un coup de canif, j'ai créé une boutonnière à l'extrémité de chaque manche. J'y passe les pouces, et mon *power dry* se prolonge ainsi d'une paire de mitaines.

La troisième couche – la quatrième, quand il m'arrive de porter deux *power stretch* –, c'est ma parka en Gore-Tex. Elle comporte des fermetures à glissière sous les bras pour permettre à l'air de circuler et des poches assez grandes pour contenir un repas... ou mes moufles, si je dois les enlever. Elle me descend jusqu'aux genoux afin d'offrir une couche isolante supplémentaire à mes cuisses et aux artères fémorales qui alimentent mes pieds.

(J'aurais pu opter pour une seule épaisseur vestimentaire, trois fois plus chaude, enveloppante et protectrice. Mais je préfère pouvoir en enlever une, quand le thermomètre remontera... ce qui arrivera fatalement d'ici la fin de mon périple.)

Le bord de ma capuche est en véritable fourrure de carcajou, qui protège mon visage du vent et possède la particularité de ne jamais geler. La glace qui s'y forme, on s'en débarrasse d'une secousse, comme le font les huskys, les chiens de traîneau. Sous la capuche, je porte une fine cagoule de polyester qui rappelle celle des pilotes de F1, puis un bonnet coupe-vent que j'ai conçu et fabriqué moi-même. Il est à « géométrie variable », avec une visière escamotable pour le soleil, des languettes protège-oreilles rabattables, et un « volet » que j'abaisse sur mon front, certains matins, pour amortir le coup de barre des très grands froids.

Sous ma parka, par-dessus mon caleçon en *sportswool* et mon fuseau en *power stretch* (même superposition que pour le haut), je porte une salopette de ski en Gore-Tex. Pour me permettre de satisfaire mes besoins naturels en m'exposant le moins possible au froid, elle possède une ouverture à l'avant et un rabat fermé par un zip à l'arrière. Et, bien sûr, elle est équipée de poches spécialement prévues pour : carte, boussole, appareil photo, moufles, pics à glace, couteau, etc. ; chaque chose ayant sa place précise et immuable.

Tout cet équipement, chaussures comprises, représente à mes yeux une extension de ma peau, un moyen d'approcher au plus près les éléments, d'aller encore plus avant au contact de la nature... surtout pas une carapace de « protection », un mot dont je déteste la connotation timorée. Pour moi, c'est avec une arme qu'on se protège. Le jour où j'aurai besoin de « protection », je resterai chez moi.

Chaque soir, le cérémonial d'entrée dans ma tente obéit au même rituel. À l'extérieur, j'ôte brièvement mes moufles pour pouvoir enlever très vite ma parka, afin de la débarrasser de la glace qui s'est formée dedans et de la neige qui la recouvre ; et je remets mes moufles pour utiliser une brosse domestique que son long manche rend facile à saisir. Me déshabiller ainsi par moins quarante ou cinquante... c'est le pire moment de la journée ! Mais je préfère encore m'imposer cette épreuve que de voir cette neige se transformer en glace à l'intérieur de mon abri. Où, je le rappelle, il ne fait que cinq degrés de plus, en moyenne, qu'à l'extérieur.

Deuxième phase : assis sous la tente, les pieds dans le « vestibule », j'enlève mes chaussures et je les brosse pour en éliminer la neige, ainsi que le givre que la transpiration a laissé à l'intérieur, avant qu'il ne gèle. Je pose mes chaussures bien ouvertes, lacets enlevés et étendus, sans aucun nœud qui, demain, serait impossible à défaire. (En me couchant, je glisserai mes grosses chaussettes de laine dans mes sous-vêtements : ma chaleur corporelle les séchera.) Je retire mon pantalon – la seconde partie de ma « couche extérieure » – et l'abandonne également dans le « vestibule » : pas question de laisser entrer le plus petit flocon, qui se transformerait aussitôt en glace, dans mon sac de couchage ou sur les parois de mon abri, et ne fondrait plus. D'ailleurs, une fois à l'intérieur, je continue à traquer avec ma brosse la neige qui aurait pu s'y glisser en même temps que moi.

Au total, j'en ai pour une vingtaine de minutes, chaque soir, avant de pouvoir refermer derrière moi le zip de ma tente.

Quand la température frôle les moins cinquante, je porte une grosse doudoune en plumes par-dessus le reste, pendant que je prépare et avale mon repas du soir. Je ne la porte que sous la tente.

Pendant que la neige se transforme en eau potable dans ma casserole, j'avance mes mains nues au-dessus pour éviter qu'elles ne gèlent pendant que je remplis mon « journal de bord ». Depuis le pôle Nord et mon amputation partielle, les gelures reviennent plus vite et plus facilement, malgré mes moufles (il est vrai qu'on m'avait ordonné d'attendre au moins deux ans avant de me réexposer au froid). Je peux à peine me servir de mes mains, même pour remplir au crayon à papier (l'encre gèlerait) mon petit carnet noir.

Mon ami Pierre Morand m'a fabriqué un modèle unique de réchaud complété d'une casserole. Comme je m'en sers exclusivement sous la tente et que je ne tiens pas à mourir asphyxié, le brûleur a été étudié pour dégager le strict minimum d'oxyde de carbone. Quant à la casserole, elle est constituée de deux épaisseurs d'aluminium. L'une, sans fond, permet au feu de chauffer d'abord la couche d'air intermédiaire, puis le contenu du récipient. Le couvercle se retourne pour devenir à la fois une assiette, ce qui m'évite d'en transporter une, et un chauffe-plat qui empêche mon repas d'être recongelé avant que je l'aie terminé. Il faut dire que je mets une à deux bonnes heures à engloutir mon énorme quantité de calories. La cuiller est en plastique (le métal me collerait à la langue), tout comme mon gobelet à couvercle vissé, ce qui évite d'en renverser le contenu sous la tente.

En pivotant sur elle-même, l'assiette dégage des ouvertures qui libèrent la chaleur contenue entre les deux parois de la casserole ; et mon ensemble de cuisine devient un petit radiateur.

Il a même, je l'avoue, un autre usage.

Par température exceptionnellement froide, quand l'utilisation de ma trappe-toilettes demande un héroïsme dont je me sens incapable, il m'arrive de réchauffer ma casserole, de la tapisser d'un sac en plastique et de l'utiliser comme W.C.

Pas très hygiénique, je sais... mais personne d'autre que moi ne dîne dans ce matériel.

Mon réchaud est bien sûr facile à réparer, car il n'est pas question d'être privé de l'instrument qui me permet de décongeler ma nourriture, de faire fondre de la neige pour boire, de réchauffer un peu ma tente... bref, de m'alimenter et de ne pas mourir de froid.

Avant d'entrer dans mon sac, j'enfile une sorte d'épaisse culotte matelassée, une « doudoune de fesses » qui s'arrête aux genoux. Cette invention personnelle a pour but, en me procurant un surcroît de chaleur, de faciliter la circulation du sang dans mes jambes ; que je dois absolument éviter de croiser, ou même de superposer en dormant : par ce froid, le ralentissement sanguin suffirait à faire geler mes pieds. Et mon cœur ne bat pas assez vite pour contrer le phénomène (l'inconvénient d'avoir des pulsations cardiaques d'athlète de haut niveau). Toutes les demi-heures, je change de position pour éviter l'engourdissement. Et mon subconscient me réveille automatiquement toutes les heures pour m'assurer que tout va bien.

Je reste de toute façon en état d'alerte. La capuche de mon sac me rendrait sourd aux bruits extérieurs (l'approche d'un ours, par exemple) : je la remplace par la cagoule isolante que je porte désormais jour et nuit (elle est devenue une seconde peau).

Une fois installé dans mon bivouac du soir, je me mets à boire énormément d'eau – jusqu'à trois ou quatre litres avant de me coucher. Quand une envie pressante me réveille, je la soulage aussitôt : se retenir est un effort qui brûle des calories et refroidit l'organisme. Pour ce faire, pas besoin de quitter mon sac de couchage : j'ai mon bidon-urinoir à l'intérieur. Une fois rempli, je le cale entre mes pieds, que bassine ainsi la chaleur de mon urine. À la deuxième envie pressante, je me contente de sortir un bras de mon sac pour vider mon bidon dans le « vestibule » avant que le contenu ne gèle ; je refais le plein de liquide chauffe-pieds... et ainsi de suite. Ce petit calorifère d'appoint me sera encore plus précieux entre début janvier et mi-mars, quand les températures seront les plus rigoureuses...

Je suis brusquement tiré du sommeil par un sifflement nasal puissant et répété qui ressemble à une respiration d'animal. La bête se trouve tout près de ma tente ! Serait-ce le loup qui me suit de loin depuis deux jours et que j'ai repéré du coin de l'œil, bien qu'il garde prudemment ses distances ? Je crains plutôt qu'il ne s'agisse d'un ours. Si c'est le cas, comment a-t-il fait pour tromper mon *bearwatch* ? Je n'en sais rien, mais la question n'est plus d'actualité. Pris de panique, je bondis, oubliant la présence, entre mes pieds, de ma gourde d'urine chaude, qui s'ouvre et se répand dans mon sac de couchage. Presque tout le liquide reste à l'intérieur de la doublure anticondensation, ce qui me permettra de l'évacuer plus facilement. Mais mes vêtements sont trempés, ce qui est toujours dangereux par de tels froids. Dans l'immédiat, j'ai d'autres priorités. J'attrape mon fusil, ma lampe de poche, et me rue à l'extérieur, prêt à affronter le fauve... mais pas d'ours en vue. J'examine rapidement les alentours et retourne me coucher. Fausse alerte, apparemment. Pourtant, je suis persuadé d'avoir entendu le souffle d'un animal...

Rongé par l'angoisse, je guette un nouveau bruit suspect. Et soudain, ça recommence ! Le même sifflement violent, aigu et prolongé, que seul un animal peut produire ! Et ça vient d'encore plus près : juste derrière la paroi de Nylon ! Pour la seconde fois, je me rue hors de mon sac (sans rien renverser, cette fois) et hors de ma tente. Toujours pas l'ombre d'un ours à l'horizon ! Est-ce que, par hasard, la solitude serait en train d'altérer mes facultés mentales ?

C'est alors que je me rends compte que j'ai planté ma tente à côté d'un de ces trous que les phoques pratiquent dans la glace pour venir respirer ! Dans l'obscurité, je ne l'avais même pas vu. Il est vrai que ces orifices sont minuscules et que l'eau recrachée par les mammifères marins les recouvre très vite d'une fine pellicule de glace.

Je me suis, en quelque sorte, pissé dessus pour rien !

Mon « copain » le loup continue à me suivre de loin. Je glisse sur des traces d'ours qui vont dans la même direction que moi. La nature est comme un dieu-volcan, assoupi entre deux colères...

Celle-ci se réveille soudain, trois semaines environ après mon départ d'Arctic Bay, dans la région de Bell Bay. La chance veut qu'au moment où la tempête atteint son paroxysme, je tombe sur un refuge : une simple cabane en planches, sans chauffage, où il fait aussi froid qu'à l'extérieur – autour de moins quarante-cinq –, mais dans laquelle je peux monter ma tente à l'abri des rafales et me réchauffer un peu plus vite.

Là, je baisse la tête quelques jours, le temps que les éléments décident de se reposer, et je reprends ma route.

Quarante-huit heures plus tard, je distingue soudain les deux phares d'un motoneige. Le pilote me repère de loin et fonce dans ma direction. Son engin, équipé d'une chenillette et de deux skis, remorque un traîneau bâché.

L'homme qui s'arrête à ma hauteur est un Inuit, enveloppé de fourrures et de peaux de caribou, comme celui que j'ai rencontré il n'y a pas si longtemps. Il se plante devant moi, qui suis corseté de Gore-Tex et de Polartec. Une nouvelle fois, deux mondes s'observent... L'Inuit me fixe de ses yeux enfouis dans les sillons de son visage, puis ouvre une bouche édentée pour s'écrier : « Qu'est-ce que tu foutre ici ? »

La question m'a déjà été posée. Sans me démonter, je réponds que je vais en Alaska. À pied.

– Maintenant ? dit-il.

– Oui, maintenant. Pourquoi ?

– Et la nuit ? (Toujours cette concision typiquement inuit.)

– Et alors ?

Le dialogue devient surréaliste.

– Et alors, reprend-il, nous ne jamais voyager pendant les périodes où fait nuit.

Je lui explique que j'ai prévu de traverser le détroit de Béring, et que je ne peux pas me permettre d'attendre quatre mois ; l'hiver le prochain – m'empêcherait d'y arriver.

L'homme continue de me dévisager avec stupeur pendant quelques instants, avant de lâcher :

– Incroyable !...

Il n'a pas le temps de s'attarder. On l'attend à Arctic Bay. Je songe qu'il lui faudra deux jours à peine pour faire en sens inverse un trajet qui m'a pris trois semaines. Comme il arrive d'Igloolik, qui se trouve justement sur mon chemin, il me renseigne sur ce qui m'attend : quelques brèches liquides, un peu de glace flottante... rien d'insurmontable.

Au moment de repartir, il ouvre la bâche qui recouvre son *kamutik* (« traîneau », en inuktitut), et y prend un gros omble chevalier congelé par le froid, qu'il m'offre. En hiver, la nourriture si difficile à se procurer prend une valeur inestimable pour les Inuits. Ce geste, qui prouve que mon sort ne lui est pas indifférent, me va droit au cœur. De la pointe du couteau, je détache un morceau du poisson, que je dévore plus cru qu'un sushi.

Notre rencontre n'a pas duré plus de sept minutes, pendant lesquelles cet inconnu, sans rien savoir de moi, a trouvé le temps de me jauger, de me guider, de me nourrir.

J'oublie le froid, j'oublie la nuit... Des moments comme ceux-là justifient tous les autres.

Décembre approche, la neige tombe plus lourdement et le thermomètre plonge. Je traverse le détroit d'Easter et j'entame une longue et pénible ascension jusqu'au lac Sapoutine, une étendue d'eau douce d'une bonne cinquantaine de kilomètres, située très au-dessus du niveau de la mer. Je suis des rivières gelées, je franchis des vallées... La neige succède à la glace, qui cède la place à la roche... Je dois régulièrement m'arrêter, enlever mes skis et pousser mon traîneau ; ou le décharger pour l'alléger (il ne pèse que vingt kilos de moins qu'à mon départ d'Arctic Bay, il y a dix-huit jours), déménager son contenu jusqu'à une plate-forme, revenir le chercher et le transporter sur mon dos...

Le parcours d'obstacles est épuisant et je ne progresse chaque vingt-quatre heures que de quelques kilomètres.

Lorsque j'arrive enfin au lac Sapoutine, je suis à bout de forces. Le temps qu'elles se reconstituent, je serai incapable de marcher plus de quatre ou cinq heures par jour.

En clair, il me faudra plus d'une étape pour atteindre la cabane de pêcheur dont Claude m'a donné la position GPS. C'est la seule, de tout le lac Sapoutine. Elle se situe à la moitié de sa longueur, à mi-distance entre le centre et le bord.

Si je tiens tellement à y passer la nuit, au lieu de camper sur la surface gelée, c'est que le lac Sapoutine, emprisonné entre des massifs rocheux et alimenté par des rivières de montagne, a la particularité d'être un piège à caribous. Une fois repoussés dans cette trappe sans issue, les pauvres équidés ne peuvent plus échapper aux loups.

Si je plante ma tente au milieu du lac, je serai dans la même situation.

Je prends la décision de camper juste avant, à l'abri des montagnes, où je dispose encore de quelques issues de secours en cas d'attaque-surprise.

Mais cette nuit-là, ni loup ni homme ne trouble mon sommeil.

Pressé d'atteindre la cabane et sachant qu'il me faudra une pleine journée de marche pour y arriver, je repars avant ce qui devrait être l'aube.

Je ne tarde pas à apercevoir les premiers prédateurs. Ils sont peu nombreux, discrets et se maintiennent à distance respectueuse. Mais au fil des heures, leur nombre augmente et leur éloignement diminue.

Il y a peu de chances que leur œil acéré nous confonde... N'empêche qu'avec mon traîneau, j'offre un profil qui évoque grossièrement celui du caribou ; et la vitesse à laquelle je me traîne – un ou deux kilomètres à l'heure à cause du vent et des reliefs – est à peu près celle de l'équidé qui marche.

Quand j'aperçois enfin la cabane, c'est avec un soulagement qui n'a d'égal que ma gratitude envers le pêcheur qui l'a construite. Elle est à peine plus grande que des toilettes de jardin et il faut se mettre à genoux pour y entrer. Mais je parviens à y installer ma tente, et à entasser autour de moi mes stocks de vivres, que je ne tiens pas à partager avec les loups.

J'ai à peine fermé l'œil que je suis réveillé par des raclements sur les parois de la cabane. Pas besoin de me creuser la cervelle pour deviner : la meute a cerné mon refuge ; elle a flairé mon dîner – ou ma propre odeur – et la voilà qui griffe les maigres murs qui nous séparent avec une rage que la faim démultiplie. Dans le noir absolu, j'entends les grondements des bêtes, leur souffle rauque, j'imagine leurs yeux d'émeraude et leurs crocs luisants, comme dans les dessins animés. Je les entends déplacer des roches et des blocs de glace pour y dénicher une quelconque pitance. (Les sales bêtes ont la détestable habitude d'uriner sur leurs aliments, pour décourager quiconque d'y toucher.) Le vide immense qui nous entoure répercute à l'infini cette bande sonore de film d'horreur ; la cabane fait caisse de résonance...

Mais je sais que les murs tiendront : le propriétaire de cet abri l'a forcément prévu « antiloups ». Cette certitude me procure un sentiment d'invulnérabilité que je n'ai pas éprouvé depuis longtemps.

C'est étrange, mais... je suis heureux.

Quand je sors de ma cabane, après un sommeil difficile, il ne reste des loups que leurs pas dans la neige et leurs griffes dans le bois. Mais j'ai déjà l'esprit ailleurs : une journée de marche me sépare encore de l'extrémité du lac Sapoutine. Après quoi, un autre col débouchera sur le lac Ivisarak, et un dernier col – où je camperai – sera suivi d'une descente progressive jusqu'à Nyboe Fjord. Là, je ne serai plus très loin du détroit de Fury et Heckla, qui sépare l'île de Baffin du continent canadien proprement dit.

Voilà un mois et demi que je marche, et j'ai progressé de moins de trois kilomètres vers l'ouest, ma véritable direction !

Histoire de penser à autre chose tout en me motivant, je me suis donné comme objectif d'avoir quitté l'île de Baffin à Noël. Si j'y arrive, je m'offrirai, ce 25 décembre 2002, ma première journée de repos.

Mais Noël approche.

Je repars sans perdre une seconde.

Ma lampe frontale est toujours allumée en permanence, mais il me semble – à moins que je ne prenne mes désirs pour des réalités – que la nuit est imperceptiblement moins sombre. Imperceptiblement. La nuance est à peu près celle que donnerait un bouchon de laque blanche dans un pot de peinture noire...

J'ai maintenant une deuxième raison de mettre le turbo. Le froid bat des records, moi aussi. En moins de temps qu'il n'en faut pour le dire, je plante ma tente sur le col qui sépare Sapoutine d'Ivisarak.

En plein milieu du lac, une masse blanche, luisante dans l'ombre, attire mon attention.

Un igloo ! Un igloo parfait, une demi-sphère de neige compacte comme seuls les Inuits sont capables d'en construire. Celle-ci est forcément l'œuvre de ceux d'Igloolik, venus jusqu'ici chasser le caribou et le loup.

Je constate bientôt que, selon la tradition inuit, les bâtisseurs de cet igloo l'ont laissé ouvert, pour que d'autres après eux puissent s'y réfugier, et qu'ils y ont déposé du thé et des biscuits secs, pour les aider à survivre.

Je n'ai pas fini de le répéter : c'est peut-être dans cette partie du monde oubliée des hommes que les hommes sont le plus dignes de ce nom.

Au bout du lac Ivisarak, la montagne m'oblige à grimper de nouveau. Et vers midi, dans une sorte de lueur diffuse, j'aperçois au loin les contours de Nyboe Fjord. Mon cœur bondit dans ma poitrine. Dans ma hâte d'y être, je foncerais bien tout schuss. Mais la descente s'avère beaucoup moins conviviale que les pistes de Courchevel : mon traîneau pèse lourd, me rentre dans les reins et me fait régulièrement tomber. Je dois le faire passer devant et le retenir tout en progressant. Une bagarre qui m'incite à regretter la montée. Pour ne rien arranger, le vent se lève et souffle de plus en plus fort. Mais Nyboe Fjord est un Graal qui, dans mon esprit, efface tout le reste.

Quand je l'atteins, le vent est devenu si violent qu'il m'empêche de planter ma tente. Il me prive également de boire, car il balaye le peu de neige de cet hiver encore jeune. J'avance sur la glace salée du fjord en traquant vainement le moindre petit tas de poudreuse. Et cette bourrasque, dont l'intensité augmente de minute en minute, ne risque pas d'arranger les choses.

Après m'être battu deux heures dans le noir et contre le vent, par moins trente-cinq, je parviens à monter ma tente. J'ai de quoi me restaurer, mais pas une goutte à boire... ce 24 décembre 2002.

Tu parles d'un réveillon !

Le jour de Noël, je commence par appeler Cathy et les filles au téléphone satellite. Nous bavardons plus longtemps que d'habitude, histoire de prolonger cette fête de famille qui nous réunit... virtuellement.

Je sors de Nyboe Fjord et pénètre sur le golfe de Boothia, qui a fini par geler en partie. Ce faisant, j'ai quitté l'île de Baffin et me trouve à peu près à la hauteur du détroit de Fury et Heckla. J'ai donc atteint mon objectif ! Ce cadeau de Noël, je l'ai bien gagné.

La glace est praticable, mais je me retrouve dans un *pack* qui me rappelle le pôle Nord, en plus agité. Une impressionnante respiration soulève les plaques gelées et rend le montage de la tente difficile. Lorsque j'ai finalement trouvé un bivouac à peu près stable, je m'offre un gueuleton, je me soûle d'eau douce et m'accorde une double ration de chauffage en laissant mon réchaud allumé plus longtemps que d'habitude.

Ce soir-là, mon bout de Nylon est un palace. Et peu d'hommes sont plus heureux que moi.

Puisqu'il y a de la glace sur le golfe de Boothia, je vais peut-être enfin pouvoir le traverser et repartir vers l'ouest ! Ce lendemain de Noël, je me sens quasiment capable de sauter de plaque en plaque jusqu'à l'autre bord... Mais quelques vérifications préalables s'imposent. Je contacte un brise-glace dont l'équipage étudie en permanence la météo et l'état de la glace. J'appelle également Cathy en lui demandant de consulter les dernières photos satellite de la région sur le site Internet *seaice.com* (« merglace.com »). Des deux côtés, la réponse est la même. « N'essaie même pas ! » me disent mes copains du brise-glace. Ce que Cathy me confirme :

« Couverture 3/10, glace type 1. » *Type 1* désigne une glace « fraîche », peu épaisse ; quant à la « couverture », elle se définit selon une échelle qui va jusqu'à 10/10 quand la surface est totalement recouverte. À 9/10, j'aurais tenté le coup. Mais au cours de ces cinquante dernières années, la couverture glaciaire sur le golfe de Boothia n'a jamais dépassé les 8/10. Et à 8/10, la surface gelée aurait pu être coupée en deux par le milieu, me condamnant à retourner sur mes pas.

De toute façon, avec une couverture de 3/10, la question ne se pose même pas. La traversée du golfe de Boothia à pied est impossible, point final.

Quant à attendre que la glace épaississe et que la couverture s'étende... il y en a au moins pour trois mois.

Noël n'aura pas duré longtemps...

Décidé malgré tout à tenter tout ce qui peut l'être, j'envisage de couper en utilisant comme relais une petite île située à l'extrême sud du golfe. Mais la glace se dérobe, là encore, et cette ultime tentative échoue.

Mes pires craintes sont désormais des certitudes : je vais devoir contourner le golfe de Boothia par Committee Bay, c'est-à-dire par l'extrême sud – l'itinéraire le plus long –, avant de pouvoir remonter et mettre enfin le cap au nord-ouest vers Kugaruk, ma prochaine étape.

L'ennui – si l'on peut dire –, c'est que mes provisions s'épuisent et que je serai à cours de vivres avant d'avoir atteint Kugaruk.

Je décide de m'organiser sur place un réapprovisionnement complet. J'appelle Jean-Philippe Patthey, lui donne ma position sur le golfe de Boothia et lui demande de m'apporter non seulement de nouvelles rations alimentaires, mais aussi de quoi affronter dans les meilleures conditions possibles les mois d'hiver les plus rigoureux, qui sont encore à venir. J'ai besoin d'une tente neuve et de plusieurs équipements de rechange.

Une fois à Arctic Bay, Jean-Philippe et son accompagnateur ne seront plus qu'à trois jours de motoneige de mon campement (allégés de leur livraison, ils mettront un jour de moins en sens inverse). Si tout se passe à peu près normalement, nous serons ensemble pour le réveillon du 31 décembre.

Claude Lavallée, que je contacte également, est stupéfait et enthousiasmé d'apprendre que je suis arrivé aussi loin. Il décide de me rejoindre, lui aussi, avec Adam, son copain photographe.

Jean-Philippe embarque en Suisse avec son imposante cargaison d'équipements et de nourriture (préparée par Cathy). Mais à l'escale de Paris, la compagnie aérienne égare deux de mes sacs ! Comme nous avons pris l'habitude de répartir aliments et matériels dans différents bagages en prévision, justement, de ce genre d'incident, je perds une partie de ma nourriture et de mon équipement. Dont les nouvelles chaussures et les nouveaux skis dont j'avais un besoin vital. C'est une catastrophe, à laquelle le fonctionnaire d'Air France avec lequel Jean-Philippe se débat se montre totalement indifférent. Peu lui importe, à lui, que ma vie puisse tenir à ce qui s'est perdu par sa faute ou celle de ses collègues ! Cathy s'en mêle à son tour. Moi aussi. Tout le monde s'énerve et finit par s'engueuler, face à face ou à des milliers de kilomètres de distance.

Jean-Philippe veut rentrer en Suisse, reconstituer ce que nous avons perdu. Mais cela lui ferait rater l'avion et il n'y a que deux vols par semaine pour

Nanisivik et Arctic Bay. Je préfère qu'il termine son voyage et m'apporte ce qui a été sauvé du chargement. Si, par miracle, mes bagages perdus resurgissaient, on les expédierait directement à Igloolik, d'où Johannessy, le père de Lily, se ferait un plaisir de me les apporter en une petite journée de *skidoo*.

Deux motoneiges quittent Arctic Bay pour venir vers moi : celle de Claude Lavallée et celle qui transporte Adam et Jean-Philippe. Ce dernier a beau avoir la cinquantaine sportive et dynamique, c'est la première fois qu'il voyage en véhicule découvert par moins quarante. Malgré la « papamobile » – la petite cage de verre protectrice – confectionnée à son intention, son visage et ses orteils commencent à geler pendant les trois jours que dure le trajet. Au bivouac du soir, un peu de sang lui revient dans les extrémités, mais le lendemain, ça recommence. Ce qu'il endure est terrible, j'en sais quelque chose. Pourtant, il garde une attitude positive qui force le respect de tous.

De mon côté, le blizzard m'a poussé à quitter la surface du golfe – m'attarder au même endroit sur l'eau gelée me semble périlleux – pour me replier vers les rives glacées de l'île de Baffin – où je reviens malgré moi. La neige recouvre ma tente et m'oblige, plusieurs fois par jour, à me dégager à coups de pelle ; ce qui explique que Johannessy, qui m'apporte mes sacs enfin retrouvés, me dépasse sans me voir. Les cris que je lui adresse se perdent dans la tempête. Mais à l'entrée de Nyboe Fjord, il aperçoit les phares des deux motoneiges venues à ma rencontre, et c'est Claude qui le remet dans la bonne direction. La bourrasque est terrible et le groupe doit traverser une grande étendue de *pack* avant de m'atteindre. Je guette comme un aveugle, jusqu'au moment où un ronflement de motoneige dans le blizzard...

Lorsque mes quatre amis me rejoignent enfin, nous sommes à exactement deux heures de la nouvelle année.

Johannessy doit repartir immédiatement pour Igloolik et ne se laisse pas convaincre de partager notre réveillon. Je lui donne un peu d'argent, lui offre une tasse de thé... Une poignée de main et le voilà qui s'éloigne. Il aura fait quarante-huit heures de motoneige dans un blizzard intense, uniquement pour m'apporter mes sacs. Le genre de chose que, par ici, on ne mentionne même pas...

Claude, Adam, Jean-Philippe et moi, nous nous installons sous la tente en toile de Claude, plus spacieuse que la mienne. La joie de nous retrouver ensemble rend cet instant mémorable. « Maintenant, Mike, me dit Jean-Philippe, dont les joues sont blanchies par le gel, je comprends... » Pas besoin d'en dire plus. Il a apporté une bouteille de whisky pour fêter le nouvel an, mais – c'est une information à retenir – cet alcool gèle à moins quarante. Ce n'est plus du whisky sur glace, mais de la glace au whisky. Nos autres boissons fortes sont également solidifiées par le froid. Après un séjour au bain-marie, les libations peuvent enfin commencer.

À des milliers de kilomètres de toute civilisation, au milieu de nulle part et dans les profondeurs de la nuit arctique, quatre copains, serrés sous une tente, passent le réveillon le plus inoubliable de leur vie...

Nous consacrons les trois journées qui suivent à faire des photos, à mettre à jour mon site web, à envoyer des infos aux sponsors et des nouvelles aux amis... Puis la météo se gâte. Le blizzard et les vents violents retiennent Claude, Adam et Jean-Philippe trois jours de plus, avant qu'ils ne repartent enfin pour Arctic Bay.

Est-ce l'âge ou le kilométrage ? Il m'est de plus en plus déchirant de quitter les amis. C'est sans doute pourquoi je suis de plus en plus réticent à m'en faire de nouveaux.

Avant de s'en retourner, Claude et Adam m'ont confirmé que, malgré mes antécédents et ma réputation, ils ne croyaient pas que j'arriverais si loin. À présent, ils sont sûrs que j'atteindrai mon but.

Pour la première fois, on ne m'encourage pas à renoncer, mais à foncer, à tout donner pour arriver au bout.

Je ne suis plus seul à croire en moi. Et plus encore que de vivres et de matériel, c'est de cela que j'avais besoin.

D'autant que je m'apprête à affronter les mois les plus glaciaux de l'hiver arctique et le terrain le plus hostile qui soit dans cette partie du globe : la région de Committee Bay.

Mais d'abord, longer la côte est du golfe de Boothia et traverser le détroit de Fury et Heckla, pour me retrouver sur la péninsule de Melville, c'est-à-dire sur le continent canadien. Là, au moins, quand une étendue d'eau me coupera la route, j'aurai toute la place pour la contourner.

Je dois franchir Fury et Heckla au plus étroit afin de rester le moins longtemps possible en zone dangereuse, celle où les îlots provoquent des turbulences qui ouvrent la glace et rendent sa surface accidentée. Plus elle sera lisse, plus j'irai vite.

Je trouve le passage idéal à l'entrée du détroit : vingt-huit kilomètres qui séparent l'île de Baffin de la pointe de Nuvaluk, le cap nord-est de la péninsule de Melville. On m'a dit qu'une cabane de chasseur un peu plus grande que celle du lac Sapoutine s'y trouvait...

Mais soudain, je suis repris par l'envie de raccourcir mon trajet en traversant Boothia. On m'a dit et répété que c'était impossible dans l'état actuel de la glace ; mais voilà deux mois que je marche sans avoir progressé de plus de trois kilomètres vers l'ouest, et je n'ai pas encore totalement accepté l'idée de devoir faire le grand tour par Committee Bay.

Impossible ? Je n'aurai pas de repos, tant que je ne l'aurai pas vérifié de mes yeux.

Avant même d'avoir franchi le détroit de Fury et Heckla, j'oblique au sud-ouest. Mais au bout de six ou sept heures de marche, je me retrouve devant une immense étendue de *pack* en mouvement. Et sur l'horizon, j'aperçois des nuages dont la grisaille est caractéristique : elle est due à la condensation produite par une étendue d'eau plus chaude que l'air. Savoir repérer ces nuages permet de modifier sa trajectoire, pour contourner l'eau qui se trouve en dessous. Mais ici, les nuages de condensation s'étendent à perte de vue, aussi bien au sud qu'au nord.

J'ai voulu voir. J'ai vu.

Sans perdre de temps à me lamenter, je fais demi-tour et remets le cap sur la péninsule de Melville. À présent, je suis résigné à faire le tour complet du golfe de Boothia. Au moins, depuis mon ravitaillement, j'ai les réserves alimentaires nécessaires.

Mais au telsat, Cathy m'apprend que, devant moi, la glace s'est écartée de la terre ferme, créant un obstacle liquide infranchissable. Me voilà coincé entre deux étendues d'eau. Au-delà de celle qui me fait face s'élèvent des falaises rocheuses devenues inaccessibles. Et comme si cela ne suffisait pas, la pression glaciaire a élevé un peu partout autour de moi des crêtes de blocs gelés, gigantesques dominos qui s'entassent souvent à plus de quinze mètres de hauteur.

Inutile d'insister. En attendant que la situation évolue favorablement, je plante ma tente sur le golfe de Boothia, côté continental du détroit de Fury et Heckla. De mon campement, j'ai une vue imprenable sur la péninsule de Melville.

Je viens d'allumer mon réchaud lorsque celui-ci se trouve soudain à court de combustible (ce qui arrive en moyenne tous les deux ou trois jours). Je sors chercher une bouteille pleine sur mon traîneau, reviens avec et sépare le réchaud de la bouteille de fuel vide. Puis j'ouvre la nouvelle avant de l'insérer à la place de l'autre.

Cette procédure banalissime ne mériterait pas d'être mentionnée, si je n'avais négligé deux choses.

1. Une minuscule veilleuse est restée allumée sur le réchaud (alors qu'elle s'éteint, en principe, quand on retire la bouteille de fuel).

2. On a rempli mes bouteilles de benzine par une température d'environ moins quarante-cinq. Or, depuis quelques jours, le thermomètre est remonté à moins douze à la suite d'un réchauffement atmosphérique brutal, hors de saison et totalement inexpliqué.

Résultat : ma benzine rectifiée a doublé de volume sous ces quelque trente degrés d'écart, et – malgré le vide de sécurité – mes bouteilles de fuel sont devenues des Cocotte-Minute sur le point d'exploser.

À la seconde où j'ouvre la nouvelle, le contenu jaillit comme le champagne d'un jeroboam secoué par un pilote de F1.

La benzine entre en contact avec la veilleuse et... VLAOUFF ! tout s'embrase instantanément !

Mon visage, aspergé de combustible, est en flammes. En me donnant de grands coups, je réussis assez vite à éteindre l'incendie qui me dévore la barbe et les sourcils, mais mon front n'est plus qu'une cloque cuisante et le bout de mon nez est à vif.

Pourtant, j'ai des préoccupations plus graves. Dans mon réflexe de survie, j'ai lâché la bouteille et le litre de benzine rectifiée s'est répandu partout. Dans un flash, je vois brûler ma parka, mon pantalon, mes chaussures, mon telsat, mon GPS, mon arme, ma balise de détresse, mon matelas, mon sac de couchage... TOUT ! Tout brûle en même temps ! Je suis environné de flammes et un mur de feu se dresse entre moi et l'ouverture de la tente, me barrant le chemin de la sortie. J'ai l'idée de m'échapper par-derrière en déchirant le Nylon de mon abri, mais celui-ci résiste à mon acharnement. Je veux le découper, mais dans la panique, je ne trouve plus mon couteau...

La tente, ignifugée, est la seule chose qui ne brûle pas : elle fond ! Des gouttes de Nylon liquide incandescent me pleuvent dessus, mettant le feu à mes sous-vêtements thermiques...

Soudain, à la place du « vestibule » liquéfié par la chaleur, il n'y a plus qu'une ouverture béante. Dans un réflexe, je plonge à travers les flammes et me projette à l'extérieur, où je me roule dans la neige pour apaiser les brûlures de mon visage et éteindre mes vêtements fumants.

Je devrais m'en tirer avec des lésions superficielles. Mais j'ai été à deux doigts de rôtir comme un poulet.

Brusquement, je réalise que si je ne sauve pas au moins un GPS et mon telsat, il me sera impossible de prévenir Cathy pour lui demander de nouveaux équipements et lui donner ma position pour qu'elle m'envoie des secours. Et le village le plus proche, Igloolik, est à dix jours de marche.

Sans hésiter, je replonge dans ma tente et arrache aux flammes un sac qui contient un GPS, une batterie, une arme. J'attrape au passage quelques affaires, mais je ne peux sauver ni ma parka, ni mon pantalon, ni mes moufles.

Quelques minutes plus tard, devant mon campement réduit en cendres, je fais un bilan qui n'a rien de réjouissant. Je suis en sous-vêtements thermiques et en chaussettes sur la banquise ; j'ai une paire de gants de rechange et un autre bonnet dans mon traîneau ; mes chaussures sont encore utilisables... Mais je n'ai plus de tente, plus de sac de couchage, plus de vêtements chauds et même plus de réchaud, car la tirette à fuel du mien a fondu dans l'incendie. D'autre part, le réchauffement qui a été à l'origine de cette catastrophe ne va pas durer – ces phénomènes sont toujours brefs. Il a fait relativement doux aujourd'hui, mais la météo annonce pour cette nuit, avec le blizzard, le retour du mauvais temps et des températures « de saison ».

En attendant, il va falloir rester en vie.

Pour m'abriter du froid, j'entreprends la construction du seul abri envisageable, vu l'endroit et les circonstances : un igloo.

Contrairement à une idée reçue, un igloo se fabrique, non pas avec des pavés de glace, mais avec des blocs de neige compactée. Celle-ci, malheureusement, est encore trop rare en ce début d'hiver. Ma scie à la main (elle était dans mon traîneau), je traque le moindre tas de poudreuse de ce morceau de *pack* où je dérive lentement. À cause de mon manque d'expérience en matière de construction d'igloos, les choses traînent en longueur. Pendant que je m'acharne, le blizzard se lève et le thermomètre redescend à moins trente. Des heures difficiles s'écoulent avant que j'arrive à mes fins.

Une fois à l'abri, j'appelle Cathy pour lui expliquer la situation, sans chercher à rejeter sur qui que ce soit la responsabilité de ce qui est arrivé. En tant que professionnel, je suis censé faire en sorte que ce genre de catastrophe ne se produise pas. J'aurais dû m'assurer qu'aucune veilleuse ne brûlait sur mon réchaud et, connaissant l'effet du changement de température sur la benzine, vérifier la pression dans les bouteilles. Bref, je suis coupable d'un défaut de vigilance.

Je fais à Cathy la longue liste de ce que j'ai perdu – j'ai, Dieu merci, tout en double à la maison – et lui demande de m'apporter l'ensemble à Igloolik.

Dans mon traîneau, je récupère un paquet de petites bougies rondes, dites « bougies de neuf heures ». Quinze minutes plus tard, c'est comme si on m'avait installé le chauffage central. Je suis toujours en sous-vêtements, mais je n'ai plus froid. Pendant que le blizzard hurle à l'extérieur, j'utilise ma bougie pour faire fondre un peu de neige et la transformer en eau potable.

J'appelle Claude Lavallée pour qu'il contacte Johannessy, chez lui, à Igloolik. Le père de Lily, qui m'a déjà rendu le service de convoyer mon matériel jusqu'à moi, me fera bien l'amitié de recommencer. Pour que personne ne s'affole, je précise que je peux tenir quatre ou cinq jours, ou même atteindre une cabane située à proximité. « O.K., me dit Claude, rappelle-moi dans une heure. »

Une heure plus tard, il a parlé à Johannessy. La RCMP, la police montée canadienne, a chargé ce dernier de trouver un coéquipier pour venir me récupérer. Un appel des autorités me le confirme : « Restez où vous êtes ; nous envoyons un *team* vous ramener à Igloolik, où vous pourrez attendre votre réapprovisionnement avant de repartir. »

Dans l'Arctique, je l'ai remarqué, le moindre incident a tendance à prendre les proportions d'une affaire d'État. Je ressens une fébrilité proche de la panique dans ce qui est déjà devenu une opération de sauvetage de grande envergure... laquelle aura pour conséquence de me faire reculer de quatre-vingts ou cent kilomètres, puisque Igloolik se trouve à l'autre bout du détroit de Fury et Heckla ! Dire qu'il aurait été si simple de me faire apporter mon matériel, pour que je reparte directement...

Je réponds au policier que je vais rester sur place une journée. Ensuite, je me mettrai en marche vers Nuvaluk, pour gagner du temps en allant à la rencontre de mes sauveteurs ; et pour les aider à arriver jusqu'à moi, car dans le *pack* où je me trouve, ils vont avoir du mal à m'atteindre. « C'est hors de question ! crie le policier, fou de rage. Nous avons organisé cette expédition de sauvetage, c'est nous qui donnons les instructions ! Vous ne bougez pas d'un poil ! »

Puisqu'on le prend comme ça...

Je n'ai plus qu'à m'installer aussi confortablement que possible et à attendre. J'ai mes bougies de neuf heures, assez de nourriture et de combustible pour soutenir un siège, et tout le temps nécessaire pour me livrer aux joies de la méditation. En fouillant les cendres de mon campement, je retrouve la bouteille de fuel maudite. Je la scie en deux, la perce comme une écumoire et y enfonce les restes d'un polo calciné, préalablement trempé dans la benzine. J'allume le tout, ce qui me donne un feu de cuisine idéal pour chauffer mon café. Il finit par faire trop chaud dans l'igloo, qui se met à fondre. Une petite cheminée, pratiquée au sommet, évacue la chaleur excessive...

À Igloolik, Johannessy lance un appel sur sa « cibi » : il demande un volontaire, disponible et prêt à partir tout de suite, pour une expédition de sauvetage non urgente sur le golfe de Boothia. Simon, un Inuit du village, répond à l'appel en précisant qu'il a une famille et des chiens à nourrir et que, s'il n'y a pas urgence, il en profitera pour chasser le phoque. Les deux hommes achètent des plats prêts-à-chauffer à la coopérative locale, attellent des traîneaux à leurs motoneiges et chargent des réserves de carburant. Tout est payé par la section sauvetage de la RCMP qui, financée par l'État canadien, opère toujours bénévolement.

Vingt-quatre heures après leur premier contact radio, Simon et Johannessy s'élancent dans la nuit. Connaissant ma position GPS et ma situation, ils prennent le temps de s'arrêter pour scruter longuement la glace, à la recherche de trous de phoque.

De mon côté, je guette le plus petit ronflement de moteur. La RCMP m'avait annoncé l'arrivée des sauveteurs pour la matinée du lendemain de leur départ, mais le soir arrive et toujours personne en vue.

Le lendemain matin, je rappelle la police d'Igloolik pour annoncer mon intention d'avancer sur Nuvaluk. Nouvelle colère du policier, qui m'ordonne encore une fois de rester sur place. « Les secours sont partis depuis plus de vingt-quatre heures, me dit-il, ils ne vont plus tarder. Si vous bougez, ils ne vous trouveront pas ! »

Ce n'est pas tout à fait vrai : eux aussi ont une radio – même s'ils doivent s'arrêter pour monter l'antenne avant de l'utiliser : j'aurais pu leur communiquer ma nouvelle position. Mais une fois de plus, j'obéis.

Vingt-quatre heures s'écoulent encore avant que les phares des deux motoneiges ne se mettent à danser dans le lointain. Depuis l'entrée de mon igloo, je vois ces lucioles apparaître et disparaître entre deux montagnes de glace. Pour me faire repérer dans la mosaïque géante du *pack*, je tire une des fusées éclairantes de mon *bearwatch*. Simon l'aperçoit ; pas Johannessy, qui s'égare dans de grandes trajectoires circulaires.

Simon – dont je ne connais que le nom pour l'avoir entendu à la radio – s'arrête le premier devant moi. C'est un Inuit enveloppé de fourrures, vêtu et ganté de peau de caribou, chaussé de *maklaks*, les bottes traditionnelles... un homme du Grand Nord comme je commence à en avoir vu pas mal. Quoique celui-là me rappelle vaguement quelque chose.

Quand il enlève sa capuche et me montre son visage aux yeux enfouis dans les rides, j'ai un choc.

– Mais... je connais toi ! dit-il.

– Mais... moi aussi, je te connais !

C'est l'Inuit qui, un mois plus tôt, du côté de Bell Bay, m'a guidé et m'a offert un poisson. Nous n'avions passé ensemble que sept minutes.

Son sourire ferait fondre la banquise. Avec des mimiques enthousiastes, il examine mon igloo et me demande combien de temps j'ai mis à le construire. Je réponds fièrement :

– Environ six heures !

– Beaucoup trop long, réplique-t-il. Prochaine fois mourir, si pas plus vite.

Johannessy nous rejoint. Simon et lui m'ont apporté un nouveau sac de couchage et une grosse parka en caribou, que j'enfile aussitôt.

Le temps d'entasser ce qui reste de mon matériel sur le traîneau de Johannessy, d'attacher le mien à l'attelage de Simon et de grimper derrière lui, nous repartons pour Igloolik.

Immobile dans le vent glacé, prenant des paquets de neige en pleine figure, je gèle littéralement sur place. Même les deux Inuits, pourtant assis sur le moteur bouillant de leur *snowmobile*, doivent s'arrêter toutes les deux heures et danser autour de leur engin pour ne pas finir congelés.

Ils ne sont cependant pas plus pressés qu'à l'aller. Entre les étapes-chasse au phoque, les arrêts-réparation du vieux traîneau délabré de Johannessy et les haltes-provisions de glace d'iceberg, dont l'eau fait un meilleur thé, il devient clair qu'il faudra camper une seconde nuit avant d'atteindre Igloolik. Nous bivouaquons à trois heures du village, dans une cabane de pêcheur abandonnée en hiver. Simon, qui n'a pas cessé de m'observer depuis que le hasard nous a de nouveau réunis, me bombarde de questions. Ses yeux noirs brillent quand j'évoque les péripéties de ma longue marche. Je le fais parler à mon tour. Il a une cinquantaine d'années et vit depuis toujours en totale harmonie avec l'environnement millénaire de ses ancêtres, se nourrissant exclusivement de pêche et de chasse. Artiste, il pratique la sculpture artisanale et fait surgir de la pierre, du marbre, de l'ivoire ou du granit des animaux en mouvement. J'apprends qu'il a participé à des expositions d'art inuit en Autriche, en Russie et ailleurs...

Le temps de rejoindre Igloolik, un minuscule village de deux cents âmes, Simon et moi sommes devenus des amis. Quand il me demande où j'ai prévu de loger et que je réponds que je l'ignore – d'autant que mes papiers et mon argent ont également brûlé dans l'incendie –, je sais déjà ce qu'il va me dire...

Installé chez Simon, je fais la connaissance de sa compagne et de l'enfant qu'ils ont adopté. La vie, ici, est rudimentaire, mais la maison est chauffée et nous sommes nourris de caribou et d'omble chevalier, chassé et pêché par le maître des lieux.

Quelques jours après mon arrivée, quelqu'un annonce par radio qu'il a tué trois phoques et deux caribous. Un peu trop pour sa seule famille. Au lieu de faire des réserves, l'Inuit fait ce qu'ils font tous quand ils se retrouvent à la tête d'un surplus alimentaire : il invite tous ceux qui le désirent à partager le festin. Simon et sa compagne apportent un omble chevalier. Assis par terre dans une cuisine inconnue, au milieu d'un groupe d'Inuits dont la conversation se résume pour l'essentiel au bruit des mâchoires, je dévore de la viande et du poisson crus en méditant une fois de plus sur la disparité des civilisations...

Mon séjour à Igloolik coïncide avec la grande fête traditionnelle inuit qui a lieu chaque année en l'honneur du soleil, une semaine avant qu'il ne se lève de nouveau. En réalité, il ne fera, pour cette première apparition depuis trois mois, que raser l'horizon pendant environ... cinq secondes. Mais c'est suffisant pour donner lieu à des réjouissances populaires.

Au cours d'un grand cérémonial, on éteint solennellement le soleil de l'année précédente, symbolisé par une de ces lampes à la graisse de phoque et mèche de coton qui chauffaient autrefois les igloos, sans vaciller de l'hiver. Puis on allume la flamme qui représente le soleil de la saison prochaine, celui du renouveau.

Ce soleil, c'est aussi la chaleur et la vie qui vont revenir dans des âmes et des corps rendus dépressifs par l'interminable nuit arctique. Dépressifs et, l'alcool aidant... violents. Beaucoup de suicides, de nombreux meurtres sont entraînés chaque hiver par ce qu'on appelle dans le Grand Nord le *cabin fever*, un état névrotique violent provoqué par le manque prolongé de lumière du jour et l'enfermement.

Je chasse ces considérations morbides en m'absorbant dans le spectacle des danses traditionnelles. Ce à quoi j'assiste, cette nuit-là, n'a rien d'une mise en scène pour touristes : cela vient du fond des âges, c'est la vérité absolue d'un peuple dont l'âme continue à brûler, comme les vieilles lampes dans les igloos... Ces igloos que seuls les anciens ont gardés, afin de rester en contact avec leurs racines ; même si, comme les autres, ils vivent dans des maisons préfabriquées.

Cathy devrait m'avoir rejoint avec le matériel. Mais le mauvais temps immobilise son avion depuis trois jours en haut de l'île de Baffin, à Iqaluit, capitale administrative du Nunavut.

Une fois de plus, je suis bloqué quelque part sans pouvoir avancer. Simon, contrarié de me voir perdre un temps précieux, décide de le mettre à profit pour compléter mon éducation.

– T'apprendre connaître ours ! décrète-t-il lorsque nous rencontrons des traces griffues à proximité du village.

Les ours, il les connaît comme les membres de sa propre famille. Il en a un jour tué un énorme, et il lui arrive de servir de guide à des chasseurs. La chasse à l'ours est en principe interdite, mais quand les plantigrades deviennent trop nombreux dans certaines zones, les villages se voient attribuer chacun un quota très précis. Les Inuits ont alors le choix entre tuer eux-mêmes les ours pour la viande, la graisse, le cuir et la fourrure, ou revendre leurs quotas à des fusils fortunés qui rêvent de se mesurer au plus grand prédateur de la banquise. C'est ce qu'on appelle dans la région un *tag* – un « ticket ». Ils se négocient souvent à plus de cinquante mille euros.

– Regarde, ordonne Simon : traces écartées, neige vient intérieur. Ours avance comme ça.

Et de se mettre à marcher en balançant lourdement son postérieur, façon Baloo.

– Ours bien nourri, dit-il, pas faim. Gras, gros derrière. Pas dangereux.

Son visage se met à ressembler à celui de l'animal, dont le museau repu et l'œil mi-clos suggèrent des envies de sieste.

Simon change d'allure, progresse à présent jambes qui se frottent et fesses serrées. Sous le cuir tanné de sa figure se devinent le mufle frémissant et les crocs du fauve à l'affût.

– Traces rapprochées et pas profondes, dit-il, pas de neige à l'intérieur : ours maigre, avoir faim. Dangereux.

Le voilà maintenant qui se dresse sur la pointe des pieds, mains crochées figurant des pattes antérieures, museau tendu et œil pointu. J'ai l'impression d'avoir la bête devant moi.

– Quand ours comme ça, oreilles en l'air, dit-il, lui regarde, renifle, juste curieux. Pas attaquer. Mais quand comme ça...

Il tend le cou vers moi et me fixe d'un regard farouche.

– ... dangereux !

Il frémit de tout son corps, grogne en grinçant des dents. Ses mains en coquille évoquent les oreilles rabattues du monstre.

– Lui attaque ! dit-il. Toi mourir !

J'en ai le frisson, tant sa performance est réaliste.

Simon se penche sur les empreintes, dont il gratte délicatement le fond.

– Ours passé il y a deux jours, dit-il.

– Comment le sais-tu ?

Il me fait examiner l'intérieur des traces, où la glace est recouverte d'une fine couche de neige apportée par le vent. Un vent qui souffle depuis deux jours exactement.

Un peu plus loin, d'autres traces, vides de neige, révèlent qu'un plantigrade est passé il y a une heure à peine.

Des empreintes en zigzag, m'apprend encore Simon, sont celles d'un ours à la recherche de nourriture. Dans sa quête, il est susceptible de revenir sur ses pas. Mieux vaut éviter de camper sur sa piste ! (Ainsi qu'au bord de l'eau : c'est là qu'ils viennent chasser le phoque.) À l'inverse, des traces rectilignes révèlent que, grâce à son flair exceptionnel, un ours a reniflé une proie – ou une femelle en chaleur –, jusqu'à soixante kilomètres de distance, parfois plus ! Il fonce droit dessus et ignorera superbement une éventuelle présence humaine le long de sa route. On peut dormir où il est passé, car il y a peu de chances qu'il rebrousse chemin.

– Femelle... très mauvais ! déclare Simon.

Elles ne mettent bas, m'apprend-il, qu'une fois tous les trois ans. Après quoi, elles engraissent et s'enterrent au fond d'une grotte creusée dans la neige, où elles ne font rien d'autre que nourrir leur petit. Quand elles ressortent, amaigries et affamées, elles doivent lutter contre leur mâle, qui cherche à tuer l'ourson pour pouvoir de nouveau s'accoupler avec la mère.

Autant dire qu'elles sont de méchante humeur et qu'il vaut mieux éviter de croiser leur route.

Malgré tout, ajoute Simon, ce genre de rencontre est parfois inévitable. Quand elle se produit, il me recommande de ne pas crier, de ne pas ralentir, mais de continuer à marcher en balançant les bras aussi amplement que possible pour me grandir au maximum. Si l'ourse fait un détour, que j'en fasse autant pour me retrouver face à elle. Elle sentira mon odeur, saura que je ne suis pas comestible, et cédera le passage. Enfin... normalement. Si la faim, chez elle, prend le dessus, elle me tuera, faute d'une proie mieux adaptée à son régime habituel. Après tout, les ours polaires sont au sommet de la chaîne alimentaire. Et nous, beaucoup plus bas...

Pour éviter autant que possible ce genre de face-à-face, Simon m'apprend à repérer les traces des renards de l'Arctique ; elles signifient que les ours ne sont pas loin, puisque les renards flairent la présence des phoques au bord des points d'eau et se nourrissent des restes de leurs cadavres, abandonnés par les ours.

Un festin que les corbeaux apprécient également : un corbeau aperçu dans le ciel, c'est la garantie de trouver un ours en dessous.

Enfin, ne pas négliger d'examiner les excréments semés par les plantigrades. S'ils contiennent des poils (de phoque, généralement), c'est que l'animal est repu, donc pacifique.

Quant aux loups, enchaîne Simon, ils se divisent en deux catégories. Les solitaires à la fourrure abondante possèdent leur propre territoire et leur propre famille ; ils se montrent rarement hostiles envers les humains. Les hordes, en revanche, dévorent tout ce qu'elles rencontrent et sont redoutables. Les individus qui en font partie se reconnaissent, même isolés, à leur fourrure, râpée sur les flancs à force d'avancer serrés les uns contre les autres pour se tenir chaud. Les hordes ont leurs éclaireurs, venus renifler une proie éventuelle. Ils précèdent l'arrivée des autres, qui me tourneront autour un certain temps avant de se ruer pour la curée. Seule solution, m'avertit Simon : tirer.

Il a gardé le meilleur pour la fin. Le blaireau d'Amérique, ou carcajou, ou glouton, est l'animal le plus féroce de l'Arctique. Ce carnassier brun et jaune, trapu, qui ne dépasse guère un mètre de long, se nourrit des restes laissés par les loups et les ours, mais dévore tout ce qu'il arrive à tuer. D'une force qui n'a d'égale que son agressivité, c'est le pitbull des glaces : impossible de lui faire lâcher prise. Il est réputé pour attaquer les élans et les rennes, mais on raconte que certains d'entre eux auraient même tué des ours...

Deuxième étape de mon apprentissage : la construction d'igloos.

– Pour survivre dans très grand froid, explique Simon, dois absolument terminer igloo en vingt minutes. Tais-toi, regarde.

Il se dirige vers un long monticule de neige érigé par le vent derrière un bloc de glace. C'est celle-là, la « neige à igloos ». Il en teste la consistance en la sondant avec son harpon. Elle doit être homogène, d'un seul tenant, surtout pas en couches, sinon les blocs se brisent quand on les découpe. Quand il rencontre enfin la compacité neigeuse idéale, il me fait signe d'approcher et pose ma main sur son harpon, pour que je ressente à mon tour cet équilibre délicat entre moelleux et résistance.

– Tu vois, dit-il, cette neige là que dois trouver.

Je vois parfaitement. Je suis excité comme un gamin par cette découverte dont je sais déjà qu'elle va transformer ma vie. Celle des prochains mois, en tout cas. Je m'imagine en train de bâtir des igloos aussi vite que je monte ma tente.

Avec une pelle, Simon creuse le début d'une tranchée dans l'arête neigeuse. Puis, à genoux dans cette tranchée, il entreprend de découper des parpaings de neige à l'aide d'une longue scie à bois, en leur donnant un angle biseauté pour une meilleure prise. Il avance tout en taillant. La tranchée s'allonge, s'élargit et s'arrondit, à mesure que son contenu se transforme en parpaings d'une soixantaine de centimètres de long, mais ne dépassant guère les dix centimètres d'épaisseur. Huit, environ, de ces parpaings donneront une surface au sol où une personne pourra se tenir couchée. Simon aligne ces gros lingots de neige comme des briques, sur les pourtours de la tranchée. Comme celle-ci a déjà un bon mètre de profondeur et qu'il bâtit autour de lui, il est de plus en plus protégé des intempéries à mesure que la construction avance. Il continue à fabriquer des blocs avec de la neige compacte, en la prenant *sous* le premier alignement (c'est-à-dire à l'intérieur du futur igloo). Il leur donne une forme trapézoïdale, ce qui, une fois posés, les incline vers le centre tout en les calant les uns contre les autres, empêchant l'édifice de s'effondrer par le milieu. Il ajuste ses blocs en spirale, calculant que la quantité de neige compacte restant à l'intérieur de l'igloo sera suffisante pour en terminer la construction... et il tombe pile en posant la dernière « pierre ».

Fasciné par la démonstration, je n'en perds pas une miette et je note dans mon « journal de bord » : *Recette de l'igloo pour une personne, à la manière de Simon : se procurer un monticule de neige parfaitement homogène...*

Son édifice achevé, Simon m'invite à y prendre le thé, avant de rentrer au village.

Le lendemain, il me donne ma deuxième leçon.

– Cette fois, dit-il, moi construis, toi découpes les blocs.

Non sans mal, je parviens à en extraire un de la neige compacte. Je le lui tends... Simon le regarde à peine et, sans un mot, le casse en deux sur son genou.

Le deuxième subit le même sort. Le troisième aussi. Le quatrième, il le balance par-dessus son épaule... Je suis furieux – découper ces parpaings à la scie à bois est épuisant – et vexé de ne pas comprendre ce qui ne va pas. Ce n'est qu'au sixième bloc que mon travail trouve grâce aux yeux de Simon, qui lâche sobrement :

– Oui... Ça, oui !

Mais ses méthodes pédagogiques ont payé. Je sais désormais tailler un bloc de neige aux formes et aux dimensions nécessaires à la construction d'un igloo.

Le troisième jour, Simon décrète que lui et moi bâtirons chacun le nôtre. J'en suis encore à poser ma première rangée de « briques » que mon professeur prend le thé sous son abri terminé.

Son air déçu, en inspectant mon travail, me donne honte d'être un si mauvais élève. Et quand il m'achève d'un : « Non, décidément, tu pas survivre »... je vois mon avenir se peindre de couleurs sombres.

Le quatrième jour, Simon m'envoie seul sur la glace pour me donner un peu d'avance. Quand il arrive, vingt-cinq minutes plus tard, mon igloo est terminé. Il l'inspecte attentivement et son verdict tombe :

– Maintenant, dit-il, tu prêt à partir.

Malheureusement, ça m'est encore impossible. Le temps est toujours exécrable et personne ne sait quand l'avion de Cathy pourra se poser à Igloolik. Je vais devoir patienter encore un peu...

Mais je ne regrette rien des circonstances dramatiques qui m'ont amené à passer ces quelques jours ici, en compagnie de Simon. J'ai peut-être perdu la plus grande partie de mon équipement, j'ai reculé de cent kilomètres par rapport à mon objectif, mais je n'ai certainement pas perdu mon temps. Car l'enseignement de mon ami inuit est un cadeau que personne n'aurait pu me faire.

Lorsque Cathy arrive enfin avec mon matériel de remplacement, je quitte le domicile de Simon et je m'installe avec elle dans une petite maison que nous a dénichée le chef de la police locale. Nos relations avec lui étant devenues quasi amicales, je ne me méfie pas quand il me demande, au détour d'une conversation, quel matériel de défense je transporte.

Le plus candidement du monde, je sors le 357 Magnum que Cathy m'a (discrètement) apporté de Suisse, en remplacement de celui que j'ai perdu dans l'incendie.

Le policier s'étrangle.

– Mais c'est totalement illégal! hurle-t-il. La possession d'armes à feu à titre individuel est rigoureusement interdite sur le territoire canadien!

Il me confisque mon revolver et nous arrête tous les deux, Cathy et moi ! Ma femme se retrouve dans la cellule du poste de police, pendant que le chef tape son rapport. Je plaide que je m'apprête à traverser la route migratoire des ours polaires et que l'arme en question n'est destinée qu'à sauver ma peau en cas d'attaque par ces bêtes sauvages.

– Si vous êtes assez stupide pour traverser l'Arctique à pied, réplique le fonctionnaire, vous l'êtes assez pour le faire sans arme.

Je suis suffoqué ! À ce degré-là, autant discuter philosophie avec un horodateur.

– Donnez-moi ce flingue, dis-je exaspéré au policier, je le balancerai moi-même dans la mer.

L'autre refuse, et croit devoir se justifier :

– Je ne fais que mon travail, vous savez.

L'argument suprême de tous ceux qui ont un règlement à la place du cerveau...

J'argumente en désespoir de cause qu'il est la seule personne à connaître l'existence de cette arme, et je lui donne ma parole que si jamais je me fais prendre avec, je n'impliquerai personne d'autre que moi-même.

Mais le représentant de la loi campe sur ses positions. Il refuse de me rendre mon bien, et enfonce le clou en prévenant ses collègues suisses. Résultat, non seulement ma femme et moi sommes traités comme des criminels pendant les trois jours que Cathy passe à Igloolik, mais la police helvétique lui fait subir toutes sortes de tracasseries quand elle rentre à la maison.

En tout cas, cet épisode m'apprendra à ne plus faire confiance à n'importe qui...

Informé de ma mésaventure, Simon insiste pour m'offrir son propre revolver. Connaissant l'Arctique comme il le connaît, il considère que c'est une folie de s'aventurer sans arme dans ces grands espaces. Une folie que lui ne commettrait jamais.

Je lui fais cadeau d'une de mes nouvelles tentes, ainsi que d'un GPS – son rêve –, dont je lui explique le fonctionnement. C'est bien peu de chose, en comparaison de tout ce qu'il m'a donné.

Comme un blizzard terrible retarde notre départ (Simon tient à faire un bout de route avec moi), mon ami inuit entreprend de sculpter quelque chose dans un petit bloc de marbre gris et blanc, rapporté d'Arctic Bay (où mon bateau est toujours prisonnier des glaces). Pendant que nous parlons et sans me quitter de l'œil, il caresse et manipule longuement ce petit morceau de son immense pays, comme s'il cherchait à éprouver le lien entre moi et cette pierre. Il l'attaque ensuite à la meule électrique. Deux jours de travail plus tard, il me prend la main et y dépose l'ours polaire en marbre gris et blanc qu'il a sculpté à mon intention. La reproduction de l'animal en mouvement, nuque tendue, oreilles dressées, est aussi magnifique que criante de vérité.

– Mike, me dit-il, toi as le courage de cet ours. Avec lui, tu toujours te souviens de moi.

Je remarque qu'au bas d'une des pattes, il a gravé : *Simon, Igloolik, 2003.*

Mais même sans ça, je ne risque pas de l'oublier.

Nous quittons Igloolik le lendemain, sous un vent violent et par moins quarante-sept. Simon insiste pour me reconduire en motoneige jusqu'au lieu de mon incendie, au bout du détroit de Fury et Heckla, mais je décline sa proposition et lui demande de me déposer un peu moins loin. Tant pis si je dois marcher trois jours de plus : par ce froid, je tiens à ce qu'il regagne ses foyers le plus vite possible.

En cours de route, il m'apprend encore plusieurs choses sur les phoques, leurs habitudes, les trous où ils viennent respirer... Rigoureusement immobile et silencieux sur l'une de ces ouvertures, son harpon à la main, il ne bouge que les orteils pour éviter qu'ils gèlent. Moi, sur un trou voisin, je fais du bruit pour envoyer les phoques dans sa direction. D'après la tradition inuit, manger le foie cru d'un de ces animaux permet de s'approprier sa force et sa chaleur.

Mais notre pêche reste vaine. Dommage. Pendant le trajet effectué sur le traîneau de Simon, à l'arrière de sa *snowmobile*, mon nez et mes lèvres ont recommencé à geler. Alors que je m'apprête à reprendre mes skis et ma lente progression en solitaire, c'est comme si l'épisode d'Igloolik et ma rencontre avec Simon n'avaient été qu'un rêve...

Mais l'Inuit au visage sillonné comme un jardin japonais, emmitouflé de peau de caribou, qui m'étouffe en me serrant dans ses bras avec la puissance d'un ours... est bien réel.

Je le quitte en emportant l'image de lui qui m'est restée dans l'œil pendant qu'il traquait le phoque : celle d'une silhouette humaine immobile sur la glace, perdue dans l'immensité blanche.

Simon disparaît à l'horizon ; de nouveau, je me retrouve seul.

Mais plus aussi seul qu'avant de le connaître.

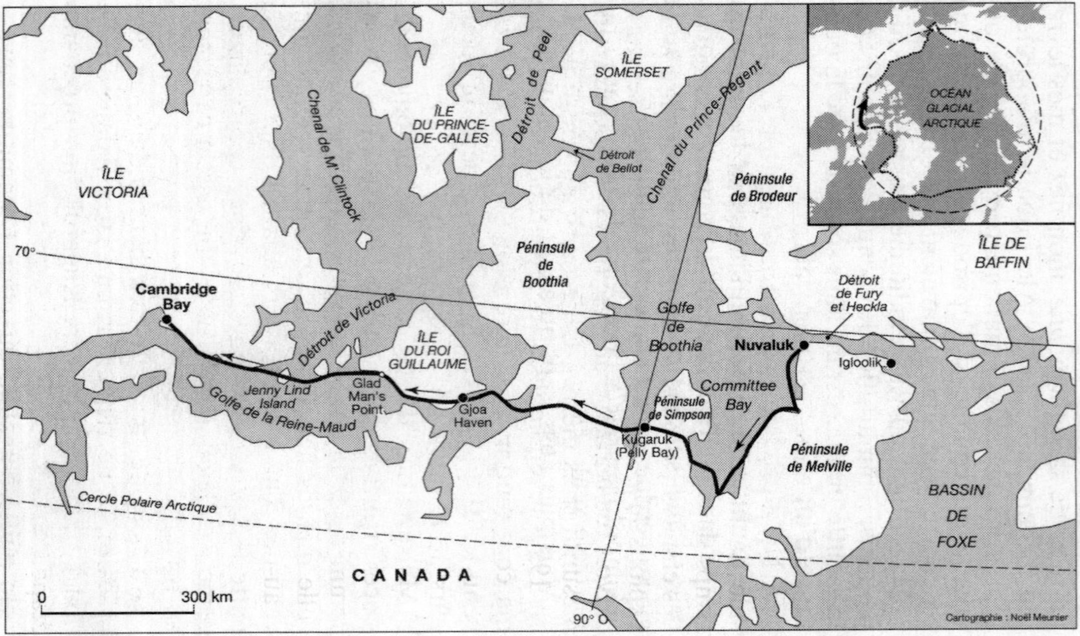
ÎLE VICTORIA
Chenal de M' Clintock
ÎLE DU PRINCE-DE-GALLES
Détroit de Peel
ÎLE SOMERSET
Détroit de Bellot
Chenal du Prince-Régent
Péninsule de Brodeur
OCÉAN GLACIAL ARCTIQUE
ÎLE DE BAFFIN
Péninsule de Boothia
70°
Cambridge Bay
Détroit de Victoria
ÎLE DU ROI GUILLAUME
Golfe de Boothia
Détroit de Fury et Heckla
Nuvaluk
Igloolik
Jenny Lind Island
Glad Man's Point
Gjoa Haven
Golfe de la Reine-Maud
Committee Bay
Péninsule de Simpson
Kugaruk (Pelly Bay)
Péninsule de Melville
BASSIN DE FOXE
Cercle Polaire Arctique
CANADA
0
300 km
90° O
Cartographie : Noël Meunier

4

Le grand show du froid

À Nuvaluk, à la pointe nord-ouest de la péninsule de Melville, je reste bloqué par le mauvais temps dans une cabane utilisée comme refuge par des chasseurs d'ours. Ceux-ci ont immortalisé leurs exploits à même les murs : un Japonais se vante d'avoir tué un fauve qui, dressé sur ses postérieurs, mesurait trois mètres. Un Américain, passé par là en 1999, revendique la même prouesse... J'ajoute ma contribution à ce livre d'or : « Mike Horn est venu ici. Il n'a tué aucun ours et espère qu'aucun ours ne le tuera. »

Mais autour de la cabane, les innombrables traces fraîches ne sont pas rassurantes. Nous sommes sur la route migratoire des plantigrades, celle que les femelles empruntent avec leurs nouveau-nés. On a vu des ours abattre d'un coup de patte la porte de cabanes en mince contreplaqué, comme celle où je me trouve. Ou passer carrément au travers...

Au bout de quarante-huit heures dans cet abri précaire, je ne tiens plus en place. Il faut que je bouge, que j'avance vers Kugaruk, ma prochaine étape.

Je quitte Nuvaluk, direction Committee Bay.

Le vent de neige et l'obscurité rendent la visibilité nulle et font disparaître les reliefs. Les plus hautes collines de glace ne m'apparaissent que quand elles se dressent sous mon nez. De plus, la latitude élevée a tendance à dérégler mes notions de distance et de direction ; même mon sens de l'équilibre se dérobe : j'ai parfois l'impression de monter alors que je descends, ou l'inverse. Quant à mon GPS, il me dit de passer par le pôle pour atteindre le cap Nord. Forcément : il m'indique le chemin le plus court. En m'obstinant sur ma trajectoire, je lui désobéis.

De toute façon, ses cristaux liquides gèlent régulièrement.

Comme je ne peux pas pousser toute la journée sur mes bâtons avec une boussole à la main, je compte sur le vent pour me repérer dans la nuit hivernale sans étoiles, et m'éviter de tourner en rond sur la glace. Sachant que dans cette partie du globe, les vents dominants viennent le plus souvent du nord-ouest, je surveille leur angle d'attaque sur mon visage. D'autre part, j'ai fixé à mes bâtons des rubans – des « faveurs », comme disent les marins – et je vérifie en permanence l'angle qu'ils forment avec l'arrière de mes skis. Quand je monte ma tente, je le fais dans l'alignement du vent et le ruban de mon bâton, planté devant l'entrée, confirme sa direction. Si, au matin, celle-ci a changé, c'est la première chose que je remarque : aujourd'hui, l'angle de mes faveurs par rapport à mes skis devra être différent...

Quand le vent tourne en cours de journée, je me repère en utilisant les monticules de neige accumulés derrière les reliefs. Les plus gros ont été créés par les vents dominants de nord-ouest et continuent d'indiquer cette direction, aussi sûrement que l'aiguille d'une boussole. Il me suffit de faire en sorte que mes skis les traversent en formant le bon angle, pour être certain de ma trajectoire. J'apprends même à distinguer « à l'aveugle » – dans la nuit noire ou le blanc absolu –, selon la consistance de la poudreuse, plus ou moins tassée sous mon ski, l'avant de l'arrière d'un monticule de neige, ainsi que son angle exact.

Monticules de neige et rubans de Nylon... Deux instruments de navigation gratuits, écologiques et infaillibles. Mais dont la maîtrise demande quand même un peu d'entraînement.

Il faut croire que j'en manque encore, puisque je perds souvent du temps à chercher mon chemin et que je me traîne à une moyenne de onze kilomètres par jour. Par de tels froids, chaque geste est économisé, mesuré au millimètre. Pourtant, c'est moins de fatigue que l'on risque de mourir dans de telles conditions, que de sous-alimentation ou de l'angoisse résultant du sentiment d'être perdu.

Les eaux non gelées qui bordent le golfe de Boothia m'obligent à rester sur la terre ferme et à suivre la côte. Les traces d'ours sont de plus en plus nombreuses. La plupart se dirigent vers l'eau, où se trouvent les phoques. De jour en jour, elles se multiplient. Il y en a partout. Je n'en ai jamais vu autant de ma vie... Mais toujours pas un ours en vue. Je sais que l'obscurité et les reliefs rocheux me les cachent. Eux, en revanche, m'ont certainement repéré...

Comme le vent est soutenu et qu'il souffle depuis plusieurs jours dans la bonne direction, j'essaie d'utiliser un de mes cerfs-volants. Mais le terrain est trop accidenté...

Le lendemain, le blizzard se lève. Il faut que je

monte ma tente avant qu'il ne devienne trop violent.

Je n'aurai fait que huit kilomètres, aujourd'hui.

Le thermomètre plonge...

Le blizzard fait place au brouillard givrant, qui se transforme en brouillard de glace : une purée de pois qui gèle au point de devenir palpable ; si épaisse qu'on pourrait la goûter.

On ne voit pas à plus de deux mètres. Si le froid sec est supportable, cette humidité glaciale pénètre jusque sous la peau et prend possession des muscles. D'autre part, pendant que je marche, ma sueur gèle presque aussitôt et forme une couche de glace entre mon maillot et ma peau : je commence à geler, au sens littéral du terme, et le phénomène s'accentue dès que je m'arrête. Pour limiter autant que possible ma transpiration, j'adapte ma vitesse à la température ambiante et je retire une couche de vêtements dès que ma chaleur corporelle s'élève. Quand je commence à transpirer, je m'arrête et fais redescendre ma température en enlevant pendant quelques secondes mes moufles ou ma capuche. La chaleur s'évacue très vite, par les mains ou la tête.

Moins quarante...

J'ai beau marcher en y mettant toute mon énergie, ma température corporelle ne cesse de baisser.

Dans mon journal, je classe tous les jours par colonnes les points positifs et les points négatifs : j'ai avancé ou reculé de tant, par rapport à mon objectif... J'ai parcouru telle distance aujourd'hui... Ma dernière et ma nouvelle position... J'ai besoin de lire tout ça noir sur blanc. De plus, ce système me permet de satisfaire certaines curiosités : rapport entre la distance parcourue et la vitesse du vent ?... Entre ma vitesse et la température extérieure ? Je constate que – dans une sorte de réflexe d'autodéfense, sans doute – mon agressivité devient proportionnelle au froid. Ma vitesse d'exécution des tâches quotidiennes également.

Moins cinquante...

Je me réveille, le nez collé à mon sac de couchage par la buée de ma respiration transformée en glace. Je ne peux me libérer qu'en arrachant la peau de mon nez, déjà brûlée dans l'incendie.

Moins cinquante-six...

Mon sang s'épaissit. J'ai du mal à plier les genoux en marchant ; j'ai l'impression de bouger au ralenti. Je respire difficilement... L'air me brûle et j'ai peur que mes alvéoles pulmonaires ne gèlent.

Mes doigts ont déjà recommencé à geler. Ils s'engourdissent et les gelures réapparaissent sur mes pouces.

On m'a dit et répété qu'il était impossible de se déplacer dans cette région durant les deux premiers mois de l'année. Mais c'est pire encore que ce que j'imaginais.

Moins cinquante-deux.

Ça se réchauffe – si on peut dire. Mais le vent tourne et se met à souffler du sud-ouest avec une violence accrue. Je le prends en pleine figure et mon nez pelé se met à geler. Les gelures de mes pouces se rouvrent...

Je décide de passer une journée sous la tente.

Je repars reposé et remotivé, mais mon nez et mes pouces me font souffrir ; et je n'arrive toujours pas à me réchauffer. Je progresse, toujours au sud, hélas, puisque la traversée de Boothia est plus que jamais impossible. Est-ce qu'un jour, je mettrai enfin le cap à l'ouest ?

Soudain, je pile net.

Je suis face à face avec un ours.

Des traces de renards m'ont pourtant averti que cette rencontre risquait de se produire. Des corbeaux, dans le ciel, me l'ont confirmé. Mais ils décrivaient des cercles trop larges pour me permettre de situer la bête avec précision.

Elle a sûrement flairé ma présence depuis longtemps... surtout que j'ai le vent dans le dos.

Nous sommes à dix mètres l'un de l'autre, sur une bande de glace coincée entre les eaux libres du golfe de Boothia – qu'elle longe en guettant les phoques – et les falaises de la côte.

Impossible de faire un détour.

Pourtant, le souvenir récent d'excréments contenant des poils de phoque me rassure. Le fait est que l'animal n'a pas l'air affamé. Ni trop agressif. Après m'avoir ignoré, il s'immobilise pour me flairer, ce qui n'est pas forcément mauvais signe : d'après les statistiques, il y a de fortes chances qu'il me laisse tranquille.

Il remue ses minuscules oreilles (leur taille leur évite de geler), plisse le nez, écarquille les yeux, entrouvre la bouche... Sa manière d'emmagasiner les informations me concernant.

Brusquement, ses oreilles se dressent ! Les questions se bousculent dans ma tête : à quoi ressemblait sa démarche ? Ses traces : rapprochées ou non ? Mâle, femelle ? Je ne vois pas de petit à proximité...

Suivant les conseils de Claude et de Simon, je marche droit sur lui, en balançant les bras pour me grandir au maximum. L'ours ne bouge pas... Puis, soudain, il se lève sur ses pattes arrière. Il n'a pas encore cette expression caractéristique qui précède l'attaque ; son attitude est destinée à m'impressionner, autant qu'à m'observer. Mais je sais qu'il hésite : attaquer, ou ne pas attaquer...

Au moment où je le croise, il retombe à quatre pattes et me jette un dernier regard, avant de m'ignorer définitivement.

Pendant qu'il reprend sa route en balançant lourdement son gros postérieur, je poursuis la mienne sans me retourner. Avec un profond soupir de soulagement.

Je suis fier d'avoir, pour la première fois, mis en pratique ce que m'ont appris Claude et Simon. Depuis que le policier d'Igloolik m'a privé de mon arme, j'avais besoin de retrouver un peu de confiance en moi. Ce test réussi me le confirme : la clé de la survie, c'est l'accumulation des connaissances, plus que les armes.

Tout au fond de Committee Bay se trouve une île minuscule, l'île Sabine, que j'ai l'idée d'utiliser comme une sorte de marchepied pour atteindre la rive ouest de Boothia. J'y oriente ma trajectoire, mais ne tarde pas à constater, d'après leurs traces, que d'innombrables plantigrades suivent la même direction. C'est simple à décrypter : si les ours vont par là, c'est qu'il y a des phoques ; s'il y a des phoques, c'est que les eaux sont libres ; si elles sont libres, je ne peux pas les traverser à pied.

Re-cap au sud.

Dimanche 16 janvier.

Moins soixante-deux...

Le vent, plus violent que d'habitude, et le brouillard glacé, qui s'intensifie, font de cette journée la plus froide de mon voyage. C'est la première fois, depuis mon départ du cap Nord, que je passe sous la barre des moins soixante.

Il n'a pas fait aussi froid dans la région depuis deux décennies.

Ce qui s'appelle être au bon endroit, au bon moment.

Je m'efforce de repérer les failles, les creux, les brèches dans lesquels je risquerais de planter un ski ou de me coincer un pied. Comme le reste, les os se cassent plus facilement par ces froids extrêmes. Mais les pièges se cachent sous une fine couche de neige...

Mes pouces sont de nouveau gelés, les ampoules réapparaissent sous mes ongles, le bout de mes doigts éclate comme au pôle Nord et le spectre de l'amputation revient me narguer.

Quand j'installe mon campement, je suis trop épuisé pour cuisiner, manger ou boire. Je m'endors en enlevant mes chaussures, les pieds dans le « vestibule »... Lorsque je parviens à réchauffer mes doigts, juste assez pour les empêcher de geler une seconde fois, la sensation qu'on les écrase à coups de marteau recommence à me torturer.

De toute façon, je ne peux plus rester sous ma tente : je risque de geler « vivant » dans mon sac de couchage, prévu pour moins quarante-cinq...

Seul moyen de survivre : marcher.

Je marche...

L'ours qui me fait soudain face est encore plus gros que le précédent : trois bons mètres. C'est l'un des plus imposants que j'aie vus jusqu'à présent (Simon, lui, en a tué un de trois mètres cinquante). Moins curieux mais plus agressif que son congénère d'il y a quelques jours, il n'avance pas les pattes serrées, ce qui est rassurant, mais n'est pas très gras, ce qui est inquiétant. Je ne dévie pas d'un pouce et – selon la méthode éprouvée – balance les bras le plus haut possible.

L'ours me croise sans me quitter des yeux, puis il fait demi-tour et se met à me suivre à quelques mètres, sur une trajectoire à peu près parallèle à la mienne, jouant à cache-cache derrière les blocs de glace. Je sais qu'il attend l'occasion de m'attaquer par-derrière (ils n'attaquent de face que s'ils sont véritablement affamés). Prenant l'initiative, je me dirige vers lui, collant comme une ombre à ses moindres détours. Je ne cherche pas à le provoquer, juste à lui montrer que, moi aussi, je suis grand et fort, et que je n'ai pas peur de lui (même si, en réalité, je n'en mène pas large). Mais il ne se laisse pas impressionner. Alors, je m'arrête et sors mon fusil de mon traîneau.

Les autorités canadiennes m'ont averti qu'il est rigoureusement interdit de tirer sur un ours autre chose que des pétards ou des balles de caoutchouc. Et encore : à condition qu'il devienne vraiment menaçant. Mais je ne suis pas prêt à prendre le risque.

De toute façon, mon fusil a été endommagé dans l'incendie de mon équipement, la culasse est bloquée par la neige gelée et la cartouche refuse d'entrer dans la chambre. (Par ces froids extrêmes, une arme doit être conservée parfaitement sèche. Même un lubrifiant gèlerait, la rendant inutilisable.)

J'ai une bouffée de sentiment extrêmement négatif vis-à-vis du policier d'Igloolik qui m'a privé de mon 357 Magnum, dont le système simple – détente-chien-percussion – résiste à tous les climats.

Cela dit, pas facile de tirer avec des moufles. Et sans... Par moins cinquante-neuf, ma peau resterait collée à la crosse.

L'ours se rapproche. Je détache mon traîneau pour être plus libre de mes mouvements et empoigne mon pistolet à fusée éclairante. L'espèce de phosphore que contient le projectile enflammera la fourrure de l'animal, si je le touche. Mais je ne dispose que d'une cartouche. Si je le rate, il ne me ratera pas. Je n'ai même pas un couteau sur moi, et à part tenter de lui enfoncer mon bâton de ski dans l'œil... Mais je ne serai sûrement plus en état d'essayer quoi que ce soit de ce genre.

Nous nous tenons en respect, chacun avec ses armes. Il faudrait que l'un de nous deux « rompe », comme disent les escrimeurs. Lui, de préférence, car dans le cas contraire, il me rattraperait. Il s'approche davantage. Si j'hésite encore à tirer, c'est que mon adversaire ne manifeste pas les signes avant-coureurs de l'attaque, tels que Simon m'a appris à les reconnaître. Il allonge les pattes, aplatit les oreilles, et grogne, lippe frémissante, sans vraiment montrer les dents. Je ne sais plus quoi faire...

Soudain, comme une sorte d'ultime recours, je me mets à lui crier : « Va-t'en !... Va-t'en !... »

Je ne sais pas très bien ce qui m'a pris... mais ça marche ! Sitôt qu'il entend ma voix, le fauve se fige et me fixe avec une sorte de stupéfaction. Puis il fait volte-face et disparaît. Le cœur battant à cent à l'heure, je raccroche mon harnais et repars, mon lance-fusée éclairante dans la poche, à portée de main. Mais je crois que je ne le reverrai plus.

Plusieurs jours de suite, la température flirte avec les moins soixante, avant de se radoucir un peu. Brûlée par le froid et couverte d'escarres, la peau de mes lèvres et de mon nez s'arrache par lambeaux. Dans ces températures extrêmes, le moindre geste est difficile. Je suis à bout de forces quand je plante ma tente, mais, par crainte de mourir gelé dans mon sommeil, je ne fais que des sommes rapides. Tous les soirs, je fabrique quatre litres d'eau en faisant fondre de la neige, ce qui me vaut le luxe d'une heure de relative chaleur (pendant laquelle je m'endors souvent malgré moi)... sauf quand mes doigts, paralysés par les ampoules dues aux gelures, n'arrivent plus à allumer mon réchaud.

Entre le dîner et le coucher, je m'impose l'inévitable séance de remise en état du matériel qui a le plus souffert : je répare à l'aide d'une colle spéciale la pointe de mon ski, fendue en deux ; je renforce pour la énième fois les coutures de mes moufles, chaussettes, harnais, etc., que les grands froids font éclater comme du verre ; je colmate mon Thermos, fendu par le gel, fixe les poignées de mes bâtons, décollées par le froid... Pas question de remettre quoi que ce soit au lendemain : demain, il y aurait deux fois plus à faire et je n'arriverais plus à suivre. Et j'ai constamment à l'esprit que la réussite de mon expédition et – accessoirement – ma vie sont suspendues au bon état de mon équipement.

Mes provisions diminuent d'un kilo et demi par jour et mon traîneau s'allège d'autant (il pesait deux cent dix kilos en quittant l'île de Baffin). Mais j'ai de plus en plus de mal à le tracter, car à l'épuisement s'ajoutent la perte de poids et l'usure psychologique, qui ne cessent de m'affaiblir.

Il ne se passe pas une journée sans qu'à une ou plusieurs reprises, je tombe d'épuisement, comme un sac, face dans la neige. Chaque fois, je dois trouver en moi des réserves d'énergie insoupçonnées pour me relever... et repartir.

C'est la centième fois que je tombe. Ou la millième, je ne sais plus. Une sorte de routine s'est installée : chute, sursaut, remise sur pied, redémarrage... Mais cette fois, j'ai conscience que le « coup de pied au fond de la piscine » met du temps à se produire. J'ai le visage dans la neige comme dans un oreiller. Une agréable sensation d'engourdissement s'empare de moi, prenant rapidement possession de tout mon être. J'ai envie de me laisser couler tout au fond. Ce serait si facile. Si reposant...

Je me souviens... en traversant la jungle amazonienne... Il m'arrivait aussi de m'écrouler, à bout de fatigue. Mais aussitôt, les fourmis rouges commençaient à me dévorer, et cette douleur intense me faisait bondir comme un fer rouge appliqué sur la peau. Ici, au contraire, toutes les douleurs s'effacent, tout devient confortable... Je sais bien que je suis en train de geler, que dans quelques minutes je serai mort... mais ça m'est indifférent, puisque je n'éprouve plus rien. Irrésistiblement attiré par l'autre côté, je commence déjà à basculer... Je me sentirais parfaitement bien, n'était cette petite voix qui m'ordonne de me lever. Elle est encore faible et lointaine, mais elle insiste : « Debout, Mike ! Debout ! » À présent, c'est mon subconscient qui prend le relais, m'ordonnant de m'arracher à cette torpeur. Et la voix qui reprend, beaucoup plus fort : « Lève-toi, Mike ! » Maintenant, c'est la mienne qui hurle : « Debout, Mike ! Mike, lève-toi, merde ! »

Avant d'avoir eu le temps de comprendre ce qui s'est passé, je suis reparti. À force de repousser toujours plus loin les limites de mon corps et les capacités de mon organisme, j'ai commencé sans même m'en rendre compte à mourir. Il est temps que je mette de côté mon obsession du but à atteindre et que je me reconcentre sur la priorité absolue : survivre.

À force de réagir à l'ultime seconde, comme un enfant qui réclame cinq minutes de plus, en hiver, avant de s'arracher à son lit ; à force de repousser toujours plus loin cette ultime seconde, j'ai failli ne pas me relever.

Pourtant, je me suis relevé. Et je sais bien ce que cela signifie, au fond : que pas un instant, je n'ai vraiment eu envie de mourir. Parce que mourir, c'est renoncer, et que renoncer, cela revient à ne pas assumer ses responsabilités. Comme si j'avais jeté l'éponge en disant : « Finalement, c'est plus dur que prévu ; je rentre. » Ou... « je meurs », ce qui revient à peu près au même, en l'occurrence.

J'ai encore en mémoire mes lectures des récits de Greely, Nansen, Amundsen[1], Franklin[2]... Après que le bateau de Franklin a été broyé par les glaces, tout l'équipage s'est mis à marcher sur la banquise. C'était au printemps, mais le climat était encore rigoureux et ils ont fini par mourir de froid. Je me suis longuement interrogé sur toutes ces fins tragiques. Si les tempêtes et autres « fortunes de mer » en sont à l'origine, une chose relie entre eux ces dénouements funestes. Une chose que je viens de découvrir : c'est apaisant de mourir dans l'Arctique, lorsqu'on a atteint les limites de la souffrance. Cette tentation du renoncement est quasiment irrésistible.

Je le sais...

Mais la volonté humaine de vivre est plus forte que tout. Plus forte encore qu'on ne peut l'imaginer.

Ça aussi, j'en sais quelque chose.

1. Le Norvégien Roald Amundsen (1872-1928) fut, en 1911, le premier homme à atteindre le pôle Sud.

2. Le navigateur et explorateur anglais sir John Franklin (1786-1847) mourut dans l'Arctique en cherchant le fameux « passage du Nord-Ouest », au nord du Canada.

Je comprends désormais pourquoi les gens d'Arctic Bay, et tous ceux que j'ai rencontrés depuis, ont voulu m'empêcher de me lancer dans cet enfer. Ils avaient sans doute raison, mais je ne regrette pas de ne pas les avoir écoutés. Peu à peu, je commence à m'habituer aux souffrances que m'impose ce voyage extraordinaire, au point d'éprouver un certain plaisir à les dominer un peu plus chaque jour. Cet enfer n'en est pas un pour moi, sinon je ne serai pas là.

Je marche, non seulement pour atteindre un but, mais parce que j'aime passionnément ces mondes, ces univers que je traverse ; parce que j'aime la nature quand elle est au sommet de sa violence et de sa splendeur ; parce que lorsqu'elle, si grande, me fait subir les pires conditions imaginables, à moi si petit, elle m'autorise malgré tout à faire partie d'elle ; et que c'est un honneur.

Maintenant que j'ai payé le prix fort, j'ai droit en exclusivité, sur écran panoramique géant, au grand show du froid.

Surgissant au bout de mes skis, zébrant le paysage comme si je n'existais pas, deux renards poursuivent un lièvre de l'Arctique dans le plus absolu silence ; ces animaux, parmi les plus rapides de la création, touchent à peine la glace et soulèvent un nuage poudreux. Après la mise à mort, qui ne laisse qu'un peu de rouge sur l'infinité blanche, l'un des chasseurs relève fièrement la tête, l'air de dire : « C'est moi qui l'ai eu ! »

Deux lièvres géants s'accouplent avec une telle fureur que plus rien n'existe pour eux, pas même moi, alors que je suis si près que je pourrais les toucher.

Un jour où je tente vainement de me faire tracter, un grand renard roux se matérialise soudain à un mètre de moi, se plante dans la neige et nous examine alternativement, mon cerf-volant et moi, avec une espèce de fascination. À la première syllabe que je prononce, il disparaît dans un « vlaouff ! » de dessin animé.

Un autre renard sort la tête de son trou à mon passage, puis se cache de nouveau ; je ne distingue que les poils roux de ses oreilles, et ses yeux qui semblent dire : « Qu'est-ce que tu fais là, toi ? »

Penché sur le rebord de la glace, un ours polaire guette patiemment sa proie. Lorsque enfin le phoque met le nez à la surface pour respirer, l'ours, avec une rapidité foudroyante, lui enfonce ses griffes dans la gorge, le soulève comme un mérou au bout d'un harpon et le jette à ses pieds. L'immobilisant d'une patte appuyée sur sa tête, il l'ouvre en deux sur toute sa longueur, de la pointe de ses griffes acérées. Des dizaines de litres de graisse tiède se répandent sur la glace. L'ours y plonge la patte et se goinfre, jusqu'à ce qu'il ait « transvasé » la graisse du phoque dans son propre organisme. Il dévore la peau en guise de dessert et, grand seigneur, abandonne la viande aux renards.

J'ai l'impression d'être entré de plain-pied dans la chaîne *Discovery* ou *National Geographic*. Mais c'est tout simplement la vie normale, paisible ou cruelle, cocasse et spectaculaire, qui continue autour de l'intrus que je suis. Le peuple du froid et moi-même avons pourtant une priorité commune : survivre.

Certains jours où la neige est parfaitement lisse, je file dessus comme un pinceau sur de la soie, « traçant » à grandes guides, à enjambées de géant dont chacune m'envoie aussi loin qu'un saut en longueur en apesanteur. J'allonge mes élans, étire chaque poussée jusqu'à l'extrême limite, conscient que les centimètres perdus deviendront ce soir des kilomètres qui auraient pu être derrière moi... Si j'allongeais chacune de mes enjambées de dix centimètres, les vingt mille kilomètres seraient bouclés un mois et demi plus tôt.

Cette euphorie qui efface ma fatigue, allège le poids de mon traîneau et celui de mon corps, c'est aussi celle d'approcher enfin de Committee Bay. Bientôt, très bientôt, mon immense et interminable détour prendra fin. Bientôt, je sortirai de la route migratoire des ours, laissant les mères nourrir leurs petits au fond des grottes de neige. Bientôt, je mettrai enfin le cap à l'ouest.

En attendant, je suis toujours sur le passage des ours, et le brouillard glacé qui m'aveugle n'est pas fait pour me rassurer.

Mon cœur fait un bond dans ma poitrine quand une ombre massive traverse furtivement la brume, à quelques pas de moi.

Puis une autre. Et encore une autre...

Impossible, dans cette purée de pois, de distinguer ce que c'est. Mais j'ai un sale pressentiment. Je voudrais m'arrêter pour épier, tâcher de voir exactement à quoi j'ai affaire, réfléchir au moyen de me mettre à l'abri. Mais rester immobile, dehors, par moins soixante-deux... je me transformerais en glace.

Fuir, mais dans quelle direction ? Les ombres se multiplient et filent de tous les côtés. Autant d'ours à la fois, ce n'est pas possible ! Tout ça ne serait-il qu'une illusion, un « dommage collatéral » du froid extrême sur mes pauvres neurones ?... Après tout, je n'ai encore jamais évolué par de telles températures : elles ont peut-être des effets secondaires que j'ignore...

J'ai subi toutes les épreuves physiques imaginables, mais c'est la première fois que j'ai l'impression de perdre la tête.

Lorsque, après de longues et angoissantes minutes, les silhouettes se précisent enfin, elles s'avèrent être celles de... caribous. Une foule de caribous. Une horde entière, passant tout près de moi et se dirigeant vers l'île Sabine.

Leur présence entraîne généralement celle des loups, dont ils sont le menu préféré. Mais avec une telle abondance de viande sur pattes, je n'ai pas grand-chose à craindre.

Le 14 février, quelque part en Suisse, Annika et Jessica décrochent le téléphone avant leur mère, en voyant s'afficher le numéro de mon telsat.

– N'oublie pas de souhaiter bonne Saint-Valentin à maman ! me soufflent-elles en chœur.

Committee Bay, à l'extrême sud du golfe de Boothia, est connue pour être une zone de pressions glaciaires extrêmes. C'est là que se concentrent les plus importants mouvements de *pack*, les plus impressionnantes accumulations de blocs géants. On assiste ici à des éclatements de la couverture glaciaire qui s'étendent à une vitesse terrifiante, souvent dans plusieurs directions à la fois. De véritables tremblements de glace.

Lors de ce repas de caribou et de foie de phoque crus pris par terre à Igloolik, un vieil ami inuit de Simon m'a raconté qu'un jour, alors qu'il faisait avec son père la traversée que je suis en train de faire, jusqu'à l'île Sabine, pour se rendre à Kugaruk, la glace s'était brutalement mise à éclater de tous les côtés à la fois. Ils avaient fait demi-tour et foncé vers la terre ferme. Mais les crevasses béantes s'ouvraient et s'allongeaient plus vite que ne pouvaient courir les chiens. L'ami de Simon avait réussi de justesse à atteindre la rive. Mais son père, rattrapé, avait été englouti avec son attelage.

Des histoires comme celle-là, j'en ai entendu d'autres, en bien des endroits. Mais Committee Bay a une réputation particulièrement effrayante.

Je suis pourtant fou de joie d'en voir le fond, ce lundi 17 février 2003, par une température très légèrement radoucie. Cet endroit, où une petite rivière débouche d'entre les montagnes, je le baptise solennellement « Enfin ! ». Parce que depuis le mois de novembre, je n'ai fait que descendre vers le sud en longeant le golfe de Boothia, et qu'à partir de ce point précis, je vais « enfin » pouvoir repartir vers l'ouest.

Ce 17 février restera l'un des jours les plus importants de toute mon expédition.

Peut-être de ma vie.

Parce qu'en arrivant jusqu'ici, je suis plus heureux et plus fier que si j'avais atteint le pôle : j'ai traversé la région la plus hostile qui soit, à l'époque de l'année la plus difficile, dans l'environnement le plus inhumain que l'on puisse rencontrer... avec pour toute expérience de l'hiver arctique une poignée de connaissances théoriques.

Et cela, quoi qu'il arrive, on ne pourra pas me l'enlever.

Ce même 17 février, je mets le cap à l'ouest, en évitant de ruminer que la glace qui bouchait le détroit de Bellot a transformé sept petits jours de navigation en un détour de quatre longs mois.

Le brouillard glacé s'éclaircit légèrement. La température est imperceptiblement moins rigoureuse. Depuis quelques jours, un pâle soleil rase l'horizon, un peu moins timidement à chaque apparition.

Sur ma trajectoire, qui passe au nord de l'île Sabine, la glace est totalement lisse et pratiquement libre de neige. Un boulevard !

Mais la route est encore longue jusqu'à Kugaruk, et la région est pleine de pièges. Fidèle à mon habitude de faire confiance à l'expérience des anciens, je décide de m'adresser à l'un d'eux pour me guider. Ron, un policier de Kugaruk, contacté par l'intermédiaire de la police montée canadienne, se met en quatre pour m'aider – effaçant la mauvaise impression que m'a laissée son collègue d'Igloolik – et me met en relation téléphonique avec un certain Makabi Nartok, un Inuit garanti pur jus. Je demande à Makabi si je peux couper en diagonale, nord, nord-ouest, pour me diriger plus directement vers Kugaruk.

– Chaque saison, Committee Bay différent, me répond l'Inuit. Mais une chose toujours vraie : plus vas nord, plus risques rencontrer ours, eau libre, montagnes de glace...

Bref, il me recommande de passer au sud de l'île Sabine, de maintenir le cap à l'ouest jusqu'à la côte, et ensuite seulement, de remonter vers le nord.

J'ai du mal à m'y résoudre, malgré mon respect pour ceux qui « savent ». On ne se refait pas : tant que je ne suis pas allé moi-même me casser la tête et les dents sur quelque chose, je n'arrive pas à me résigner. Impossible ? Pas avant que j'aie essayé.

Entre la frustration accumulée pendant ces derniers mois et la certitude, après les montagnes de la péninsule de Melville, de me diriger vers des terres plus planes, sans obstacle au vent... je décide d'écouter à la fois Makabi et mon instinct : je passe au nord de l'île Sabine, puis j'oblique doucement vers le nord, nord-ouest.

Sur cette patinoire satinée, je glisse à seize... dix-neuf kilomètres par jour, avec une souplesse et une vélocité accrues par la hausse légère du thermomètre. Il fait sombre, la visibilité est réduite, mais le brouillard de glace s'est levé. Vingt-quatre heures plus tard, le temps s'est complètement dégagé.

Ce qui me permet de contempler dans ses moindres reliefs le gigantesque entassement de blocs de glace qui me barre l'horizon.

Il est encore temps d'écouter la voix de la sagesse – celle de Makabi – et de redescendre vers le sud.

Je ne l'envisage même pas. Sans hésiter une seconde, je décide de tenter la traversée.

Pendant trois jours, dans ce jeu de dominos géants, je sue sang et eau pour hisser mon traîneau par-dessus les obstacles. L'éclaircissement s'est accompagné d'une chute des températures, laquelle a rendu la glace sèche, râpeuse... et collante comme du papier de verre enduit de résine. Telle une mule caractérielle, mon traîneau refuse d'avancer. Je tire, je pousse, je m'acharne... j'ai l'impression de faire du sur-place et je m'engueule à voix haute : « Makabi t'a pourtant dit de ne pas aller au nord-ouest ! La prochaine fois, tu écouteras ceux qui ont vécu ici toute leur vie, au lieu d'en faire uniquement à ta tête ! »

Mais je ne peux pas me résoudre à faire demi-tour. Tant pis : j'assumerai ma décision, même si je dois passer un mois à escalader des blocs de glace avec mon attelage...

Je finis quand même par me retrouver de l'autre côté. Et le 22 février, cinq jours après avoir enfin repris le bon cap, c'est avec un sentiment de triomphe que je pose le pied sur la péninsule qui sépare le golfe de Boothia de la crique de Pelly Bay, au bout de laquelle se trouve Kugaruk. À partir d'ici, plus de gymkhanas entre les morceaux de *pack*, mais la terre ferme du continent canadien et les étendues vallonnées des terres de Barren.

Quatre-vingts kilomètres me séparent de Kugaruk. Avec des étapes quotidiennes d'une vingtaine de kilomètres, je devrais y être dans quatre ou cinq jours.

Et d'ici un mois et demi, le printemps commencera timidement à montrer le bout de son nez. Si je tiens le coup jusque-là, j'aurai vaincu l'hiver arctique ! À mes yeux, cette victoire signifiera clairement que je suis capable d'aller au bout de mon rêve.

La petite cabane dont Makabi m'a indiqué l'emplacement est encore plus sommaire que celles qui ont jalonné ma route jusqu'à présent : quatre panneaux de contreplaqué, un cinquième en guise de toit et une porte enfoncée par les ours, ce qui lui vaut d'être remplie de neige. Je fais le ménage à coups de pelle, monte ma tente à l'intérieur et m'offre une journée de repos bien gagnée.

Les ampoules que les gelures ont provoquées sous mes ongles me font souffrir à un point qui devient insupportable. N'en pouvant plus, à l'aide d'une fine mèche de chignole, je perce mes ongles pour crever les cloques, ce qui me soulage un peu.

Un vent glacial continue de souffler, et je décide de prolonger mon séjour de vingt-quatre heures. Pour me réchauffer, une fois le traîneau et le reste de l'équipement à l'abri, je m'offre une promenade à skis dans les environs. J'en profiterai pour voir à quoi ressemble le paysage en direction de Kugaruk.

Comme prévu, c'est vallonné, peu escarpé, monotone et glacé.

« Nous pas souvent par là, m'a dit Makabi. Mais toi tout droit avec collines sur ta gauche, arrives Kugaruk sûr. »

En gravissant une hauteur, d'où j'espère repérer un passage, je tombe sur un magnifique loup blanc comme la neige, majestueusement installé sur un promontoire, tel le Roi Lion dominant son royaume. Sa fourrure brille et jette des reflets argentés. Fasciné, je ne résiste pas à l'envie d'essayer de l'approcher. Juste pour voir jusqu'où... Un pas après l'autre, je glisse vers lui dans un silence absolu. Le vent de face me garantit qu'il n'a pas flairé ma présence. Je ne suis plus qu'à quatre ou cinq mètres...

Soudain, je réalise que je suis totalement désarmé. Et s'il m'attaque ?... Dans un bref accès de paranoïa, je l'imagine même enragé.

Chassant ces considérations farfelues, je l'admire longuement, en oubliant tout le reste. Puis j'émets un sifflement à peine perceptible.

Le loup tourne la tête dans ma direction et... démarre comme un projectile sorti d'une catapulte. À ma stupéfaction, il s'enterre sous la neige et – à la manière d'un chat sous un tapis – s'enfuit en soulevant un tunnel de poudreuse.

Je repars, sans que cesse de me souffler en pleine figure un vent du nord plus glacial que jamais. C'est le principal inconvénient de l'option que j'ai prise dès le départ, en choisissant de faire mon grand tour dans le sens contraire aux courants maritimes et aériens : avec le vent de face en permanence, je suis beaucoup plus exposé aux gelures. Surtout quand les rafales, comme c'est encore le cas entre Boothia et Kugaruk, font régulièrement replonger le thermomètre sous les moins cinquante.

Chaque fois que le bout de mon nez recommence à geler, je le frotte d'un peu de neige : à quelques degrés en dessous de zéro, elle est nettement plus chaude que l'air ambiant.

La glace aussi réchauffe. Quand se présentent des étendues liquides peu profondes, impossibles à éviter sans un gros détour, je les traverse le plus vite possible. La couche de glace qui se forme aussitôt sur mes chaussures et le bas de mes vêtements jouera jusqu'au soir le rôle d'un bouclier antivent... Un peu comme la morve que, chaque matin, je m'étale sur la figure.

Je commence à ressentir profondément l'usure physique qu'a fini par entraîner cette expédition. C'est avec une joie d'autant plus grande qu'à une quarantaine de kilomètres de Kugaruk, je vois venir à ma rencontre Jean-Philippe Patthey, Patrick, un journaliste suisse allemand, Sebastian Devenish, mon photographe-cameraman, et... Makabi Nartok. Ils ne sont évidemment pas là pour prendre ma relève ou me secourir, mais je les vois un peu comme les premières mouettes annonciatrices de la terre, aperçues au bout d'une interminable traversée.

Depuis Igloolik, c'est-à-dire depuis cinq semaines, non seulement je n'ai pas croisé une âme, mais je n'ai pas entrevu la plus petite trace de vie humaine. Je me surprends à penser que cette planète pourrait fort bien se passer de notre présence, comme elle l'a fait pendant des millions d'années, et comme elle continue à le faire ici.

Si je les vois comme un espoir, mes amis ne me voient pas du tout. Filant sur leurs motoneiges, ils me croisent une première fois sans me repérer, avant de me rejoindre enfin en appliquant le conseil que je leur ai donné : suivre mes traces à partir des coordonnées de mon dernier campement.

Nos retrouvailles font partie de ces moment où les mots sont faibles, comparés à ce qu'on ressent. Jean-Philippe, Patrick, Sebastian et Makabi ont un choc en se retrouvant face à face avec une sorte de yéti au visage plâtré, une momie dont les bandelettes de neige laissent à peine deviner les yeux. En quelques semaines, le froid et les intempéries ont fait de moi un rescapé méconnaissable dont les dernières forces le maintiennent à peine debout.

Mes jambes fonctionnent encore, dans une sorte de réflexe conditionné, mais il s'en faut de peu que je ne sois totalement congelé.

Makabi s'avance jusqu'à moi, si près que son visage touche presque le mien, et me fixe intensément, interminablement, jusqu'à la limite du malaise. Sans dire un mot. Quand j'avance une main pour serrer la sienne, il s'empare des deux, puis arrache mes moufles pour les remplacer par ses gants en peau d'ours. Dans ce fourreau de cuir et de graisse, c'est comme si je venais d'avancer les mains au-dessus d'un feu de bois. Makabi, lui, a enfilé mes moufles. Lorsque sa propre chaleur les a réchauffées, une vingtaine de minutes plus tard, il me les remet, et renouvelle l'opération plusieurs fois de suite, sans rien dire, sauf : « Toi homme très fort... » Gêné, je me défends maladroitement. Comment lui expliquer les raisons qui me poussent ?

Makabi retourne au village et les autres me suivent par moins quarante pendant les deux derniers jours de mon trajet jusqu'à Kugaruk. Bien que parfaitement équipés, Jean-Philippe, Sebastian et surtout Patrick, qui arrive tout droit des bureaux bien chauffés de son magazine, souffrent terriblement du froid. Sebastian fait des photos et Jean-Philippe prend des images vidéo, ce qui m'évitera de retourner sur mes pas pour « rejouer » les situations, comme j'ai dû parfois le faire pendant mon tour de l'équateur.

Depuis ma dernière cabane, le paysage est redevenu montagneux. De nouveau, j'ai longé des lacs, suivi des rivières, alterné les paliers et les ascensions...

Soudain, du haut d'un col, dans le halo d'un des premiers couchants de la saison, je découvre enfin le village que les Inuits appellent Kugaruk, en inuktitut, et les Canadiens Pelly Bay, du nom de la crique au bout de laquelle il se trouve et qui donne dans le golfe de Boothia. Kugaruk semble hors du monde, enfermé entre des falaises abruptes et des îles montagneuses dont le rideau rocheux dissimule ce qu'il y a derrière.

J'y descends en même temps que le soleil, qui s'éteint après une timide et brève apparition. Lorsque je pénètre dans la rue principale, la totalité de la population – cinq cents personnes, dont trois cents enfants – jaillit des maisons préfabriquées pour m'entourer et m'accueillir avec des cris d'enthousiasme. On m'applaudit en cadence, pendant que je parcours mes derniers mètres. Mes amis, qui m'ont devancé en motoneiges, immortalisent caméra au poing le triomphe que me font toutes les générations inuit confondues, agglutinées autour de moi. Depuis quatre mois, les telsats, les cibis et le « téléphone esquimau » l'ont répété aux quatre coins du Grand Nord : « Il y a un type qui est parti d'Arctic Bay et qui va à pied jusqu'à Kugaruk en passant par Igloolik ! Inimaginable ! » C'est dire si on m'attendait ici comme l'attraction de l'année. En découvrant ma silhouette irréelle et mon masque totalement blanc, on n'est pas déçu.

Quand je m'arrête enfin, Makabi ne me laisse pas souffler une seconde : il m'arrache mes skis et mes bâtons, décroche mon traîneau De mes mains encore raidies par le gel, je serre toutes celles du village. Les Inuit ne sont pas du genre à s'embarrasser de compliments hypocrites ou de formules de politesse. Pas du genre non plus à se laisser impressionner facilement. Leurs bravos viennent du cœur et vont droit au mien.

En arrivant jusqu'ici, je sais que j'ai fait le plus dur. C'est pourquoi l'hiver arctique, pour moi, se termine symboliquement à cet endroit... même si le calendrier est d'un avis différent.

Dans le Grand Nord, l'hébergement est hors de prix, et Kugaruk ne fait pas exception. Utilisée surtout par les ouvriers des chantiers de construction, la « Résidence », qui appartient à la *Native Corporation* – la *Co-op*, une sorte de syndic inuit –, affiche sans complexe des tarifs de deux cents à deux cent cinquante euros la nuit ; par personne ! Pour ce prix-là, on a droit à une chambre de quelques mètres carrés, meublée de deux lits. Si un autre client se présente, on lui donnera le second, que ça vous plaise ou non. Et sans tarif dégressif.

Je vais consacrer trois jours à Sebastian, qui est privé d'images depuis quatre mois, et trois jours à Patrick, le journaliste qui m'a rejoint à plusieurs reprises sur *Latitude zéro* et une fois déjà sur *Arktos*. Ses comptes rendus témoignent d'une vraie compréhension de l'esprit de mes aventures. Son visage, devenu familier, est celui d'un ami... et d'un porte-bonheur.

Je vais pouvoir me laver à fond pour la première fois depuis quinze jours, remplacer mes peaux de phoque par des neuves, soigner les ampoules ouvertes de mes pieds, rendre un peu de vie à mes joues, mes oreilles, mon nez, mes lèvres, qui sont complètement gelés, et à mes pouces, qui sont dans le même état qu'à mon retour du pôle.

L'un dans l'autre, je prévois une dizaine de jours à Kugaruk. Total : deux mille dollars d'hôtel. De quoi exploser mon budget. Mais les membres de la *Native Corporation*, dont j'ai conquis le respect en accomplissant ce que personne, de mémoire d'ancien, n'a jamais fait à pied, seul et en hiver, m'adoptent. Alex, le gérant de l'hôtel, m'offre, pour aussi longtemps que je le souhaite, l'hospitalité d'un *mobil home* jouxtant son établissement. Un trois étoiles luxe, après toutes ces nuits de glace. À l'abri du froid et des dangers, j'y trouverai une sérénité essentielle à ma récupération.

Non content de me loger, Alex me gave de soupes, de steaks de caribou, d'omble chevalier, de pâtes et de pain maison. Je récupère, mais ne grossis pas : mon estomac est habitué aux huit à dix mille calories que j'ingurgite quotidiennement quand je marche ; mon système digestif est une véritable usine de retraitement, qui continue à tourner, bien que mon corps soit provisoirement au repos. Il faudrait du temps, et une alimentation moins robuste, pour que mon organisme retrouve un fonctionnement « normal » et que je grossisse de nouveau.

Ron, le policier, m'invite à dîner, m'aide à trouver ou à réparer une pièce d'équipement, à me procurer un renseignement utile pour la suite de mon parcours. Les membres de la communauté – des anciens, surtout – viennent nombreux me demander de leur apprendre à utiliser leur GPS, à lire certaines cartes... Je tiens conseil en permanence. Quelqu'un entre, me consulte sur tel ou tel sujet, partage avec moi un gobelet de thé, et sort en croisant le suivant. D'autres profitent de leur pause déjeuner pour, sans raison particulière, venir s'asseoir autour de moi. Le va-et-vient est ininterrompu. Tout le monde veut me serrer la main, ou simplement me regarder. Je suis une attraction permanente, et pas seulement à cause de mes « exploits » : Kugaruk est la plupart du temps totalement isolé au fond de son cul-de-sac gelé, où même le brise-glace qui le relie au reste du monde ne peut l'atteindre. C'est dire si, dans cet endroit où la vie, à base de chasse et de pêche, n'a pas changé depuis des siècles, on apprécie les rares visites.

À chacune de mes velléités de départ, on me supplie de rester un jour de plus. Je me laisse faire avec reconnaissance envers ces gens que je n'ai pas eu de mal à aimer ; et parce que le temps que je passe ici à recharger mes batteries n'est pas du luxe.

Mais tous les jours, je sors du village. Poussant chaque fois un peu plus loin, je vais regarder la baie au fond des yeux et les montagnes sous le nez. L'envie me démange de plus en plus d'aller voir ce qu'il y a derrière, de suivre et de vivre les prochains épisodes de mon aventure. Désormais, je me battrai pour survivre dans un décor grandiose, révélé par les premiers soleils du printemps, moi qui, depuis Arctic Bay, avance en presque aveugle, mon champ de vision réduit au faisceau de ma lampe frontale !

Un matin, je me réveille avec ce sentiment d'urgence mêlé de culpabilité, qui m'indique que le moment est venu.

La veille de mon départ, la population de Kugaruk donne une fête en mon honneur, dans le bâtiment qui tient lieu de mairie, d'école, de gymnase... Sachant que ma prochaine étape est Gjoa Haven, chacun y va de son conseil sur la meilleure route à suivre. Nous dévorons un festin de gâteaux secs et de thé (l'alcool est toujours prohibé), pendant que des musiciens vêtus de peaux de caribou font chauffer l'ambiance et accompagnent les danses inuit. Les enfants se poursuivent dans tous les sens, tandis que je vais d'un groupe à l'autre, remerciant chacun pour son aide, sa gentillesse, sa générosité.

Pat, qui tient une sorte d'épicerie-buvette-supermarché où on trouve rarement ce qu'on cherche, mais toujours ce qu'on n'aurait même pas imaginé, me donne des kilos de Kit-Kat, Mars et autres barres chocolatées ; on m'offre des gants en peau de phoque et des moufles en fourrure de renne ; la femme de Makabi, une artiste inuit, a réalisé à mon intention une carte de vœux et un porte-clés en cuir d'ours...

Si je n'avais pas dû contourner le golfe de Boothia, je ne serais jamais venu à Kugaruk ; et je serais passé à côté de quelque chose de rare. J'ai été heureux, ici, et pas seulement parce que je sortais de quatre mois terribles. Je n'avais pas croisé un être humain depuis longtemps, et ceux que j'ai trouvés ici m'ont donné tout ce qu'ils avaient, et davantage encore. J'emporte ce trésor avec moi, en me disant que je reviendrai à Kugaruk.

À environ trois cents kilomètres, de l'autre côté de Pelly Bay et de la péninsule de Boothia, sur l'île du Roi-Guillaume, se trouve le petit village de Gjoa Haven. Comme Upernavik, au Groenland, c'est un lieu mythique, depuis que Roald Amundsen y est resté trois ans bloqué par les glaces, avant de devenir le premier homme à ouvrir le passage du Nord-Ouest. Son bateau, le *Gjoa Haven*, a donné son nom à la localité. Cette année, on célèbre justement le centenaire de son expédition.

Mais j'avoue que si j'ai hâte d'être à Gjoa Haven, c'est surtout parce que Cathy et les filles doivent m'y rejoindre.

Je quitte Kugaruk par une neige et un vent qui rendent la visibilité quasiment nulle, avec des rafales qui me soufflent en pleine figure. Après un intermède reconstituant, c'est le retour sans transition à l'enfer du froid. Mon nez recommence à geler et je suis bientôt dans le même état physique – la fatigue en moins – qu'il y a dix jours.

J'ai tellement hâte de foncer vers Gjoa Haven que, dès la première journée, je me gèle les alvéoles pulmonaires en respirant trop vite et trop à fond un air à moins quarante six degrés. Les symptômes sont particulièrement pénibles : l'impossibilité de gonfler complètement les poumons, donc de respirer pleinement, produit une horrible et permanente sensation d'asphyxie.

J'ai dans ma trousse à pharmacie un médicament prévu pour ce problème, mais il tarde à faire effet. La poigne qui m'écrase les poumons refuse de relâcher son étreinte. C'est l'hyperventilation. J'essaie de la combattre par une méthode qui consiste à respirer trois fois de suite aussi profondément que possible, marcher une dizaine de mètres, rester immobile un moment, refaire dix mètres, m'arrêter, repartir... Je fais péniblement onze kilomètres dans la journée, et je continue à étouffer. J'ouvre la bouche pour capter un peu d'oxygène, comme un poisson sur le pont d'un chalutier. Je voudrais arracher mes vêtements pour me donner de l'air. Je suis prêt à n'importe quoi pour me remplir les poumons.

Et une fois sous la tente, la sensation d'étouffement se double d'une poussée de claustrophobie.

Mais je n'envisage pas une seconde de revenir en arrière.

Trois jours après mon départ de Kugaruk, je débouche sur le lac Simpson, dont la forme tout en longueur me rappelle un peu le lac Sapoutine, où les loups m'ont serré de près. Encastré entre deux reliefs moins élevés, Simpson m'offre une piste plane d'une trentaine de kilomètres où je peux espacer mes arrêts respiratoires. Mes gelures ne s'améliorent pas, mais la température remonte à moins trente-cinq, le vent retombe, et – avec l'aide des médicaments, qui ont sans doute fini par agir – je récupère peu à peu l'usage de mes poumons.

Je fais vingt-trois kilomètres dans la journée. Trente le lendemain. Mais ce léger réchauffement atmosphérique fait tomber une neige qui me ralentit et exige des suppléments d'énergie. On ne peut décidément jamais tout avoir.

D'après Makabi, il existe, non loin d'ici, une vallée qui constitue l'unique voie de passage vers Gjoa Haven. Personne ne l'ayant encore empruntée cette année, nul n'a pu m'indiquer son emplacement avec précision. Il faudrait que je quitte le lac Simpson pour me mettre à sa recherche, mais dans cette obscurité et cette poudreuse profonde, je risque de m'épuiser en vain. Ne pouvant me le permettre, je décide de rester sur ma trajectoire et de continuer tout droit, dans ce que je crois être la bonne direction.

Soudain, en haut d'un relief, se dresse un *inukchuk*, un de ces mystérieux assemblages rocheux indiquant la direction du prochain village.

Comme ceux qu'Annika et Jessica ont dessinés à l'arrière de mes skis.

L'*inukchuk* pointe forcément vers Gjoa Haven, ce qui signifie que j'ai trouvé la mystérieuse vallée sans même m'en rendre compte !

Au bout de la vallée, les reliefs s'aplanissent. Tête baissée, j'avance avec obstination dans ce territoire de neige et de glace où la terre et l'eau se confondent, où la neige qui tombe sans cesse et s'épaissit chaque jour me fait perdre mes repères. J'ai le vent en pleine face et ma température corporelle recommence à chuter. La profondeur de la poudreuse, le mal que j'ai encore à respirer et les gelures de mon visage annulent les avantages de la topographie. Ma progression devrait être plus facile qu'avant, la situation générale devrait s'améliorer... Ce n'est pas le cas.

Lorsque la neige cesse enfin de tomber, que le vent faiblit un peu et vire au nord-est, je sors mon cerf-volant – que je n'ai pas pu utiliser une seule fois depuis Arctic Bay. Je n'ai gardé que le quinze mètres carrés : le plus petit, celui qui offre le moins de prise au vent. Par ces températures encore sévères, une vitesse excessive aurait un effet frigorifique qui pourrait s'avérer fatal.

Je vais enfin pouvoir tracer, dans cette poudreuse épaisse. Mais ma voile est à peine en l'air qu'une bourrasque s'y engouffre, si violente qu'elle fait sauter toutes les suspentes.

Quand je pense que je trimballe ce cerf-volant depuis Arctic Bay et que le jour où j'ai enfin l'occasion de m'en servir, le premier coup de vent le détruit et en fait un poids mort. Enfin, je pourrai toujours le faire réparer, à ma prochaine escale civilisée.

Un léger faux plat – je le devine au fait que mon traîneau paraît soudain moins lourd – facilite ma progression. Bientôt, je pose de nouveau le pied sur l'océan gelé, à l'est de l'île du Roi-Guillaume. Une journée de marche plus tard, j'aperçois au loin les lumières de Gjoa Haven, scintillant faiblement à une cinquantaine de kilomètres.

Dans trois jours, si tout se passe comme prévu, Cathy et les filles se poseront sur l'aéroport du village.

Pour l'instant, c'est Jean-Philippe et Raphaël, le vidéaste, qui viennent à ma rencontre, chevauchant leurs motoneiges. Ils me tiennent compagnie deux jours, dont nous profitons pour mettre de nouvelles images en boîte. Puis ils m'abandonnent et filent vers Gjoa Haven, prévenir ma femme que j'arrive...

Je pose enfin le pied sur l'île du Roi-Guillaume et j'entame une montée progressive d'un kilomètre environ jusqu'au village. Je cherche du regard mes filles, que je n'ai pas vues depuis six mois... Et soudain, je les aperçois, entourant leur mère, devant la piste de l'aéroport. Leurs silhouettes se précisent à mesure que j'approche. J'imagine qu'aux yeux du petit groupe qui les entoure et sautille sur place pour se réchauffer (il fait moins trente-cinq), je suis moi-même un point sur la mer gelée, puis une forme qui grandit sur la terre ferme.

Annika et Jessica dévalent la pente, dans la poudreuse, pour être les premières à se jeter dans mes bras. Leur mère les suit de près. Le clan est reformé. Si tout ce que j'ai fait ne devait aboutir qu'à cet instant... ça valait le coup.

Les filles s'installent sur mon traîneau – presque vide en cette fin d'étape –, pour faire les derniers mètres sur une troïka où leur père remplacerait les chevaux.

Au milieu de la population locale, avertie par celle de Kugaruk de l'arrivée de « l'homme qui marche », je reconnais mon ami Vincent Borde et quelques journalistes. Il y a aussi deux représentants d'un de mes principaux sponsors, les banquiers privés Mirabaud. Chaque mois, une tombola permet à deux employés de la banque – où l'on suit mon parcours avec enthousiasme – d'aller « encourager Mike à l'un de ses points de ravitaillement ». Ceux-ci doivent être les heureux gagnants du mois.

J'ai prévu de passer cinq jours à Gjoa Haven, pour remettre en état mon équipement, refaire des provisions de benzine et de nourriture, et reconstituer mes réserves d'énergie avant l'étape de Cambridge Bay. Ayant mis onze jours au lieu de quinze pour venir de Kugaruk, je suis dans les temps : je vais pouvoir me détendre et profiter de l'intermède.

Je me prête à la réalisation d'un diaporama dont les envoyés de Mirabaud feront profiter leurs collègues à leur retour. Entre une interview et une séance photo, je fais de longues promenades à motoneige avec ma famille. J'apprends à mes filles à construire un igloo et je les emmène rendre visite à trois vieilles femmes qui y vivent encore, sur le lac. Ces aïeules continuent à assouplir en les mâchant interminablement les peaux de bêtes dont elles confectionneront leurs vêtements. Les filles n'en croient pas leurs yeux. Elles ont séché l'école pour venir, mais des choses pareilles – et toutes celles qu'elles ont vues en me rejoignant sur mes aventures –, aucune école ne les leur apprendra.

Malheureusement, l'école buissonnière n'a qu'un temps. Et la chambre d'hôtel coûte huit cents dollars la nuit ! L'unique établissement de Gjoa Haven est tenu par un couple de Thénardier – une Canadienne et un Anglais – qui profitent de leur monopole pour louer à ce tarif scandaleux une chambre minuscule et nue – à l'exception de deux lits et d'une télé – où les filles dorment par terre, sur un matelas. Quant à se réfugier chez l'habitant... Dans les maisons minuscules, les Inuits s'entassent déjà à dix, quinze par chambre.

Au bout de cinq jours, la note s'élève à près de douze mille dollars, pour moi, ma famille et mon équipe ! Quand je demande une ristourne à l'hôtelière, celle-ci consent royalement à déduire les deux cents dollars correspondant aux repas des enfants.

On n'échappe décidément pas à ce mouvement de balancier qui va de la fraternité à l'arnaque, des généreux aux crapules... des hôtes de Kugaruk aux logeurs de Gjoa Haven.

Juste avant le départ de ma famille, le village organise pour nous une « danse au tambour » qui restera la plus extraordinaire de celles auxquelles j'ai assisté dans l'Arctique. La « danse au tambour », c'est à la fois l'unique loisir des Inuits et la langue ancestrale de leurs raconteurs d'histoires.

Nous regardons, fascinés, les hommes qui frappent une caisse en peau de phoque accrochée à leur ventre, tout en évoquant dans d'étranges chants gutturaux l'irruption d'un ours au village, la famine durant laquelle le chaman exigea l'expulsion d'untel pour lever la malédiction et faire revenir les caribous, et d'autres légendes encore. Puis c'est à moi qu'on demande de raconter l'histoire du périple qui, depuis Arctic Bay, m'a conduit jusqu'ici. Le tambour à la ceinture, je tourne autour de la place en martelant, pendant que des psalmodies s'élèvent dans la nuit. Marchant tour à tour courbé ou droit, jambes écartées ou grandi au maximum, je copie la démarche élastique des caribous, mime la silhouette menaçante de l'ours qui se dresse, évoque les meutes de loups qui me traquent ; je restitue le passage des cols et le franchissement des lacs. L'enfant qui, chez moi, n'est jamais loin se déchaîne et s'amuse comme un fou. Les Inuits applaudissent, hurlent de joie... Je fais un triomphe.

L'enthousiasme chaleureux des habitants de Gjoa Haven m'a fait oublier la voracité mesquine de son couple d'hôteliers. J'emporterai avec moi, outre l'amitié des gens d'ici, le souvenir d'instants d'une qualité rare, avec Annika et Jessica. Lorsqu'on passe cinq jours tous les six mois avec ses enfants, chaque minute doit être exceptionnelle. Et chacune l'a été.

En mettant Cathy et les filles dans l'avion, j'ai un accès de déprime qui ne me ressemble pas. La fatigue accumulée, sans doute... Ou plutôt, la brutale prise de conscience que je ne les reverrai plus avant Point Hope, en Alaska, à plus de deux mille kilomètres d'ici, une distance qui représente deux fois la traversée Russie-Canada, en passant par le pôle. Soudain, j'ai terriblement envie de rentrer avec elles. Et puis, je repense à ce moment extraordinaire où, après des mois de séparation, elles ont couru vers moi pour se jeter dans mes bras.

Des instants comme ceux-là, des journées comme celles que nous venons de passer ensemble, valent tous les sacrifices. Il suffit que je m'accroche pour qu'il y en ait d'autres...

Mon coup de blues s'en va comme il est venu.

Après le départ de ma famille, je me lie d'amitié avec Ron, un instituteur australien, et Sari, une infirmière néo-zélandaise, qui acceptent de me loger chez eux, bien qu'ils y soient déjà à l'étroit. De toute façon, je ne resterai que quelques jours... Mais la veille de mon départ, je tombe brusquement malade, moi qui ne le suis jamais (le coup de blues était peut-être un signe avant-coureur). Je suis complètement à plat, comme si mes batteries s'étaient vidées d'un seul coup, avec un mal de crâne persistant et de vagues nausées. Serait-ce une répercussion tardive du gel de mes alvéoles pulmonaires ?... Au dispensaire de Gjoa Haven, où travaille Sari, je fais la connaissance de Roger, un médecin de Cambridge Bay qui soigne tous les villages de la région. Après m'avoir remis sur pied, Roger m'offre d'être mon adresse à Cambridge Bay. Je logerai chez lui et – puisque c'est une étape « technique » – Cathy lui enverra mon ravitaillement. J'accepte avec plaisir.

Le lendemain, 2 mai, comme dans les westerns, je pars sans me retourner. Malgré le poids de mon traîneau chargé à bloc et le terrain presque plat qui laisse un fort vent de nord ouest me souffler dans la figure, je fais trente kilomètres dans la journée. Le soir, j'ai la bonne surprise de voir arriver Ron et Sari, qui ont suivi mes traces à motoneige pour venir me souhaiter bonne chance et bon courage.

Être accueilli par ceux qu'on aime après une longue étape, c'est merveilleux. Mais les amis qui sont là pour vous souhaiter bonne route, c'est réconfortant.

Au cours des cinq derniers mois, je n'ai pratiquement pas progressé vers l'ouest. À partir de maintenant, il faut absolument que j'essaie de rattraper mon retard. Après Cambridge Bay, qui se trouve à environ quatre cent vingt kilomètres d'ici à vol d'oiseau, je me suis donné un petit défi à relever : couvrir non-stop les mille trois cents kilomètres qui séparent Cambridge Bay de Paulatuk, sur le golfe d'Amundsen.

C'est justement la meilleure saison pour voyager qui commence. En cette esquisse de printemps arctique, le froid est sec et les températures ne descendent plus en dessous de moins trente (sauf exceptionnelle plongée à moins quarante pour cause de vent). En comparaison de ce que j'ai subi, c'est presque doux. Pour moi, c'est même l'idéal : je transpire moins en marchant, j'ai quelques minutes de plus pour monter ma tente... Il fait presque clair et ces quelques rayons de soleil, après la longue nuit hivernale qui m'a affaibli en me privant de vitamine E, me donnent un regain d'énergie. Et d'optimisme : le beau temps que je n'ai pratiquement jamais eu entre Arctic Bay et Gjoa Haven, je sens que je vais l'avoir maintenant.

D'après les anciens, le meilleur itinéraire pour rallier Cambridge Bay consiste à longer la côte sud de l'île du Roi-Guillaume, à y remonter pour éviter une zone liquide, à redescendre vers le continent et à suivre par le sud le golfe de la Reine-Maud et les terres de Barren, pour remonter enfin vers l'île Victoria et Cambridge Bay. Mais je n'ai plus de temps à perdre. L'itinéraire que j'ai en tête fait deux cents kilomètres de moins et consiste à aller jusqu'à la pointe ouest de l'île du Roi-Guillaume, puis – le chemin le plus court d'un point à un autre étant la ligne droite – à traverser directement vers l'île Victoria en passant par les îles de la Royal Geographic Society. Autour de ces îles, les courants sont si violents que le *pack* élève des murailles quasi infranchissables, dit-on. C'est ici que le bateau de Franklin[1] fut écrasé par les glaces et que tout l'équipage périt en essayant de regagner la terre ferme.

De quoi, en effet, refroidir les enthousiasmes. Mais j'ai encore le temps de décider.

Je me dirige, en suivant la côte, vers Glad Man's Point[2], un promontoire situé à la pointe ouest de l'île. L'endroit, comme beaucoup d'autres dans le secteur, a été baptisé par Franklin, Amundsen et leurs compagnons, d'après les épisodes – souvent tragiques – dont ils furent le cadre. On trouve l'« anse du Mort », la « pointe de la Faim »...

Dans ce désert glacé dépourvu de panneaux indicateurs, j'utilise la signalisation inuit. Selon Makabi, la route de Gjoa Haven passait par « la montagne qui ressemble à deux seins de femme », par le pic « qui a la forme des dents d'un ours », et, un jour de marche plus loin, la colline « qui est comme le dos d'une baleine à bosse ». Encore fallait-il savoir regarder, ce que j'ai peu à peu appris à faire. J'ai ainsi reconnu les « seins de femme », les « dents d'ours », la « baleine à bosse »... Cette fois, je suis à la recherche d'une anse dont la forme évoque celle de l'œuf d'une oie des neiges, lequel est plus allongé que la moyenne. Quand j'y

1. Rappel : Sir John Franklin, qui cherchait le passage du Nord-Ouest en 1847.
2. Le cap de l'Homme heureux.

débouche, l'analogie me saute aux yeux : je suis sur la bonne route.

À Glad Man's Point, un poste de la *DEW*[1] *Line* continue de monter une garde solitaire. Contrairement à ce qu'on pourrait croire, nous ne sommes pas si loin de la Russie : il suffit de regarder vers le nord, de l'autre côté du pôle...

L'intérieur de la station évoque une baraque de chantier abandonnée. Je décide de monter ma tente dans la seconde pièce, près du générateur qui continue d'alimenter le radar automatique. J'y serai à l'abri du vent et proche d'une source de chaleur qui m'offrira quelques degrés supplémentaires.

Sitôt la porte métallique refermée derrière moi, je me retrouve sous les regards croisés de plusieurs caméras de surveillance. J'ai un choc quand une voix sort brusquement de nulle part :

– Vous êtes dans un bâtiment militaire sécurisé. Veuillez décrocher le combiné, appeler le numéro suivant et vous identifier.

Je me rends compte qu'un militaire de permanence, dans un bureau du Pentagone ou une quelconque base américaine située à des milliers de kilomètres, est en train de m'observer.

J'ai intérêt à obéir... au cas où l'endroit serait également équipé d'une puissance de feu télécommandée. J'appelle le factionnaire pour lui dire en quelques mots qui je suis et ce que j'ai entrepris. Il peut vérifier en allant sur mon site web. J'assure que je ne fais que passer et que je ne recherche qu'un abri pour la nuit.

1. Rappel : *Defense Early Warning*. La *Dew Line* : une ligne de stations radar automatisées, destinées, du temps de la guerre froide, à repérer d'éventuels mouvements de troupes russes.

– O.K., admet la voix. Vous pouvez rester. Mais on vous surveille.

À peine réveillé, je plie bagage en vitesse. Pas envie de vivre une minute de plus sous l'œil de *Big Brother*.

Sir John Franklin et ses hommes sont passés par Glad Man's Point, en juin 1847, avant de mourir de froid et d'épuisement. C'est peut-être mon imagination qui, ici ou là, me fait reconnaître un monticule de pierres, deviner une croix gravée dans la roche... entendre des appels jamais entendus.

À ce propos, c'est ici que je suis censé écouter la voix de la raison et redescendre, en traversant le golfe de la Reine-Maud, jusqu'aux terres de Barren, pour suivre la côte à partir de là. Mais je suis plus décidé que jamais à aller directement à l'ouest en passant par les îles de la Royal Geographic Society, puis l'île Jenny Lind, qui sera mon dernier « pied-à-terre » avant Cambridge Bay, que je rejoindrai en traversant le chenal du Brise-Glace et en longeant la côte sud de l'île Victoria. Une seconde option théoriquement inenvisageable, à cause du *pack* qui rend le passage infranchissable.

On m'avait dit la même chose à propos de Committee Bay...

Fidèle à moi-même, je ne résiste pas longtemps à l'envie d'aller vérifier. Si je ne passe pas, eh bien... je ferai un détour par le sud : ça ne sera pas le premier.

Dans un premier temps, la mer gelée est un boulevard sur lequel je bats des records d'étape : vingt-quatre, vingt-cinq, vingt-huit kilomètres... Chaque jour dure huit à douze minutes de plus que le précédent et les températures ne descendent plus au-dessous de moins trente.

Je suis au milieu de la zone où Franklin et son équipage ont longuement erré, à la recherche de Glad Man's Point et de l'île du Roi-Guillaume, qui devaient les ramener à la civilisation. Armés de fusils et de pièges, ils ont tenté de chasser l'ours et le caribou pour se nourrir. Je n'ai plus vu de traces d'ours depuis longtemps, mais pour le reste, le gibier abonderait plutôt. Pourquoi donc sont-ils morts de faim ? En traversant ces paysages terribles et magnifiques qui les ont gardés, je m'interroge sur les autres raisons de leur fin, et ne trouve que deux réponses : l'insuffisance de leur équipement, prévu pour naviguer, pas pour marcher sur la banquise ; et la rigidité hiérarchique de l'époque, avec un capitaine tout-puissant dont on ne discutait pas les ordres, même quand ceux-ci risquaient de conduire tout le monde à sa perte.

Deux raisons qui sont, à mon sens, à l'origine de presque toutes les tragédies maritimes que l'Arctique a connues au XIXe siècle.

Sans nouvelles de son mari, Lady Franklin a financé plusieurs missions de recherche. Celles-ci ont duré des années et ne lui ont appris qu'une chose : les « Esquimaux » avaient baptisé une petite île de la région, l'île du « Bateau qui flotte ». On en conclut que le navire de Franklin, une fois libéré par la fonte des glaces, n'avait pas coulé tout de suite, mais avait dérivé jusqu'à l'île en question... où il avait fini par sombrer.

Cette année, on a lancé de nouvelles recherches, au sonar, pour tâcher de repérer l'épave.

Le corps de Franklin, lui, n'a jamais été retrouvé. On est certain que ses hommes ne l'ont pas jeté à la mer, car la règle de l'époque voulait que – à moins d'un naufrage – le corps d'un capitaine décédé soit ramené chez lui. Son équipage l'aura certainement « entreposé » dans une excavation pratiquée dans la glace, ou à fleur de terre, juste au-dessus du permafrost, avec un empilement de roches pour marquer l'emplacement. Les marins comptaient sans doute venir le récupérer, après s'être sauvés eux-mêmes. Ce qu'ils n'ont jamais pu faire.

Depuis, on continue à rechercher cette tombe « provisoire » qui a maintenant un siècle et demi. Et ce mort que le froid a dû conserver presque intact.

L'histoire de Sir John Franklin et de ses hommes s'est transmise, chez les Inuits de la région, de génération en génération. Elle s'est ajoutée aux innombrables légendes de l'Arctique... J'y pense, moi aussi, en évoquant ce bateau fantôme et ce cadavre mystérieux, qui sont peut-être tout près de moi.

Je plante ma tente devant les îles de la Royal Geographic Society et leur redoutable *pack*. J'ai hâte d'attaquer ces gros tas de glace, prétendument infranchissables, qui représentent à mes yeux un challenge plus excitant que décourageant. Le défi est d'abord physique – on passe plus de temps à grimper en hissant le traîneau qu'à marcher en le tirant. Stratégique ensuite : contourner ce bloc par la gauche ou la droite ? Attaquer cette masse qui promet un passage plus facile après, ou bien cette autre, moins importante, avec le risque de devoir vider mon traîneau pour franchir la muraille suivante ? Les journées sont remplies par les prises de décision dont chacune influe sur la suite du jeu, comme aux échecs. La punition et la récompense sont immédiates. Pas de tricherie, pas d'échappatoires, on paie comptant. C'est un langage que je comprends.

Le lendemain, je ne suis pas déçu : la lutte est aussi dure que prévu et ma moyenne chute brutalement. Mais le « boulevard » commençait à m'ennuyer. Chaud comme un athlète en plein effort, je calcule, j'évalue, je négocie... Le combat me mobilise et me stimule. La tête dans le guidon, guettant d'un œil les renards et les oiseaux, j'éprouve une forme de bonheur à donner toute ma mesure ; à m'exprimer à fond.

Pendant la nuit, veillé et cerné à la fois par ces millions de sentinelles colossales, je me dis que l'endroit serait idéal pour laisser une lettre à mes filles. Cette idée, qui a commencé à me trotter dans la tête après Arctic Bay, est née de mon envie qu'Annika et Jessica puissent voir tout ce que je vois. Mais pour les pousser à venir jusqu'ici, il ne suffit pas de leur dire que le paysage vaut le coup d'œil ; il faut leur donner un but : la recherche d'une lettre laissée à leur intention est une « chasse au trésor » qui pourrait les motiver. Surtout dans très longtemps. Surtout si je ne suis plus là...

La zone est si difficile d'accès que le « simple » fait d'y arriver leur fera comprendre le véritable sens de ma vie. À moins que, dans dix ou vingt ans, le réchauffement planétaire ait fait fondre toute cette glace et qu'on y vienne en croisière !

Du milieu de ma nuit, j'écris à Annika et Jessica une lettre où, après quelques indications techniques – position, températures de la journée, etc. –, j'essaie d'exprimer l'émotion que j'éprouve à être là ; où je m'efforce de restituer certains moments exceptionnels que cette aventure m'a fait vivre, où je tâche enfin, avec mes mots à moi, de justifier à la fois mes rêves et mes absences. Ma vie, quoi. Bref, je dis à mes filles tout ce que je voudrais leur dire, mais qu'elles sont encore trop jeunes pour entendre. En revanche, quand elles liront ces lignes, si elles les lisent...

Je glisse la lettre dans un sac en plastique, que je cacherai sous les rochers du prochain îlot qui se trouvera sur ma route.

Celui que je rencontre le lendemain a la taille d'une camionnette. Ma lettre dans une main, ma caméra dans l'autre, je cherche l'endroit idéal pour déposer mon courrier. Repérant une sorte d'arête saillante, je trouve qu'elle ferait un joli repère et je me mets à creuser juste en dessous, non sans mal, dans la terre gelée. Soudain, en déplaçant des pierres, je tombe sur... un piège à loup ! L'objet est encore fixé par une chaîne à son rocher. Ses redoutables mâchoires, toujours écartées, ne se refermeront jamais sur rien, car le ressort, comme le reste, a été dévoré par la rouille. Celle-ci a littéralement fondu l'ensemble du mécanisme dans la pierre. Mais pas au point où je ne pourrais pas l'en arracher avec quelques efforts. Les scientifiques et les historiens feraient leur miel de cette pièce qui doit avoir au bas mot un siècle et demi. L'âge, en gros, de l'expédition de Franklin... Je les *vois*, lui et ses hommes affamés, pleins d'un espoir fébrile en installant cet engin...

Mais je suis de ceux qui pensent que, mis par le hasard en présence de ce genre de trésor, la seule altération envisageable est celle qui consiste à laisser nos empreintes dans la neige... ou le sable.

Je pose sur le piège le sac en plastique contenant la lettre à mes filles, et remets les pierres par-dessus. Je note la position GPS exacte de l'endroit, que je photographie. Et je reprends ma route.

Quatorze heures de lutte contre le *pack* plus tard, j'installe mon campement sur l'île Jenny

Lind. Avant de me glisser dans mon sac, je répare la déchirure que j'ai faite à ma tente avec la pointe d'un de mes skis. Il fait encore dans les moins quarante, et je ne peux pas laisser cette brèche ouverte. Je la recouds et « soude » la couture avec un gel de silicone spécial, préalablement chauffé.

Quand j'émerge, c'est pour tomber nez à mufle avec le seul animal qui manquait encore à mon bestiaire arctique : le bœuf musqué.

Cette bête impressionnante tient à la fois du bison et du mammouth, avec ses défenses arrondies et son manteau de fourrure épais comme deux matelas tombant jusqu'à terre. Le bœuf musqué est capable de résister avec flegme aux froids les plus intenses et de dénicher sa nourriture jusque sous la neige. Je me demandais s'il était agressif et si on risquait de se faire piétiner par des troupeaux déchaînés, comme cela arrive en Afrique avec les buffles. Makabi a répondu à cette question en me racontant que des chasseurs avaient été chargés et mortellement blessés par des hordes de bœufs musqués.

L'île de Jenny Lind possède la plus importante densité de ces animaux de toute la région. Une véritable réserve ! C'est dû, pense-t-on, au barrage du *pack* qui les retient ici. Mais leur espace vital se réduit à mesure qu'ils se reproduisent. On devrait conduire une partie de ce troupeau jusqu'à l'île Victoria, histoire de faire de la place...

En débouchant sur le plateau surélevé de l'île, j'en ai le souffle coupé ! Des centaines, des milliers de bœufs musqués, dont les silhouettes bouclées et trapues se multiplient aussi loin que porte le regard ! Et moi au milieu, qui zigzague avec diplomatie en m'efforçant de ne pas déranger. Vus de près, malgré leur taille relativement modeste, ces animaux dégagent une puissance qui impose l'admiration et le respect. Dire qu'ils font partie de la famille des moutons...

Mais ils sont nettement plus expressifs. Plus doués pour le spectacle, aussi. Au lieu d'attaquer sans prévenir cet humain qui s'approche un peu trop près (je ne peux pas m'empêcher d'aller les photographier à bout portant), ils s'alignent devant moi en demi-cercle et me fixent d'un regard lourd. Cette démonstration de force est une mise en garde : « N'approche pas davantage. » Si je passe outre, le chef de meute commencera à balancer la tête de droite à gauche. C'est l'équivalent du grincement de dents, chez l'ours : le dernier avertissement. Après quoi, les bœufs musqués se mettront à piaffer, et une glande située derrière l'oreille enverra à leur cerveau l'ordre d'attaquer. À ce stade, on a intérêt à courir très vite...

En évitant tout mouvement brusque, je continue à les photographier. L'un d'eux se met à balancer la tête et je me rends compte que, attaché à mon traîneau, je ne pourrai pas m'enfuir assez vite. Je fais aussitôt demi-tour, mais le troupeau se met à charger...

Quelques mètres plus loin, il s'arrête.

C'était un coup de bluff, juste pour rouler des mécaniques et m'impressionner. C'est réussi.

Préférant ne pas planter ma tente au milieu des bœufs musqués, je quitte l'île et installe mon campement sur le chenal du Brise-Glace. Le lendemain, je commence à longer la côte sud de l'île Victoria.

D'après mes informations, je ne devrais plus rencontrer aucun obstacle sérieux entre ici et Cambridge Bay.

C'est le début de l'été, saison à laquelle les marcheurs polaires et autres coureurs de banquise montent à l'assaut des glaces. Deux Norvégiens, m'apprend Cathy, refont en ce moment même la route d'Amundsen. Ils sont partis de la rivière Copper Mine[1] et se dirigent vers l'île Bellot. Ayant quitté Cambridge Bay il y a trois jours, ils se trouvent dans le secteur de l'île de Jenny Lind et viennent plus ou moins vers moi. Ils aimeraient qu'on se rencontre ; je ne demande pas mieux. Ils sont à une centaine de kilomètres de Jenny Lind ; je suis dessus. Ils font vingt kilomètres par jour, j'en fais trente... Je propose que la jonction se fasse dans deux jours, sur le chenal du Brise-Glace.

Le surlendemain, les Norvégiens ne sont plus qu'à dix-neuf kilomètres. Nous nous appelons toutes les heures au telsat pour ajuster nos positions. Et puis, à un moment difficile à définir avec précision, deux points minuscules apparaissent sur l'immensité. Avec une lenteur telle que le temps semble s'être arrêté, ils se rapprochent et prennent peu à peu forme humaine.

Enfin, je distingue leurs visages, aussi blancs de givre que le mien.

Lorsque nous sommes finalement face à face, l'un des deux hommes me tend une main solennelle : « Mike Horn, je présume ? » Livingstone-t-il. « Comment avez-vous deviné ? » fais-je sur le même ton. Le moment est euphorique, intense, enthousiasmant. Leurs yeux brillent de l'excitation de l'aventure, du plaisir presque incrédule de se trouver là, et de cet éclat qui n'appartient qu'à ceux qui vivent leurs rêves. Je ressens une fraternité immédiate envers ces

1. Littéralement : la rivière de la Mine de Cuivre.

hommes, les premiers Européens que je rencontre depuis le début de mon voyage.

Nous montons nos tentes l'une près de l'autre ; Brent et Randolf insistent pour préparer notre premier repas. J'accepte à condition d'offrir le deuxième. Ayant tenu une moyenne supérieure à mes prévisions et sachant que je serai réapprovisionné à Cambridge Bay, je dispose de quinze jours de rations excédentaires. De quoi festoyer, ce que nous convenons de faire jusqu'à l'indigestion. Sous leur tente, plus grande que la mienne, chauffés comme au coin du feu par mes réserves de fuel, nous partageons un premier festin, arrosé d'une bouteille de cognac qu'ils ont apportée jusqu'ici pour l'occasion. Le repas dure toute la journée, la conversation n'a pas de fin. Nous échangeons nos contacts et les récits de nos aventures, nous partageons nos expériences et nos réflexions. Nos propos sont aux antipodes de ce parler-pour-ne-rien-dire auquel on n'échappe plus. Ce que nous sommes et ce que nous faisons nous dispense des paroles creuses et des promesses en l'air.

Brent et Randolf ont prévu de remonter, après Gjoa Haven et Igloolik, vers l'île Bellot, en suivant une trajectoire voisine de celle qu'il m'a été impossible d'effectuer dans l'autre sens. Je leur conseille de faire mon chemin à l'envers en se référant aux positions successives de tous mes campements, enregistrées dans mon GPS ; et en contournant Committee Bay et le golfe de Boothia, car leurs traîneaux ne sont pas prévus pour le *pack*.

L'amitié naît très vite dans ces environnements hostiles qui suscitent l'entraide et poussent à la fraternité. Brent, Randolf et moi ne poursuivons pas le même but et nos routes sont divergentes, mais nous partageons le fait d'être ici, au même moment. C'est suffisant.

Après un ultime et abondant *breakfast* à base de café et de muesli, quelques photos-souvenirs et la promesse, de ma part, d'écrire la préface de leur futur livre, *Sur les traces d'Amundsen*, nous reprenons nos chemins respectifs. Deux heures plus tard, je me retourne : leurs silhouettes sont redevenues des têtes d'épingles sur l'horizon, et j'éprouve une étrange tristesse à me séparer de ces hommes que vingt-quatre heures passées ensemble m'ont donné l'impression de connaître depuis des années.

Il fait encore moins trente-cinq mais, d'ici un mois, la neige et la glace commenceront à fondre. Conscient que la course contre le dégel a débuté, je marche toute la nuit pour dévorer le plus de kilomètres possible. Des chutes de neige me ralentissent, mais les vents et le terrain favorable me permettent d'utiliser mon cerf-volant – pour la première fois depuis longtemps – sur les vingt-cinq derniers kilomètres qui me séparent de l'île Victoria.

Un samedi soir, trois jours après avoir quitté Brent et Randolf, trente jours après être parti de Kugaruk, je pose le pied sur l'île et campe en vue de Cambridge Bay. J'oriente l'ouverture de ma tente vers le village, à cinq kilomètres de là, pour ne pas le quitter des yeux.

Voilà six mois que je rêve de cet endroit où je devais arriver en bateau et où j'ai finalement dû venir à pied. On peut dire que je l'aurai mérité.

Si tout s'était déroulé comme prévu, je serais en ce moment quelque part en Sibérie, à quatre mois environ de la ligne d'arrivée. Mais je ne regrette rien de cet immense détour, qui m'a offert une somme d'expériences inestimable et m'a permis de rencontrer des hommes comme Simon, Claude,

Makabi, Brent et Randolf... Si la mer m'avait laissé passer, c'est moi qui serais passé à côté d'eux ; et de tout le reste.

Au telsat, j'appelle Simon, puis Makabi, pour leur dire que, grâce à leur aide, j'ai atteint Cambridge Bay. Ils hurlent de joie comme des supporters dont l'équipe vient de marquer après un long et dur combat. Et moi, tout seul dans mon stade, je suis champion du monde.

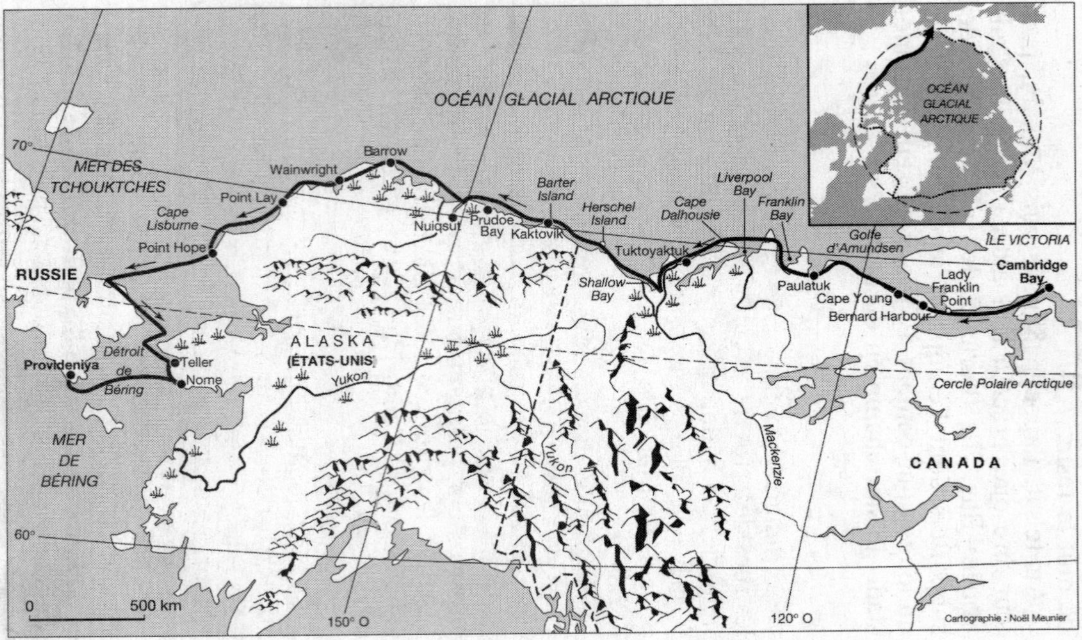
OCÉAN GLACIAL ARCTIQUE
OCÉAN GLACIAL ARCTIQUE
MER DES TCHOUKTCHES
70°
Barrow
Wainwright
Point Lay
Cape Lisburne
Point Hope
RUSSIE
Nuiqsut
Prudoe Bay
Barter Island
Kaktovik
Herschel Island
Cape Dalhousie
Liverpool Bay
Franklin Bay
Golfe d'Amundsen
ÎLE VICTORIA
Cambridge Bay
Lady Franklin Point
Tuktoyaktuk
Shallow Bay
Paulatuk
Cape Young
Bernard Harbour
ALASKA (ÉTATS-UNIS)
Détroit de Béring
Teller
Nome
Providenya
Yukon
Cercle Polaire Arctique
MER DE BÉRING
Mackenzie
CANADA
60°
0
500 km
150° O
120° O
Cartographie : Noël Meunier

5

Le bout de la terre

Le dimanche matin, sous la neige, j'entre dans les rues désertes de « Cam » comme dans une ville fantôme. Un bâtiment fait office d'hôtel, mais il est fermé et je plante ma tente devant la porte. Un policier finit par apparaître et me demande ce que je fais là.

– J'attends que ça ouvre.

– Ça n'ouvrira pas avant trois semaines.

Il appelle la propriétaire, une certaine Angela, qui – alors que je propose de payer – m'offre un appartement, gratuitement et sans limite de temps.

Après les profiteurs de Gjoa Haven, l'hôtesse généreuse de Cambridge Bay. L'éternel balancier...

Si je m'écoutais, je prendrais livraison du colis que DHL doit avoir livré à mon intention chez Roger, et je continuerais ma route sans perdre un instant. Mais je ne peux pas venir à Cambridge Bay sans passer une soirée avec Peter.

Peter, un américain d'environ cinquante-cinq ans qui vit ici, est ingénieur, spécialiste des radars et de la météo, et travaille pour la *DEW Line*. Il y a quelques mois, il m'a contacté par e-mail pour me proposer ses services. Depuis, nous avons été régulièrement en contact et son aide s'est révélée précieuse, qu'il s'agisse de m'informer de l'état de la glace, de la force et de la direction des vents, de me suggérer des itinéraires, etc.

Je l'ai appelé hier pour lui annoncer mon arrivée et l'inviter ce soir à dîner ; c'est-à-dire, faute de restaurant, à déguster un repas préparé par mes soins. Sitôt installé, je dévalise la supérette locale et confectionne à son intention le festin que méritent son soutien et son amitié.

Le lendemain, pendant que Peter m'aide une fois encore en se chargeant de quelques réglages sur mes équipements électroniques, je retrouve Roger, le médecin. Il est surpris de me voir arriver si tôt et m'apprend que mon colis n'est pas encore là. Pourtant, il a été expédié il y a une quinzaine et DHL m'a promis de respecter les délais. Je le recevrai sûrement d'un jour à l'autre. Un peu de patience...

Les jours passent... Les rations alimentaires et les cartes détaillées qui doivent m'emmener jusqu'à Paulatuk n'arrivent toujours pas. Nous ne sommes pourtant pas totalement coupés du monde : deux vols hebdomadaires approvisionnent le village !...

À bout de patience et à court de temps – je dois avoir quitté l'île Victoria et regagné le continent canadien avant le dégel –, je décide de me passer des services du transporteur. Entre ce qui me reste et ce que je me procurerai ici, je tiendrai bien les mille trois cents kilomètres qui me séparent de Paulatuk. À la demande de Peter, les responsables de la *DEW Line* m'offrent un stock de biscuits chocolatés. Chantal, la femme de Roger, employée dans une fabrique de viande de bœuf musqué séchée et d'omble chevalier fumé, m'en obtient quelques kilos. Je complète mes provisions à l'économat du coin : purée en poudre, chocolat, noix, fruits séchés... De toute façon, il me faudra moins de calories à mesure que la température remontera. Mon organisme devra simplement s'habituer à ce changement de régime.

Peter et un de ses amis, Anton, un pilote d'hélico militaire qui transporte les ingénieurs d'une station de surveillance à l'autre, me procurent les cartes de la région. Je fais même la connaissance d'un parent de Makabi, qui me donne quelques tuyaux pour la suite de mon voyage.

Tout s'arrange, une fois de plus, grâce à la qualité humaine des hommes et des femmes qui croisent ma route.

J'organise un rendez-vous ravitaillement supplémentaire avec Jean-Philippe Patthey, à Paulatuk. Nous ne devions nous retrouver qu'à Tuktoyaktuk, huit cents kilomètres plus loin, sur l'embouchure du fleuve Mackenzie, dont les eaux printanières auront partiellement fait fondre la glace, transformant en marécage son immense et incontournable delta. D'où la nécessité de remplacer mon équipement d'hiver par celui d'été, mes skis et mon traîneau par un kayak, mes chaussures par des bottes en Néoprène...

Je demande à Cathy d'envoyer des cadeaux à mes amis de Cambridge Bay, pour les remercier de tout ce qu'ils ont fait pour moi, et je repars, avec pour objectif d'atteindre Paulatuk en un mois. Le thermomètre est remonté aux alentours de moins vingt-cinq et j'ai l'impression de voir fondre la glace sous mes skis. À présent, c'est vraiment la course contre la montre. Pour pouvoir longer jusqu'au bout la côte sud de l'île Victoria, traverser le détroit de l'Union et du Dauphin, et arriver le plus près possible du cap Bathurst en restant sur la glace du golfe d'Amundsen, je dois tenir une moyenne quotidienne de quarante kilomètres. Un marathon par jour...

Dans l'immédiat, j'ai le choix entre avancer sur la terre ferme de l'île Victoria ou redescendre tout de suite sur la glace du golfe du Couronnement. Sur la glace, le chemin sera plus long avant de poser le pied sur le continent. Sur l'île, plate comme la main, les blizzards m'aveugleront et me ralentiront en m'envoyant dans la figure toute la neige de ce début de printemps.

Je retourne sur la glace. Celle-ci se révèle à peu près égale ; les températures – autour de moins trente-cinq – sont supportables, et ma moyenne quotidienne dépasse souvent les quarante kilomètres. De jour en jour, le soleil est plus présent et l'atmosphère se réchauffe.

Les vents dominants, depuis que je suis sur les terres de Barren, ont cessé de venir du nord-ouest pour se mettre à souffler du sud. J'y étais préparé et il m'a suffi d'adapter mes méthodes de navigation empiriques – « faveurs » et monticules de neige – à cette nouvelle donne.

Bientôt, le soleil arctique vient jouer les boussoles. Désormais, je ne voyage que quand il est visible au-dessus de l'horizon, dont il ne s'éloigne pas. À n'importe quel moment, il tourne autour de moi comme autour de son axe. Sachant que 15° de longitude correspondent à une heure de décalage horaire, le soleil, quel que soit l'endroit où je me trouve, est toujours au nord à minuit, à 15° nord à une heure, à 30° nord à deux heures, au sud à midi, etc. Je divise ces tranches de 15° en 15° pour obtenir une graduation aussi précise que possible. Et – en m'imaginant au centre d'une horloge ou d'un cadran solaire dont je serais l'aiguille – je consulte mon ombre pour vérifier mon cap.

Ce GPS naturel est plus efficace et plus fiable que l'autre. À ces latitudes très élevées, le mien indique une distance au cap Nord qui est toujours plus ou moins la même...

Pendant mes longues marches – plus de onze heures d'affilée, souvent –, je ne cesse de découvrir et d'apprendre. L'observation quotidienne des cristaux de glace, leur taille et leur forme, m'indique la moindre variation de température ; la découpe des nuages m'annonce un prochain changement de vent...

Mon cerveau n'arrête pas de fonctionner. Je passe une partie de ces longues plages de temps à tourner dans tous les sens des questions de cap et de navigation, une autre à penser à des choses auxquelles je n'ai jamais eu le loisir de réfléchir si profondément. N'étant distrait par aucune agitation humaine, aucun mouvement artificiel, aucune sollicitation visuelle, débarrassé des soucis immédiats et des contingences matérielles, l'esprit totalement disponible, je dissèque tel ou tel aspect de ma vie, ou me perds dans des réflexions plus générales qui peuvent concerner n'importe quoi.

Mon imagination travaille sans cesse, m'empêchant de devenir fou de solitude et de silence...

Si je maintiens ce rythme, il n'est pas impossible que j'arrive à Tuktoyaktuk avant que le delta du fleuve Mackenzie ne soit devenu un marécage. Dans ce cas, peut-être pourrai-je le traverser à skis et reporter à plus tard mon changement d'équipement. J'éviterais ainsi de m'enliser dans un territoire où le morcellement des glaces rend le ski de fond hasardeux et où mon kayak se retrouvera inévitablement coincé entre les blocs résiduels. Cette époque « intermédiaire » est la pire, pour se déplacer dans la région. Personne, d'ailleurs, ne s'y risque... à part moi. Si je m'épargnais cette épreuve, je gagnerais un temps précieux.

Aiguillonné par cette perspective, je me sors les tripes et dévore quotidiennement jusqu'à cinquante kilomètres. Un jour où j'ai la possibilité d'utiliser mon cerf-volant, je bats mon record canadien, avec quatre-vingt-neuf kilomètres huit cents dans la journée ! Et ce, malgré une visibilité quasiment nulle et des tombées de vent qui m'obligent parfois à marcher derrière la toile.

C'est l'époque où les caribous se hâtent de traverser le golfe du Couronnement, avant qu'il ne dégèle, pour atteindre leur villégiature estivale de l'île Victoria. Leurs longues files indiennes me coupent la route, et mon arrivée les fait courir, paniqués, dans tous les sens. Grâce à mon cerf-volant – *kite* –, qui me rend aussi rapide qu'eux, je les suis, les rattrape, et m'amuse à glisser à leur côté. J'entends le crépitement de leurs sabots sur la glace et leur souffle précipité, je distingue la lueur inquiète qui danse dans leur œil rond, la brillance soyeuse de leur poil. Je suis l'un d'eux. C'est magique et exaltant.

Mais je reste concentré. Dans la poudreuse, talon non fixé au ski, le *kite* est un exercice périlleux – pas recommandé en solo. Si je me plante dans un trou ou un bloc de glace et que je me déboîte un genou, c'est la catastrophe. C'est pourquoi il m'arrive de renoncer au cerf-volant, les jours où le vent est favorable mais la visibilité nulle. Plus j'avance, moins je veux me mettre en danger sans nécessité absolue.

À l'approche de Lady Franklin Point, le cap sud-ouest de l'île Victoria, un toussotement annonce soudain l'arrivée d'un hélicoptère. Quand le pilote m'aperçoit, il se dirige vers moi et se pose à quelques mètres. C'est Anton, mon fournisseur de cartes d'état-major.

– Je reviens du poste *DEW Line* de Bernard Harbour, m'annonce-t-il : il y a pas mal de surface non gelée dans ce secteur, et je ne sais même pas jusqu'où elle s'étend.

Je m'effondre : Bernard Harbour est tout près d'ici, en plein sur ma route. Mais Anton ajoute :

– Tu as une petite chance de passer, en te glissant le plus au sud possible du détroit. Malheureusement, la glace est très accidentée.

Peu importe. J'ai déjà repris espoir.

La station de Bernard Harbour se trouve à l'intérieur des terres. Ces postes de contrôle déserts font office de refuges et contiennent généralement de quoi se sustenter en attendant les secours. Pour m'encourager à passer par celui-ci, ce que je n'avais pas prévu de faire, Anton y a déposé à mon intention des provisions supplémentaires.

– Offre-toi une petite fête et une bonne nuit de sommeil à ma santé, dit-il.

Plus j'approche de la zone liquide, plus j'angoisse. Si je ne passe pas, je devrai revenir sur mes pas et redescendre au sud jusqu'au continent : un énorme détour qui ruinera mes projets concernant Tuktoyaktuk et le delta du Mackenzie. Et Dieu sait ce qui s'enchaînera à partir de là...

En attendant, je fais toujours mon marathon quotidien. Et même plus.

Je dépasse le cap de Lady Franklin. La route est toujours praticable. Je fonce mais, rattrapé par la fatigue, je campe en plein milieu du détroit du Dauphin et de l'Union.

Au lever du jour, les phoques ont transformé la glace en solarium. Je joue à les approcher au plus près, ce qui est difficile, car ils sont hyperméfiants. Un coup d'œil aux ouvertures qu'ils ont pratiquées dans la glace me le confirme : elle est mince (c'est pourquoi ils l'ont percée si facilement), ce qui signifie probablement qu'elle s'arrête non loin d'ici. La sagesse voudrait que je mette le cap au sud, mais je suis comme attiré malgré moi vers le nord.

Je continue. La visibilité diminue d'heure en heure. Soudain, alors que je me trouve encore à quatre kilomètres de la terre ferme, je sens brusquement que mes skis ne me soutiennent plus autant, qu'ils se dérobent et s'enfoncent anormalement. L'instant d'après, j'ai un frisson d'horreur en comprenant que je suis en train de marcher, non plus sur de la glace, mais sur de la neige « posée » sur l'eau !

À ces températures, elle ne fond pas en touchant la mer.

Je suis tombé dans l'un des plus redoutables pièges de l'Arctique !

La transition s'est faite totalement à mon insu, tant la différence entre l'une et l'autre est subtile. D'ailleurs, on ne s'en aperçoit souvent que trop tard... quand on passe au travers.

Virer au sud ? Mais jusqu'où, avant de retrouver un sol plus ferme ?

Retourner sur mes traces ? Remarcher sur la même neige serait tenter le diable.

Je décide de continuer tout droit vers la terre, en priant les dieux du Grand Nord pour qu'ils soient de mon côté. J'avance en me faisant le plus léger possible. Mais je n'ai pas fait cinquante mètres que, dans un craquement cotonneux, le sol se dérobe sous moi.

Je tombe.

Si je plonge, je n'aurai aucune prise sur cette poudreuse pour me hisser hors de l'eau. Je n'en sortirai jamais et ce sera la fin.

À la fraction de seconde où la neige s'ouvre sous mes pas, j'ai le réflexe du parachutiste : je me recroqueville et pars en roulé-boulé, mais sur le côté, ce qui me permet de retomber, skis en l'air, sur une surface encore ferme. Mais qui s'effondre sous mon poids, faisant s'élargir l'ouverture à toute vitesse. J'essaie de répartir ma charge au maximum en continuant à rouler, tant bien que mal et le plus vite possible, malgré mes skis et mon traîneau La neige continue à s'ouvrir sous moi... jusqu'au moment où je rencontre un monticule plus épais et plus résistant. Le sol se stabilise enfin. Sauvé !

Quoique... Mon traîneau est dans l'eau, la mer transforme rapidement la neige qui m'entoure en une gadoue sans consistance, et je me trouve sur un îlot de la taille d'une table de salle à manger. Et trempé, en plus ! Heureusement qu'il ne fait « que » moins vingt-cinq...

Par chance, la neige qui s'est collée à moi pendant mon roulé-boulé absorbe l'humidité, ce qui m'évite de geler sur place.

Retourner en arrière ? Continuer vers la terre ferme ? Obliquer au nord, où, d'après Anton, je ne trouverai que la mer ? Dans tous les cas, je suis à peu près certain de replonger. Alors... autant garder mon cap et avancer. C'est ce que je fais, en marchant sur des œufs. En répartissant mon poids comme un funambule. En cherchant un rythme, une mesure toute en fluidité, sans secousses et sans chocs. En me faisant léger, léger...

J'utilise la tactique de l'ours, qui distribue son poids sur trois points d'appui. J'écarte les jambes et avance comme si mes parties intimes me faisaient souffrir, mais sans trop éloigner mes skis l'un de l'autre afin de ne pas compromettre mon équilibre. Les cent quarante kilos du traîneau me suivent à leur rythme, sur l'eau, épargnant une charge supplémentaire à la toile d'araignée qui me soutient.

C'est décidé : si je fais le plongeon – pour de bon, cette fois –, je viderai mon combustible et ma nourriture dans l'océan et j'utiliserai mon traîneau comme une barque. Tant pis si je mets vingt heures, en pagayant avec ma pelle, pour regagner la terre.

De monticule en monticule, avec une lenteur infinie, quasiment à tâtons, je me rapproche du continent. Je l'atteins au bout de quatre heures. Un kilomètre à l'heure ! Et les quinze derniers mètres, à jouer les équilibristes entre les glaçons repoussés sur la côte, me prennent une demi-heure.

Je porte un manteau de glace, mais l'exercice m'a réchauffé. Et Bernard Harbour n'est qu'à vingt kilomètres.

Je ne l'atteindrai pas ce soir. Au bout de six kilomètres, mon corps me lâche. J'ai à peine la force de monter ma tente. Pourtant, une fois installé, j'écris une autre lettre à mes filles. Ce besoin de leur parler vient de ce que, une fois de plus, j'ai été tout près de ne jamais rentrer à la maison.

Il s'en est fallu d'un rien...

Mais le sentiment qui domine, c'est la colère contre moi-même. Je ne me pardonne pas cette faute d'appréciation qui a failli me coûter la vie. De telles erreurs ne devraient plus se produire, à mon niveau d'expérience.

Pourtant, derrière cette frustration, se profile la certitude encore confuse que maintenant, plus rien ne peut m'empêcher de réussir.

Dans l'un des pires blizzards auxquels j'ai eu droit depuis le début de mon expédition, j'avance presque couché à force d'être courbé en avant pour lutter contre la bourrasque. Je ne vois pas le bout de mes skis et je me dirige à l'angle du vent sur mon visage...

Collant le nez à mon GPS pour arriver à le déchiffrer, je lis : « Destination atteinte ». Je lève la tête. C'est le blanc absolu. Mais soudain, le rideau se déchire et Bernard Harbour surgit du néant, sous mon nez. Ce poste à usage exclusivement militaire, qui fonctionne, comme tous ceux de la *DEW Line*, sans intervention humaine, se compose d'une tour surmontée d'une boule blanche contenant le radar. L'ensemble, qui a la taille d'un petit immeuble, est visible, par temps clair, à vingt-cinq kilomètres.

Peter et Anton m'ont donné, outre la position exacte de l'endroit, les codes d'entrée et le numéro de téléphone à appeler, une fois à l'intérieur, pour signaler ma présence. Des informations confidentielles...

– Salut, Mike, me dit la voix du militaire, à l'autre bout du fil. Anton nous a prévenus de ton arrivée. Il t'a laissé de quoi manger. Bon appétit. Rappelle-nous seulement pour nous prévenir de ton départ.

Le bruit du générateur m'empêchant de dormir, je campe dehors, au pied du radar, où j'attends une journée et demie que la tempête se calme.

En festoyant à la santé de Peter et Anton.

Quand le temps s'est levé, j'attaque les cent quarante kilomètres qui me séparent d'un autre poste de la *DEW Line* : Cape Young, au pied du mont Davy, sur le golfe d'Amundsen.

Au moment où je quitte la péninsule de Bernard Harbour pour redescendre sur la glace, l'hélico d'Anton, qui emmène des militaires et des ingénieurs américains inspecter Cape Young, me survole à nouveau. Des flashes crépitent quand l'appareil s'approche et me tourne autour, avant de se poser près de moi. Quatre uniformes en jaillissent et se précipitent à ma rencontre en s'exclamant : « C'est pas possible ! C'est pas vrai ! Tu nous avais parlé de lui, mais on n'y croyait pas ! », etc. Tous m'offrent leur panier-repas, sans se préoccuper du fait qu'il leur manquera sérieusement dans quelques heures. Coca, bananes, pommes, chocolat, sandwiches frais, jambon, fromage... Ces pique-niques contiennent tout ce dont je suis privé depuis Cambridge Bay, il y a plus d'un mois.

On dirait que toute la région se relaie pour me nourrir et remplacer mes transporteurs déficients...

Avant de redécoller, Anton me prévient que d'énormes quantités de *pack* se sont formées le long de la côte. Ça ne m'inquiète pas. À partir de maintenant, sur la terre ferme ou sur la glace, je sais que je passerai.

Il y a plus inquiétant que le *pack* : les grizzlis. Le réchauffement planétaire les repousse vers le nord, où ils viennent empiéter sur le territoire des ours polaires (ce qui crée de sévères frictions). Anton en a aperçu, dans le secteur de Cape Young. Parce que la glace commence à fondre, ils suivent ce qu'on appelle le *flow edge*, le « côté où l'eau coule », que ce soit le long de la côte ou des berges d'une rivière, partout où leurs proies sont susceptibles de venir s'ébattre ou respirer. Pour ne rien arranger, c'est de nouveau l'époque où mères et oursons ressortent de leurs grottes...

On verra bien. En attendant, je progresse tout près de la côte, à des moyennes de quarante-cinq à cinquante kilomètres par jour, sans même recourir au cerf-volant (le vent de face rend son utilisation difficile). Le *pack* n'est pas encore trop redoutable et je contourne les obstacles sans réelles difficultés.

Le jour où le vent tourne un peu, je sors ma voile. Mais foncer au milieu de chicanes dures comme du béton n'est pas évident. Entre deux zigzags, je me retrouve un ski en l'air, à la recherche de mon équilibre ; mon traîneau reste coincé à plusieurs reprises et m'entraîne dans des chutes violentes ; j'improvise des sauts en arrivant sur des reliefs saillants que j'utilise comme tremplins...

Je frôle sans cesse la catastrophe. La moindre erreur risque d'être fatale, je le sais, mais je suis incapable de m'arrêter. C'est une ivresse, l'euphorie des sports extrêmes...

Le soir, j'ai abattu soixante-cinq kilomètres ! Mais je culpabilise de m'être mis en danger sans réelle nécessité. Si « quelqu'un » ne s'obstinait pas à veiller sur moi...

En repliant mon cerf-volant, je me fais le serment de ne plus jamais l'utiliser dans le *pack*. Je change complètement d'attitude : mon objectif, désormais, n'est plus d'arriver à Tuktoyaktuk le plus vite possible, mais... d'y arriver. Plus j'avance dans cette expédition, moins j'ai le droit de la compromettre en prenant des risques inutiles.

Les paysages que je traverse sont parmi les plus sublimes que j'ai eu l'occasion de contempler. Ce Grand Nord où la terre, la mer et le ciel sont les facettes d'un même diamant, où les montagnes semblent avoir crevé la glace, me ramène plus que jamais aux proportions infimes qui sont les nôtres...

Lorsque je parviens à la hauteur de Cape Young, je ne vois des grizzlis que leurs traces dans la poudreuse, se dirigeant vers l'île Banks, au nord du golfe d'Amundsen. Il neige par épisodes, conséquence normale du réchauffement saisonnier. Le thermomètre ne descend plus en dessous de moins vingt-cinq, et la glace se liquéfie partiellement dans la journée pour se solidifier de nouveau la nuit, ce qui lui donne une désagréable consistance cartonneuse. Un carton mouillé, en l'occurrence, qui me colle aux skis et me ralentit. Mais je tiens une forme d'athlète en milieu de saison, et j'approche de Paulatuk dans les délais prévus pour y retrouver Jean-Philippe et sa hotte pleine de provisions.

Jean-Philippe a également amené son meilleur ami, Pierre-Alain, un restaurateur suisse qui suit chacune de mes expéditions avec passion et ne cesse de harceler Jean-Philippe à mon propos. C'est ce qui a donné à celui-ci l'idée de l'emmener, pour ses quarante ans, me retrouver sur une de mes étapes ravitaillement. Toute la bande de copains s'est cotisée pour lui offrir le voyage... et les voilà tous les deux qui arrivent de Paulatuk à ma rencontre, sur leurs motoneiges de location et accompagnés de leur guide inuit. Nous nous rejoignons à l'endroit précis où je remonte sur la terre ferme. Le voyage, depuis Paulatuk, leur a pris quatre heures. Il me prendra, en sens inverse, trois jours.

Durant ces trois jours, nous campons ensemble, mais pendant que je marche, Jean-Philippe et Pierre-Alain partent à la découverte des fabuleux paysages et de la faune sauvage de la région. Grâce à la mobilité que leur donnent leurs motoneiges, ils me rejoignent de temps à autre pour surveiller ma progression ou m'apporter un casse-croûte, disparaissent pour revenir à l'improviste, me retrouvent en suivant mes traces ou me devancent pour installer leur campement. Pierre-Alain a apporté des réserves de fondue et autres spécialités suisses qui contribuent à faire de ces trois journées une sorte de randonnée conviviale. Malgré cela, et bien que nous ne soyons plus très loin de Paulatuk, je ne jette pas la moindre ration alimentaire ou le plus petit centilitre de fuel. Je ne l'ai jamais fait, à la fois par respect et par... superstition, et je m'interdirai toujours de le faire. Même si j'ai vingt kilos de nourriture excédentaire à traîner, je ne me résoudrai jamais à en abandonner la moindre parcelle sur la banquise.

Pas question non plus de laisser mes amis transporter une partie de mon chargement, par sécurité : si pour une raison ou pour une autre nous ne pouvions pas nous rejoindre, je dois être autonome...

Je laisse Jean-Philippe et Pierre-Alain me devancer pour aller m'attendre à Paulatuk. L'arrivée à une étape, c'est un cadeau que je me fais et dont je veux profiter en égoïste. Je tiens à être seul pour progressivement revenir au « pas », prendre le temps de voir le village s'approcher en évoquant ce que j'ai traversé pour y arriver, savourer cette petite victoire et penser déjà à la suite.

J'ai mis trente-trois jours – dont deux seulement de soleil – pour rallier Paulatuk, depuis Cambridge Bay, à coups d'étapes quotidiennes d'une quarantaine de kilomètres (sans compter le temps consacré à l'installation du campement, à la préparation de la nourriture, etc.). La distance n'a l'air de rien, sur une carte, mais elle équivaut à celle qu'il m'a fallu quatre mois pour couvrir (dans des conditions, il est vrai, plus difficiles), entre Arctic Bay et Committee Bay.

Si je suis arrivé jusqu'ici, je crois que c'est d'abord parce que j'ai cru en moi-même, et parce que j'ai appris à ne jamais laisser les déceptions me faire perdre espoir. Le reste de la potion magique, c'est un mélange d'expérience et de sagesse. L'expérience, je l'ai acquise au fil des jours ; elle m'a mis à niveau et m'a permis de tenir le rythme des dernières semaines. La sagesse, elle est venue des deux lourdes erreurs qui auraient pu me coûter la vie, quand j'ai failli plonger dans l'eau, à travers la neige, et me crasher dans le *pack* avec mon cerf-volant.

Ce sont l'expérience et la sagesse, en proportions égales, qui me rendront capable de traverser la Russie en hiver.

J'ai passé la frontière des Territoires du Nord-Ouest, entre le Nunavut et le Yukon (dont la capitale, Inuvik, n'est pas très éloignée de Paulatuk), et je suis dans les temps pour franchir le détroit de Béring au mois d'août. Je hisserai les voiles à Point Hope pour traverser la mer des Tchouktches jusqu'à Vankarem. De là, je m'élancerai à travers la Sibérie.

À condition de ne plus perdre un jour. À condition que tout se passe sans incident jusqu'à Point Hope. À condition...

Paulatuk, c'est une poignée de maisons préfabriquées, près de la piste d'atterrissage que possède la moindre agglomération, dans le Grand Nord. L'endroit est désert, car les quelques habitants sont partis chasser l'oie des neiges, qui migre en ce moment même en provenance de l'île Banks. Chaque famille a droit à son quota, qui lui permettra de constituer sa provision de viande pour l'hiver prochain.

Nous sommes confortablement logés par Christian Buchère, un biologiste suisse installé ici depuis deux ans et chargé par le gouvernement canadien de la surveillance et de l'étude de la faune sauvage.

Christian a été doublement surpris quand Jean-Philippe, quelques jours plus tôt, lui a annoncé mon arrivée imminente. D'abord parce que, après nos premiers repérages, nous n'avions plus été en contact avec lui depuis un an ; ensuite – et surtout – parce qu'il avait entendu dire que j'étais mort !

Quelqu'un, il y a dix-huit mois, a grandement exagéré l'amputation partielle de mes doigts, au retour de ma tentative d'atteindre le pôle...

La neige commence à fondre. Je ne m'attarde pas et quitte Paulatuk au bout de deux jours. Non sans avoir, selon mon habitude, consulté un ancien – Joahn – sur la meilleure route à suivre.

Ce n'est pas par hasard qu'à intervalles réguliers, je trouve sur mon chemin ces hommes proches de la nature et de la vie, en qui le savoir et la sagesse ont tracé des cercles comme à l'intérieur d'un chêne. Davantage chaque jour, je prends conscience que mon aventure est infiniment plus qu'un défi physique ou sportif, un voyage initiatique où j'explore le territoire humain. Et ne cesse de découvrir le mien.

L'exploration de ce pays-là m'emmène de plus en plus loin. C'est sans doute pourquoi mes aventures, qui au début étaient courtes, se mesurent désormais en années.

Je repars à quatre heures du matin, sous une neige lourde qui colle aux skis et ne facilite pas ma progression. Partiellement fondue, elle étale sur la terre ferme un patchwork blanc et noir qui devient vite impraticable avec un traîneau. Je redescends sur la glace du golfe d'Amundsen, mais celle-ci, parce que la neige ne gèle plus, se couvre d'une pellicule liquide...

La péninsule de Paulatuk s'avère encore suffisamment enneigée pour que je puisse la traverser à skis, ce que je fais en suivant les traces laissées par les chasseurs d'oies.

Je suis presque arrivé de l'autre côté, quand je tombe sur une famille esquimaude[1] de cinq personnes – dont un ancêtre qui paraît au moins centenaire – revenant de la chasse. Les Green – c'est leur nom, hérité d'une famille de baleiniers de Boston – me proposent pour la nuit l'hospitalité de leur campement traditionnel, installé près des motoneiges. J'accepte avec plaisir et suis traité une fois de plus en invité de marque. Autour d'un festin de caribou et d'oie, avec beignets esquimaux au dessert, les Green m'expliquent que personne ne s'est déplacé à motoneige entre Paulatuk et Tuktoyaktuk depuis au moins huit ans. Alors, à pied... D'après eux, il me sera impossible de couper la péninsule du cap Bathurst, à cause des falaises de cinquante à cent mètres de haut qui bordent sa

1. Les Inuits habitent le Nunavut, les Esquimaux les Territoires du Nord-Ouest.

côte est. On les appelle les collines Fumantes parce qu'elles crachent à intervalles réguliers des jets de vapeur sonores, comme si un dragon respirait dans leurs flancs noirs. Quant à la rivière dont l'embouchure se situe quelques kilomètres avant, la glace qui la recouvre a toutes les chances d'être déjà noyée. Je le serai aussi, si je passe à travers et que je suis entraîné en dessous par le courant.

Les Green me conseillent de contourner le cap Bathurst et l'île Baley, tout de suite à l'ouest, avant de traverser la baie de Liverpool, ce qui ne devrait pas poser de problèmes à cette époque de l'année. En revanche, les marécages de l'estuaire du Mackenzie m'empêcheront d'atteindre Tuktoyaktuk avec mon traîneau. On me suggère d'envelopper la péninsule de Tuktoyaktuk et de redescendre doucement vers le sud-ouest, jusqu'au village lui-même, en restant sur la glace. Celle-ci sera sans doute déjà inondée par l'eau du fleuve. Mais mes amis estiment que j'ai encore cinq jours pour passer, avant que cela ne devienne impossible.

Dernier détail : je risque de rencontrer pas mal de grizzlis et d'ours polaires, attirés le long des collines Fumantes par les brèches créées dans la glace par les contre-courants de l'île Baley.

Je repars après un petit déjeuner de riz, d'oie des neiges et de beignets, en suivant la route qu'on m'a suggérée.

Peu après la baie de Franklin, je tombe sur des traces d'ours polaires. Tout de suite après, ce sont des pattes de grizzli que je trouve imprimées dans la neige. Mais pas question d'éviter les rives, donc les ours, en empruntant la rivière qui débouche à mi-hauteur de la péninsule du cap Bathurst : loin d'être gelée, elle se déverse à grands flots sur la glace.

Je n'ai plus qu'à continuer vers le cap, après avoir fait un énorme détour pour ne pas risquer d'être emporté par les eaux de la rivière.

Pour ne rien arranger, la température s'élève de quelques degrés et la neige lourde et mouillée qui m'accompagne depuis mon départ de Paulatuk se transforme en pluie ! Rien de pire, dans l'Arctique. On se débarrasse de la neige en la brossant ; mais la pluie, ça trempe, ça imprègne, et pour peu que le vent s'y mette, ça gèle.

De toute façon, la pluie cédera bientôt la place à autre chose. Dans cette région du monde, la météo virevolte de minute en minute. On passe sans cesse et presque sans transition de la neige au soleil, de la chaleur – relative – au froid, du vent à la bourrasque...

« Si vous n'aimez pas le temps qu'il fait chez nous, dit-on souvent au Canada, revenez dans un quart d'heure. »

Plus je monte le long de la péninsule qui aboutit au cap Bathurst, plus la glace diminue. Bientôt, la mer s'étend pratiquement jusqu'à la falaise. Les blocs de glace qui s'entrechoquent comme des glaçons dans un verre me repoussent contre les collines Fumantes, et me voilà coincé sur une « plage » de deux mètres de large où la roche le dispute à la neige.

Quelque chose me fait lever la tête. Une bonne cinquantaine de mètres au-dessus de moi, je découvre mon premier grizzli. L'animal me regarde avec intérêt, mais n'a aucun moyen de descendre. Enfin, j'espère.

Deux heures plus tard, toujours coincé entre les falaises et les blocs de glace, les skis alourdis par une neige collante, je progresse dans un décor de film fantastique. La poudreuse se mêle au brouillard, la montagne qui me flanque respire lourdement en crachant ses jets vaporeux. Serrés les uns contre les autres, les icebergs s'agitent près de moi comme des monstres inquiétants...

Soudain, trente mètres plus loin, sur la plage, apparaît une mère grizzli avec ses deux petits. Le nez sur l'eau, ils sont à la recherche de leur prochain repas.

Le vent souffle dans ma direction, ce qui les empêche provisoirement de sentir ma présence. Ce n'est pas forcément une bonne chose : si la mère me voit trop tard pour s'enfuir, elle n'aura d'autre choix que d'attaquer.

Je m'arrête, mais hésite à faire demi-tour : il me faudrait quatre bonnes heures de marche pour sortir de cette plage. Quatre heures pendant lesquelles je continuerais à être une proie facile.

Jc choisis l'option qui consiste à me coller contre la falaise, pour lui laisser le passage.

Mais la mère et les petits me découvrent et s'immobilisent. La mère se dresse sur ses pattes arrière, mais les oursons... se mettent à courir dans ma direction ! C'est ce qui pouvait arriver de pire. Mon fusil, enfoui dans mon traîneau, est hors de portée. Tout ce que je trouve à faire, c'est continuer de marcher, en balançant les bras le plus haut possible, selon une bonne vieille méthode dont je prie pour qu'elle fonctionne aussi sur les grizzlis.

Les petits continuent à courir. S'ils viennent jusqu'à moi, leur mère me considérera forcément comme une menace, volera à leur secours et... me transformera en chair à pâté.

Mais les oursons ne s'arrêtent pas, me dépassent et continuent leur course comme s'ils ne m'avaient pas vu. Je marche toujours vers leur mère, en balançant les bras. Elle retombe à quatre pattes. Mais nous sommes presque face à face...

Quand elle se déplace vers le bord de l'eau, je me colle encore davantage contre la falaise...

Soudain, elle se met à courir. En me croisant, elle tourne la tête vers moi pour me dévisager une dernière fois. Puis elle rattrape sa progéniture et toute la famille continue sa course.

Machinalement, je m'obstine à faire de grands gestes en poursuivant mon chemin... le plus vite possible. J'ai eu si peur que j'en tremble encore.

Il faut que je quitte cette autoroute à grizzlis ; le trafic est beaucoup trop chargé pour mon goût et je n'aurai pas toujours autant de chance.

Je cherche le passage le moins élevé possible, mais j'approche du cap et le choix se réduit. Je jette mon dévolu sur une face d'une soixantaine de mètres. Une fois là-haut, je couperai par les montagnes jusqu'à la baie de Liverpool.

Par un vent de neige qui me plaque contre la paroi, je monte fixer un piton. Grâce à un système de poulies, je fais monter l'un après l'autre mes sacs, puis mon traîneau vide, avant de grimper à mon tour.

Après six heures et demie d'efforts, j'arrive au sommet des collines Fumantes, pour découvrir une étendue de toundra enneigée parfaitement praticable, qui me fait regretter de ne pas avoir grimpé plus tôt.

Entre rivières et vallées, je redescends progressivement vers la baie de Liverpool.

Le temps se dégage, comme si le rideau se levait sur la naissance du printemps arctique. Les paysages grandioses étendent de plus en plus loin leurs contours taillés dans le diamant, une flore colorée surgit de la neige, la lumière est plus vive de jour en jour...

Lorsque je remets le pied sur la mer de Beaufort, le soleil, désormais levé vingt-quatre heures sur vingt-quatre, fait fondre la neige fraîche et couvre la glace de lacs. Toute cette eau filtre au travers de la surface gelée, ouvrant d'énormes trous sombres qui deviennent des pièges redoutables. Progressivement, la surface tout entière se fragilisera et se disloquera, avant d'être repoussée vers le nord par les vents et les courants.

Ce n'est pas seulement parce que l'eau de mer est fatale aux motoneiges que les Inuits ne se déplacent plus sur la glace après le début du printemps. Le Grand Nord est plein d'histoires tragiques, comme celle de cet homme, parti de Tuktoyaktuk avec son traîneau et ses chiens, qui s'est soudain retrouvé sur une plaque de glace à la dérive, séparé de son équipage. On a retrouvé le traîneau et les chiens au-delà du cap Bathurst. Lui, on ne l'a jamais revu.

Les pieds et les jambes trempés en permanence, craignant sans cesse de tomber dans une faille cachée sous la couche liquide, je progresse péniblement vers le cap Dalhousy. Et puis... la chance se met de mon côté, prenant la forme d'un vent idéal pour l'utilisation du cerf-volant. Sous un ciel parfaitement bleu, je me retrouve en train de voler sur la glace. Ou plutôt, sur l'eau. Je fais du ski nautique sur ce miroir étincelant dont mes planches effleurent à peine la surface !

J'ai doublé le cap Dalhousy et j'entame ma descente de la péninsule de Tuktoyaktuk, lorsque je tombe sur les plus impressionnantes traces d'ours polaire que j'aie vues de ma vie. À en juger d'après leur taille, il doit s'agir d'un véritable monstre.

Les ours, franchement, j'en ai eu ma dose. Je viens de passer à deux doigts de me faire dévorer, et je ne suis pas chaud pour renouveler l'expérience.

Les traces zigzaguent entre la mer et la terre ferme, prouvant que le fauve est à la recherche de nourriture. Elles descendent vers Tuktoyaktuk, comme moi, mais l'ours ne se risquera pas aux abords d'une agglomération humaine, à moins d'y être poussé par la faim. Je crois plutôt qu'il a flairé l'eau, de nouveau libre à l'embouchure du Mackenzie, où il sait qu'il a des chances de trouver des phoques.

Les petits cristaux de neige, encore visibles dans ses empreintes, prouvent qu'il me précède de peu. Il ne fera sans doute pas demi-tour, mais entre sa trajectoire sinueuse et la vélocité de mon cerf-volant, je vais finir par le rattraper. Mieux vaut planter ma tente et le laisser prendre de l'avance. D'ici vingt-quatre heures, il aura parcouru près de deux cents kilomètres supplémentaires et aura disparu dans le delta.

Je ne suis plus qu'à une trentaine de kilomètres de « Tuk » quand Jean-Philippe Patthey arrive à ma rencontre, accompagné de Sebastian Devenish et Raphaël Blanc, mes metteurs en images.

La fonte des glaces a commencé de bonne heure, cette année, et la zone de Tuktoyaktuk est inondée. La glace s'est décollée du continent et la mer se glisse entre les deux, créant un couloir liquide d'une dizaine de mètres de large. Je parcours les derniers kilomètres sur une glace couverte de lacs, de l'eau jusqu'aux genoux. La peau de mes pieds, trempés en permanence depuis une semaine, se décolle comme elle le faisait dans les marécages de la jungle amazonienne. Quand je me risque à utiliser mon *kite*, les sautes de vent me jettent régulièrement dans l'eau, tête la première, et m'y traînent sur des dizaines de mètres.

Par endroits, une fine couche de glace s'est reformée sur l'eau qui, elle-même, recouvre la glace. Trop fragile pour supporter mon poids, elle cède et je passe régulièrement au travers, jouant au brise-glace avec mes tibias.

Parfois, je tombe et me retrouve dans l'eau jusqu'au cou, mon traîneau flottant derrière moi. Heureusement elle est à deux, trois degrés, et la température ambiante est presque positive, ce qui me sauve de l'hypothermie.

Sebastian et Raphaël, eux, ne sont pas déçus du spectacle...

En fin de journée, je suis tellement épuisé que je plante ma tente sur le premier endroit suffisamment sec : Dieu sait quand le prochain se présentera.

Depuis le cap Bathurst, tout ce que j'ai traversé, ou presque, s'est révélé pour moi du domaine de l'inconnu et de la nouveauté. J'avais prévu le début de la fonte des glaces et la modification profonde du « terrain »... mais je ne me doutais pas que ces éléments me causeraient autant de problèmes. Dans mon esprit, le printemps ne pouvait apporter que du positif – soleil, chaleur... – et rendre ma progression plus facile. En réalité, les difficultés n'ont fait que changer de nature.

En découvrant Tuktoyaktuk, le 2 juin 2003, je la surnomme aussitôt la « ville brune », couleur que la neige fondue donne à la terre qui l'entoure, à ses quelques rues, à ses maisons. Un contraste frappant avec l'univers entièrement blanc dans lequel je vis depuis que j'ai abordé le continent nord-américain.

Le visage de « Tuk » a été modifié par les quantités de bois flottant – sapin, mélèze... – apportées par le fleuve Mackenzie et utilisées par les Inuits pour bâtir ce qu'ils appellent des *sod houses*. Ce sont des maisons de bois, entièrement recouvertes de grosses briques de tourbe, laquelle possède d'exceptionnelles propriétés isolantes[1]. Aujourd'hui, les *sod houses* encore debout voisinent avec les baraques préfabriquées et transportables ; parmi lesquelles le Tuk Inn[2], où je m'installe avec mon équipe. Le patron, Paul, est un Inuit qui, à sa retraite de garde des réserves naturelles, a racheté l'établissement. Lui et sa femme Norma règnent sur un assemblage de pièces rajoutées selon leurs moyens, et décorées dans un style *sixties* aussi insolite que sommaire.

L'étape de Tuktoyaktuk est importante, puisqu'elle est celle du passage à l'équipement d'été.

Cette transition quasi solennelle a attiré quelques-uns de mes sponsors, plusieurs représentants des médias européens – dont un rédacteur du *Playboy* allemand –, et mes premiers journalistes américains – leur intérêt pour ma personne augmente à mesure que diminue la distance qui me sépare de l'Alaska.

J'explique que dans les prochains jours, l'embouchure du Mackenzie étant devenue un mélange de glace flottante et de marécage, j'attendrai que le plus gros de la glace ait été évacué vers

1. Le mot *sod* est utilisé ici par extension, puisqu'il désigne d'habitude une motte de gazon. En anglais britannique, il peut également être une injure (traduisible par « con »), ce qui n'est bien sûr pas le cas ici.

2. L'« Auberge de Tuk », avec un jeu de mots sur l'expression *to tuck in*, qui signifie « border ».

la mer, puis je descendrai le fleuve en kayak, à contre-courant, avant d'obliquer vers l'ouest pour achever ma traversée du delta. Ensuite, à cause des lacs créés sur la glace par le dégel, mon kayak devra, en alternance, faire office de bateau et de traîneau.

C'est pourquoi je l'ai choisi, chez Prijon, en polyuréthane. La fibre de verre ou le Kevlar sont plus légers – un avantage, quand il faut traîner l'engin sur la glace –, mais le plastique est plus résistant à l'usure et aux chocs, et plus facile à colmater en cas de brèche.

Il mesure environ cinq mètres de long et comporte deux compartiments étanches destinés à mes rations alimentaires et à mon combustible. Le reste de mon équipement se trouve dans des sacs imperméables, fixés à l'arrière, leur poids réparti de façon à ne pas me déséquilibrer. Pour éviter que cette charge excédentaire ne m'enfonce, Steve Ravussin et moi avons transformé le kayak en une sorte de trimaran en lui ajoutant deux flotteurs courts, deux « sabots » d'une cinquantaine de centimètres qui, en outre, renforcent son équilibre. L'inconvénient de ce système est que la barre d'aluminium reliant les flotteurs entre eux interdit la double pagaie et m'oblige à utiliser une pagaie simple, « à l'indienne », moins efficace. Je compenserai, quand le vent sera favorable, en hissant une voile au mât en aluminium amovible qui se trouve dans mon dos.

Le gouvernail, à l'arrière, est commandé par un double palonnier situé sous mes pieds. Une dérive se fixe sur la barre des flotteurs, pour être à portée de main et facilement manœuvrable. Le cockpit, qui comprend une boussole incorporée, est fermé par une « jupe » en Néoprène imperméable, serrée autour de ma taille pour me protéger des entrées d'eau glacée. Enfin, une double pagaie de rechange (séparée en deux) est attachée à l'avant.

Les amis et les journalistes repartent, après avoir fait le plein d'anecdotes et d'interviews. Jean-Philippe rentre en Europe avec mon traîneau, mes skis et le reste de mon équipement d'hiver. Je me retrouve seul, heureux des quatre jours que nous avons passés ensemble, et prêt à reprendre ma route le 7 juin. À cette date, si on en croit les statistiques effectuées d'après les lectures satellites annuelles, le passage est toujours dégagé.

Mais le thermomètre replonge soudain et la glace cesse de se morceler à l'embouchure du fleuve. Le 8, je suis toujours là.

Plutôt que de me laisser m'aventurer sur une surface incertaine et dangereuse, Norma et Paul insistent pour me loger aussi longtemps qu'il le faudra. Et refusent le moindre centime de ma part.

Le 16, la glace recouvre toujours le delta du Mackenzie. Et je n'ai plus le matériel approprié pour le traverser à pied, en traînant mon kayak sur cette neige de mauvaise qualité.

Le miracle se produit dans la « nuit[1] » du 16 au 17. Comme si, pendant mon sommeil, on avait donné un immense coup de balai.

Il n'y a pratiquement plus une parcelle de glace sur le delta !

Mais le vent de trente à quarante nœuds qui a « fait le ménage » m'empêche à présent de partir.

Pour quitter Tuktoyaktuk en kayak, il y a deux écoles : contourner l'estuaire du Mackenzie par la mer de Beaufort, ou remonter le fleuve jusqu'au

1. Rappelons que le soleil est levé en permanence.

chenal du Renne et suivre celui-ci jusqu'à Shallow Bay, de l'autre côté de l'estuaire.

Le lendemain, les vagues d'un mètre qui agitent l'estuaire me font choisir la deuxième option.

Je m'équipe pour la première fois en tenue d'été : chaussettes de laine et baskets qui sèchent facilement (j'ai aussi des chaussons de Néoprène plus isolants), caleçon en *powerstretch* sous mon pantalon de Gore-Tex. Même chose en haut : body en *powerstretch* et coupe-vent de Gore-Tex, capuche enveloppante par-dessus mon bonnet, et gants de Néoprène.

Je fais mes adieux à Paul et Norma et je m'installe dans le cockpit de mon kayak, prêt à me lancer dans la gueule du fleuve.

C'est une autre expédition qui commence. Un nouveau défi qui m'enthousiasme à tel point que j'en oublie l'hiver.

Ma bouteille d'eau potable est cachée sous ma « jupe » et mes rations de « marche » se trouvent dans les poches de ma parka – une fois parti, je ne m'arrêterai plus de la journée. Je hisse la voile à l'aide du dérouleur, je plante ma dérive dans l'eau, et je me lance...

Pagayer consiste moins à tirer la pagaie vers soi qu'à hisser son bateau vers la pagaie en utilisant celle-ci comme un point d'accroche. En d'autres termes, c'est le kayak qui va vers la pagaie, pas le contraire.

Prolonger le mouvement en sortant la pagaie de l'eau trop tard, c'est tirer le kayak vers le bas, donc le ralentir. Le geste doit être rectiligne. Et la rame doit se planter le plus loin possible devant soi, pour allonger d'autant la distance effectuée par le bateau sur cette traction. Enfin, plus la pagaie est droite en entrant dans l'eau, plus sa surface immergée est importante, plus le geste est efficace.

Pour ne pas gaspiller d'énergie, je fais intervenir tout mon corps – pieds, jambes, hanches, épaules, etc. – dans l'élaboration de chaque poussée. Je fais corps avec l'embarcation, dont la rigidité constitue un transmetteur d'énergie particulièrement efficace.

Afin de ménager mes efforts et de prolonger mon endurance, je crée un équilibre de forces, un effet levier, entre la main du bas, qui tire, et celle du haut, qui pousse. Et je sors la rame de l'eau quand elle passe près de moi, car prolonger le mouvement est une perte d'énergie qui, par surcroît, ralentit le bateau. Enfin, je change de côté tous les cent – ou deux cents – coups de pagaie.

Celle-ci ayant tendance à pousser le bateau du côté opposé, j'utilise le gouvernail pour compenser. Son rôle sera plus déterminant encore à l'approche d'un rivage, pour empêcher le kayak de se mettre en travers et d'être retourné par les vagues. (Un câble me permet de le soulever, pour éviter qu'il ne se brise au contact de la rocaille.) Mais les kayakistes le savent : pour limiter l'usure provoquée par la pression constante de l'eau, on doit se laisser glisser sur la surface et n'utiliser le gouvernail qu'avec parcimonie, par petites touches délicates...

Malgré le vent, qui m'apporte son aide, et mon étrave effilée comme une lame (vu les distances qui m'attendent, je ne veux aucune résistance à l'eau), je constate que mon kayak réagit avec mollesse. J'ai beau m'acharner sur la pagaie, je n'avance pas. En tout cas, pas autant que je le devrais. Si c'est une question de poids, celui de mes rations alimentaires va diminuer rapidement ; si c'est ma forme qui laisse à désirer... Dans quelques jours, la partie supérieure de mon corps, négligée depuis le début de l'expédition, aura retrouvé toute sa tonicité.

Mais je continuerai sans doute à avoir froid aux pieds, entre l'eau de mer glacée qui pénètre un peu partout, et ma position assise qui me coupe la circulation dans les jambes...

Le premier jour, face au vent et dans un courant contraire de quatre nœuds qui me repousse aussitôt que je cesse de pagayer, je passe mon temps à slalomer entre les plaques de glace résiduelles, et à chercher mon chemin dans l'immense labyrinthe qui forme l'embouchure du Mackenzie. Il fait encore froid et je reçois beaucoup d'eau. Pourtant, l'effort me donne souvent chaud. J'enlève alors mon coupe-vent pour ne garder qu'un haut isolant qui sèche vite.

En vingt heures de pagayage non-stop, j'ai parcouru trente-sept kilomètres. Trempé et épuisé, je passe une première nuit dans l'embouchure du fleuve, le long du chenal de l'Est (le Mackenzie en comporte trois, avec le chenal Central et celui de l'Ouest), sur une petite plage caillouteuse.

Je me demande si j'ai été si bien inspiré de vouloir remonter le Mackenzie à contre-courant... Mais le temps des questions est passé.

À mon réveil, le vent est tombé, le fleuve n'a pas une ride. Je vais pouvoir en profiter pour rattraper le retard que j'ai pris hier et rejoindre le chenal du Renne.

Comme le courant est toujours fort, je reste près du bord de la rivière. L'inconvénient, c'est que le dégel l'a fait déborder de son lit, que ses contours sont mal définis et que je me retrouve régulièrement coincé sur des fonds de quelques dizaines de centimètres à peine. Quand je reviens au centre du fleuve, je flotte mieux, mais je suis de nouveau confronté au courant.

Je m'arrête au bout de douze heures et trente kilomètres.

Pour atteindre le détroit de Béring avant septembre, la « saison des orages », je dois parcourir au moins quarante-cinq kilomètres par jour.

Le lendemain, je m'égare dans le labyrinthe avant de trouver le chenal du Renne. Encore quelques heures d'efforts, et je débouche dans celui de l'Ouest. Enfin, je cesse de lutter contre le fleuve ! Mon kayak file comme une flèche à chaque coup de pagaie...

Mais le chenal de l'Ouest est en crue lui aussi. Ses rives sont introuvables, ou tellement boueuses qu'elles n'offrent pas un seul endroit sec et stable où planter ma tente.

Je finis par dormir assis dans mon kayak.

L'estuaire du Mackenzie change tous les jours de visage. Devant moi, à présent, le fleuve déroule des méandres où, à chaque courbe, se sont formées des plages de sédiments. En abordant celle que j'ai choisie pour la nuit, je découvre qu'elle est défendue par un fond boueux où je m'enlise, avec mon kayak.

Et qu'elle est couverte de traces de grizzlis.

Logique : c'est là qu'ils traversent.

Mais je suis à bout de forces et incapable de faire un mètre de plus. Tant pis pour les ours. Je monte ma tente, j'avale quelque chose en vitesse, et je m'écroule.

Si un grizzli vient renifler mon campement, il ne me réveillera même pas.

Je finis par déboucher dans Shallow Bay, sur la mer de Beaufort, à quinze kilomètres au large.

Shallow Bay – la « baie peu profonde » – tire son nom des quantités de sédiments qui, à force d'être rejetés par le fleuve, en ont surélevé le fond. D'ici, la terre n'est qu'une ligne un peu sombre sur l'horizon. Plus de courant contraire, mais des vagues qui, poussées par le vent qui se lève au nord, abattent sur le flanc droit de mon embarcation leur succession infinie de rouleaux. Mes flotteurs m'empêchent de basculer sous ces assauts répétés, mais mon kayak passe plus de temps sous l'eau que dessus.

Je suis encore plus près des éléments que lorsque je marche. Et plus encore à leur merci. Je dois donc y être plus attentif que jamais.

Quoi qu'il en soit, je suis heureux d'être sorti de l'estuaire, et ce sont des coups de pagaie optimistes que je distribue sans une seconde de répit.

Quinze kilomètres d'océan me séparent de « Tent Island », ainsi nommée parce que les Inuits ont depuis toujours l'habitude d'y planter leurs tentes avant d'aller chasser la baleine blanche, ou béluga, pour se nourrir de sa graisse.

Justement... les voilà soudain tout autour de moi, ces albinos de la taille d'un orque, crachant vers le ciel leurs geysers enfantins, laissant rebondir le soleil sur leurs courbes caoutchouteuses. Il y en a des centaines ! Leur nombre donne l'impression d'un trompe-l'œil, ou d'une fresque naïve. Subjugué, je cesse de pagaier pour me consacrer entièrement à ce spectacle unique.

Les baleines s'approchent de mon kayak, au point que je pourrais les caresser en tendant la main. Elles me renverseraient d'un coup de queue ou en faisant surface sous ma coque ; mais leur système radar ultrasensible leur fait éviter tout obstacle avec des grâces de danseuses...

Au premier plan d'une ligne d'horizon à peine surélevée par les premiers contreforts de la chaîne de Brooks, les vagues viennent mourir sur une toundra rase qui se cache sous l'océan. L'absence de dénivelé rend le campement difficile. Et le manque de glace – et de neige – me priverait de boisson, si la mer n'était pratiquement désalinisée par les quantités d'eau douce que rejette jusqu'ici le delta du Mackenzie.

Le lendemain, non loin de l'île Hershel, à trois ou quatre kilomètres du rivage, j'aperçois l'écume des vagues, sur les bancs de sable qui longent la côte. Les lames qui franchissent le terreau rocailleux de cette digue naturelle sont d'autant plus hautes que le vent est violent et les fonds peu profonds.

J'essaie de passer au large, mais un souffle contre lequel je ne peux pas lutter me pousse vers les vagues. L'une d'elles m'embarque, me soulève, me retourne malgré mes flotteurs... et me jette la tête en bas, sur le banc de sable ! Mon mât s'y plante et je retombe sur le flanc. La vague suivante me précipite une nouvelle fois sur la surface rocailleuse. Le mât m'empêche de me retourner complètement, mais je suis couché dans l'eau glacée, me tortillant désespérément pour sortir la tête de l'eau. J'ai peur de perdre l'équipement fixé sur le pont arrière. Je voudrais m'extraire de mon kayak pour le redresser, mais si j'ouvre ma « jupe », l'eau de mer risque d'atteindre mes réserves de nourriture et de fuel. J'essaie de pousser sur ma rame, mais les vagues qui ne cessent de s'abattre sur moi sont trop fortes.

Tant pis : je sors de l'embarcation et, tirant sur l'amarre avant, je lui fais escalader le banc de sable. J'entreprends de vider mon kayak, mais la mer le remplit au fur et à mesure. Je le hisse un peu plus haut, ce qui me permet enfin d'écoper à fond. En terminant avec une éponge, je constate que les compartiments étanches le sont restés à peu près, mais que j'ai perdu quelques rations alimentaires et un bidon d'eau.

J'ai pris un bain glacé, et je tremble de froid.

Mais je dois foncer dans les rouleaux, pour les traverser dans l'autre sens et regagner le large. Les vagues arrivant par séries, je les compte pour en déterminer les séquences et repérer l'intermède de calme où je devrai m'élancer. Si je rate cette fenêtre, les grosses vagues me rejetteront sur le rivage.

En pagayant comme un fou, je réussis à retraverser la barrière des rouleaux. Le vent est retombé et j'en profite pour m'éloigner le plus possible des bancs de sable.

Bientôt, je n'aperçois plus la terre que quand la formidable respiration de la mer me soulève. Je suis trempé, mais le pagayage me réchauffe.

Cap plein ouest, je longe la côte à bonne distance. C'est lorsque le vent souffle de la terre que j'évite de m'en éloigner : si une bourrasque m'entraîne au large, je ne suis pas sûr de revenir.

Soudain, le vent se met à virevolter dans tous les sens. C'est le moment de me rapprocher de la terre ferme.

J'ai à peine le temps d'y mettre le cap, qu'il tourne encore et souffle, cette fois, du continent. J'appuie sur la rame, mais pas trop, pour garder des réserves d'énergie dont je pourrais avoir besoin pour produire un dernier effort. Voilà neuf jours que je pagaie sans m'arrêter et je ressens une fatigue causée à la fois par la surcharge du bateau et par le manque d'habitude de faire travailler mes bras.

En me rapprochant de la côte, je constate qu'entre elle et moi, les courants ont amené une concentration de petits icebergs. Les vagues de plusieurs mètres les recouvrent en partie, mais leurs arêtes découpées ressortent ensuite à la verticale.

Les lames vont me jeter dessus, de toute leur hauteur, et le choc sera tel qu'il risque d'être fatal.

À ce stade, j'ai le choix entre : me faire entraîner au large par le vent, sans aucune chance de revenir, et me fracasser sur les icebergs.

Comme si ma situation n'était pas assez inconfortable, je suis pris d'une envie pressante qui – voilà vingt heures que je suis sur l'eau – devient vite impérieuse. Mais la mer est hachée, houleuse : pas question d'ouvrir ma « jupe » pour uriner par-dessus bord. À bout de résistance, je finis par me souiller comme un enfant.

Je suis trempé dehors, mouillé dedans, j'ai avalé en tout et pour tout, aujourd'hui, une barre chocolatée et des cacahuètes. L'épuisement me gagne. Les notions de temps deviennent floues.

Je n'aspire qu'à une chose : dormir, mais l'accès à la terre m'est interdit par une barrière de glace de trois cents mètres de profondeur. Et pas question de m'assoupir assis dans mon kayak : à la première perte de vigilance, les vagues m'enverront m'écraser sur la glace. Et si je me retrouve la tête en bas, coincé entre les blocs, il me sera impossible de redresser la situation. Mon kayak finira cassé en deux, mon équipement au fond de l'eau, et moi, qui n'ai même pas un gilet de sauvetage... noyé.

Aussi concentré que la fatigue me le permet, je me rapproche du point de rupture des vagues. Sans cesse rejeté vers le large, je reviens et m'obstine à chercher un passage. Mais la glace est de plus en plus dense, de plus en plus abondante...

Pagayant toujours contre le vent soufflant de la terre, je ne vois plus qu'une solution : attendre la plus petite d'une série de vagues, surfer dessus avec mon kayak et plonger entre les blocs, puis sauter sur la glace en traînant mon embarcation, et ramper jusqu'à une surface où je pourrai me poser.

Seule la première moitié de la barrière glacée, celle qui absorbe le choc des vagues, est mobile. La seconde est fixe. Je n'aurai donc pas besoin de tout traverser avant d'être en sécurité.

Mais si, avant, je tombe entre les icebergs, je n'en sortirai plus.

En clair : ou je réussis, ou je me tue.

De toute façon, entre la menace du large et celle de la glace, dans l'état d'épuisement où je me trouve, je n'ai pas vraiment le choix.

Je me positionne devant une ouverture suffisamment dégagée pour pouvoir y entrer en pagayant. J'attends la dernière d'une série de vagues – la plus petite –, et je me lance. La vague m'emporte au milieu des icebergs, et me laisse retomber... l'avant du kayak sur la glace. Tour à tour soulevé, puis aspiré vers le bas, hissé d'un côté pendant que l'autre plonge, j'essaie de rétablir mon équilibre en m'appuyant sur tout ce qui se trouve à portée de pagaie. Pas facile, dans un shaker rempli de glaçons de la taille d'un camion.

Lorsque une nouvelle série de grosses vagues arrive, j'ai la certitude qu'elles vont me retourner comme une crêpe et réduire mon kayak en morceaux !

Je n'ai pas le temps d'abandonner le navire. La première me soulève et m'envoie me crasher sur la glace. Mon gouvernail vole en éclats, mon bateau craque de partout. La deuxième me projette *sous* un iceberg, où l'avant de mon kayak reste coincé. Une autre plaque de glace remonte, tout près de moi, et arrache le bras d'un de mes flotteurs. Mon kayak s'enfonce...

La troisième vague me soulève par l'arrière et va m'enfoncer encore plus, mais le bras du flotteur valide reste coincé entre deux blocs et me retient. La vague suivante m'arrache à l'iceberg, et me fait tourner à 45° . Je me retrouve de profil, face aux rouleaux. Au moins le prochain me soulèvera-t-il à plat, sans me faire basculer vers l'avant ou l'arrière. Et s'il me tombe dessus, il me poussera sur la glace au lieu de m'enfoncer.

La vague me soulève très haut... et se brise juste après que j'en ai franchi la crête.

Le creux de son sillage m'aspire et me remet face au large.

Un flotteur retourné pointant inutilement vers le ciel, je vois arriver sur moi la prochaine série de mastodontes. La première vague s'abat de toute sa masse sur l'avant de mon kayak et me fait plonger. Cette fois, je suis carrément sous l'eau. Je ressors de l'autre côté, mais le rouleau suivant m'engloutit à nouveau. N'ayant plus de gouvernail pour me diriger, je pagaie furieusement du côté du flotteur cassé.

C'est son absence qui me sauve, en me permettant d'allonger l'amplitude de mon geste et de prendre de vitesse la vague suivante, qui me soulève et s'abat sur l'arrière de mon kayak.

Je survole celle d'après. Ça y est ! J'ai échappé aux icebergs et franchi la barrière des rouleaux !

J'ai vraiment cru, cette fois, que je n'allais pas m'en sortir. Certes, j'aurais pu abandonner mon kayak et me donner ainsi une meilleure chance d'atteindre la terre ferme. Mais sans nourriture, sans abri, et sans aucun moyen de contacter des secours... j'étais condamné de toute façon.

Encore sous le choc, je prends la résolution de ne plus m'approcher de cette glace, jusqu'à ce qu'elle offre une ouverture suffisamment praticable et sûre.

Si le vent m'entraîne au large, je pourrai au moins dormir, porté par la houle, et récupérer un peu, tout en dérivant. Mais je ne suis pas tout à fait rassuré à l'idée de sommeiller avec un seul flotteur, alors que mon kayak est encore lourd d'un bon mois de fuel et de vivres.

Pagayant toujours en suivant la bordure glacée de la ligne de terre, je vois soudain venir du large une immense plaque de glace, qui ne tarde pas à me prendre en tenaille contre les icebergs de la côte. Si elle continue sur sa trajectoire, je vais finir écrasé...

Mais ce morceau de banquise forme une digue flottante à l'abri de laquelle la mer est soudain plus lisse que dans un port de plaisance. J'en profite pour accélérer, ce qui m'amène à la hauteur d'un autre morceau de *pack*, dérivant près de la côte. Celle-ci est toujours impossible à atteindre, à moins d'un nouveau combat de quinze heures que je n'ai plus la force de livrer – la fatigue entraînerait des risques d'erreurs fatales. Mieux vaut récupérer avant de repartir à l'attaque.

Je monte ma tente sur ce second morceau de banquise, qui se dirige lui aussi vers la côte, en s'effritant avec des craquements sonores. Moi qui fonctionne en surrégime depuis ce matin, il en faudra plus pour m'empêcher de dormir.

Je me lève quand même toutes les deux ou trois heures, pour m'assurer que le sol ne s'émiette pas sous mes pieds. À part ça, je dors comme un bébé.

À mon réveil, le ciel est bleu, une journée magnifique s'annonce. Il fait un temps à prendre des bains de soleil, mais ce serait imprudent : le morceau de *pack* sur lequel j'ai dormi a profité de mon sommeil pour fondre comme un glaçon dans une baignoire, et ma tente est pratiquement dans l'eau.

Perclus de courbatures pour la première fois depuis longtemps, mais en pleine forme, je rafistole mon gouvernail avec de l'adhésif, le bras cassé de ma bouée à l'aide d'un morceau de bois flottant, et je remets le cap sur la terre ferme.

Elle est défendue par une mosaïque de glace et d'eau où mon kayak doit jouer en alternance les bateaux et les traîneaux. Il m'arrive de prendre mon élan et de sauter d'une plaque à l'autre, puis de hisser mon kayak jusqu'à moi. Ou d'en faire un pont, quand la brèche est suffisamment étroite. Mais face à vingt mètres d'eau, ma tactique consiste à courir aussi vite que possible en poussant le kayak jusqu'au bord, et à me jeter dedans. L'impulsion suffit généralement à nous faire atteindre l'autre rive.

Pagayant, sautant, tirant, surfant... j'approche tant bien que mal de l'île Hershel, où la glace, ayant absorbé la neige fondue, est redevenue praticable. En baskets, à l'aide d'un harnais improvisé, je traîne une embarcation qui n'est pas vraiment faite pour cet usage, encore moins avec cent dix kilos de chargement. Lorsqu'une faille me permet de mettre mon kayak à l'eau, je le tracte depuis le bord comme sur un chemin de halage. Quand, le long de la côte, où la glace fond toujours en premier, une brèche plus large permet à ma pirogue de retrouver sa fonction, je suis forcé de suivre la trajectoire accidentée du rivage...

Bref, je me traîne, sur ce terrain pour lequel je ne suis plus équipé. J'envisage de contacter Jean-Philippe pour lui demander de me rapporter mon matériel d'hiver...

Mais pas tout de suite. Je veux d'abord avancer, au cas où la mer se dégagerait un peu plus loin. Même quand Cathy m'apprend que la glace est solide et compacte jusqu'au cap Barrow – y compris le long des côtes –, j'hésite encore. La glace se fragilise vite en cette saison. Elle « pourrit » et peut parfaitement se détacher du continent d'une semaine, d'un mois, d'un jour à l'autre... On ne peut rien affirmer avec certitude.

Finalement, je garde le kayak.

On dirait que j'ai été bien inspiré car, près de l'île Hershel, les courants ont, par endroits, morcelé la glace et ouvert un passage le long de la côte. Grâce à l'effet digue, la mer y est d'huile, pour le plus grand bonheur du pagayeur. J'ignore jusqu'à quand et jusqu'où ces conditions idéales vont se maintenir, mais elles ne font que conforter ma décision de rester en mode été.

Au-delà de l'île Hershel apparaissent des langues de sable, affleurant sous la surface, au-delà desquelles la glace est encore solide. Mais entre ces bancs de sable et la côte, l'eau de deux grandes rivières débouchant un peu plus loin a fait fondre la glace. Je file sur une vraie piscine et couvre ce jour-là une soixantaine de kilomètres.

Les langues de sable s'étendent le plus souvent d'un cap à l'autre, en suivant la rive à distance régulière... sauf quand elles ne laissent plus qu'un couloir navigable de quelques mètres ; ou quand la côte se creuse, formant entre elle et le sable un lagon de plusieurs kilomètres de profondeur...

Lorsque les bancs sablonneux se mettent à rejoindre le continent, je suis de plus en plus souvent obligé de hisser mon kayak sur la rive et de le traîner sur la glace, avant de pouvoir redescendre dans l'eau. Une gymnastique épuisante, qui fait tomber ma moyenne à une vingtaine de kilomètres par jour.

L'eau elle-même est encombrée de glace à ne pas pouvoir y planter ma pagaie ; mais pas au point de pouvoir y marcher. Je me faufile en portant mon kayak pour lui faire passer les obstacles. Quand je me réfugie sur la rive, c'est pour m'enliser dans une neige liquide et molle...

On dirait que tout conspire à me faire comprendre que je me trouve ici au plus mauvais moment de l'année... au cas où je ne le saurais pas.

Pourtant, je progresse, au prix d'une diminution de mes heures de sommeil et en alternant la navigation, la marche, l'escalade et les sauts, dans ce labyrinthe de glace et d'eau qui semble ne pas avoir de fin.

Et au matin du 28 juin 2003, à huit heures précises, je sors de mon kayak pour monter jusqu'à la borne de cuivre qui marque la frontière entre le Yukon canadien et l'Alaska américain.

Je photographie sous tous les angles le monument solitaire, planté au milieu de nulle part. Dans la petite tourelle symbolique qui se dresse à côté niche une famille d'oiseaux de mer qui poussent des cris effrayés à mon approche.

Le Canada est derrière moi. Ça y est, je l'ai traversé !

Puisque personne n'est là pour me féliciter, autant se tourner vers l'avenir. Je redescends jusqu'à mon kayak et, d'un coup de pagaie triomphant, j'entre en Alaska par la mer.

Plus rien me m'arrêtera, à présent. Même pas cette glace en morceaux et cette neige impraticable qui s'obstinent à me ralentir.

Je longe le North Slope, la « Pente du Nord », une immense toundra marécageuse qui s'étend plus ou moins sur toute la côte septentrionale de l'Alaska. À cette époque de l'année, tous les oiseaux du Grand Nord s'y donnent rendez-vous pour un opéra blanc. Les oies des neiges zèbrent le ciel en longues formations serrées, des vols de milliers de canards de l'Arctique étendent leurs bannières au-dessus de ma tête, des familles de cygnes peuplent les rivages... C'est l'époque des danses amoureuses et de la reproduction, du grand congrès des espèces, avec pour cadre une nature immense et sauvage que pas un humain – à part moi – ne vient troubler de sa présence.

Soudain, on dirait que la terre se met à bouger... comme si sa couleur rocailleuse devenait instable. Je réalise que je suis en train d'assister à la migration annuelle du *Porcupine Herd*, la « Horde du Porc-épic », le plus grand troupeau de caribous recensé à ce jour : cent quatre-vingt mille bêtes ! qui se dirigent ensemble vers le Canada.

Le défilé s'étend d'un bout à l'autre de l'horizon. Je n'ai jamais vu une chose pareille !

Le North Slope, c'est ça : un spectacle permanent, d'une beauté folle.

Je me hâte vers Kaktovik, un village qui se situe un peu plus loin le long de la côte, sur l'île Barter.

Je n'avais pas prévu de m'y arrêter, mais j'espère pouvoir y réparer mon gouvernail et le bras de mon flotteur. De plus, moi qui n'ai pas rencontré une âme depuis Tuktoyaktuk, je ne serai pas fâché de revoir des visages humains.

Je hisse à nouveau ma voile et retrouve des moyennes quotidiennes de quarante kilomètres. Le vent forcit et je passe à cinquante, en pagayant douze à seize heures par jour, sous un soleil qui ne se couche toujours pas.

Quatre jours après être entré en Alaska, je livre une dernière bagarre contre la glace qui continue d'enfermer Kaktovik, et je hisse mon kayak sur l'espèce de plage tenant lieu de port. L'installation est aussi sommaire que le reste de ce village minuscule où, faute d'eau courante, on fait encore ses besoins dans des seaux.

– D'où tu viens, comme ça ? me lance un homme, occupé à mettre un bateau en cale sèche.

– De Tuktoyaktuk !

– Impossible, avec toute cette glace !

Je lui fais un petit résumé explicatif de mes dernières aventures, et lui demande de bien vouloir me conduire chez un ami des Norvégiens rencontrés avant Cambridge Bay, à qui je compte demander l'hospitalité. Malheureusement, la maison est bouclée et son propriétaire parti en expédition sur la rivière Colville.

Leonard – l'homme du port – et sa compagne Caroline m'offrent généreusement de m'héberger. La matinée suivante, un petit atelier de réparation des véhicules d'entretien des routes m'aide à remettre mon kayak en état. Le patron, un prince de la bricole, me découpe un gouvernail neuf dans une plaque de tôle et me fabrique un bras de flotteur à l'aide d'un morceau de tuyauterie.

Le 4 juillet, *Independance Day*, jour de la fête nationale américaine, on distribue dans les rues de Kaktovik du Coca-Cola et des hot-dogs.

Le lendemain, quarante-huit heures après mon arrivée, je charge mon kayak remis à neuf, et reprends la mer après avoir signalé aux autorités locales mon entrée sur le territoire américain.

À l'ouest de l'île Barter, l'eau est partiellement dégagée sur une trentaine de kilomètres, puis gelée de nouveau. Je dresse mon campement sur la glace après une journée passée à me faufiler entre les blocs. Le lendemain, rien ne s'arrange : les morceaux de *pack* sont trop petits pour avancer dessus, trop gros pour être poussés hors de ma route. Je me rabats sur la plage, évoluant, selon la consistance du terrain, entre le sable et la glace, mon kayak le plus souvent transformé en traîneau (ce dont mon gouvernail souffre durement). Quand je peux couper par la terre ferme, je fais rouler mon embarcation sur des rondins de bois flottant, à la manière des bâtisseurs de pyramides égyptiens. Un travail exténuant et d'un faible rendement en termes de vitesse : je me traîne à moins de deux à l'heure.

À quatre-vingts kilomètres de Prudoe Bay, j'aperçois sur le rivage une paire de tentes de chantier, entourées d'outils et de matériel de forage, appartenant à une compagnie pétrolière. J'y arrive trempé, à deux heures du matin, après une longue lutte contre le *pack* et plusieurs chutes dans l'eau. Malgré le soleil nocturne, il y a de la lumière à l'intérieur. Je crie :

– Il y a quelqu'un ?

Trois têtes hirsutes émergent, les yeux ronds.

– T'es qui, toi ? Qu'est-ce que tu fais là ?

Les trois hommes sont des ornithologues, qui étudient l'effet des forages pétroliers sur la nidification.

Eric, Craig et... Craig m'aident à consolider mon gouvernail et m'offrent un lit de camp, pour récupérer.

Quand j'ouvre un œil, un vent violent venu du nord a rabattu une véritable banquise contre la côte. Impossible d'aller jusqu'à Prudoe Bay en traînant mon kayak sur cette glace.

Le lendemain, rien n'a bougé. J'en profite pour m'offrir une balade sur la toundra. Mes trois guides, enthousiasmés par le récit de mes aventures, me font découvrir à leur tour les repères cachés des volatiles arctiques, les habitudes et les coutumes de chaque espèce.

Celles, entre autres, des étonnants canards eiders.

Je savais qu'en été, les canards eiders migrent vers le Grand Nord pour pondre. Je savais aussi que les femelles font tomber leurs plumes pour en protéger leurs petits (d'où la marque – Eider – de mes combinaisons isolantes ultraprotectrices). Mais à l'automne, on ignorait vers quelle mystérieuse destination les eiders repartaient, jusqu'à ce qu'on réussisse tout récemment, en fixant des traceurs sur quelques spécimens, à découvrir leur incroyable secret. L'hiver venu, ils ne s'envolent pas vers le sud, mais vont se poser sur l'eau, en plein milieu du détroit de Béring ! Là, collés par millions les uns aux autres en une masse compacte, ils empêchent la mer de geler par leur chaleur corporelle et le battement incessant de leurs pattes. Une partie d'entre eux plonge jusqu'au fond – ils sont capables de descendre à trente mètres ! – chercher les crevettes et les mollusques dont ils se nourrissent. Puis c'est le tour d'un autre groupe, et ainsi de suite. Et ça dure tout l'hiver ! Pendant ce temps-là, l'énorme quantité de leurs déjections vient enrichir les fonds marins, contribuant ainsi au renouvellement de leur alimentation. Une boucle parfaite !

La glace ne donne aucun signe de volonté de s'ouvrir ; je décide de repartir malgré tout. Eric et les deux Craig me conseillent de prévenir la British Petroleum de mon arrivée à Prudoe Bay, où la compagnie a construit sur la mer une immense jetée carrossable de près de huit kilomètres. Cette jetée, dont les canalisations rejoignent le principal pipe-line d'Alaska, s'appelle Endicott, et ses abords sont rigoureusement interdits, sauf autorisation exceptionnelle.

Décidé à en obtenir une, j'appelle un certain « Jo », responsable de la sécurité de la compagnie pétrolière, à Anchorage. Il refuse net. Je réponds que mon kayak a subi des avaries, qu'il a besoin de réparations urgentes, et moi de réapprovisionnement. Entre le risque de mourir en mer et celui de me faire tirer dessus, j'aborderai Endicott, avec ou sans sa permission. J'ajoute que mon équipe s'apprête à me rejoindre à Prudoe Bay et qu'elle doit être autorisée à me retrouver sur la jetée. Je mentionne aussi mon intention de prévenir la presse de mon arrivée. On ne sait jamais...

« Jo » finit par me concéder l'autorisation d'accès. Ses hommes me récupéreront au bout de la jetée et me ramèneront au même endroit. Mais interdiction à mon équipe d'approcher. J'insiste encore, mais cette fois, rien à faire. Ce flic obtus dresse devant moi un mur de bêtise et me traite comme un déchet. Nous restons sur nos positions respectives.

Je repars à l'assaut d'un *pack* toujours aussi hostile, avec en prime un vent qui complique encore ma progression. Mais les changements permanents du paysage et de la météo constituent autant de défis qui exacerbent ma combativité.

Enfin s'élève à l'horizon la flamme caractéristique d'un forage pétrolier de pleine mer.

Je finis par atteindre la fameuse digue.

J'y monte et j'avance tranquillement entre les pipe-lines.

Personne.

Je viens de pénétrer dans une zone prétendument sécurisée, et pas un gardien ne se manifeste pour m'arrêter.

Je passe une bonne heure à arpenter l'ouvrage. Toujours personne en vue. J'aurais largement le temps de faire sauter toute l'installation, si j'étais mal intentionné.

On dirait que ce « Jo » n'était finalement qu'un tigre de papier...

Tombant sur un panneau affichant un numéro d'appel en cas d'urgence, je sors mon téléphone satellite :

– Ici Mike Horn. Je suis sur la digue. Qu'est-ce que vous attendez pour venir m'arrêter ?

Panique à l'autre bout :

– Quoi ? Où êtes-vous, exactement ? Depuis combien de temps êtes-vous là ?

Quelques minutes plus tard, une équipe arrive à bord d'un camion, nous embarque, moi et mon kayak, et nous conduit à Prudoe Bay.

La ville n'est ni une ville ni un village, mais un assemblage de baraquements où une trentaine d'Inuits vivent au milieu des employés de la compagnie pétrolière. On a construit un hôtel pour les loger et un aéroport, desservi par Alaska Airlines, pour les transporter. L'endroit, plutôt sinistre, porte bien son deuxième nom : *Dead Horse* – « Cheval mort ».

J'y retrouve Jean-Philippe, Sebastian et Raphaël, arrivés avant moi pour me ravitailler en vivres et en équipements, filmer mon arrivée et mon départ. Sebastian a appelé le fameux « Jo » pour lui demander l'autorisation d'accompagner les vigiles envoyés me récupérer au bout de la digue. Le temps de prendre quelques images. « Non ! » a sèchement répondu le gardien-chef. Revenir avec eux, quand ils me ramèneront ? Même réponse. Seb a proposé de me retrouver ailleurs, le long de la côte. « Non ! » a répété le cerbère, avant de lui raccrocher au nez.

C'est clair : interdiction d'approcher de la mer, où se trouvent les installations pétrolières !

Quant à passer outre et gagner le rivage en douce, c'est hors de question : il y a des caméras de surveillance et des gardes tout le long de la côte.

Si je suis passé entre les mailles du filet, c'est tout simplement que je suis arrivé par la mer.

Apparemment, il n'est venu à l'idée de personne, ici, que des terroristes pourraient attaquer par voie maritime...

Dans l'équipe, la frustration le dispute à la colère. Après avoir retourné le problème dans tous les sens, nous décidons finalement que mes trois coéquipiers s'envoleront pour Nuiqsut, un petit village situé plus bas, sur la rivière Colville, et loueront les services d'un Inuit qui, avec son bateau, leur fera contourner Prudoe Bay pour y revenir par le même chemin que moi. C'est l'affaire d'une journée. Ainsi, ils pourront au moins filmer mon arrivée en... caméra virtuelle.

J'oublie soigneusement d'avertir de ce projet le responsable de la sécurité de Prudoe Bay – un homme chaleureux et compréhensif, contrairement à son supérieur –, quand il me raccompagne au bout de la jetée...

Impossible de repartir... Le vent est si violent qu'il me rejetterait contre la digue.

Emmitouflé dans mon sac de couchage, j'attends à l'abri de la jetée que la bourrasque retombe. Sans l'avoir prévu, je donne ainsi à Jean-Philippe, Sebastian et Raphael, qui ont quitté Nuiqsut, le temps de me rejoindre. Au telsat, nous convenons d'un rendez-vous. Le lendemain, sans aucun problème, ils arrivent par la mer à l'endroit même dont on leur avait interdit l'accès et peuvent ainsi filmer mon « arrivée » et me suivre pendant deux jours.

Je passe une dernière nuit dans la cabane où nous avons bivouaqué ensemble, sur les berges de la rivière Colville (toujours en zone interdite, soit dit en passant), et je reprends la mer. Enfin, la glace a disparu et, malgré un vent un peu fort, je file sans encombre vers le cap Barrow. Je campe sur la toundra, non loin du rivage, près des cours d'eau devenus, avec la pluie, mes seules sources d'eau potable. Le ciel est dégagé, la mer est calme, et les températures estivales – dix à quinze degrés – permettent le short et le tee-shirt. Dans de telles conditions, le kayaking est une partie de plaisir, une escapade que je partagerais aussi bien avec mes filles.

Demain, 16 juillet, j'aurai trente-sept ans.

– Mike, qu'est-ce qui te ferait plaisir, pour ton anniversaire ? Une journée de repos où tu ne ferais que dormir, boire, manger, et te promener pour réactiver la circulation dans tes jambes ankylosées par le kayak ?

Je me réponds que c'est tentant, mais que je m'en voudrais, le lendemain, de n'avoir pas avancé.

J'ai une meilleure idée.

J'ai vu le jour un 16 juillet : je pagaierai seize heures, le jour de mon anniversaire. Je suis né en 1966 : je ferai au moins soixante-six kilomètres, ce jour-là.

Un cadeau utile, en somme.

Le lendemain, au réveil, je me souhaite bon anniversaire, j'avale mon petit déj' et je saute dans mon kayak. Euphorique, je prends des risques en traversant les baies en ligne droite, d'un cap à l'autre, ce qui m'emmène parfois à plus de vingt-cinq kilomètres des côtes. Mais j'ai la chance d'échapper à la sanction du vent. Au bout de seize heures, j'oblique à nouveau vers la terre ferme. Quand j'y aborde enfin, mon GPS m'indique que j'ai parcouru soixante-huit kilomètres et demi ! Mon record. Et un cadeau d'anniversaire que j'ai bien mérité.

Je m'endors, épuisé, sourire aux lèvres.

Obsédé par la crainte d'arriver trop tard et de devoir attendre la fin de l'hiver pour traverser la mer de Béring, je dors moins, ne mange que quand j'ai faim (la température ne m'impose plus autant de calories), et pagaie avec toute l'énergie de ma forme retrouvée. Mon kayak s'allège et le vent m'aide parfois en me permettant de mettre à la voile. Sans renouveler tous les jours l'exploit de mon anniversaire, je tourne autour des cinquante kilomètres quotidiens.

Les nuits sont traversées de silhouettes de caribous. L'un d'eux me réveille en sursaut en glissant sa tête à l'intérieur de ma tente. Nous posons ensemble pour la photo...

Moins sympathiques : les nuages de moustiques, si compacts qu'ils m'interdisent d'ouvrir la bouche. Je leur échappe, heureusement, une fois sur l'eau.

Pour gagner du temps, je dors parfois dans mon kayak. Bercé par la grande paix de l'océan, je pose ma pagaie en sentant venir le sommeil... La mer de Beaufort est boueuse, peu profonde (on a parfois pied à cinq kilomètres des côtes) et les courants y sont faibles. Seul un souffle violent risquerait de m'entraîner au large. Mais il me réveillerait avant.

Le 21 juillet, à deux jours du cap Barrow, mon GPS m'indique que je suis exactement à mi-chemin de mon parcours : j'ai fait dix mille kilomètres, sur les vingt mille de mon tour complet du cercle polaire arctique. Il m'a fallu près d'un an pour parvenir jusqu'ici. Peut-être m'en faudra-t-il autant pour arriver au bout. Tout ce que je sais, c'est qu'à partir de cet endroit et de cet instant, je suis sur le chemin du retour.

J'immortalise l'événement en photographiant mon kayak sur un banc de sable. Ce faisant, j'aperçois deux bébés eiders, sur lesquels s'apprête à fondre un rapace. Malgré moi, je me précipite pour chasser le prédateur et mettre les canardeaux à l'abri. De telles interventions sont interdites en Alaska, où l'on doit laisser la nature suivre son cours. Disons que j'aurai sauvé deux vies pour fêter ma demi-victoire...

Les vents de trente, quarante nœuds qui m'accompagnent les deux jours suivants interdisent d'habitude toute sortie en mer aux petits bateaux. Mais mon kayak, plus léger, est devenu plus rapide, mon gouvernail réagit à la perfection... Porté par un vent arrière, je m'amuse comme un fou à surfer sur les vagues. Je ne donnerais ma place pour rien au monde.

Quand je repense aux mois d'hiver que je viens de traverser, j'ai l'impression d'être en vacances.

Située au cap Barrow, la petite ville de Barrow est une agglomération arctique aux maisons cubiques, battues par les vents et les tempêtes de neige. À 71° de latitude, le cap Barrow est le point le plus septentrional du continent : le cap Nord américain.

J'y arrive à une heure du matin. Les deux premiers habitants que je rencontre sont inuit et ivres à tomber par terre, ce qui ne les empêche pas de m'offrir généreusement l'hospitalité de leur canapé pour le restant de la nuit. Juste avant de nous écrouler, nous fêtons mon arrivée en ouvrant une bouteille de vin[1].

Le lendemain, Cathy m'annonce une coïncidence incroyable : *Vagabond* est à Barrow ! *Vagabond*, c'est le voilier avec lequel mon ami Éric Boissier, qui a fait le passage du Nord-Est l'année dernière, tente cette année d'être le premier à faire le tour de l'Arctique à la voile, sur deux saisons, par le passage du Nord-Est et celui du Nord-Ouest.

1. La vente d'alcool, je le rappelle, est la plupart du temps interdite dans l'Arctique. Mais il y a des nuances intéressantes. Ainsi, dans les communautés « sèches » (*dry*), toute vente et toute consommation d'alcool sont interdites. Dans les communautés « humides » (*damp*), la vente est interdite (pas de bars), mais la livraison à domicile est autorisée (les caisses sont expédiées par avion d'Anchorage, et l'acheteur doit avoir un casier judiciaire vierge). Enfin, les communautés « mouillées » (*wet*) sont celles où la vente et la consommation d'alcool sont libres.

Voilà au moins deux ans que, nos deux expéditions étant prévues sur la même période, nous nous sommes donné rendez-vous quelque part en Alaska. Sans savoir où, bien sûr.

Éric et sa compagne, France, me présentent à une dame d'une cinquantaine d'années, Christiane Lambert, responsable du programme de construction de logements du North Slope. Quand *Vagabond* a accosté à Barrow, Christiane a contacté ses occupants pour leur proposer de les héberger. Généreusement, elle me fait la même offre. J'abandonne donc le canapé de mes amis inuit pour emménager chez elle. Ses grands enfants sont partis depuis longtemps et elle m'adopte instantanément. Elle me nourrit, me bichonne et m'emmène chez le seul dentiste de la région, faire soigner une molaire qui me fait souffrir depuis que je l'ai cassée sur une barre chocolatée congelée, voici quatre mois. Tant qu'il y est, je demande au praticien de s'occuper d'une ancienne couronne, qui s'est détachée et que j'ai recollée il y a quelques semaines avec de la superglu.

Véritable ange gardien, Christiane Lambert appelle le gouverneur de l'Alaska pour qu'il intervienne auprès des autorités russes et tente de me faciliter le passage dans le Tchoukotka (sur la presqu'île des Tchouktches). Quand j'évoque la nécessité d'avoir une arme pour me protéger en traversant les steppes russes, et les difficultés de m'en procurer une (je n'ai pas vécu assez longtemps aux États-Unis), elle me promet de s'occuper du problème...

À Barrow, j'avais envisagé d'échanger mon kayak contre mon bateau...

J'ai compris qu'il m'en faudrait un quand j'ai su que je me présenterais en août au détroit de

Béring et que je ne pourrais donc pas le traverser à pied. Mon monocoque brise-glace allait enfin être libéré de celles du nord de l'île de Baffin, mais je ne pouvais pas le faire venir jusqu'à moi. Familier du trimaran Corsair marine, j'ai acheté un modèle vingt-quatre pieds sur les conseils du représentant de la marque. J'ai dû le faire construire à San Diego, remorquer jusqu'à Seattle, et embarquer sur une péniche de mer de la compagnie Bow Head, qui devait le livrer à Point Hope, sur la côte ouest de l'Alaska, le 1er août.

Mais à cause du mauvais temps, responsable de toutes sortes de problèmes de chargement, Bow Head a pris du retard. Je pourrais faire transférer mon trimaran sur une de leurs péniches de mer assurant le *sea lift*, c'est-à-dire le réapprovisionnement annuel de tous les villages de la côte nord. Le *sea lift* arrivera ici dans un mois. Étant en avance sur mon planning, je pourrais me permettre de l'attendre. Mais j'ai des fourmis dans les jambes et l'envie de bouger me démange.

Je récupérerai mon bateau comme prévu, à Point Hope.

Une série de tempêtes venues de Russie matraque Barrow huit jours d'affilée. D'après les prévisions, il y en a pour des semaines.

Pas question de mettre mon kayak à l'eau dans cette mer déchaînée.

Mais faute de pouvoir naviguer, je peux encore marcher. Fan de mes aventures, le responsable local d'un transporteur aérien, Hagland Air, m'offre d'expédier mon kayak n'importe où, gratuitement. Je l'assure de ma reconnaissance et lui affirme que Wainwright, un village situé deux cents kilomètres plus loin, suffira. Je devrais y être dans quatre ou cinq jours. Si le temps s'améliore, je pourrai reprendre ma pirogue à partir de là.

J'expédie avec le kayak la plus grande partie de mon matériel. Équipé d'un sac à dos qu'un ami de Christiane m'a envoyé d'Anchorage, je m'engage le long des Skull Cliffs, les « Falaises du Crâne », au-delà desquelles se trouve une toundra marécageuse, régulièrement traversée de cours d'eau et semée de lacs difficiles à franchir. Les brèches ouvertes par la mer m'obligent régulièrement à grimper pour les contourner, et les grandes baies ne cessent de rallonger mon parcours. On comprend pourquoi, dans cette région, les gens ne se déplacent qu'en bateau ou en avion.

Au rythme d'une trentaine de kilomètres par jour, je progresse tant bien que mal jusqu'à une grande péninsule marécageuse. À l'orée de celle-ci se trouvent quelques cabanes de chasse et de pêche, près desquelles je fais la connaissance d'un Inuit nommé Hopkins. Quand j'évoque mon projet de traverser à la nage la baie qui s'ouvre de l'autre côté de la péninsule, Hopkins m'affirme qu'elle est trop vaste. En outre, elle est infestée de phoques tachetés qui se montrent parfois dangereux. Un vieil Inuit, qui m'offre le thé dans sa cabane, me conseille de descendre jusqu'à la baie, de gagner la rivière qui y débouche, et de la suivre jusqu'à un rétrécissement qui me permettra de traverser à la nage.

De l'autre côté de la péninsule, j'ai une triste surprise. Les rivages de la baie sont semés de cadavres de morses, boursouflés et décapités. C'est l'œuvre de braconniers inuit, trafiquants d'ivoire, qui les abattent à coups de fusil et se débarrassent de leurs cadavres dans la mer, qui les rejette sur la rive où ils achèvent de pourrir. Je trouve aussi des cadavres de baleines bélugas, des traces d'ours venus tourner autour...

La cupidité occidentale a infecté les esprits, ici aussi, au détriment des valeurs traditionnelles de respect de l'environnement et de protection de l'harmonie naturelle...

Je descends jusqu'à la rivière. D'après ma carte, elle ne rétrécit pas avant au moins vingt-cinq kilomètres. Je décide de tenter la traversée ici même, où elle doit faire une cinquantaine de mètres de large.

Gainé de Gore-Tex et de *powerstretch* de la tête aux pieds, mon sac à dos enfermé dans un sac-poubelle, j'entre dans l'eau. Il ne lui faut que quelques secondes pour traverser mes vêtements isolants – mais pas imperméables... D'un seul coup, j'ai le souffle coupé par le froid.

Tout autour surgissent les vilaines têtes aux moustaches pendantes des phoques tachetés. Les inquiétantes bestioles, marquées de blanc comme par une maladie de peau, m'observent, déconcertées.

Sentant que je n'y arriverai pas, je fais demi-tour et remonte sur la berge.

Trempé, marchant à toute vitesse pour me réchauffer, je cherche un passage plus étroit. Mais le cours de la rivière va vers l'est : le suivre me ramène en arrière.

D'une manière ou d'une autre, il faut que je traverse.

Mon sac sur la tête, j'entre dans l'eau pour la deuxième fois, retenant mon souffle quand la tenaille de glace se referme sur ma peau. Quand l'eau m'arrive au menton, je me mets à nager comme les chiens, en poussant mon chargement devant moi, luttant à la fois contre le courant qui me déporte vers la mer, et la paralysie que le froid installe dans mes membres. J'ai si froid que je pourrais aussi bien être nu. La fatigue, sans doute, accumulée durant toutes ces heures de marche... Je suis sur le point de renoncer une fois encore, mais je m'accroche, sachant que je n'aurai pas la force de faire une troisième tentative. Pas aujourd'hui, en tout cas.

Perclus de crampes, j'atteins finalement l'autre bord.

Pas question de me poser pour souffler, si je ne veux pas geler sur place. À nouveau, je fonce pour me réchauffer. Une quarantaine de kilomètres de toundra et quelques petits lacs me séparent encore de Wainwright. J'avance dans un marécage où j'ai de l'eau jusqu'aux genoux. En fin de journée, cherchant vainement un endroit sec pour bivouaquer, je me réfugie finalement sur un monticule à peine plus grand que ma tente, où je me fais l'effet d'être sur une île minuscule. Je passe une nuit humide dans mon sac trempé. Plus question d'y dormir avant de l'avoir fait sécher : il faut que je sois à Wainwright ce soir.

Sur le sol inégal de la toundra, alourdi et déséquilibré par le poids de mon sac à dos, je risque à chaque pas de me tordre le pied. La végétation mouillée me trempe jusqu'au torse, et je marche courbé pour résister à la bourrasque. Au bout de quinze heures, je m'accorde ma première pause. La deuxième, cinq heures plus tard. Et à vingt-deux heures, après vingt-cinq heures de marche non-stop, c'est dans un état second, mais euphorique, que j'arrive à Wainwright.

Mon kayak m'y attend. On annonce pour dans deux jours une éclaircie de quarante-huit heures et je décide de profiter de cette fenêtre (par ailleurs, le prix du sandwich à Wainwright – douze dollars – ne m'incite pas à m'attarder).

Mon trimaran, lui, se rapproche de Point Hope, où je dois le récupérer. Réflexion faite, j'appelle mon frère Martin pour lui demander d'en prendre livraison et de me l'amener cent quatre-vingts kilomètres plus haut, à Point Lay.

Je pagaie contre des vents et des vagues qui, parfois, m'empêchent pratiquement d'avancer. Secoué par des courants violents aux alentours de Icy Cape (le « cap Glacé »), je me réfugie entre la côte et les bancs de sable. Dans les lagons où le niveau diminue quand le vent tourne, je progresse en traînant mon kayak derrière moi, à trois kilomètres du rivage. Depuis la côte, que je distingue à peine, je dois avoir l'air de marcher sur l'eau. Dès que les fonds se creusent, les phoques tachetés s'attroupent autour de mon kayak, tournent autour, passent en dessous, dans un grand numéro d'intimidation qui vise à me faire verser et tomber à l'eau...

Le 10 août, je suis à Point Lay, après avoir fait deux cent vingt kilomètres en quatre jours.

J'arrive à l'aube et à pied, traînant mon kayak dans le lagon. Du bout de l'horizon, je distingue sur un banc de sable une tache blanche que j'identifie immédiatement : mon bateau ! Martin, arrivé la veille, m'avait bien dit que je ne pourrais pas le rater. Sa présence symbolise la fin de la partie nord-américaine de mon périple, et – déjà – la Russie.

Il y a plus d'un an que je n'ai pas vu mon frère. Nos retrouvailles sont un moment d'émotion intense, qui se prolonge puisque nous réembarquons ensemble, direction Point Hope. C'est l'occasion de reprendre nos vieilles conversations, et pour moi d'avoir des nouvelles de ma mère et du reste de la famille.

Dans quelques jours, l'émotion continuera, puisque je retrouverai à Point Hope ma femme et mes filles, que je n'ai pas vues depuis Gjoa Haven, il y a six mois.

Cape Lisburne et ses bourrasques venues de la chaîne de Brooks sont à la hauteur de leur réputation. Après quelques moments difficiles, nous approchons, Martin et moi, de Point Hope. Les eaux houleuses semblent m'avertir : je dois me hâter de traverser. L'automne sera bientôt là et les conditions vont se détériorer très vite, à partir de maintenant, dans la mer de Béring.

Nous arrivons vers trois heures du matin à Point Hope. Faute de pouvoir mettre le trimaran hors de l'eau à cette heure-ci, je dépose Martin sur la plage et je mouille au large.

Quelques heures plus tard, Cathy, Annika et Jessica apparaissent sur la rive. Je navigue jusqu'à elles, pour serrer dans mes bras les trois personnes qui me sont les plus chères au monde. Mes filles, une fois encore, ont grandi pendant que j'avais le dos tourné...

En un rien de temps, des gens surgissent de partout, prêts à m'aider à hisser mon bateau sur sa remorque. Un Inuit s'installe chez sa grand-mère avec toute sa famille, pour nous laisser sa maison...

Le président de Groupama Jean Baligand, et plusieurs des cadres dirigeants de la société, le maire de Château-d'Œx, mon village suisse (qui parraine l'étape décisive où je quitterai le continent américain pour entrer en Russie), et tous les habitants de la commune et amis qui ont souhaité faire le voyage de Point Hope, sont venus m'accueillir.

Un Inuit nommé Steve Umatuk est là aussi.

Quand Martin est venu ici récupérer mon trimaran pour l'amener à Point Lay, c'est avec Steve Umatuk qu'il a d'abord pris contact (Christiane Lambert, à Barrow, m'avait donné ses coordonnées). Steve, qui est capitaine des pompiers, a installé Martin à la caserne, dans la chambre réservée à l'homme de garde, l'a nourri, l'a aidé à décharger mon bateau de la péniche, l'a assisté de toutes les manières possibles.

Durant notre séjour à Point Hope, vieille cité baleinière de quatre cents habitants, Steve nous fait visiter le cimetière, où des os de cétacés servent de pierres tombales aux capitaines des baleiniers.

Comme tous les villages inuit, nous explique-t-il, Point Hope vit de son quota de pêche annuel (ici, il est de douze unités). Dans la philosophie du peuple du Grand Nord, c'est la baleine qui s'offre au chasseur, pour nourrir le village avec qui elle partage la mer. Elle possède trois vies, et s'offre donc trois fois, avant de mourir tout à fait. Les chasseurs partent à sa rencontre à bord de pirogues dont la coque est recouverte de peau de morse huilée. Parfois, la baleine, qui est trois fois plus grande que le bateau, plonge et entraîne les chasseurs au fond. Mais quand les hommes sont victorieux, ils rapportent son âme au village, avant de la rendre à l'océan. Ainsi, la baleine pourra renaître et s'offrir de nouveau la saison prochaine, garantissant la survie de la communauté...

En évoquant ce lien vital entre l'homme et le géant des mers, Steve nous révèle une alliance quasi religieuse...

Désormais, les baleines seront pour moi beaucoup plus que de gros et majestueux poissons.

Nous assistons à des danses traditionnelles et à un vaste déploiement, à notre intention, des richesses de la culture inuit.

Le maire de Château-d'Œx, Jean-Jacques Mottier, distribue à tout le village des chocolats et des fromages suisses ; une artiste du découpage (spécialité helvète) initie à son art les enfants inuit et offre au maire de Point Hope un « tableau » où je figure en bonne place, entre sa commune et celle de Château-d'Œx.

Le maire de ma localité d'adoption baptise solennellement mon bateau en brisant contre la coque une bouteille de champagne, sous le regard consterné d'Inuits à qui la consommation d'alcool est interdite. J'ai beau leur expliquer que, dans notre culture, il s'agit d'une offrande à Neptune, ils ne sont pas convaincus.

Pendant ce temps-là, à Château-d'Œx, on donne une grande fête en mon honneur. J'y participe virtuellement en échangeant quelques mots avec chacun, au téléphone satellite.

À Point Hope, Martin a retrouvé Ronan le Goff, dit « Ronnie », un skipper français venu l'aider à ramener mon bateau, une fois que je l'aurai abandonné à Provideniya, en Russie, de l'autre côté du détroit de Béring. Ronan le Goff n'est pas n'importe qui, puisqu'il a, entre autres, fait partie de l'équipage d'Ellen MacArthur, lors de sa tentative de record dans le Trophée Jules-Verne, en février 2002. Avec lui, mon trimaran sera en de bonnes mains.

J'avais initialement prévu de traverser le détroit de Béring en kayak, puis de remonter le long des côtes russes, jusqu'à ce que le gel de la mer de Sibérie m'oblige à continuer à pied. Mais je n'ai été autorisé à entrer en Russie que par la porte « officielle » de Provideniya, ce qui m'oblige à passer par la mer de Béring, beaucoup trop violente pour un simple kayak.

Je l'emporterai donc avec moi sur le trimaran, et je quitterai Provideniya à son bord.

Comme il n'existe pas de vols Provideniya-Point Hope, Martin et Ronnie s'envolent pour Nome (au sud de la péninsule Seward), d'où ils espèrent rejoindre Provideniya par Bering Air, une petite compagnie qui est la seule à assurer la liaison, mais dont les vols ne sont pas réguliers.

Alors que je m'apprête à prendre la mer, j'ai la surprise de voir arriver Christiane Lambert, mon ange gardien de Barrow. Elle me tend un paquet contenant un 45 Magnum.

– De la part d'une de mes amies, dit-elle. Il appartenait à son mari, qui est décédé. Elle est heureuse de te l'offrir.

Je quitte Point Hope par beau temps, cap ouest-sud-ouest, vers la presqu'île des Tchouktches.

Bientôt, je suis en vue des deux îles Diomède – la petite et la grande –, situées en plein milieu du détroit de Béring. La frontière américano-russe passe entre les deux ; ce qui a valu à chacune d'elles, pendant la guerre froide, de servir de poste d'observation avancé.

En les contournant par l'ouest, je me retrouve au milieu d'un banc d'une cinquantaine de baleines à bosse. Les premières que je vois. C'est l'époque où, venant du sud, elles migrent vers la mer des Tchouktches et l'océan Arctique, en passant par le détroit de Béring (elles feront le chemin inverse à l'automne). Les monstres de vingt mètres de long évoluent tout près de mon bateau, qui n'en fait que huit...

En les admirant, je repense aux paroles de Steve Umatuk...

Au large du cap du Prince-de-Galles, là où les eaux de la mer de Béring s'engouffrent dans la partie la plus étroite du détroit, le vent soulève des vagues courtes et hachées. En entraînant la séparation des continents, il y a des millions d'années, la fin de l'ère glaciaire et la hausse du niveau de l'océan ont donné naissance à cet « étang boueux », cette mer peu profonde dont on dit qu'elle est l'une des plus froides et des plus traîtres du globe. Quand le vent se lève dans la mer de Béring, les courants s'accélèrent et les vagues désordonnées se fracassent dans tous les sens, se précipitant dans l'entonnoir du détroit et provoquant de véritables tourbillons dans la mer des Tchouktches. Un Français qui tentait la traversée en planche à voile a disparu à jamais...

Au telsat, mon frère m'annonce que, faute de vol pour Provideniya, Ronnie et lui sont bloqués à Nome. Ils doivent affréter un avion, et attendre trois jours l'autorisation d'atterrir en Russie.

Entre une dépense qui grèvera sérieusement mon budget et la perspective de débarquer à Provideniya sans y trouver personne pour ramener mon bateau... je décide d'aller chercher Martin et Ronnie à Teller, un village qui se trouve cent dix kilomètres au nord de Nome. Ils n'auront qu'à prendre un taxi pour m'y rejoindre.

À une dizaine d'heures de Provideniya, je fais demi-tour.

C'est le moment que choisit ma batterie pour se vider, me privant de pilote automatique. Je rappelle Martin pour lui demander de m'en trouver une de rechange.

Cramponné à la barre vingt-quatre heures sur vingt-quatre, trempé et glacé, je surfe sur des vagues raides, si rapprochées que les trois coques du trimaran enfournent régulièrement dans la suivante, et qu'il s'en faut de peu que je bascule cul par-dessus tête. Mon gouvernail hors de l'eau, je perds deux fois le contrôle du bateau et je suis à deux doigts de chavirer. Voilure carguée, je file encore à seize, dix-huit nœuds. De toute ma concentration, je m'efforce de maîtriser mon accélération afin de grimper sur les vagues, au lieu d'y plonger... La terre n'est pas loin, mais si je passe par-dessus bord, pas question de nager jusque-là : dans ces eaux glacées, je mourrai d'hypothermie en quelques minutes.

Je regrette d'avoir acheté un bateau de vingt-quatre pieds : c'est beaucoup trop petit pour la mer de Béring, qui est décidément à la hauteur de sa réputation. Cette erreur d'appréciation risque de me coûter cher.

Trois jours après avoir mis le cap sur Teller, j'entre dans son port naturel, où la mer se calme enfin. Martin et Ronnie m'attendent sur la plage. Un nommé Joe Garney nous héberge et nous offre un fastueux petit déjeuner de *pancakes* et de saumon pêché et fumé par ses soins. Joe restera l'un des visages de la générosité désintéressée que j'aurai rencontrés dans le Grand Nord.

Le lendemain, les bulletins météo étant favorables, Martin, Ronnie et moi mettons le cap sur la Russie.

Les cinq ou six premières heures, nous filons par temps clair à dix, douze nœuds. Quand vient la nuit – ou le clair-obscur qui en tient lieu –, le vent retombe, la vitesse aussi.

Dans la matinée, tout change en quelques minutes.

Un cyclone et un anticyclone se rejoignent dans la mer de Béring au moment précis où nous la traversons et nous sommes pris dans des vents de soixante nœuds (ceux du dernier ouragan à ravager les États-Unis étaient de quatre-vingts nœuds). Toutes voiles carguées à l'exception d'un foc de tempête, nous filons à quinze nœuds. Cramponné à la barre, je vois soudain fondre sur notre flanc le mur d'une déferlante. Nous sommes bons pour finir coque en l'air. Et Martin et Ronnie qui sont en bas, le nez sur les cartes ! Je vire pour faire face à la vague, qui s'abat directement sur moi ! Seul le réflexe de m'agripper à une des écoutes de la bôme m'évite d'être balayé et jeté à la mer.

Quand je récupère la maîtrise du bateau et le contrôle de moi-même, j'ai perdu tous mes repères. Martin surgit à cet instant précis et tend le bras :

– Par là !

Je lui obéis sans réfléchir, ce qui nous fait échapper de justesse à une nouvelle déferlante. Les vagues courent dans tous les sens, imprévisibles, et la mer n'offre pas de canevas sur lequel s'accorder. Les bourrasques couchent la pluie à l'horizontale et arrachent des cascades blanches à la crête des lames. La visibilité est quasiment nulle. Nous luttons successivement, Ronnie et moi, pour garder le contrôle d'un bateau qui n'en fait qu'à sa tête.

La côte faisant obstacle au vent, la mer retrouve un semblant de calme à son approche et je donne de la toile. Mais à l'entrée de la baie de Provideniya, nous sommes brutalement cueillis par un souffle de soixante à soixante-cinq nœuds, qui soulève le bateau par le flanc ! Le trimaran se met à glisser sur un flotteur, comme une voiture sur deux roues. Ronnie est à la barre, Martin dans l'habitacle, et je m'active sur le pont. Je me jette sur le mât pour libérer la drisse, puis à l'avant pour amener la toile et nous empêcher de basculer tout à fait. J'en ai enroulé la moitié quand le bateau retombe sur ses « pieds » avec un « vlaouff ! » retentissant et une onde de choc qui se répercute jusqu'à nos épaules. La seule surface portante du mât nous pousse à six, huit nœuds...

Fatigués mais heureux, nous entrons dans la baie de Provideniya. Une fois à l'abri, le vent retombe comme par enchantement et la mer se calme. Ronnie donne un peu de toile, Martin a le nez sur les cartes et je tiens la barre...

Bientôt, j'aperçois la ville, puis les contours massifs de ses blocs d'immeubles.

Dans quelques minutes, je serai le premier homme à avoir traversé en solo, non-stop, le Groenland et le Canada, jusqu'en Russie.

Peu à peu, les détails se précisent.

Il y a trente-six heures que nous avons quitté Teller, mais le temps a dû s'écouler à l'envers.

En découvrant Provideniya, j'ai l'impression d'être tombé dans une faille du continuum spatio-temporel...

Et d'avoir été renvoyé un demi-siècle en arrière.

6

Bienvenue en Russie !

Aucune lumière, ou presque, n'est visible aux fenêtres aveugles des barres d'immeubles. Seuls des filets de pêche contenant de maigres provisions – faute d'électricité, ils tiennent lieu de frigos – témoignent de présences humaines. Sur des chantiers fantômes, des grues congelées dans le temps se dressent comme des squelettes entre d'énormes tas de charbon fumant. (Le charbon est ici l'unique moyen de chauffage.) Des véhicules militaires abandonnés depuis des lustres s'entassent sur les quais. Des carcasses rouillées de bateaux à moitié coulés encombrent le port.

La grisaille sinistre de l'ensemble donne au décor des allures d'Union soviétique, période stalinienne.

Et je soupçonne déjà que le reste est à l'avenant.

Il est près de vingt-deux heures quand nous passons devant le remorqueur du port. Le marin nous adresse de grands signes et des cris, censés nous faire comprendre qu'il est interdit de s'amarrer à quai. Nous devons jeter l'ancre dans le port et attendre sur place la venue des douaniers et des gardes-côtes. Nous ne l'ignorons pas, mais nous sommes à bout de fatigue, l'océan nous a laminés, et nous n'aspirons qu'à une chose : sentir la terre ferme sous nos pieds.

L'homme du remorqueur sort un haut-parleur pour nous aboyer dessus.

Je vire en épingle pour venir lui crier à mon tour :

– *Do you speak english?*

De toute évidence, non. Je file droit vers le quai, sous une salve de « *Niet! Niet!* » que je fais mine de ne pas entendre. Martin et Ronnie sautent à terre pour nous amarrer. Le marin du remorqueur braque ses projecteurs sur nous, sans cesser de vociférer.

Réfugiés dans l'habitacle, nous sirotons des bières en attendant la suite.

Martin et Ronnie ont un visa de trois mois, mais un visa russe, c'est-à-dire qu'ils sont ici en situation irrégulière. Ils n'avaient pas prévu de séjourner à Provideniya, mais reprendre la mer par ce mauvais temps est trop dangereux. Ils affréteront un avion pour les ramener à Nome, et je mettrai le trimaran sur le prochain cargo pour n'importe où.

Les gardes-côtes russes arrivent, impressionnants dans leurs uniformes et leurs casquettes vertes à visière. Ils examinent le bateau avec des regards soupçonneux. Nous les invitons à monter à bord, histoire de régler les formalités à l'abri de la pluie glacée qui s'est mise à tomber, mais ils refusent. Ils exigent : une déclaration affirmant que nous ne transportons ni marchandises prohibées – ivoire, drogue... – ni passagers en situation illégale; un inventaire détaillé du contenu du bateau; une liste des personnes composant l'équipage.

Nous y passons une bonne heure. Après quoi, les militaires nous conduisent à bord du remorqueur, pour la suite des formalités.

Entassés dans le carré mal éclairé, nous remplissons des formulaires d'un autre âge où la ligne « année » commence systématiquement par 19... Plus nous essayons de détendre l'atmosphère, plus les soldats nous regardent avec des mines sinistres.

L'un d'eux s'appelle Dimitri, surnommé « Dima » ; il est officier des douanes et parle quelques mots d'anglais, ayant fait une partie de ses études en Alaska. Il extrait d'une de ses poches un étui en cuir zippé contenant une série de cachets ; d'une autre, une trousse recelant un tampon encreur ; d'une troisième, un assortiment de stylos. Il souffle de la buée sur le tampon encreur pour l'humidifier et sort une feuille de papier pour tester successivement tous les cachets. Puis il aligne nos passeports devant lui et entreprend de les tamponner en rythme, dans une sorte de danse dérisoire et interminable, exécutée par une machine administrative bien huilée. Une vraie scène de film.

Son cérémonial achevé, Dimitri lâche, sans rire :

– Bienvenue dans le futur !

J'en reste bouche bée. Puis je comprends : nous avons franchi le méridien du changement de date et nous sommes effectivement... demain !

Il me demande si je possède des armes. Je réponds que j'ai un fusil.

– Interdit ! Je vais devoir le confisquer.

J'ai beau arguer que dans les régions sauvages que je m'apprête à traverser, j'aurai besoin de cette arme pour défendre ma vie, Dimitri ne veut rien entendre. On envoie Martin récupérer le fusil, resté dans le bateau. Mon GPS subit le même sort. Interdit aussi ! Et l'argument selon lequel j'en ai besoin pour faire connaître ma position à ma femme ne porte pas davantage.

Heureusement, ce ne sont que des leurres ! Ma mésaventure d'Igloolik m'a servi de leçon, et j'ai emporté ces deux articles en double.

Les « vrais » sont soigneusement cachés au fond de mon paquetage.

Mais j'ai peu de chances de m'en servir, si j'en crois les gardes-côtes, qui m'annoncent que je n'ai pas l'autorisation de me déplacer sur le territoire du Tchoukotka.

Je ne le sais que trop. Depuis la construction dans la région d'une centrale nucléaire qui alimente la Sibérie en électricité, la péninsule est une zone militarisée, ultrasécurisée, interdite d'accès à qui que ce soit. Sauf autorisation exceptionnelle.

Pour m'aider à en décrocher une, un de mes sponsors est entré en contact avec l'homme d'affaires Roman Abramovitch, multimilliardaire et gouverneur du Tchoukotka. Abramovitch – qui est, je crois, orginaire d'Anadyr, la capitale – a investi une partie de sa gigantesque fortune dans le redémarrage économique et industriel de la péninsule.

Il nous a mis en relation avec Alexandre Borden, gouverneur adjoint, responsable des Affaires extérieures. Borden m'a fait délivrer un visa d'entrée ; l'autorisation de traverser le pays devait suivre. Malheureusement, Borden est parti pour Moscou, puis en vacances en Mongolie ; et mon dossier, qui était entre ses mains, s'est perdu.

Résultat : je suis admis dans le pays, mais on m'interdit de faire un pas de plus.

Après d'ultimes coups de tampon, les militaires nous ordonnent de rester à bord cette nuit et nous convoquent pour dix heures au bureau des douanes, où on nous avisera des décisions nous concernant. Puis ils grimpent dans leur vieille Jeep, que l'un d'entre eux fait démarrer... à la manivelle.

Quand je pense qu'en Alaska, à cent cinquante kilomètres d'ici, je pouvais aller et venir sans qu'on me demande jamais le moindre document[1] ! Dire que dans n'importe quel port américain ou canadien, je n'avais qu'à me présenter au commissariat, où le cachet d'entrée était une simple formalité...

Trempés, serrés à trois dans deux sacs de couchage, nous passons une nuit glaciale, et inquiète.

Le lendemain, un temps superbe nous offre une vue plus complète de Provideniya. Ou ce qu'il en reste.

À l'époque de la toute-puissance soviétique, dans les années soixante-dix, les autorités avaient décidé de faire de cette ville la principale voie d'accès au passage du Nord-Est. Son port en eaux profondes (une centaine de mètres), idéalement protégé par un glacier, pouvait accueillir les plus gros tonnages, et les brise-glace n'auraient pas été nécessaires, pour en dégager l'accès, plus de deux mois par an. Le projet était de « jumeler » Provideniya et Mourmansk pour en faire deux cités portuaires d'égale importance, chacune à un bout d'une grande ligne maritime.

Provideniya s'est donc développée comme une ville-champignon, jusqu'à compter plus de dix mille habitants. Et puis, pour des raisons aussi mystérieuses que les rouages de l'administration

1. Quoique... Si le tsar, à court d'argent, n'avait pas vendu l'Alaska aux Américains en 1867 pour la modique somme de 17 millions de dollars, la paperasserie serait aujourd'hui la même des deux côtés.

ex-soviétique, tous ces grands projets sont passés à la trappe. Du jour au lendemain, la ville a cessé d'être approvisionnée en produits alimentaires et de première nécessité. La fabrique de bière a fermé, la boulangerie industrielle qui fournissait du pain à tout le Tchoukotka a mis la clé sous la porte... et la plupart des habitants ont déserté la ville.

La caserne, de l'autre côté de la baie, est à l'abandon, elle aussi. Ses vastes bâtiments délabrés n'abritent plus que les gardes-frontières, les douaniers et les employés de l'aéroport tout proche. Martin et moi y retrouvons Dimitri, qui m'annonce que les gardes-côtes ont l'intention de m'interroger longuement et que je vais avoir besoin d'un interprète. Il appelle un certain Vladimir Bychkof...

Une demi-heure plus tard arrive un quadragénaire barbu, plus petit que moi, au regard brillant. Vladimir, qui a décroché un MBA[1] à l'université d'Anchorage et s'exprime dans un anglais excellent, est interprète sur le *Quak*, un grand brise-glace russe à bord duquel travaillent des équipes scientifiques russo-américaines. Il est guide à l'occasion, et possède sa propre entreprise, YUR Trans Services, qui gère la logistique de sociétés minières et immobilières américaines et canadiennes. Bref, si quelqu'un, ici, peut m'aider à résoudre mes problèmes, c'est lui.

Comme il s'étonne de ne jamais avoir entendu parler de moi, j'explique qu'Alexandre Borden, gouverneur adjoint de la province du Tchoukotka, était censé prendre mon dossier en main, mais que je suis sans nouvelles. Et apparemment, per-

1. Masters of Business Administration.

sonne à Anadyr n'a pensé à prévenir Provideniya de mon arrivée.

Personne n'a davantage pris la peine de me signaler ce que Bychkof m'apprend : depuis qu'un des rares « explorateurs » à s'être aventurés dans le Tchoukotka – un Japonais – y a trouvé la mort l'année dernière, les quelques autorisations d'accès sont assorties de l'obligation d'être accompagné !

En clair, si je n'ai pas de chaperon agréé par les autorités, on ne me laissera jamais traverser le territoire.

Si j'avais su, j'aurais commencé à en chercher un il y a six mois.

Vladimir me demande deux heures, le temps de passer quelques coups de fil et nous dépose – Provideniya ne possède ni hôtel ni restaurant – dans un « café » où l'on sert de la soupe de patates et de chou, accompagnée de pain de seigle. Quand nous regagnons le bateau, un énorme cargo décharge sur le même quai du matériel de construction. Le capitaine, un Ukrainien chaleureux qui parle parfaitement anglais, m'apprend qu'il lève l'ancre demain pour la Corée.

Pourrait-il emporter mon trimaran ?

– Pas de problème, Mike. Je repars presque à vide, j'ai toute la place.

Il faut quand même que j'appelle ses patrons, une société d'armateurs néerlandais. Ensuite, il y aura l'affrétage de l'avion pour ramener Martin et Ronnie à Nome, avec les frais que cela comporte...

D'après les dernières informations météo – fournies par le capitaine ukrainien –, la tempête d'hier est passée, dégageant une fenêtre de quarante-huit heures. C'est suffisant pour que Martin et

Ronnie puissent regagner Nome par la mer. Ils sont prêts à essayer, mais il y a quand même un risque et je tiens à leur laisser le choix. Nous convenons que si le bulletin de dix-huit heures confirme le précédent, ils partiront immédiatement. Par l'intermédiaire de Vladimir, je préviens les douaniers et les gardes-côtes pour que tout se passe dans les règles.

À dix-huit heures, une demi-douzaine de militaires font le pied de grue autour du trimaran, pendant que je décharge l'équipement dont je vais avoir besoin pour la suite de mon expédition. Le bulletin météo se fait attendre jusqu'à dix-huit heures trente. Il est favorable. Les soldats remettent quelques coups de tampon sur les passeports de Martin et Ronnie, leur font remplir et signer d'ultimes formulaires... et leur rendent, avec une honnêteté qui mérite d'être signalée, l'arme et le GPS qu'ils m'ont confisqués.

Mon frère et son skipper lèvent l'ancre. Un dernier signe depuis le quai...

Je vais me sentir seul, mais Martin et Ronnie partis, je n'aurai plus, au moins, à m'inquiéter pour eux.

Mon trimaran n'est pas encore sorti de la baie de Provideniya que le douanier en chef désigne mon matériel, étalé sur le quai, et dit quelque chose que Dimitri me traduit :

– Maintenant, on va fouiller tout ça.

« Tout ça », c'est-à-dire mon kayak, et une demi-douzaine de sacs contenant : mes provisions, ma tente, mon sac de couchage, mes réserves de fuel, mon réchaud, mes vêtements, etc. Et aussi : le 45 Magnum, le GPS et le téléphone satellite (article également prohibé) que j'ai emballés dans une housse imperméable et cachés tout au fond de l'avant-dernier sac, sous un amas de vêtements.

Si jamais on les découvre, je serai expulsé du pays avec interdiction d'y remettre les pieds. Ce sera la fin de l'expédition.

Je demande au chef douanier s'il souhaite tout fouiller personnellement, ou s'il préfère que je vide moi-même les sacs. Par chance, il me laisse faire le travail. En commençant par le premier sac, j'entreprends de déballer une par une chacune de mes affaires, chacune de mes pièces d'équipement, en expliquant de façon détaillée son utilisation ou son fonctionnement. Puis je prends le temps de rempaqueter soigneusement l'objet et de le replacer au fond de son sac. J'ouvre l'une après l'autre mes cinquante rations alimentaires...

J'ai beau faire traîner l'opération en longueur de toutes les manières possibles, le responsable de la sécurité douanière ne se décourage pas. Alors que nous approchons du sac fatidique, mon réchaud retient son attention de longues minutes...

Vers dix-neuf heures trente – il y a plus d'une heure que ça dure et il devait regagner ses quartiers à dix-neuf heures –, je décèle chez lui les premiers signes d'impatience. Mais il ne renonce toujours pas. Nous arrivons au sac des « interdits », que j'ouvre le plus lentement possible, le cœur battant. Avec des gestes au ralenti, j'en extrais une parka, des chaussettes, une moufle... une seconde moufle... Quand il ne reste plus qu'une mince couche de vêtements par-dessus mon arme et mon GPS, je tente un coup de poker en agitant le sac ouvert sous le nez de l'officier :

– Regardez : ce ne sont que des vêtements...

Et là, il craque, enfin !

– Ça suffit comme ça, fait-il avec une grimaçe écœurée.

Avec un énorme – mais discret – soupir de soulagement, je me hâte de recouvrir le matériel interdit, non sans lui proposer l'inspection de mon kit de réparation et de mes chaussons de Néoprène imperméables.

Il refuse et s'éloigne. Dimitri me regarde :

– J'espère que tu n'as pas d'arme...

Je réponds en lui demandant s'il est possible d'en acheter une, en Russie.

– Peut-être, auprès d'un chasseur inuit, dit-il. Mais tu serais en infraction.

Nous entassons mon équipement dans un vieux camion russe, et Vladimir prend le volant. Les quelques mots que nous échangeons révèlent un type droit, en qui je sens que je peux avoir confiance. Sa femme est restée en Alaska et il aurait pu en faire autant, après ses études. Mais, profondément attaché à son pays, il a voulu retourner vivre à Provideniya, où il est né.

Près de chez lui, dans un immeuble en béton gris, il me propose moyennant douze dollars par jour l'appartement d'une dame, partie en vacances pour deux mois.

J'y serai comme chez moi. À ceci près que chez moi, je ne suis pas assigné à résidence.

Le lendemain, Vladimir Bychkof appelle à Anadyr un de ses amis, Nicolai, conducteur de chiens de traîneau, qui m'accompagnerait éventuellement jusqu'à Pevek.

Je n'en reviens pas. Pourtant, la joie de cette grande nouvelle est tempérée par la déception de ne pouvoir me déplacer seul et de devoir m'adapter au rythme d'un autre. Mais Vladimir m'explique que Nicolai et moi, nous voyagerons chacun de notre côté, nous retrouvant juste avant les villages et les postes militaires. Nous repartirons ensemble, nous nous séparerons, et ainsi de suite. Cet arrangement me convient parfaitement.

Reste le problème de mon autorisation. Mais Alexandre Borden est toujours injoignable...

Les journées passent...

Nous en consacrons une partie, Vladimir et moi, à donner des coups de téléphone, à envoyer des fax dans le monde entier, à faire jouer tous les contacts possibles. Cathy remue ciel et terre.

J'entretiens ma forme en faisant de la randonnée dans les montagnes toutes proches, du kayak dans la baie.

En ville, les regards s'arrêtent sur ma parka rouge, qui tranche sur la grisaille ambiante. Je salue d'un geste et d'un « *Privet*[1] ! » ces hommes et ces femmes qui semblent survivre après une guerre nucléaire.

Moi qui, pendant plus d'un an, ai voyagé pratiquement sans rencontrer personne, j'éprouve à Provideniya mon premier véritable sentiment de solitude.

Mais cette impression évolue vite. Je fais la connaissance de quelqu'un, qui me présente à quelqu'un d'autre, etc. On s'intéresse à mon cas, on se passionne pour mes aventures, on me bombarde de questions. On se désole de me savoir retenu ici par des problèmes administratifs... on m'adopte. Les bouteilles de vodka – très bon marché, ici – sortent des poches. Bien que tout le monde vive en dessous – et même très en dessous – de ce qu'on appellerait en Europe le seuil

1. « Salut ! »

de pauvreté, on ne me laisse rien payer et chacun fait assaut de générosité à mon égard. Sans tenir compte de mon assignation à résidence, les familles m'invitent chez elles...

Les immeubles sont dépourvus d'ascenseurs, les escaliers sont raides, irréguliers, la céramique des murs est écaillée. Dans les quelques logements occupés, la misère est à pleurer. Entre des murs qui se lézardent, une table, une bouilloire... et des placards vides constituent souvent la totalité de l'ameublement.

J'ai beau en avoir vu beaucoup d'autres, j'ai du mal à croire qu'on puisse encore vivre ainsi au XXIe siècle.

Sous une ampoule nue – la seule de l'appartement, bien souvent –, on m'offre de la vodka, de la saucisse, des quartiers d'orange et du pain noir. On me chante des chansons russes et on me raconte la vie à Provideniya, où l'eau chaude est épisodique, où l'électricité fonctionne deux heures par jour, à heures fixes. Quand le moment arrive, les femmes se tiennent prêtes à cuisiner, les enfants à faire leurs devoirs... L'activité est fébrile pendant ce court laps de temps. Puis c'est à nouveau le noir, et le calme plat.

Dimitri révèle des qualités de cœur et d'intelligence qui nous font vite devenir amis. Il est moins à cheval sur le règlement que ses collègues, ce qui lui vaut parfois d'être mis à l'amende. À son niveau, il cherche à faire évoluer les mentalités. Lourde tâche. Mais Dimitri est un idéaliste...

Il m'entraîne au sauna russe, où cinquante personnes viennent voir la tête de ce fou qui prétend traverser la Sibérie à pied. On se frappe mutuellement à coups de feuillage – *venik*. Les questions fusent comme à une conférence de presse, Dimitri me sert d'interprète. Je vois même surgir quelques journalistes russes, qui me demandent des interviews...

Personne ne m'a prévenu que tout étranger, en arrivant à Provideniya, avait trois jours pour aller déclarer sa présence au commissariat. Il y a une semaine que je suis là, quand les policiers – qui ont vu l'article avec photos qu'un journaliste m'a consacré dans le principal quotidien du Tchoukotka – me convoquent.

En m'accompagnant au commissariat, Vladimir Bychkof jette un coup d'œil à mon passeport et tombe en arrêt.

Il contient une « invitation » officielle du gouvernement de la province, assortie d'un visa... d'un mois !

Alexandre Borden m'a donné un visa d'entrée de trente jours, alors que j'avais expressément demandé un visa de trois mois (que je comptais faire renouveler, une fois sur le territoire).

Et ce visa d'un mois n'est pas valable à dater de mon entrée en Russie, mais du jour où il a été délivré !

C'est-à-dire, il y a... un mois !

Résultat, je suis désormais en situation illégale, et placé en résidence surveillée.

C'est bien occidental de ma part de ne pas avoir vérifié les dates ! C'est le genre de négligence qui peut coûter très cher, quand on a affaire à une administration aussi tatillonne que l'administration russe.

En guise d'entrée en matière, Vladimir et moi écopons d'une amende chacun. Huit cents roubles pour moi, et – pour m'avoir trouvé un logement – cinq cents roubles pour lui.

Et quand les policiers découvrent l'irrégularité de mon visa... je me retrouve entre les mains du FSB, l'ancien KGB.

Le jour même, un major et un lieutenant des services secrets m'interrogent dans le bureau de Vladimir. Comment suis-je arrivé ici ? Qui m'a fourni mon invitation ? Pour qui est-ce que je travaille ? Pourquoi ne suis-je pas en possession des documents requis ? Je cite le nom du gouverneur adjoint, j'affirme qu'un autre visa est en route... Mais je ne peux rien prouver de ce que j'avance. L'interrogatoire se prolonge jusqu'à trois heures du matin. Épuisé, je répète une fois de plus que mon dossier est entre les mains d'Alexandre Borden. Les agents du FSB se décident à l'appeler et – miracle ! – réussissent à le joindre. Borden les rassure : il sait qui je suis, et s'étonne qu'on ne m'ait délivré qu'un visa d'un mois.

Le FSB finit par admettre ma bonne foi. Mais je serai sur le prochain avion pour Moscou et, de là, pour chez moi. En clair, on m'expulse.

C'est une catastrophe ! Être expulsé de Russie entraîne l'interdiction d'y remettre les pieds avant un an !

Le lendemain, Dimitri et moi rappelons Alexandre Borden. Le gouverneur adjoint a senti le vent du boulet et se montre moins empressé, mais il fera son possible. Cathy contacte Ian Banner, un de nos amis du groupe horloger Richemont et des *Laureus World Sports Awards*, qui s'adresse à Bernie Ecclestone, le président de la Fédération internationale de F1, lequel intervient auprès de Fetisov, le ministre des Sports russe. Ce dernier m'appelle pour que je lui explique ma situation, et promet d'intervenir.

J'ai maintenant des relations politiques, mais elles ne peuvent empêcher mon expulsion.

Bychkof, Fetisov, Borden... Chacun essaie de son côté d'obtenir du FSB que mon expulsion ne soit pas assortie d'une interdiction de revenir. Que je puisse au moins attendre en Alaska l'autorisation d'entrer de nouveau en Russie. Malheureusement, mon visa américain se trouve dans mon second passeport, resté en Suisse. Le FSB ne peut donc pas me renvoyer aux États-Unis. Prêt à tout, je propose de me faire apporter par mon frère mon second passeport, avec le visa américain qui me permettra de retourner à Nome...

Proposition acceptée !

Je contacte aussitôt Martin, qui saute dans le premier vol.

Moi, je me retrouve au tribunal.

Le décorum est angoissant : podium tendu de velours rouge, drapeau russe, néons au plafond... Une brochette de magistrats, assistés d'un traducteur officiel et de deux assesseurs, composent une cour de justice devant statuer sur mon cas et décider de la peine à m'infliger. Plusieurs gardes-frontières sont appelés à témoigner. Vladimir me tient lieu d'avocat. Je suis au deuxième rang, juste derrière lui. Les gardes-côtes défilent à la barrre... Comme les débats ont lieu en russe, Vladimir me chuchote que je ne serai pas condamné à une amende. C'est mauvais signe : je m'attends à une longue interdiction de séjour. Mais j'ai la bonne surprise d'apprendre que je ne suis condamné ni à l'une ni à l'autre, ma bonne foi étant reconnue dans cette affaire. En vertu de quoi, on m'autorise à quitter le territoire russe et à y revenir quand bon me semblera. Muni des documents nécessaires, bien sûr.

Au cours d'une dernière « formalité » interminable, les différents intervenants remplissent des kilos de paperasses, selon une tradition à laquelle je commence à me faire.

Je suis donc « condamné » à aller attendre à Nome l'autorisation de traverser le Tchoukotka. J'espérais qu'on me permettrait de l'attendre à Provideniya, mais puisque mon titre de séjour a expiré... aucun fonctionnaire russe ne pouvait passer outre : pour obtenir un nouveau visa, je dois d'abord sortir du pays. On ne renouvelle un visa sur le territoire russe qu'en cas d'impossibilité matérielle de repartir dans les délais – accident, mauvais temps, etc. – et uniquement pour la durée de ce contretemps.

C'est ce que j'explique aux habitants de Provideniya, qui se désolent de mon départ – ce qui me touche infiniment.

Mais le sentiment qui domine, c'est le soulagement à l'idée que mon expédition a failli s'arrêter ici... et qu'elle continue.

Nous sommes jeudi. On me donne jusqu'à vendredi pour quitter le territoire, à bord d'un avion de *Bering Air* que je devrai affréter pour me rendre à Nome. Mais les représentants de la compagnie, contactés par Cathy, répondent qu'il leur faudra trois jours pour obtenir l'autorisation de se poser à Provideniya. Et comme ils ne volent pas le week-end, je suis coincé ici jusqu'à lundi. Les problèmes recommencent. Cathy réussit néanmoins à faire accélérer le processus et obtient que l'avion vienne me chercher demain. Comme Martin doit se poser demain matin à Nome avec mon passeport (et mon visa), il n'aura qu'à prendre « mon » avion pour me l'apporter.

Le timing est parfait.

Trop parfait.

Le vol Seattle-Anchorage est retardé, empêchant mon frère d'être à Nome dans les délais... et moi de rentrer aux États-Unis.

Au moins, Vladimir obtient des autorités qu'elles prolongent mon visa jusqu'à lundi. C'est déjà ça.

Le dimanche, ma femme reçoit un e-mail des services américains de l'immigration, annonçant qu'ils ont envoyé une équipe à ma recherche : je suis interdit de séjour sur le territoire des États-Unis, et cela de manière définitive. C'est valable également pour mon frère Martin... qui est en ce moment même en route pour l'Alaska !

J'ai beau savoir quc, depuis le 11 septembre 2001, les autorités américaines sont devenues un peu parano, je suis stupéfait.

On ne veut plus de moi, ni en Russie ni aux États-Unis !

J'ai l'impression de ne plus pouvoir bouger, comme un pion mis en échec.

La suite du mail justifie ces mesures par le fait que je suis entré sur le territoire américain sans déclarer ma présence. Forcément... c'était au nord de l'Alaska, au milieu de nulle part. À la première ville, Kaktovik, sur l'île Barter, je me suis signalé aux autorités, qui ont transmis à l'Immigration. Celle-ci a d'abord voulu m'envoyer une brigade volante, mais y a renoncé, m'enjoignant seulement de signaler ma sortie du territoire. Ce que j'ai fait, juste avant de quitter Point Hope.

Quant à Martin, je sais qu'il possède tous les papiers, tous les cachets et tous les visas nécessaires...

Cathy contacte les autorités américaines compétentes, qui admettent assez vite qu'il s'agit d'une erreur. L'e-mail émane d'un fonctionnaire trop zélé et mal informé... celui-là même qui a renoncé à m'envoyer une « brigade volante » à Kaktovik !

Lundi matin. L'aéroport de Provideniya m'appelle : le temps est dégagé, l'avion est attendu, et moi aussi. Une heure plus tard, Martin descend de l'appareil avec mon passeport. Je montre mon visa américain aux gardes-frontières pour qu'ils m'autorisent à embarquer.

L'officier constate alors que mon visa russe a expiré il y a trois jours. J'explique qu'il a été prolongé jusqu'à aujourd'hui. Malheureusement, personne n'a pensé à faire figurer cette extension sur mon passeport.

Je n'ai plus le droit de quitter la Russie !

Et je dois reprendre à zéro toutes les formalités d'obtention d'une prolongation de visa.

J'explose :

– Il faudrait savoir ce que vous voulez, les gars ! Vous m'interdisez de séjour, vous m'expulsez, et maintenant, vous refusez de me laisser partir ! Regardez cet avion ! Je l'ai affrété exprès, parce que vous me l'avez ordonné ! Ça m'a coûté une fortune ! Et maintenant, qu'est-ce que j'en fais ? Je le renvoie ?

On finit par appeler un gradé, qui a justement sur lui le cachet officiel de prolongation de mon visa. Il donne à mon passeport un coup de tampon qui me coûte mille roubles.

Pour échapper au risque d'une autre fouille à ma prochaine entrée en Russie, j'ai laissé tout mon équipement – soigneusement empaqueté – chez Vladimir. Un sac à dos constitue mon unique bagage. Sans prendre la peine de me le faire ouvrir, mon ami Dimitri me demande solennellement si je n'emporte aucune marchandise prohibée ou sujette à déclaration. J'affirme que non, et cette fois, c'est vrai.

Cette dernière formalité accomplie, je sors de l'aéroport et marche jusqu'à mon avion, entre deux rangées de gardes-frontières que je salue au passage. Les militaires entourent l'appareil jusqu'à ce que celui-ci commence à rouler. J'entends la voix du pilote qui s'identifie et demande au contrôle, en russe, l'autorisation de décoller. L'avion se positionne en bout de piste, prend son élan...

Nous survolons brièvement Provideniya, avant de basculer sur l'aile, cap plein est.

Direction Nome, Alaska, États-Unis.

Où jamais je n'avais prévu de mettre les pieds.

Le temps s'écoule lentement, entre la cabane de Jeff, la roulotte de Gerry et le Breakers Bar.

C'est Martin qui, le premier, a fait la connaissance de Jeff Darling, en achetant dans son magasin de fournitures automobiles une nouvelle batterie pour mon bateau. Jeff a invité Martin et Ronnie à un barbecue, chez lui. Ils y ont rencontré Gerry Allan...

C'est ce qui me vaut, dès mon arrivée à Nome, d'y avoir déjà deux amis. Je m'en fais très vite beaucoup d'autres. Sandy, la patronne du Polaris Bar, Olga, sa mère, une fan de base-ball au grand cœur...

Comme partout en Alaska, les gens de Nome font preuve à mon égard d'une formidable générosité, d'une sollicitude spontanée et désintéressée. Parce qu'ils vivent dans des conditions difficiles, ils sont vrais, sans détour, attentifs aux besoins d'autrui. Être ici, c'est entrer dans la famille.

Fin septembre 2003, je suis toujours à Nome, où j'ai atterri le 10. Cathy, mes sponsors et la plupart de mes relations multiplient les démarches auprès des Russes, pour faire avancer mon dossier. Mon ami Dimitri, le douanier de Provideniya, s'y met aussi, avec ses modestes moyens. Mais pour l'instant, rien de tout cela n'est suivi d'effet.

À tout hasard, Cathy demande pour moi un visa d'un an en passant par Internet.

On pourrait croire que rien ne fonctionne, en Russie. La vérité est que les choses fonctionnent autrement. Le temps russe n'est pas le même qu'ailleurs. Il faut apprendre à l'apprivoiser. Savoir patienter jusqu'à ce moment – impossible à situer dans l'avenir – où quelqu'un, quelque part dans les rouages administratifs, décidera qu'il est temps de signer ou de tamponner le formulaire qui vous concerne.

Ce jeu de patience est aussi un jeu de nerfs. Une arme que l'administration russe utilise pour décourager les indésirables dans mon genre.

Seule certitude : vouloir forcer les choses est aussi vain que le combat de Don Quichotte contre les moulins...

Le 1er octobre, on me laisse entendre que mon autorisation devrait me parvenir d'ici deux semaines.

Mais dans deux semaines, il aura commencé à neiger dans le Tchoukotka, et je ne tiens pas à me retrouver en hiver, sous la neige, dans les montagnes de la péninsule. J'aurais voulu les traverser avant. Ou alors, une fois que le vent aura tassé la poudreuse...

Huit jours plus tard, ce n'est pas la neige qui tombe, mais les ennuis. Vladimir Bychkof, qui n'a pas cessé de m'assurer que les choses étaient en bonne voie, m'annonce soudain qu'il ne s'occupe plus de mon dossier. Le FSB lui a fait connaître sa position en termes péremptoires, alors que je me trouvais encore à Provideniya : « Pas de visiteurs, pas de problèmes. Ce type n'ira nulle part. »

Et c'est seulement maintenant qu'il me le dit ?

Il chercherait, lui aussi, à me pousser au renoncement, qu'il ne s'y prendrait pas autrement.

Vladimir serait-il lui-même un agent du FSB ?...

J'entends dire que le bruit court selon lequel j'aurais eu des « problèmes » en Sibérie...

Alors que je n'y ai encore jamais mis les pieds !

Et puisqu'on cherche visiblement tous les prétextes pour ne pas me laisser entrer... Quelqu'un s'est peut-être souvenu que j'ai combattu les Russes en Angola, par Cubains interposés... Mais c'était il y a dix-huit ans.

C'est sûr, je deviens parano...

Mais je ne peux pas m'empêcher de penser que derrière cet acharnement, il y a autre chose que la nature kafkaïenne de la bureaucratie russe.

Une bonne nouvelle, pour changer. Nicolai, le guide touristique-conducteur de chiens de traîneau, basé à Anadyr, que Vladimir Bychkof avait contacté en mon nom, me conserve sa collaboration (mon site web a boosté son enthousiasme à mon égard). Non seulement il est toujours d'accord pour me servir d'accompagnateur – puisqu'on m'en impose un –, mais il accepte de se porter officiellement garant de ma personne.

Ça n'est pas rien : s'il m'arrive quelque chose – et surtout, je le soupçonne, si je viole un règlement –, il le paiera de tout e qu'il possède, et de ses moindres droits civiques. Le FSB le détruira.

Certes, il exige mille dollars par mois, ce qui représente dix fois le salaire d'un Russe moyen. Mais après tout, il est juste que la reconnaissance que j'éprouve à son égard ne soit pas sa seule récompense. Et c'est un prix raisonnable à payer pour ma liberté.

À quelque temps de là, Nicolai me téléphone pour m'apprendre que le FSB lui a sévèrement déconseillé de signer le document aux termes duquel il se porte garant pour moi. Quand il a voulu savoir pourquoi, on lui a dit qu'on ne pouvait pas lui répondre. Il a demandé que cette « recommandation » soit mise par écrit. Même refus. Coupant court, Nicolai a alors signé le document, confirmant ainsi qu'il se portait officiellement garant de ma personne.

J'admire son courage et je le remercie avec une reconnaissance encore plus grande...

Les quinze jours annoncés le 1er octobre se sont écoulés depuis une semaine, et je n'ai toujours pas reçu mon autorisation.

Je commence à envisager la possibilité que l'attente se prolonge indéfiniment.

Si tel était le cas, si la situation ne donnait aucun signe d'évolution, alors, je sais ce que je ferais : je retournerais à Provideniya récupérer mon matériel et, au lieu de rentrer chez moi, je filerais clandestinement à travers le Tchoukotka, pour essayer par tous les moyens d'achever mon parcours. Une fois dans les montagnes, il y aurait peu de chances qu'on lance l'armée à ma poursuite. (Après tout, je ne pose de réel problème aux autorités russes que quand je suis sous leur nez et qu'elles doivent décider quoi faire de moi.)

Je courrais bien sûr de gros risques d'être pris, ce qui signifierait la fin de l'expédition. Mais renoncer reviendrait au même résultat. Dans l'alternative, je préférerais tenter ma chance.

N'importe quoi, plutôt que d'avoir fait tout ce que j'ai fait jusqu'ici, pour rien.

C'est finalement le 27 octobre 2003 que je reçois une réponse des autorités russes : je serai autorisé à poursuivre mon voyage à travers le Tchoukotka le 20 novembre.

C'est loin, mais je suis fou de joie.

J'appelle Cathy pour lui demander de me rapporter mon équipement d'hiver (fin novembre, la mer et les cours d'eau seront gelés : je peux renoncer au kayak). Qu'elle amène les filles, nous en profiterons pour passer un peu de temps en famille.

Je fais enfin la connaissance de Nicolai. Il est tchouktche, le Tchoukotka est son pays. Il a plusieurs fois participé à l'Iditarod, la célèbre course de *mushers*[1] reliant Anchorage à Nome[2], et parle parfaitement anglais. Chose rare, pour un Tchouktche ou un Russe de cette région du pays,

1. Le mot *musher*, qui désigne les conducteurs d'équipages de chiens de traîneaux, vient du cri « *Mush ! Mush !...* » qu'ils lancent à leurs chiens pour les faire avancer.

2. Cette course, qui a lieu chaque mois de mars sur seize cents kilomètres, est l'un des grands événements de l'année en Alaska.

il possède un visa américain. D'ailleurs, son traîneau et ses chiens sont restés en Alaska. Dans un premier temps, il envisage de me suivre avec, mais, réflexion faite, la motoneige sera plus appropriée.

Nicolai doit obligatoirement m'accompagner en suivant l'itinéraire fixé par les autorités russes, et ce jusqu'à Ambarchik, à la frontière du Tchoukotka et du Yakutia (bien que le FSB, c'est certain, soit convaincu que je n'arriverai jamais jusque-là).

Nous convenons qu'il ne voyagera ni ne campera avec moi, mais me retrouvera à des étapes prédéterminées, à plusieurs jours d'écart. Si tout se déroule comme je l'espère, nous nous verrons à peine. Ainsi, je continuerai à voyager seul, tout en obéissant aux directives des autorités.

Cette fois, je peux presque toucher ces fameuses montagnes du Tchoukotka qui n'en finissent pas de hanter mes rêves. Ce territoire, l'un des derniers de la planète à être encore quasiment vierge, je le sens déjà qui s'offre à moi.

Je sais qu'en hiver, cette traversée sera terriblement dure. Mais des mois d'immobilité forcée ont accumulé en moi une telle rage que je me sens capable de déplacer les montagnes... ou tout au moins de les franchir par n'importe quel temps.

L'entracte familial se termine. Je suis de nouveau équipé pour affronter l'hiver. Encore quelques vérifications et je serai prêt à partir.

Je profite de la fin de mon séjour à Nome pour tâcher de prendre du poids, tout en entretenant ma forme en traînant des pneus dans la toundra, trois heures par jour.

Direction Provideniya...

Nicolai doit me rejoindre en avion. Mais dans la région d'Anadyr, sur le golfe du même nom, les conditions météo sont telles que les appareils sont parfois cloués au sol pendant des mois.

L'attente recommence.

Vladimir Bychkof me change les idées en m'invitant à son mariage (nos différends sont oubliés). Des noces russes, dignes de leur réputation. On mange, on boit, on danse... et à l'aube, on y est encore.

Les jours passent.

Nicolai arrive enfin, le 12 décembre.

J'ai toujours eu la conviction que, faute d'avoir le choix, je serais en de bonnes mains avec un natif de la presqu'île des Tchouktches, conducteur de chiens de traîneau et chasseur, par surcroît.

Mais lorsque Nicolai débarque sans autre équipement que ses peaux de bêtes, j'ai un doute.

Quand je découvre que, pour sa propre sécurité, il a recruté un second Tchouktche, Ivan – l'escorte de l'escorte, en quelque sorte –, j'en ai un autre.

Je l'avertis :

– Je suis responsable de ma survie, tu es responsable de la tienne. Je ne t'héberge pas, je ne te nourris pas. Tu es totalement indépendant.

– Ça me va, dit il.

Cinq jours de préparation sont encore nécessaires. Je fournis à Nicolai un équipement complet, que je dois lui apprendre à utiliser (en commençant par le montage de la tente) ; pour lui et Ivan, ce sont deux motoneiges que je fais expédier de Nome. Il faut ensuite préparer les machines, apprêter les traîneaux, dresser l'inventaire des provisions...

Mon grand départ a lieu le 17 décembre 2003. Quatre mois après que j'ai posé le pied pour la première fois en Russie.

C'est tout seul que je quitte Provideniya, Ivan et Nicolai devant me retrouver plus loin.

Il fait moins trente. Cette ville blanche et ce fjord gelé composent un paysage totalement différent de celui où j'ai atterri pour la première fois en août dernier, par plus dix.

Ici – et à Nome –, j'ai vu passer trois saisons et quatre mois... que j'aurais pu mettre à profit pour aller au moins jusqu'au fleuve Lena, sur la mer des Laptev, et franchir son immense delta avant la fonte des glaces...

Mais ce n'est plus l'heure des regrets. Je vais pouvoir avancer, c'est tout ce qui compte !

Toute la ville est venue assister à mon départ. Dans la foule, je reconnais « Dima », le douanier, Igor, le prof d'éducation physique, Serguei, le dentiste... et tous les autres, devenus des amis pendant mon séjour ici. Chacun d'eux a essayé de me convaincre d'attendre au moins le retour du printemps avant de m'enfoncer dans une région aussi hostile.

Déjà, à Arctic Bay, on me faisait les mêmes recommandations...

Pour sortir de la ville, j'emprunte comme une allée triomphale la baie gelée autour de laquelle elle est bâtie. Toute la population, massée sur les rives, m'encourage de la voix et du geste.

Ils savaient, tous, que je partirais un jour, mais avaient fini par ne plus y croire. D'ailleurs, ils ne croient toujours pas que je puisse aller à pied jusqu'à l'autre bout du pays, eux pour qui un tel voyage représente des mois de tracasseries administratives, une bonne semaine d'acrobaties logistiques... eux qui, pour la plupart, ne le feront jamais.

Pour eux, et parce que j'ai attendu si longtemps, je sais que j'atteindrai le cap Nord.

Mais je n'ai plus droit à l'erreur.

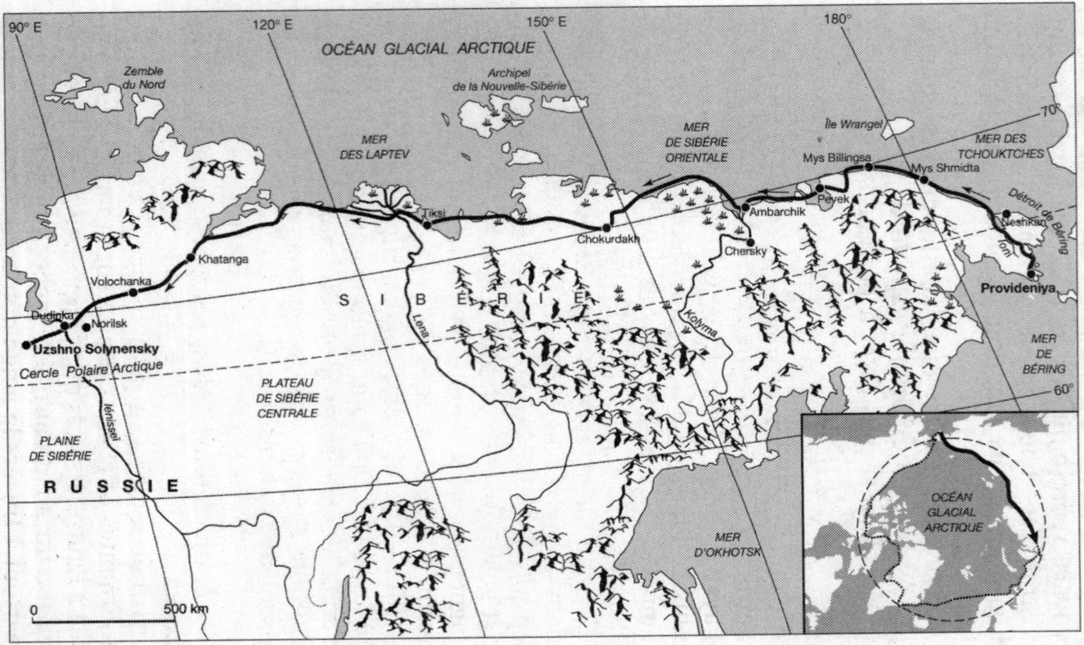
90° E
120° E
150° E
180°
70°
60°
OCÉAN GLACIAL ARCTIQUE
Zemble du Nord
Archipel de la Nouvelle-Sibérie
MER DES LAPTEV
MER DE SIBÉRIE ORIENTALE
Île Wrangel
MER DES TCHOUKTCHES
Détroit de Béring
Mys Billingsa
Mys Shmidta
Pevek
Ambarchik
Chersky
Chokurdakh
Tiksi
Khatanga
Volochanka
Dudinka
Norilsk
Uzshno Solynensky
Neshkan
Ioni
Provideniya
Cercle Polaire Arctique
S I B É R I E
Lena
Kolyma
Iénisseï
PLATEAU DE SIBÉRIE CENTRALE
PLAINE DE SIBÉRIE
RUSSIE
MER DE BÉRING
MER D'OKHOTSK
OCÉAN GLACIAL ARCTIQUE
0
500 km

7

Mourir... un peu

Comme les rivières sont gelées, j'ai dû abandonner ma première idée, qui était de les emprunter en kayak à partir de Provideniya. Pas question non plus de longer la côte à pied, ses courants violents empêchant la glace de se former dans la mer de Béring.

Je me dirige vers les montagnes toutes proches, dans l'idée de les contourner par l'est. Je suivrai ensuite la côte sur les quelques kilomètres où elle est gelée ; puis je couperai à travers le massif montagneux pour rejoindre la rivière qui me conduira jusqu'à la baie de Ioni.

Mon objectif : être revenu au-dessus du cercle polaire d'ici Noël. J'ai toujours eu pour règle de ne jamais descendre en dessous, sauf en cas d'interruption de mon voyage ou sous la contrainte de problèmes administratifs.

J'entre – enfin ! – dans les montagnes du Tchoukotka.

Il fait sombre en permanence. Les bourrasques tournantes et glacées projettent la neige d'une vallée à l'autre, les cols que j'approche me soufflent au visage un air polaire. La roche, surgissant un peu partout à travers la neige non encore fixée, confère de la brutalité à ce paysage où les lacs gelés se peignent peu à peu en blanc. Les innombrables vallées se noient entre les massifs rocheux, dessinant un labyrinthe bosselé dans lequel se repérer est un casse-tête permanent.

Une fois encore, j'ai le sentiment d'avoir reculé dans le temps. Non pas d'une cinquantaine d'années, comme à Provideniya, mais d'un siècle. Comme si le paysage lui-même avait quelque chose de beaucoup plus... primitif que tout ce que je viens de traverser.

Je retrouve mes deux accompagnateurs à trente kilomètres à l'est de Provideniya, au petit village « nouveau » Chapelino, notre premier rendez-vous.

Mais le deuxième jour, sous prétexte d'aller faire le plein au village de Yandrakinot, Ivan disparaît avec sa motoneige. Quelque chose me dit que nous n'entendrons plus parler de lui.

Le cinquième jour, Nicolai s'engage dans la mauvaise vallée et se perd dans les montagnes. Je dois me lancer à sa recherche.

Mon « accompagnateur », apparemment, connaît si mal le terrain qu'il met sa vie et la mienne en danger. Il est pourtant né à trois cents kilomètres au nord de Provideniya, dans un petit village côtier du nom de Nachken. Mais les Tchouktches, comme les Inuits, ne voyagent pas dans l'obscurité hivernale et ignorent la lecture des cartes.

Après douze heures de recherches et une journée perdue à cause de lui, je retrouve enfin Nicolai, en train de tenter vainement l'escalade d'une pente trop raide pour sa motoneige alourdie par le traîneau. Il le décroche, la remorque dévale aussitôt la pente, mais la motoneige s'enlise plus profondément encore et n'arrive toujours pas à franchir le col pour rejoindre la bonne vallée...

Je passe quatre heures, par moins trente et en pleine nuit, à escalader à mon tour la colline, dans un état de rage alimenté par la certitude que chaque pas est un effort inutile. Je songe sérieusement à planter là mon soi-disant « accompagnateur » et à continuer tout seul.

Quand j'arrive enfin à sa hauteur, Nicolai est assis dans la neige à côté de son engin, perdu, le visage blanc, visiblement désespéré.

C'est un homme en détresse, qui appelle au secours.

Mes lèvres sont gelées, mais ma colère s'est envolée.

Au lieu de le tuer, comme l'idée m'en a effleuré, je l'aide à dégager sa motoneige et à se remettre en route.

Non seulement Nicolai ne sait pas lire une carte, mais il ignore tout de l'utilisation d'un GPS. Quand je lui en offre un, il me remercie chaleureusement, en essayant de cacher qu'il ne sait pas s'en servir. Je passe deux jours à combler cette lacune, grâce à une méthode qui consiste à programmer son GPS d'après un point choisi sur la carte, puis à entrer « Aller à », pour que l'appareil le guide jusqu'à l'endroit déterminé... où je le rejoins.

Mon escorte traîne derrière lui d'importantes réserves de carburant et, pour les reconstituer, doit faire des allers-retours entre les différents relais (des allers-retours deux fois plus nombreux depuis la disparition d'Ivan, ce qui – c'est un cercle vicieux – lui fait consommer deux fois plus d'essence). Avant chaque départ, j'établis son itinéraire sur la carte et règle son GPS pour qu'il n'ait qu'à se laisser guider jusqu'à : « Destination atteinte ».

Son prochain « plein d'essence » est à trente kilomètres. Pour revenir, il n'aura, comme d'habitude, qu'à suivre ses propres traces. Elles le conduiront jusqu'au point où il a laissé ses trois bidons vides.

Arrivé avant lui à l'endroit en question, je monte ma tente et je l'attends. Quelques heures plus tard, un blizzard terrible rend la nuit épaisse comme un mur de neige. Nicolai devrait être là depuis longtemps et je suis inquiet pour lui. Cette fois, je pourrais bien ne plus le revoir...

Je me décide finalement à aller le chercher. Et en sortant de mon abri, j'aperçois le phare de sa motoneige...

Il se précipite sous ma tente comme un naufragé sur une bouée.

Il venait à peine d'attaquer le chemin du retour, me dit-il, quand le blizzard s'est levé. Ne voyant plus ses traces, il s'est perdu.

Comme il n'avait pas confiance dans le GPS, il a voulu se repérer à la manière tchouktche. Mais dans le noir et par un temps pareil, retrouver trois bidons déposés au milieu de nulle part... Comprenant que, sans aucun équipement lui permettant de passer la nuit dehors, il allait y laisser la vie, il a fini par se décider à allumer son GPS. Il est reparti au ralenti, en suivant ses directives. À dix mètres de ma tente, qu'il ne voyait même pas, le GPS lui a annoncé qu'il était arrivé.

Le *Global Positioning System* vient de faire un nouveau converti.

Dès lors, Nicolai cesse de discuter systématiquement tous mes itinéraires, comme il le faisait jusqu'à présent...

Un matin, après avoir passé la nuit, pour m'abriter du vent, dans une cabane si vieille qu'elle est en voie de décomposition, je m'engage dans une vallée où, malgré un blizzard violent, je remarque des traces de chiens. Leurs propriétaires ne doivent pas être loin. Encore deux kilomètres, et je distingue une forme brune et massive qui joue à cache-cache avec le brouillard. Quand je m'approche, mon impression se confirme. Mon émotion aussi : il s'agit bien d'une *yaranga*, l'habitation traditionnelle des Inuits tchouktches.

Ces tentes en peau de renne, qui évoquent de loin le fameux tipi indien, contiennent une tente plus petite, carrée, également en peau de renne. C'est le vieux principe des couches isolantes : s'il fait moins quarante dehors, il fera moins vingt sous la première tente, où on fait la cuisine, et beaucoup plus chaud sous la seconde, où trois lampes à l'huile de phoque fournissent à la fois le chauffage et l'éclairage.

Ce retour dans le temps, que j'ai éprouvé en posant pour la première fois le pied à Provideniya, je le ressens plus profondément encore en étant soudain confronté à un mode de vie qui n'a pas changé depuis un siècle. Qu'il s'agisse d'habitations ou de vêtements, tout, ici, semble immuable. Les Inuits tchouktches sont encore vêtus de peaux de phoque et de caribou, ils fabriquent toujours leurs traîneaux à la main et continuent à se nourrir de renne et de phoque congelé ; les chiens sont toujours leur seul moyen de déplacement, et leur unique ressource reste l'élevage des rennes.

Ils sont le véritable peuple tchouktche, originaire de Mongolie, émigré vers le nord. Les Inuits vivent près des côtes, grâce aux ressources de la mer ; les Tchouktches, eux, sont enracinés à l'intérieur des terres.

Mais pour l'instant, aucun d'eux n'est visible. Dehors, il n'y a pas de chiens. Juste quelques traîneaux de bois.

J'entre, à quatre pattes. Toujours personne. J'enlève mes skis sans provoquer de réaction. Il est vrai que le hurlement du blizzard couvre tous les bruits.

Je m'annonce en poussant un cri. L'instant d'après, un pan de la tente intérieure se soulève – elle ne comporte pas d'ouverture, pour mieux conserver la chaleur – et une tête asiatique surgit au ras du sol, comme émergeant d'un drap. Je suis debout et la perspective doit me faire paraître gigantesque. Des yeux bridés, dans un visage tanné et hirsute, me fixent avec un mélange de stupeur et de panique... et la tête disparaît. J'attends... Quelques secondes plus tard, la tente se soulève de nouveau avec prudence, laissant cette fois apparaître deux têtes.

Les deux Tchouktches m'adressent la parole en russe, langue que l'ex-Union soviétique a imposée sur l'ensemble du territoire à toutes les populations, sous peine d'internement ; et dont je ne parle pas encore un mot.

Gêné, soudain, à l'idée de leur avoir fait peur ou de les avoir dérangés, je m'enfuis. Dans ce blizzard, je ne ferai pas deux kilomètres avant de devoir m'arrêter, mais... je suis à peine sorti de la *yaranga* que ses occupants – qui ont enfilé à toute vitesse un vêtement chaud – me rattrapent et, me tirant par la manche, me ramènent à l'intérieur. Dans l'« antichambre », ils m'enlèvent ma parka et mon pantalon couverts de neige et m'entraînent, en sous-vêtements polaires, sous la tente carrée qui est le cœur du foyer.

Je m'installe avec les deux hommes et la femme de l'un d'eux sur un petit tapis de peau de renne où sont posées les lampes à la graisse de phoque. Les trois Tchouktches continuent leur conversation en dévorant un repas de viande de morse... pourrie.

Selon une recette traditionnelle, ils enterrent cette viande durant les trois mois d'été, et la chaleur du soleil entame sa décomposition (on sent l'odeur à des kilomètres). Ensuite, ils la déterrent et la laissent geler à l'extérieur. Puis ils la mangent, découpée en tranches. C'est une des spécialités tchouktches les plus appréciées.

Comme je suis l'invité, on m'offre la meilleure part. J'approche le morceau de ma bouche en tâchant de bloquer mon odorat et de réprimer mon envie de vomir. Je mâche en faisant mon possible pour occulter le goût. Comme j'ai l'air d'aimer, mes hôtes poussent vers moi la planche où s'étale le morceau entier. J'en reprends... et je m'aperçois que cette viande pourrie a un goût de fromage. De « fromage qui pue », mais de fromage. Pas si mauvais, dans le fond. Du coup, la faim reprend ses droits et je fais honneur au plat, pour la plus grande joie de mes hôtes.

Nicolai, qui a suivi mes traces, me retrouve dans la *yaranga* et me sert d'interprète. Stupéfaits d'apprendre d'où je viens, et plus encore où je vais, les Tchouktches m'offrent d'utiliser leurs traîneaux comme moyen de transport. Quand j'explique pourquoi je dois refuser, ils ont un peu de mal à comprendre.

Ils sont ravis de rencontrer leur premier Occidental. Je le suis encore plus, après ma longue bagarre avec la bureaucratie, d'être enfin au contact d'êtres humains, non pas plus vrais que nature... mais qui *sont* la nature elle-même.

Ma traversée de la Russie commence bien.

Cette nuit-là, sur un sol en peau de renne trop petit pour que je puisse allonger les jambes, Nicolai et moi partageons la couche d'un vieillard tchouktche, de sa femme, et d'un autre membre de la famille. Chacun tire de son côté l'unique couverture... en peau de renne.

Pour la route, mes hôtes m'offrent un gros morceau de morse pourri, une énorme portion de baleine et des beignets esquimaux à base de farine et d'huile de phoque. Je veux leur offrir en échange quelques-unes de mes rations, mais ils refusent, sous prétexte que j'en aurai besoin, pour un aussi long voyage.

Sur ce territoire que traversent les ours polaires pour gagner les eaux poissonneuses du détroit de Béring, transporter cette viande si... odorante peut être dangereux. J'en emballe une partie dans des sacs hermétiquement fermés et donne le reste à Nicolai, pour qu'il l'offre aux habitants du prochain village.

À présent, mon accompagnateur trouve les étapes trop longues. Il a beau être en motoneige, solidement équipé par mes soins, il est terrifié à l'idée de devoir passer une nuit dehors. Il est vrai qu'il ne sait pas monter sa tente et que son réchaud ne fonctionne pas. J'ai de plus en plus l'impression qu'il envisageait notre expédition comme une sorte de balade champêtre.

Il devient dépendant de moi. Trois fois, il passe la nuit sous ma tente – prévue pour une personne –, m'obligeant à le nourrir et à le chauffer sur mes propres réserves. Sur ce terrain difficile et presque inexploré, dans l'obscurité quasi permanente et par un froid intense, je me retrouve avec le fardeau supplémentaire d'un accompagnateur à qui je dois porter assistance.

Un Tchouktche comme Nicolai devrait pourtant être capable de survivre mieux que moi, dans ce pays qui est le sien. Mais il est relativement loin de chez lui et les Tchouktches se déplacent peu, surtout en hiver. Il a d'ailleurs du mal à croire que je puisse marcher quarante kilomètres par jour dans ces conditions.

Nous convenons qu'il restera dans un village, le temps que j'atteigne le suivant. Il me rejoindra ensuite à motoneige et, le lendemain, gagnera le village d'après. Ainsi, il n'aura ni à camper ni à cuisiner. Si au bout de trois jours, je ne le vois pas venir, je saurai qu'il lui est arrivé quelque chose et j'irai le chercher. S'il a un problème alors qu'il est devant moi, je le retrouverai forcément.

Les premières montagnes sont derrière nous, quand Nicolai m'annonce qu'il a juste assez d'essence pour aller jusqu'à Yandrakinot, le prochain village, et qu'il ne prendra pas le risque d'y aller seul. Il contacte au telsat des membres de sa famille qui habitent justement le village en question, et leur demande de lui apporter de l'essence.

Nous les attendons ensemble... mais personne n'arrive.

Il est vrai que c'est l'époque des fêtes de fin d'année et que les gens de la région ne dessoûlent pas. La « mission » a dû se perdre dans les vapeurs de l'alcool. Nicolai se rabat sur un de ses amis, chasseur tchouktche comme lui, qui exige cent dollars par jour pour convoyer l'essence. En dernier recours, il s'adresse à des cousins d'un autre village, Lorena, qui promettent d'apporter le carburant.

J'ai le pressentiment que nous sommes là pour un moment.

Nous attendons, dans une cabane en pleine toundra, au bord du lac Ioni. Je commence à bouillir d'impatience. Voilà douze jours que nous avons quitté Provideniya ; nous avons parcouru quatre cents kilomètres, mais seulement deux cents à vol d'oiseau !

Je suggère à mon accompagnateur qu'il pourrait peut-être laisser tomber et rentrer chez lui. Il ne veut rien entendre.

Les jours passent. Nous liquidons les provisions offertes par les Tchouktches de la *yaranga* – *maktak* de baleine, renne, morse pourri... –, ce qui me permet d'économiser mes rations de voyage. J'effectue quelques travaux d'entretien de mon matériel, et je complète la formation de Nicolai en approfondissant avec lui les techniques de lecture des cartes et de navigation d'après la position du soleil (quoique, en ce moment, le soleil...). Les Tchouktches ignorent qu'il se déplace de 15° toutes les soixante minutes.

Nicolai passe des heures à jouer avec son GPS, ce qui est la meilleure façon d'apprendre à s'en servir. Comme il ignore l'art et la manière de bâtir un igloo (son peuple vit dans des tentes en peau de renne), c'est moi – un comble ! – qui le lui apprend.

Lui aussi enrichit mes connaissances. Je découvre, par exemple, qu'il est courant qu'un Tchouktche, sentant venir sa fin ou lassé de la vie, demande à un plus jeune de l'aider à mourir. Il choisit un endroit resté cher à son cœur : le col où il a tué son premier ours, la vallée où il a fait sa plus belle chasse... et s'y fait conduire par son fils ou petit-fils, qui a l'obligation de tuer son aïeul, puisque celui-ci le lui demande. Le vieux Tchouktche retourne ainsi à la nature, qui l'a nourri et l'a fait vivre. Voilà pourquoi, en pays tchouktche, on rencontre parfois des tombes dans les endroits les plus reculés... et les plus inattendus.

C'est dans cette cabane perdue au milieu de nulle part que nous passons un réveillon du 31 décembre égayé par la bouteille de vodka que Nicolai a eu la bonne idée d'apporter. À minuit, nous échangeons nos vœux. Je fais celui d'être rentré chez moi avant la fin de l'année qui commence.

Je garde une dent contre mon guide, à cause de toutes ces journées perdues par sa faute, mais j'évite de le montrer afin de ne pas rendre l'atmosphère conflictuelle. Il a besoin de moi et je ne peux pas l'abandonner. Mais je le préviens que si la situation s'éternise, je devrai poursuivre ma route et le laisser se débrouiller pour me rejoindre quand il le pourra. Je ne peux pas compromettre toute mon expédition à cause de lui.

Quand ses cousins de Lorena lui apportent enfin son carburant, cela fait sept jours que Nicolai et moi sommes sur place !

Nous repartons dès le lendemain, moi à pied, Nicolai à la tête d'une escadre de motoneiges, les deux « livreurs » d'essence reprenant la route avec lui. Ils l'aideront à transporter ses réserves jusqu'à Nateperment, où il m'attendra, à l'abri.

J'y serai moi-même d'ici cinq jours : Nateperment est le premier poste où je dois obligatoirement me signaler aux autorités. En l'occurrence : le maire, qui transmettra par radio au FSB la date exacte de mon passage dans sa localité.

D'un jour sur l'autre, les vents tournent, les températures changent radicalement, passant de moins quarante – quand l'anticyclone sibérien vitrifie la toundra – à moins quinze. La neige, qui colle au traîneau comme du papier de verre, devient de la soupe quand le thermomètre remonte. L'hiver canadien ignorait ces sautes soudaines. Pourtant, ma moyenne d'alors ne dépassait pas une quinzaine de kilomètres par jour, alors qu'elle est de trente-cinq ici. C'est que j'ai pleinement optimisé l'expérience de mon premier hiver arctique, et que ce terrain hostile est devenu un terrain familier où je fonctionne désormais comme une machine bien huilée.

Dans l'obscurité presque complète et quasi permanente, j'avance courbé pour lutter contre la bourrasque. Elle est si violente que, régulièrement, le souffle arrache ma capuche. J'ai du mal à la remettre, à cause de l'épaisseur de mes gants. Je dois les enlever pour me recouvrir et les renfiler le plus vite possible, puis me réchauffer les mains.

Chaque mètre est une victoire...

À seize kilomètres et demi de Natepermeny, je suis littéralement cloué sur place par la violence du vent. Qui fait plonger le thermomètre. Mon visage devient un masque de glace, que le sang n'irrigue plus et dont les muscles sont paralysés. Je ne peux plus ouvrir la bouche. Mon nez est de nouveau gelé, ainsi que ma joue gauche et mes paupières. Mes mains résistent, ce qui me permet de monter rapidement ma tente et d'échapper au vent. Mais le froid est tel que, même à l'intérieur, je ne parviens pas à me réchauffer.

Le lendemain, la violence de la bourrasque me plaque toujours au sol. Impossible de bouger. J'ai maintenant une journée de retard sur mon rendez-vous avec Nicolai ; c'est lui qui va s'inquiéter pour moi.

Vingt-quatre heures plus tard, je décide de tenter une sortie. Mais à l'instant où je mets le nez dehors, je comprends que je ne ferai pas trois kilomètres...

Encore quelques heures, et le vent retombe un peu. Je repars. Le soir même, vers dix-huit heures, j'entre dans Nateperment, un très vieux village de cent cinquante âmes, moitié tchouktche, moitié inuit. L'obscurité est trouée de rares lumières, à peine perceptibles derrière les carreaux crasseux. Les chiens aboient autour des cabanes délabrées, sans eau courante, que le charbon a du mal à chauffer.

Soudain, toutes les portes s'ouvrent en même temps. Nicolai a prévenu le village de mon arrivée... et les chiens viennent de l'annoncer.

Si le vent s'est levé avec une violence telle qu'il m'a empêché d'avancer, suggère mon guide, c'est que j'ai dû marcher sur une tombe. L'esprit du mort, furieux, a manifesté ainsi sa colère. À moins que ce ne soit la pleine lune, quand l'astre, avant de mettre son masque neuf, se nettoie le visage avec du vent...

Mys Shmidta, à deux cents kilomètres, est la prochaine étape à laquelle je dois signaler mon passage aux autorités. Pendant toute la guerre froide, Mys Shmidta (*Mys* signifie « cap ») était une base militaire dotée d'une garnison en alerte quasi permanente, avec missiles, radars, chasseurs prêts à décoller, etc. Je peux m'attendre à des fantômes.

À propos... À quelques kilomètres de Nateperment repose la carcasse d'un hélicoptère qui s'est écrasé là il y a un an. Sept personnes sont mortes dans l'accident. Les villageois insistent pour que j'évite l'endroit, quitte à faire un détour.

Les Tchouktches, pourtant capables de tuer leurs aînés à la demande, se révèlent d'une superstition craintive dès qu'il s'agit des morts.

Comme je refuse de m'écarter de mon chemin, on me confie de quoi conjurer le mauvais sort : une petite bouteille de vodka dont je devrai verser le contenu à l'endroit du crash.

Le temps est dégagé lorsque j'approche de la carcasse « maudite », orange et bleue, jadis occupée par une équipe scientifique venue filmer les ours. C'est en suivant l'un d'eux d'un peu trop près et à trop basse altitude que, lors d'un virage trop sec, les pales ont touché le sol...

Pour faire plaisir à mes amis de Natepermen, je sacrifie au rituel... Mais j'aurais pu faire un meilleur usage de cette vodka.

Si les scientifiques d'il y a un an sont venus y rencontrer leur destin, c'est que cette côte est une véritable autoroute à ours. J'en vois peu, pour l'instant – si ce n'est une mère et ses deux petits, au loin –, mais leurs traces sont partout. Je campe donc au large, ou à l'intérieur des terres, plutôt que près de la rive où les failles dans la glace attirent les plantigrades.

Le vent et le froid sont tels que mes alvéoles pulmonaires recommencent à geler, provoquant de nouveau cette horrible sensation d'asphyxie...

Normalement, j'aurais dû passer par ici il y a quatre mois. C'est décidément une habitude, chez moi, de me trouver au mauvais endroit, au mauvais moment.

Nicolai est parti m'attendre à Mys Shmidta et j'avance enfin librement, sans avoir à me soucier de lui.

Nos relations difficiles ont peu à peu évolué en une véritable amitié. J'ai appris à connaître un homme humble et sincère, qui me dit avoir plus appris en un mois, à mon contact, que pendant toute sa vie. Le respect qu'il me témoigne me touche profondément.

Aujourd'hui, il a besoin de moi, mais je n'oublie pas que c'est en partie à lui que je dois d'être ici : au courage qu'il a eu de se porter garant pour moi, avec tous les risques que cela comportait.

Je me demande bien ce que le FSB voulait m'empêcher de voir, en chargeant Nicolai de me faire respecter au rasoir un itinéraire précis. Une base spatiale ? Une centrale atomique ? Il n'y a rien, dans toute cette région ! Rien... que des montagnes et de la toundra.

De toute façon, mon horizon se limite au faisceau de ma lampe frontale. Et c'est aussi bien. Ces vallées qui se répètent à l'infini, ces montagnes qui n'en finissent jamais de surgir les unes derrière les autres dans un froid de glace, ont de quoi saper le moral et vous rendre défaitiste. Au moins l'obscurité offre-t-elle le piment de l'inattendu. Je découvre que ça monte au moment où ça monte, ce qui m'épargne d'anticiper la prochaine escalade. En outre, comme chez les non-voyants, mes autres sens acquièrent une plus grande acuité. À force d'anticiper le danger, j'en arrive à *voir* au-delà d'une colline ou d'un monticule de glace. Je connais la signification de chaque bruit. Un phoque qui se frotte sur la glace, un ours ou un loup qui approche...

J'arrive à Mys Shmidta par des vents de vingt mètres/seconde, sans voir à plus de deux mètres devant moi.

La ville étire le long de la côte ses bâtiments gris et délabrés, aux vitres cassées, ses casernes qui ne sont plus que des témoignages d'une autre époque, ses tours de contrôle abandonnées... Au loin, je distingue les lumières d'une ancienne mine d'or, qui continue à fonctionner. Les vestiges se succèdent sur trente-cinq kilomètres.

Les premières personnes que je rencontre sont les gardes-frontières. Je cherchais un abri et je me retrouve au poste. Une fois de plus, je suis face à des murs de brique chargés d'appliquer un règlement obtus, des humanoïdes armés qui commencent – bien entendu – par me soupçonner d'être un espion. À la solde de qui ? Pour espionner quoi ? Ces questions ne viendraient ici à l'idée de personne.

Nicolai, qui m'attendait, arrondit les angles.

Pour un homme dans ma situation, les agglomérations ne contiennent décidément que deux sortes de gens : ceux qui ont le pouvoir de me compliquer la vie, et ceux qui veulent me soutirer de l'argent (les deux catégories se recoupent souvent). C'est pourquoi je fais généralement mon possible pour les éviter.

L'ancienne base militaire, devenue un énorme dépôt de carburant, est une sorte de chef-lieu à la population presque inexistante, dont le « gouverneur » est à la fois capitaine des pompiers, médecin...

Dans cette bourgade glacée, grise et désespérante, étrillée par le vent, personne ne me salue, personne ne me parle, personne ne me répond. Dans l'obscurité, capuches rabattues sur le visage, les gens courent acheter le pain noir ou la boîte de conserve manquante, avant de se claquemurer chez eux. Je les vois traverser les rues, silhouettes noires et craintives qui semblent toujours fuir quelque chose...

Je n'ai pas envie de m'attarder ici une seconde de plus que nécessaire. Malheureusement, la tempête me retient vingt-quatre heures...

Dès que possible, je reprends la route – la glace – le long de la côte. Deux cent cinquante kilomètres à marcher sur la mer des Tchouktches, jusqu'à Mys Billingsa, mon prochain point de contrôle. Mon traîneau s'allège et, malgré l'obscurité et le froid, toujours aussi intense, ma moyenne monte à quarante kilomètres par jour.

À Mys Billingsa, je loge chez un chasseur, Alexandre Machkov, dont la femme, Elena, me confectionne des chaussettes et des gants en peau de renne. Lui tient absolument à m'offrir une peau d'ours de trois mètres cinquante – la plus grande que j'aie jamais vue. Je suis obligé de refuser, faute de place sur mon traîneau.

Alexandre m'en apprend de belles sur les mœurs locales. Le chef de la police, qui pousse la corruption jusqu'à la caricature, est récemment entré chez un trappeur qui avait dépassé son quota de renards et, sans un mot, a emporté les fourrures. L'autre, qui était en tort, ne pouvait protester sans s'attirer de gros ennuis ; et le policier a tranquillement revendu les fourrures à son profit personnel.

Les marchands de carburant pour motoneiges ne sont pas en reste. Celui que fourguent les escrocs du coin est coupé d'eau à cinquante pour cent ! L'ennui, c'est que l'eau gèle dans les carburateurs et explose les moteurs.

Prévenu, Nicolai va acheter son essence à la station météo polaire qui se trouve à proximité.

Je repars au bout de deux jours. Au rythme de douze heures de marche quotidiennes, je longe la presqu'île des Tchouktches, en direction du détroit de Long.

Aucun être humain ne vit dans cette partie du monde.

C'est du moins ce que je croyais, jusqu'à ce que je tombe sur une cabane perdue, pas plus grande qu'une table.

Je pousse la porte. Entre un lit et un réchaud, un homme de type caucasien, la chapka enfoncée jusqu'aux yeux, ronfle, écroulé contre le mur, visiblement ivre, à la limite du coma éthylique. Réveillé en sursaut par l'éclat de ma lampe frontale, il s'écrie : « Mon Dieu ! Oh, mon Dieu ! Prenez tout ce que vous voulez, mais ne me faites pas de mal ! »

Je le laisse cuver et m'installe dans la cabane – encore plus minuscule – qui jouxte la sienne. Le lendemain, il m'y découvre avec stupéfaction et – après des explications laborieuses de ma part – m'accueille chaleureusement.

Il s'appelle Alexi. Il est prisonnier de la nature immense qui l'environne, comme une bête préhistorique sur une île après la dérive des continents. Comment a-t-il atterri ici ? Le peu de mots que nous parvenons à échanger me permet de comprendre qu'en été, la mine de Komsamolski, non loin de Pevek mais à l'intérieur des terres, lui achète le produit de sa pêche pour nourrir les mineurs. En hiver, inaccessible et isolé, il survit grâce à ses réserves. J'ai une idée de son état d'ébriété de l'autre soir en découvrant qu'il fabrique lui-même une espèce de tord-boyaux appelé *samagon*... et qu'il boit l'alcool à quatre-vingt-quinze degrés que la mine lui fournit pour son réchaud et sa lampe !

À ses yeux, je ne suis pas un espion, mais un frère. Entre nous, la confiance est immédiate. Alexi m'avoue sa nostalgie de la civilisation, mais ajoute que s'il quittait cet endroit, il ne saurait pas où aller. Et puis, dit-il, la simplicité de son existence suffit à son bonheur. Je le crois volontiers, à voir le sourire qui éclaire sa figure en permanence et ses yeux qui ne brillent pas seulement à cause de l'alcool. Il se contente du peu qu'il possède et ne veut rien accepter de moi.

À sa manière, Alexi m'apprend beaucoup. Je n'ai pas autant apprécié la compagnie de quelqu'un depuis mon entrée en Russie.

Je m'attarde deux jours auprès de lui. Il voudrait me retenir plus longtemps – par ce froid, dit-il (il fait moins cinquante), je n'arriverai pas à Pevek vivant –, mais je dois continuer ma route...

La petite ville de Pevek – nouveau point de contrôle – se situe sur la baie de la Tchaoun. Le chemin le plus court pour y arriver consiste à longer la côte en restant sur la glace. Mais Alexi m'a prévenu : la zone du cap Chelagski, juste avant la baie, n'est qu'une succession d'empilements de blocs de glace, infranchissables à pied. Le seul moyen, d'après lui, est de couper par l'intérieur des terres en traversant les montagnes. Il existe bien une vallée qui mène à une rivière gelée, laquelle débouche sur une « route de glace » menant tout droit à Pevek. Mais il faut déjà que je trouve le col débouchant sur la fameuse vallée. Et dans cette obscurité permanente j'aurai de la chance si j'y arrive...

Je longe des vallées, je franchis des cols... Mon visage est complètement gelé. J'ai la sensation que l'on me poignarde la figure à répétition... Des carcajous me suivent de loin depuis que j'ai quitté Alexi... Je crois que je ne trouverai jamais le passage dont il m'a parlé...

En attendant, je dois opérer ma jonction avec Nicolai. Mon accompagnateur vient directement de Mys Billingsa et, pour plus de sécurité, j'ai enregistré la position de notre rendez-vous dans son GPS.

Je n'en suis plus très loin, lorsqu'un violent orage se lève.

À l'approche du col derrière lequel nous devons nous retrouver, la tempête dresse devant moi un véritable mur. Je lutte de toutes mes forces pour passer. Mais, chaque fois, j'arrive à ce point de rupture où, avec une rage impuissante, je sens mes skis se mettre à glisser inexorablement vers l'arrière... Quand je pivote pour récupérer mon équilibre, mon traîneau se retrouve de profil et la bourrasque, comme une déferlante, l'arrache du sol et le jette dans la pente, où il m'entraîne avec lui.

Il faut pourtant que je passe : Nicolai m'attend de l'autre côté et il n'a ni réchaud ni provisions.

C'est ce qui me donne l'énergie de me battre et d'y arriver, finalement, malgré les gelures de mon visage et le froid insupportable. Autrement, j'aurais bivouaqué au pied de la montagne jusqu'à ce que les conditions s'améliorent un peu.

Cette bataille presque perdue m'a laissé des séquelles, car je m'interroge pour la première fois depuis longtemps : pourquoi insister ? Pourquoi m'obstiner à m'infliger tout ça ? Personne ne vit ni ne voyage ainsi, dans le noir, dans la tempête, par ces froids inhumains. Alors, pourquoi moi ?

Je me secoue. Pour un homme dans ma situation, les états d'âme sont le poison le plus dangereux. Je m'inquiète d'avoir failli les laisser m'atteindre. C'est dû, je le sais, à la colère de devoir traverser cette région au pire moment de l'année, alors que j'avais tout prévu pour l'éviter. C'est dû à la souffrance et à l'humiliation, après avoir hissé un traîneau de cent cinquante kilos à flanc de montagne, d'être rejeté tout en bas, cul par-dessus tête, emmêlé dans mes lanières...

Une fois le col franchi, je me retrouve à l'abri du vent. Je n'ai plus qu'à me laisser glisser jusqu'à la tente où m'attend Nicolai.

C'est la dernière nuit que nous passons ensemble. À Pevek, il prendra l'avion pour rentrer chez lui, à Anadyr. Son contrat prévoyait qu'il m'accompagne jusqu'à Ambarchik, à, la frontière du Yakutia ; mais il est à bout de forces, couvert de gelures, et, depuis un bon moment déjà, se languit de son foyer. Sa fille de trois ans l'attend à la maison et il a hâte de la retrouver.

Quand il m'a demandé si je ne voyais pas d'inconvénient à ce qu'il m'abandonne un peu plus tôt, j'ai accepté avec empressement, malgré l'amitié qui est née entre nous. Plus vite il rentrera chez lui, plus vite j'aurai de nouveau les coudées franches.

Si tout se passe comme prévu, son avion aura quitté Pevek avant que j'y arrive, d'ici deux jours. Alors, nous faisons nos comptes tout de suite. Il avait demandé mille dollars par mois ; nous sommes partis depuis environ soixante jours (mi-décembre à mi-février) ; total : deux mille dollars. L'équivalent de deux ans de salaire d'un Russe moyen. Une excellente affaire pour lui. Mais – je ne l'oublie pas – une chance inestimable pour moi. Nicolai m'a été précieux sur le plan administratif. Il m'a coûté des efforts, du temps et de l'argent ; mais il a pris d'énormes risques en se portant garant de ma personne, ce qui m'a permis de continuer.

J'estime que nous sommes quittes.

Pour franchir le col et rejoindre Nicolai, j'ai dû marcher dix-huit heures au lieu de dix, pour faire mes trente-cinq kilomètres. Une moyenne que je suis résolu à maintenir, quel que soit le prix à payer. Tout, plutôt que de subir un troisième hiver arctique... auquel je ne me sens pas capable de résister.

Je repousse chaque jour mes limites un peu plus loin. Trop loin, sans doute. Je ne m'arrête que lorsque je ne sens plus mes mains, mes pieds, mon visage... juste avant que les gelures s'installent. Et je ne repars que quand les sensations sont revenues. Sinon, je pourrais y laisser les doigts... ou les orteils. Mais chaque soir, en réchauffant mon GPS dans mon sac de couchage, j'ai la satisfaction d'y lire mes progrès.

Deux jours après le départ de Nicolai, en suivant presque en ligne droite une vallée et une rivière, je bats mon record russe avec quarante-huit kilomètres en onze heures de marche.

Le lendemain, 7 février, par moins quarante-quatre, j'ai la sensation que mes gelures ont pénétré jusqu'à l'os. Mais j'arrive enfin à Pevek.

J'ai repéré de loin ce désastre urbain qui, pour cause de chauffage intensif à l'énergie fossile, souille la mer d'une étrange couleur, et le ciel de ses fumées sombres.

Une vieille femme qui, de sa fenêtre, m'a vu arriver dans la neige grise telle une statue de givre montée sur skis, se précipite et vient m'attraper par le bras. Elle veut absolument que j'aille me réchauffer chez elle.

Je résiste et, avec les quelques mots de russe que je commence à connaître, lui demande de m'indiquer la station météo. Elle ne veut rien entendre et s'obstine à me proposer du thé chaud.

C'est alors que passe une voiture de police. À la seconde où son conducteur me repère, il écrase le frein ; le véhicule part en dérapage avant de s'immobiliser au milieu de la rue. Quatre hommes en uniforme en jaillissent et s'alignent devant moi, kalachnikov à la hanche, pour me barrer le passage.

– Documennt ! aboie le chef.

En quelques semaines, le terrible hiver arctique a fait de moi un yéti au visage plâtré par le froid, une momie dont les bandelettes de neige laissent à peine deviner les yeux.

Le grand défi du froid

Après les avoir testés sur la calotte groenlandaise, je ressors mes cerfs-volants. J'en ai cinq de tailles différentes en fonction de la puissance du vent. Le *kite* permet d'améliorer considérablement ma moyenne quotidienne, mais c'est un exercice périlleux, terriblement éprouvant pour les jambes et les bras, qui exige une concentration optimale de tous les instants. Et l'immobilité relative dans le vent glacé favorise la réapparition des gelures.

– 40 °, – 50 °, – 60 °C... plus le thermomètre descend, plus chacun de mes gestes est mesuré au millimètre pour éviter tout effort inutile. Par ce froid, deux choses peuvent me tuer : l'insuffisance alimentaire et l'état d'esprit négatif qui résulterait de la moindre sensation d'égarement.

Chaque soir avant de me coucher, je résume la journée en quelques lignes sur mon « carnet de bord ». Au crayon, car l'encre gèlerait.

Fourni par *Global satellite*, avec des batteries spéciales d'Energiser, mon téléphone satellite me permet de transmettre régulièrement à Cathy ma position GPS et d'échanger les informations vitales, dont dépendent à la fois ma survie et la réussite de mon expédition.

Mes rations alimentaires emballées sous vide représentent les 10 000 calories quotidiennes dont j'ai besoin pour marcher par ce froid. Mon réchaud, fabriqué spécialement pour moi par Morand en Suisse, fait à la fois office de casserole, de chauffe-plat et de chauffage.

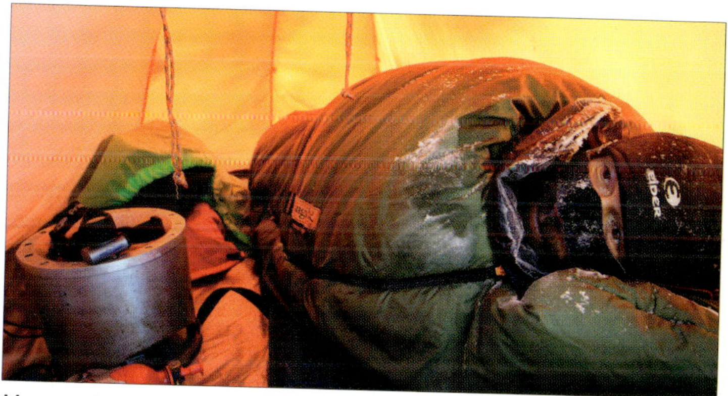

Mon sac de couchage est étudié pour résister à des températures de – 40 °C. La cagoule qui me recouvre en partie le visage m'évite de me réveiller le nez et la bouche collés à mon sac par ma respiration transformée en glace.

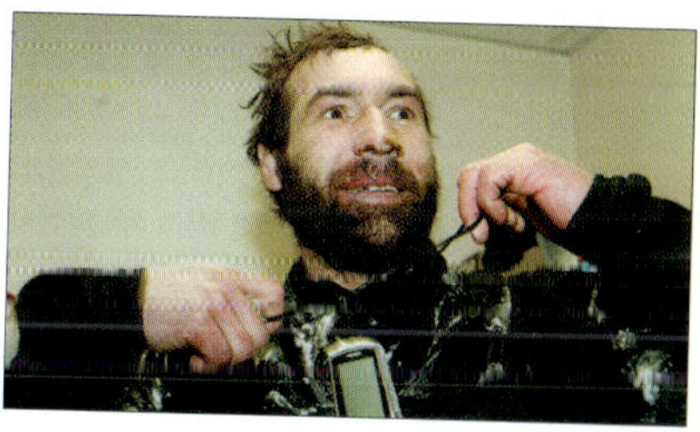

Après le froid, profiter de quelques jours de chaleur et de repos me permet de récupérer, en soignant les gelures et les brûlures de mon visage.

À Tuktoyaktuk, j'ai récupéré mon kayak « de mer », agrémenté de deux flotteurs et d'une voile. À son bord, je vais pouvoir longer toute la côte arctique de l'Alaska.

Bien que ce soit l'été, la glace n'a pas fondu partout. Je suis régulièrement obligé de sauter entre deux plaques gelées et de tirer mon kayak sur la glace comme un traîneau.

Trop s'éloigner des côtes est dangereux en kayak : les courants et les vents pourraient me déporter vers la pleine mer. Mais longer les côtes me met à la merci des rouleaux qui peuvent me retourner ou me projeter sur le rivage.

Jean-Jacques Mottier, le maire de ma commune de Château-d'Œx, distribue à tout le village de Point Hope (Alaska) des chocolats et des fromages suisses. Doris Henchoz, une artiste du découpage – spécialité helvète –, initie à son art les enfants inuit et offre au maire un tableau où je figure en bonne place.

Je fais mes adieux à la famille, aux amis, et à l'Amérique. Direction la Russie. J'espère que mon *Corsair 24* résistera aux assauts de la mer de Béring, l'une des plus redoutables du globe… et que je résisterai à ceux de l'administration russe, si j'arrive de l'autre côté. Le temps est encore calme entre l'Alaska et la péninsule des Tchouktches, mais je ne vais pas tarder à connaître une des plus violentes tempêtes de mon expédition.

Sibérie, me voilà

La bureaucratie russe s'est montrée digne de sa réputation. Ce n'est qu'après quatre mois de bagarres administratives que je peux enfin partir à l'assaut des territoires inexplorés (ou presque) du Tchoukotka. Dans les rares villages que je traverse, des monuments à la gloire de Lénine rappellent parfois le défunt Empire soviétique.

À travers les immenses plaines de l'interminable Sibérie, je verrai les saisons changer, les paysages se transformer, et le spectacle permanent d'une faune extraordinaire… mais pas un homme, sur des milliers de kilomètres.

Peu d'hommes ont vu ces terres où je m'aventure enfin. Le Tchoukotka est une gigantesque zone interdite où ne vivent que les équivalents russes des Inuit, les Tchouktches. Les rencontrer sera une expérience extraordinaire.

Depuis qu'un explorateur japonais a disparu corps et biens dans cette région, l'accès n'y est autorisé qu'avec un guide local. Heureusement, le mien me retrouve surtout dans les villages où je dois signaler mon passage aux autorités.

Des rencontres qui ont changé ma vie

Mieux qu'un exploit physique ou sportif, plus encore que la découverte de territoires où peu d'hommes ont mis les pieds, « Arktos » aura été pour moi l'occasion d'un fabuleux voyage au cœur de l'humain. Toutes les rencontres que j'ai faites ont été exceptionnelles. Chacune a marqué mon cœur et ma mémoire d'une façon indélébile, chacune m'a enrichi de trésors qu'on ne pourra jamais m'enlever. Je le dis toujours : la vie sociale nous rend égoïstes et fait ressortir le pire. Là où je vais, les mascarades « civilisées » s'arrêtent et c'est le meilleur de l'humain qui ressort.

L'administration russe est une chose, les Russes en sont une autre : des gens merveilleux, débordant de chaleur humaine et de générosité. Mais c'est sans doute Vassia qui me laissera le souvenir le plus poignant.

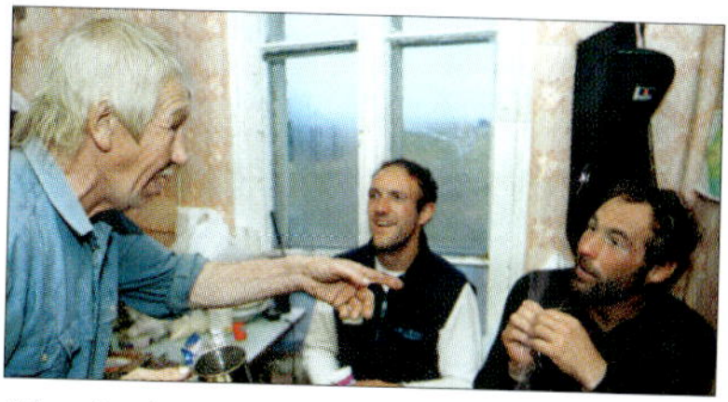

Vassia, le vieux pêcheur solitaire, est le dernier habitant de Tobseda, un village fantôme situé sur les rives de la mer de Barents. Mon frère Martin (au centre) et Bernard Stamm, venus me livrer mon trimaran, repartiront très vite. Mais en trois semaines, Vassia et moi nouerons une véritable amitié.

À Tobseda, Jean-Philippe et moi étudions les cartes de la région. Prochaine étape : Mourmansk, où je dois « pointer » auprès des autorités. Je ne sais pas encore que je vais devoir affronter la mafia portuaire…

De gauche à droite, derrière moi : Isabelle Bratschi, Maryline de Cesare, Maria Doulton, Barbara Ballardini, Yves Mirabaud, Michel Borgi. Des amis, des journalistes et des sponsors sont venus me retrouver du côté de Norilsk. Je commence à voir le bout du voyage, même s'il est encore loin.

Retour au cap Nord

21 octobre 2004. Après deux ans et trois mois d'aventure, j'ai gagné mon pari en réussissant le premier tour du cercle polaire arctique. Les mots qui me viennent à l'esprit ne sont pas : « J'ai gagné », mais : « Je suis revenu. » Un retour qui me laisse vidé, une fois disparue la nécessité de repartir le lendemain, de continuer. Il va maintenant falloir me réhabituer à la vie « normale », celle de tous les jours, retrouver les mots et les gestes d'un mari et d'un père. Un autre genre de défi… en attendant le prochain, auquel je pense déjà.

Je suis gelé jusqu'aux os, je marche depuis des jours et aujourd'hui, j'ai marché plus encore que d'habitude pour atteindre Pevek en une seule étape. Je suis au-delà de la fatigue, et de la part de mes frères humains, le mot « documennt ! » n'est pas ce que j'ai envie d'entendre.

Je baisse la tête et j'avance, sans gratifier les uniformes d'un mot ou d'un regard. L'un d'eux s'approche, et reçoit la pointe métallique de mon ski en plein tibia. Il hurle et répète :

– Documennt ! Documennt !

Je ne m'arrête pas. Les quatre hommes sautent dans leur Jeep et vont établir un barrage six cents mètres plus loin, devant le poste de police. Une fois là, je suis obligé de virer à angle droit et d'entrer dans le commissariat. Les autres continuent à me réclamer mes papiers.

Je réponds que j'ai un besoin pressant d'aller aux toilettes. Sans résultat. Exaspéré et à bout de nerfs, je craque. Là, en plein milieu du bureau du chef, je baisse mon pantalon et m'accroupis pour me soulager...

Après un silence stupéfait, les hurlements redoublent et on me porte littéralement aux commodités.

Je montre mes papiers et j'explique que je suis accompagné. Par chance, l'avion de Nicolai n'a pas encore décollé. On retrouve mon ex-guide à la station polaire, on le fait venir, et il confirme tout ce que j'ai dit. Quand les policiers s'obstinent à me chercher des poux dans la tête, il monte au créneau : « Vous seriez incapables d'aller où cet homme a été ! » Et quand on lui demande son autorisation de traverser le Tchoukotka... « Je n'en ai pas besoin, répond-il, je suis chez moi, ici ! C'est vous qui devriez avoir une autorisation ! »

Il s'avère que les gardes-frontières avaient été prévenus de mon arrivée. Mais chacun a voulu montrer son pouvoir, en m'utilisant pour faire une démonstration d'autorité. C'est vrai qu'au premier contact, je n'ai pas été très coopératif.

Après la mise au point de Nicolai, l'attitude des gardes-frontières évolue : ils m'offrent du thé et me témoignent même un certain respect. Leurs collègues de Provideniya n'ont jamais cru que j'arriverais jusqu'à Pevek, un port inaccessible, sauf par mer ou par air. Et j'y suis arrivé, qui plus est pendant la période la plus froide de l'année.

On m'interroge longuement sur l'itinéraire exact que j'ai emprunté pour venir jusqu'ici et ce que je pourrais avoir vu en cours de route. Je réponds à la première partie de la question grâce à mon GPS, où sont enregistrées mes positions successives. Quant à la seconde partie... S'il y avait quelque chose de « sensible » à voir, qu'on se rassure : voilà deux mois que j'avance dans le noir, sans rien voir du tout.

Je passe une nouvelle nuit en compagnie de Nicolai, à la station polaire qui se trouve à la sortie de Pevek. J'attends son départ en soignant mes gelures.

J'ai dit aux gardes-frontières que je quitterai Pevek le vendredi 13. Ils ont enregistré cette date, ce qui signifie que je dois impérativement quitter Pevek ce jour-là. Mais l'avion de Nicolai est retardé par le mauvais temps, et moi aussi.

L'atmosphère devient lourde. Dans la chambre minuscule et infestée de cafards que nous partageons, les militaires – généralement soûls – font irruption à n'importe quel moment du jour ou de la nuit, exigeant de voir mon passeport, prétextant n'importe quoi pour me soutirer de l'argent. Je répond s systématiquement : *Ia nié panimaiou.* « Je ne comprends pas. » Nicolai est mal à l'aise : les Russes n'aiment pas beaucoup les Tchouktches et ont tendance à les traiter comme des chiens. Heureusement pour lui, il est l'un des représentants de sa communauté au gouvernement d'Anadyr, ce qui en fait une sorte de notable.

Son avion arrive enfin. Cette fois, nos adieux sont définitifs.

Le 15, je suis toujours retenu sur place par le mauvais temps. Ce jour-là, un policier se présente et m'annonce que, n'étant pas parti le 13 et me trouvant en outre sans accompagnateur, je suis – une fois de plus – en situation illégale.

J'explique que tout ça est indépendant de ma volonté... rien à faire. Je propose de partir tout de suite... il me l'interdit. Trop tard. Il va m'arrêter et je serai renvoyé en Suisse.

Sur ce, il m'abandonne pour aller chercher ses collègues.

C'est maintenant ou jamais.

Saisissant au vol cette chance inespérée, je rassemble mes affaires et je me prépare à toute vitesse.

– Stop ! me lance un ami de Nicolai dont j'ai fait la connaissance ici. Avant que tu partes, il faut d'abord qu'on s'assoie à tour de rôle sur ton traîneau.

Je m'étrangle :

– Quoi ?

– C'est la tradition russe : avant qu'un voyageur ne parte, lui et toutes les personnes présentes doivent s'asseoir tour à tour sur son bagage. Après, on est sûr qu'il fera bon voyage.

J'ai beau lui expliquer que si je m'attarde une minute de plus, il n'y aura pas de voyage du tout, il insiste.

Je cède. L'un après l'autre, nous nous asseyons sur mon traîneau, puis il me souhaite bonne route.

Je ne me le fais pas dire deux fois. Le temps que les militaires reviennent, je me suis volatilisé.

Je me lance tout droit sur la glace, à travers la baie de la Tchaoun. Une fois traversée la péninsule qui se trouve au bout, je longerai à nouveau la côte.

Mais les soldats ne me poursuivront pas sur la glace : ils ne sont pas équipés pour affronter les grands froids. Ils risqueraient leur vie et ils le savent.

N'empêche que, cette fois, c'était moins une...

Derrière moi, Pevek s'éloigne. Devant moi – à trois cent cinquante kilomètres tout de même –, Ambarchik et la frontière du Yakutia, sur le fleuve Kolyma. Plus de FSB, plus d'accompagnateur... je suis enfin libre !

Seul problème : mon dernier réapprovisionnement remonte à deux mois ; les autorités ont refusé de laisser mon équipe venir à Pevek, et je commence à être à court de fuel et de vivres. La nourriture que j'aurais pu me procurer en chemin était à la fois trop lourde et trop faible en calories, mais j'ai quand même acheté quelques provisions à Pevek. Je les utilise pour faire durer mes rations, mais c'est insuffisant : avec ce froid, j'ai besoin de mes dix mille calories quotidiennes (j'en brûle deux mille, rien qu'en dormant).

Il faut absolument que je puisse me faire réapprovisionner à Ambarchik.

En attendant, je n'ai qu'un objectif en tête : arriver sur le territoire du Yakutia. Cette région est l'une des plus désertes de la planète. Il n'y a pas un habitant dans toute la plaine de la Kolyma, jusqu'au village de Chokurdakh, sur le fleuve Indiguirka. Personne, donc, pour me faire des ennuis.

Certes, il faut *aussi* un permis pour traverser le Yakutia. Et je ne l'ai pas encore reçu, bien que je l'aie demandé en même temps que celui du Tchoukotka, il y a quatre mois ! Mais la ville-frontière d'Ambarchik – qui fut autrefois un des plus terribles goulags de Staline – consiste en tout et pour tout, désormais, en une station météo occupée par trois personnes. Ni police, ni gardes-frontières. Je devrais passer sans problème...

Cathy met soudain un bémol à mon optimisme en m'annonçant que les autorités refusent de délivrer à mon équipe des permis de circuler au Yakutia. Elles l'autorisent simplement à passer une heure avec moi à Ambarchik !

Une heure !...

Jean-Philippe et les autres devront affréter un hélicoptère à Chersky, à cent cinquante kilomètres au sud, sur le fleuve Kolyma, pour les conduire à Ambarchik... et repartir au bout d'une heure !

Ça ne vaut pas le coup ; nous avons trop de choses à faire.

Tant pis. On essaiera plus loin. Mais plus loin, c'est Chokurdakh, sur le fleuve Indiguirka, à une distance à peu près équivalente à celle que j'ai parcourue depuis Provideniya...

Faute de mieux, mon équipe entreprend de se procurer les papiers nécessaires pour se rendre à Chokurdakh... et les obtient.

Quant à moi, je vais devoir adapter ma route à ces nouveaux projets. J'avais prévu de rester sur la glace de la mer de Sibérie orientale jusqu'à Tiksi, juste avant l'embouchure de la Lena. Mais Chokurdakh se trouve bien avant, à l'intérieur des terres. Je vais devoir passer par là, ce qui m'obligera ensuite à traverser toute la plaine Iana Indiguirka, jusqu'à Tiksi...

Je progresse sur la glace par un début de journée qui s'annonce calme. Je ne suis qu'à quelques jours d'Ambarchik mais, n'ayant plus besoin de m'y arrêter, je décide de couper à travers la baie, pour passer entre le prochain cap et l'île des Ours.

Le vent du nord se lève. Bientôt, il souffle comme jamais encore il n'a soufflé depuis le début de cette expédition : trente-deux mètres/seconde, avec des poussées à trente-neuf... c'est-à-dire à peu près cent vingt, cent trente kilomètres à l'heure. Il arrache la couche de neige, et la glace nue devient une patinoire où mes skis n'ont plus de prise. Je suis sans cesse jeté à terre, où je continue de glisser à plat ventre, comme une boule de curling.

Sitôt que je parviens à retrouver un semblant d'équilibre, j'oblique vers le sud, pour avoir le vent dans le dos : de profil, il arrache mon traîneau du sol et je pars avec lui.

Je suis littéralement poussé vers Ambarchik, le long de falaises qui m'interdisent le refuge de la terre ferme et la protection de ses reliefs.

Ne pouvant monter ma tente dans ces conditions, je n'ai pas d'autre option, pour survivre, que de rester en mouvement.

Je marche sans m'arrêter pendant quarante-huit heures, fouetté par une poudreuse volante qui annule toute visibilité. La pression du vent sur mon harnais est telle qu'elle écrase les couches d'air qui me protègent du froid, et les gelures attaquent mes côtes. J'ai prévu un système qui me permet de transférer cette pression de mes flancs à mes épaules ; mais le phénomène se reproduit à la hauteur des coudes...

Dans cette tourmente qui m'aveugle et m'empêche d'utiliser le GPS, je maintiens mon cap en avançant selon un angle précis par rapport à la direction du vent... et j'arrive pile sur la station polaire d'Ambarchik.

À cet instant, je remercie mon premier hiver arctique, celui que j'ai affronté entre Arctic Bay et Committee Bay. L'expérience que j'en ai retirée vient sans doute de me sauver la vie.

J'aurais pu y rester. Et rien ne dit que cela n'arrivera pas. Malgré tout, j'apprécie moins le beau temps, dans l'Arctique, que les moments où la nature se déchaîne. Ses démonstrations de force soulèvent chez moi un mélange de crainte et d'enthousiasme respectueux. Il aura fallu que je vienne jusqu'ici pour constater la vraie puissance des éléments, puissance à côté de laquelle dire que nous sommes peu de chose est un euphémisme...

Je m'installe à la station météo d'Ambarchik, pour y attendre les vivres et le carburant que Nicolai – puisque ma propre équipe ne peut me rejoindre – a demandé à quelqu'un de m'apporter, via Chersky. Ainsi, j'aurai de quoi atteindre Chokurdakh, et mon prochain vrai réapprovisionnement.

Mon livreur n'est autre que l'homme à qui j'ai vendu la motoneige de mon accompagnateur, à Pevek... à la condition – ces engins sont rares, par ici – qu'il l'utilise pour me dépanner, le cas échéant.

Je l'attends huit jours... au bout desquels arrivent deux autochtones du *Saha*, comme on appelle ici le Yakutia. Ils m'apportent douze litres de fuel, sur les vingt promis, et des rations alimentaires incomplètes. Ce qui manque a été volé, perdu... Leurs explications confuses ne me permettront jamais de le savoir.

Huit litres de fuel en moins, c'est vingt-quatre jours sans combustible. De plus, le diesel s'est répandu dans la nourriture, la rendant immangeable.

Je sauve ce qui est sauvable, et je complète avec les provisions que, généreusement, les occupants de la station polaire me donnent sur leurs propres réserves.

La plaine de la Kolyma, qui commence après Ambarchik, ce sont des milliers de kilomètres carrés de toundra humide ; une infinité de petits lacs entre lesquels des rivières profondes, dont les eaux ont fait fondre le permafrost, dessinent d'immenses et lentes sinuosités. C'est la partie la plus glaciale de l'Arctique. Au plus froid de l'hiver, on y a enregistré une température record de moins soixante-quatorze !

En cette saison, elle est prise dans une chape de glace qui en égalise la surface et faciliterait ma progression. Pourtant, je choisis de gagner Chokurdakh par la mer, ce qui représente un détour de deux cents kilomètres. Sans compter le *pack*, les brèches liquides... et les ours. Mais je sais par expérience qu'il fera trois ou quatre degrés de plus sur la glace de la mer sibérienne que sur le permafrost de la toundra. En outre, nous sommes début mars, le soleil recommence à se montrer, ce qui laisse espérer pour bientôt une très légère hausse des températures. Cette hausse elle-même – le soleil se réfléchissant sur la glace – sera plus sensible qu'en pleine terre.

J'avance sur la mer, dans un blizzard permanent, sans boussole et sans GPS, en m'orientant une fois de plus à l'angle de ma course par rapport au vent.

Dans ce blanc absolu, impossible de faire la différence entre l'océan hérissé de glace et une terre sans reliefs, à quelques mètres d'altitude seulement, et aussi blanche que le reste.

Deux jours après mon départ d'Ambarchik, un de mes arceaux de tente se casse en deux sous la violence de la tempête, ce qui ne m'était encore jamais arrivé. En se brisant, la tige d'aluminium déchire la toile, créant une brèche en forme de « L » par où s'engouffrent le vent et la neige. Le froid m'interdisant d'ôter mes gants pour réparer avec du fil et une aiguille, je fais chauffer du *duck tape*, un ruban adhésif argenté américain avec un fil courant dans l'épaisseur, et l'utilise pour colmater la brèche. En repliant ma tente, je devrai seulement m'assurer que ce « bandage » reste à plat ; sinon, il cassera comme du verre.

Mais vingt-quatre heures plus tard, mon bricolage donne des signes de faiblesse. Je dois recoudre depuis l'extérieur. Mains nues, car ce travail ne peut être effectué avec des moufles. Il fait moins quarante. Toutes les trente secondes, je rentre sous ma tente pour me réchauffer les mains à mon réchaud.

Cinq jours consécutifs, je parviens à suivre une trajectoire rectiligne qui me rapproche de la terre, entre la plaine de la Kolyma et l'île des Ours. Mais ma moyenne baisse régulièrement, à cause du *pack* et de ma faiblesse qui s'accentue, vu l'insuffisance de mon alimentation. Tous les soirs, je dois m'arrêter un peu plus tôt. Je mets une bonne heure à me débarrasser de la neige qui me recouvre, remplit mes chaussures et envahit ma tente. L'économie de nourriture induit un régime approximatif qui, pour la première fois, me fait perdre insensiblement le contrôle de mon propre organisme. Pour compenser le manque alimentaire, je bois plus d'eau. Le surcroît d'effort me fait transpirer avec excès. Une couche de glace se forme sur ma peau, sous mes vêtements...

Des jours et des jours, sans le moindre signe de vie humaine ou animale. Ce désert gelé a une pesanteur qui le rend plus désert encore que tous ceux que j'ai traversés. Pas une empreinte, dans cette partie du monde qui semble s'être détachée d'une autre planète ; pas même les traces d'ours auxquelles je m'attendais. Cet univers a quelque chose d'irréel et je ressens presque physiquement l'espèce d'anormalité qu'il y a à être là. J'avance comme dans un de ces rêves dont on se demande à quel moment il va virer au cauchemar...

Quand Cathy m'annonce au telsat qu'Annika et Jessica ont remporté leurs compétitions de ski, j'en éprouve un plaisir et une fierté qui me font brièvement oublier ce que j'endure. Je voudrais partager mon orgueil paternel avec quelqu'un... Quand, la terre approchant, la vie se manifeste enfin sous la forme d'un renard, je monte sur une butte pour lui crier à pleins poumons : « Annika et Jessica ont gagné le slalom et la descente ! »

Pour économiser le fuel qui me reste, je fais fondre moins de neige et je me prive de boire. Résultat : l'épuisement devient tel que mon corps finit par refuser de m'obéir. Mes jambes se mettent à bouger au ralenti. Quand mon traîneau accroche un relief, je suis stoppé net. Ce n'est qu'au prix d'efforts démesurés que j'arrive à surmonter ce minuscule obstacle.

J'en suis à neuf kilomètres par jour. Je fais pratiquement du surplace et je ne m'en rends même pas compte. C'est Cathy qui m'en fait prendre conscience en me demandant au telsat ce qui se passe.

Je n'arriverai jamais au cap Nord...

Au bord du point de rupture, une volonté plus forte que la mienne me donne soudain l'ordre de m'arrêter, de passer une journée ou deux sous ma tente, de manger à m'en repaître, de boire jusqu'à plus soif. Ce qui me restera de vivres et de fuel ne m'emmènera peut-être pas jusqu'à Chokurdakh, mais ce qui est sûr, c'est que je n'y arriverai jamais si je continue comme ça.

Cet arrêt complet m'a fait retrouver mes forces, ma vitesse et ma moyenne, qui dépasse, certains jours, les quarante-cinq kilomètres. Je m'offre mes dix mille calories quotidiennes, ce qui, en outre, allège mon traîneau et accentue ma vitesse.

Mais Chokurdakh est encore loin et, même à ce rythme, mes réserves s'épuiseront avant.

Les quatre mois de ce terrible hiver m'ont laminé. Je fais des erreurs que je ne faisais pas. Un jour, en marchant, j'éprouve soudain un froid anormal à la hauteur de l'entrejambe. Je soulève ma parka et constate que j'ai laissé ma braguette ouverte. Impossible d'attraper la glissière avec mes moufles. Je dois m'arrêter, monter ma tente, allumer mon réchaud, me réchauffer mes mains, dégeler la glissière pour pouvoir enfin la refermer. Une heure et demie pour un geste qui prendrait normalement deux secondes.

J'envisage de chasser. Mais quoi? Et comment?... Il n'y a pas le moindre signe de vie aux alentours.

L'embouchure du fleuve Indiguirka, qui me conduira jusqu'à Chokurdakh, est à une centaine de kilomètres, lorsque les nuages noirs apparaissent sur l'horizon. La journée a été d'un calme plat. Pas un souffle, ou presque. Mais il y a dans l'air une sorte de menace palpable, quelque chose d'électrique et d'indéfinissable...

Et d'un seul coup, cette barre sombre qui, du bout de la mer, se précipite sur moi. En quelques instants, elle me balaie comme un raz de marée et tout devient blanc.

Je me dis qu'il s'agit d'un front passager et je continue d'avancer en pensant qu'il ne durera pas.

Il dure deux jours.

À nouveau, je me retrouve dos au vent pour empêcher mon traîneau de s'envoler, obligé de marcher sans m'arrêter, la violence de la tempête m'interdisant de monter ma tente. Elle m'empêche même d'ouvrir mon traîneau Sans manger et sans boire, je m'affaiblis... Le souffle me jette régulièrement au sol, me pousse sur la glace et me recouvre de neige tourbillonnante.

Je me relève chaque fois.

Jusqu'à la fois de trop, où je ne me relève pas.

Il y a vingt-quatre heures que je progresse dans la tourmente, quand la bourrasque, de nouveau, me plaque au sol. Aussitôt, je sens la neige me recouvrir. Mais je n'ai pas froid. L'épuisement a engourdi mes sens.

Le corps et le visage collés contre la glace, toute sensation disparue dans les mains et les pieds, je me laisse doucement glisser... J'ai trop présumé de mes forces. La nature est plus forte que moi ; j'accepte ma défaite. Je suis si fatigué que j'aime mieux mourir. D'ailleurs, ça ne fait pas mal. S'ouvrir les veines dans un bain chaud doit procurer la même agréable sensation d'éloignement. Les yeux fermés, je me laisse couler vers le repos absolu. Plus de douleur, plus de froid, plus de traîneau à tirer...

Une fraction d'instant avant que je ne bascule définitivement, une voix qui est peut-être la mienne me questionne soudain : si je suis là, dans cette situation, c'est bien parce que j'ai cru en moi, contre toute raison, malgré ceux qui ne me donnaient aucune chance ? Et tous ceux qui y ont cru, qui m'ont aidé, m'ont soutenu... Vais-je les laisser tomber ? Et ma femme, et mes filles ?

Dans une sorte de brouillard, je revois soudain Annika et Jessica, le jour de mon départ du cap Nord... Mon bateau se détachait lentement du quai, mes filles s'y accrochaient en me disant : « Papa, on sait que tu peux le faire. Tu vas y arriver et tu rentreras à la maison... »

J'entends leurs voix, venues de très loin...

Soudain, une évidence s'impose : je ne peux pas mourir comme ça. Je n'ai pas le droit. Ce serait trop... trop facile.

Une force dont je ne sais pas d'où elle vient me soulève, m'arrache du sol, me redresse... et mes pieds se remettent à avancer, l'un après l'autre...

Je marche sans plus m'arrêter jusqu'au lendemain.

Lorsque, enfin, la tempête diminue légèrement d'intensité, je décide d'essayer de monter ma tente. Épuisé par ces quarante-huit heures d'effort continu, j'ai désespérément besoin de dormir. Il fait moins quarante-sept, le vent souffle encore à soixante à l'heure... Je plante comme d'habitude une première vis à glace, en maintenant la toile aplatie au sol pour ne pas donner de prise au vent. Au moment où elle s'ouvre d'un seul coup, à la manière d'un parapluie, la bourrasque arrache la vis et la tente s'envole. Je m'accroche aux arceaux, mais elle me soulève et me jette en travers de mon traîneau. Je tiens de toutes les forces qui me restent : si ma tente m'échappe, je suis mort.

Je réussis finalement, en me couchant dessus, à la maintenir au sol et à la fixer au traîneau. À partir de là, je parviens à la monter. Un moment plus tard, je suis dans mon abri, réchaud allumé, avec le sentiment d'être enfin en sécurité. En jetant de la neige sur ma casserolle chauffée au rouge, je crée un véritable bain turc dans mon abri, ce qui me permet de réchauffer aussi bien mes poumons que le reste. Mais cela ne calme pas la douleur insoutenable de mon visage gelé, dans lequel j'ai l'impression qu'on enfonce des poignards...

Brièvement, j'ai jeté l'éponge. J'ai été vaincu et j'ai frôlé le gouffre. Je panique rétrospectivement en me rappelant à quel point c'était facile... et tentant.

La première fois, du côté de Committee Bay, j'avais l'excuse d'avoir, par manque d'expérience, trop exigé de moi-même. Cette fois-ci, je suis impardonnable de m'être à nouveau mis en danger à ce point.

Mais j'ai pu constater une fois de plus que la volonté de survivre, chez l'être humain, est décidément plus forte que tout.

Au réveil, j'ai avalé double ration, histoire de remettre du charbon dans la chaudière, et j'ai retrouvé mes forces. Cette tempête, en me forçant à avancer sans m'arrêter, m'a fait couvrir soixante-dix kilomètres d'un coup ! Je ne suis plus très loin de l'embouchure de l'Indiguirka.

Au telsat, Cathy me confirme que mon réapprovisionnement m'attendra à Chokurdakh.

Sur la toundra de la plaine Iana Indiguirka, le vent souffle en permanence à plus de soixante à l'heure. Un soir, c'est la ligne d'ancrage de ma tente qui casse ; encore une fois, il s'en faut de peu que je la perde. La bourrasque empêche toute visibilité et – bien que nous soyons fin mars – maintient les températures sous les moins quarante. Chaque pas est un effort terrible pour que mon traîneau s'ouvre un chemin dans la neige épaisse. De nouveau, ma moyenne plonge, sans que les heures de marche diminuent...

Puisque j'ai le vent dans le dos et de la neige sous les pieds, je tente le cerf-volant. Mais la poudreuse est trop molle, et je m'y enlise. Je commence par jouer les chasse-neige, avant de me retrouver le nez dedans, traîné par un *kite* fou, virevoltant dans tous les sens, auquel je m'accroche désespérément pour ne pas le perdre.

Une fois récupéré le contrôle de la situation, je plie ma voile jusqu'à nouvel ordre. Je ne veux pas risquer de me casser une jambe à ce stade.

J'essaie de suivre le lit du fleuve Indiguirka, mais ses méandres se perdent sur des distances qui rallongent mon parcours. Et sa surface glacée, enneigée par le vent, n'est guère plus praticable que la toundra.

À cent kilomètres de Chokurdakh, j'aperçois, perdue sur la plaine, une minuscule cabane. De la fumée s'en échappe. Je m'approche, et l'inévitable chien se met à aboyer. Mais personne ne se montre. Comme la nuit est tombée, j'installe ma tente devant la porte. J'ai à peine terminé que des phares trouent l'obscurité, accompagnés des « bip... bip... bip... » caractéristiques d'une chenillette.

Le maître des lieux est de retour. Il descend de son engin et secoue la tête. Pas question de me laisser dormir dehors.

Il doit faire au moins trente degrés dans la cabane où brûle un feu de tourbe. Même en sous-vêtements, je transpire comme au sauna. Il y a deux vrais lits et une table où attend une miche de pain frais, cuite par mon hôte. Pavel, un Yakut, c'est-à-dire un natif du pays, règne sur ce palace de trois mètres sur trois, posé au milieu de centaines de milliers de kilomètres carrés de rien. Ce soir, exceptionnellement, il a un invité...

Contrairement à Alexi, le pêcheur éthylique d'avant Pevek, Pavel n'a pas transformé sa cabane en résidence principale. Ici, c'est son relais de pêche. Il vit à Chokurdakh et doit d'ailleurs y retourner demain. Puisque j'y vais aussi, sa demeure, dit-il, sera la mienne.

Après une confortable nuit au chaud, lesté de provisions offertes par Pavel, je reprends mon chemin sur la toundra, direction Chokurdakh. Nous nous y retrouverons dans trois jours environ.

Chokurdakh, sur le fleuve Indiguirka, est une petite bourgade de huit cents habitants, dont une statue de Lénine oubliée par les démolisseurs constitue l'unique curiosité. Mais pour moi, c'est une borne déterminante : j'ai fait un tiers de mon parcours russe !

Je m'installe chez Pavel et sa femme Tanya, qui sont heureux d'accueillir le premier visiteur étranger que la ville ait jamais connu.

Après cette étape d'un mois (depuis Ambarchik), l'une des plus éprouvantes de toute mon expédition, je n'ai plus une ration, plus une goutte de fuel, et je suis à bout de forces. Mes deux jours d'avance sur mon équipe vont me permettre de récupérer. Pavel et Tanya me nourrissent généreusement... de caviar, un aliment de base bon marché, qui est ici ce que le riz est à la Chine.

Lorsque Jean-Philippe, Sebastian et Raphaël arrivent, nous ne perdons pas une minute. J'ai non seulement besoin de faire le plein de nourriture et de benzine, mais aussi de remplacer certains équipements usés qui n'assurent plus leurs fonctions protectrices. Il est vrai que d'ordinaire, on les utilise une semaine par an. Moi, je vis dedans vingt-quatre heures sur vingt-quatre, et je les soumets à des épreuves qui n'ont rien à voir avec des vacances aux sports d'hiver.

Nous repartons tout de suite après ce qui aura été mon premier réapprovisionnement russe. C'est une belle journée. Pavel et Tanya me disent adieu avec des larmes et de la vodka...

Il fait clair en permanence, à présent ; le thermomètre est remonté à moins trente. Mon équipe me suit, pour faire provision d'images. Pavel et un de ses amis l'escortent sur leurs motoneiges.

Je commence par faire vingt kilomètres dans la mauvaise direction, sur le fleuve Indiguirka, où je me suis laissé convaincre que j'avancerais plus facilement. Ce détour a au moins le mérite de me conduire jusqu'à une cabane où je rejoins les autres pour la nuit. Le lendemain, je mets le cap plein ouest, sur Tiksi, et je retrouve la toundra. Changement de décor...

Au bout de trois jours, Jean-Philippe et les autres m'abandonnent à mon sort. Il n'y a plus que moi, face à l'immense plaine Iana Indiguirka qui s'étend jusqu'à Tiksi. Comme si elle avait senti venir mon coup de blues, Cathy m'annonce opportunément au telsat qu'elle va pouvoir m'y rejoindre avec les filles (il ne fera pas trop froid : c'est la meilleure saison). La perspective de les serrer de nouveau dans mes bras – je ne les ai pas vues depuis Nome, il y a sept mois – me donne déjà des ailes.

Entre collines et plaines blanches, je trace jour après jour mon sillon dans la neige, avec en tête le rendez-vous que Cathy m'a fixé : le 22 avril. Les vols pour Tiksi sont rares et entrecoupés d'escales compliquées. Je dois absolument faire coïncider mon arrivée là-bas avec celle de ma famille (qui sera d'ailleurs accompagnée de quelques amis et sponsors).

Comme toujours, mon cerveau s'évade durant ces longues journées de marche. Le phénomène s'est accentué durant la « partie russe » de mon expédition, car, moins obnubilé par les questions techniques, j'ai l'esprit plus libre pour penser à autre chose... Je vais chercher au hasard, au huitième sous-sol de la bibliothèque de ma mémoire, des fichiers oubliés depuis vingt ans. Des images reviennent... Un copain de classe dont la mère lui avait acheté pour Noël de drôles de chaussures... Ces garçons à moto qui ont voulu nous piquer nos cartables et nos sandwiches, un jour où on pédalait en bande vers l'école... Mon père qui, pendant les vacances, m'a emmené voir la croix de Vasco de Gama...

Les couches de nouvelles informations qui, chaque jour de nos vies, s'empilent sur les anciennes et les font disparaître à jamais, s'envolent, ouvrant des chemins auxquels je n'avais plus accès...

Sans être passéiste, je crois que chaque minute vécue est un trésor qui contribue à notre propre amélioration. À condition de la faire briller de temps en temps...

Le vent, cette fois, joue en ma faveur en durcissant la neige, ce qui me fait gagner de la vitesse. Les monticules ne sont qu'un faible obstacle, et leur angle me sert encore une fois de boussole. Ma moyenne remonte au-dessus des trente kilomètres par jour et, à mi-chemin de Tiksi, malgré mes résolutions d'avant Chokurdakh, je ne résiste pas à la tentation de déployer mon cerf-volant. Ce jour-là, je bats mon record russe : quatre-vingt-quatre kilomètres !

Quand le vent se calme et que je marche sur cette immensité plate et immaculée, j'y croise des traces de loup d'une taille impressionnante. Ce sont peut-être celles de l'animal qui me suit à distance, depuis un jour ou deux. Me souvenant des leçons de Simon, je tâche de voir si sa fourrure est râpée sur les flancs, ce qui signifierait son appartenance à une horde, donc un danger potentiel. Mais il est encore trop loin...

Une partie de mon cerveau reste en état d'alerte permanent. Mais quand les grands faisans blancs de l'Arctique croisent ma route, j'oublie toute appréhension et me contente de les admirer.

La surface neigeuse devient moins stable, plus irrégulière. Fréquemment, je tombe sur des « cartons », ces croûtes à travers lesquelles le ski passe tout entier et sous lesquelles il reste coincé. Heureusement que ça ne m'est pas arrivé avec le cerf-volant...

Pour être à Tiksi le 22 avril, il faudrait que j'abatte entre quarante-cinq et cinquante kilomètres par jour.

C'est presque le cas. Mais le temps se gâte. La neige se met à tomber lourdement, la visibilité devient nulle, je m'enlise dans la poudreuse...

Je n'y vois que du blanc. Mon sens de l'équilibre perd ses repères et je tangue, pris de nausées. Pour y voir plus clair, j'enlève mes lunettes embuées et couvertes de givre. Le soleil invisible en profite pour me brûler les yeux et l'ophtalmie des neiges m'aveugle. De nouveau, cette horrible sensation – je l'ai connue au Groenland – qu'on me passe les rétines au papier de verre...

De toute façon, il faut que j'avance.

Trois semaines après avoir quitté Chokurdakh, je suis sur les eaux gelées de la mer des Laptev. Mais les amoncellements de pack rendent ma progression aussi difficile que les « cartons » et les vallonnements de la toundra. Et malgré la lumière permanente, la neige qui tombe de plus belle ne cesse de freiner mon traîneau.

Mes yeux guérissent lentement. J'ai désespérément besoin de voir autre chose que du blanc.

De la couleur, par pitié !

Ma moyenne remonte. Mais le 22 avril, alors que Cathy et les filles arrivent à Tiksi, j'en suis encore à quatre-vingt-quinze kilomètres, sur la glace de la baie de Bouor-Khaïa. Si toute cette neige ne m'avait pas ralenti...

Le lendemain, malgré la poudreuse, je couvre quarante-cinq kilomètres en quinze heures de marche. Sentant l'écurie, j'ai trop poussé la machine, mais ce n'est pas la fatigue qui m'arrête à cinq cents mètres du but.

Il existe trois Tiksi !

Tiksi un : l'aéroport, l'ancienne base militaire.

Tiksi deux : le poste des gardes-frontières.

Tiksi trois : l'agglomération proprement dite.

Je suis allé au-delà de mes forces pour arriver ici aujourd'hui, et je ne me sens pas capable de me lancer maintenant à la recherche de ma famille. Elle est peut-être tout près, peut-être très loin... À deux heures du matin, personne ne me renseignera ; tout ce que je risque, c'est de geler sur place.

Je décide de camper sur la glace, près de la rive, en espérant que ma famille me trouve...

Mais – je le saurai plus tard – lorsque, une heure ou deux après, Cathy et les filles viennent scruter le rivage, elles ne me voient pas : je suis masqué par le contrebas et les infrastructures du port.

Au matin, avant d'avoir fait cent mètres dans Tiksi, je suis submergé par la foule... ou ce qui me semble en être une, après tout ce temps sans croiser personne. Tout le village m'attendait. On me fait un triomphe et on m'entraîne vers le petit hôtel, le Mariak (le « Marin »), où ma famille dort encore. Je frappe... Cathy, ensommeillée, pousse un cri de surprise en me découvrant devant la porte. Les filles sautent de leur lit... C'est le bonheur.

Le port sibérien de Tiksi était autrefois une importante zone d'activité industrielle. Mais ici aussi, les machines se sont arrêtées et la population est passée de dix mille à deux mille habitants. Les quais sont encore hantés par les hautes silhouettes des grues rouillées. Hier, à plus de dix kilomètres, je les voyais déjà barbeler l'horizon... étrange drapeau de ma ligne d'arrivée.

Un groupe de représentants de Groupama a accompagné Cathy et les filles. Nous sommes tous invités par le maire à des fêtes improvisées en notre honneur. Une femme qui parle anglais – la seule du village – nous sert d'interprète et nous suit partout. Le clan est un élément central de la culture des gens d'ici, d'origine mongole, qui sont particulièrement sensibles au fait que je sois venu en famille.

Je passe le plus de moments possible avec mes filles. Je me fais raconter l'école et les activités sportives, je m'intéresse aux grandes et aux petites histoires... je rattrape au maximum le temps perdu. Et surtout, je leur rappelle que, même absent, je suis là, que je les aime toujours autant, qu'elles sont plus que jamais au cœur de ma vie. Toutes choses qui seraient peut-être évidentes si je rentrais tous les soirs à heure fixe, mais que je crois utile de traduire en mots. En fait, ce que nous échangeons pendant ces jours si brefs, c'est du concentré d'amour.

Je suis heureux, aussi, d'avoir remporté une belle victoire en traversant la plaine Iana Indiguirka ; et en arrivant à Tiksi, à mi-chemin de la partie russe de mon expédition, à peine plus de quatre mois après avoir quitté Provideniya ! Si je tiens ce rythme, j'aurai traversé toute la Russie en moins de onze mois, conformément à mes prédictions, envers et contre tous ceux qui me soutenaient que c'était impossible en moins de deux ans.

Justement, je tombe sur un navigateur néerlandais, Hank Van de Velde, qui a quitté Provideniya au mois d'août 2003 pour emprunter le passage du Nord-Ouest. Mais non loin d'ici, au cap Tchoulouchkan, son voilier, le *Campina*, a été pris dans les glaces et il s'est retrouvé bloqué dans le port de Tiksi. L'ironie du sort a fait que, moi qui ai quitté Provideniya à pied, quatre mois après qu'il en fut parti en bateau, je l'ai rattrapé...

Je n'arrive pas à dormir dans la chambre d'hôtel. La chaleur, le lit, les draps... j'ai perdu l'habitude. De toute façon, j'ai de quoi m'occuper. En utilisant ce que Cathy m'a apporté, j'adapte mon équipement au changement de saison qui s'amorce. Nous sommes début mai. Je vais continuer à évoluer sur la neige, il fait et il fera encore aux alentours de moins vingt-cinq dans les prochaines semaines, mais j'en ai fini avec les moins cinquante et autres températures extrêmes. Désormais, je ne porterai plus autant de couches de vêtements thermiques, je mettrai des chaussettes moins épaisses pour réduire la transpiration, j'utiliserai une parka en Gore-Tex plus légère...

Lorsque, cinq jours après mon arrivée à Tiksi, ma femme et mes filles reprennent l'avion, je ressens leur soudaine absence plus douloureusement qu'à notre dernière séparation. Et moins, je le sais, qu'à la prochaine.

Heureusement que je me rapproche insensiblement de la maison...

Je passe la nuit sur le voilier prisonnier des glaces de mon nouvel ami et « collègue » aventurier Henk. Demain, je n'aurai qu'à en descendre pour repartir directement.

Mais le lendemain, je n'arrive pas à partir.

Impossible de retrouver la motivation.

L'énergie dont j'ai besoin, je l'ai entièrement consacrée à quitter ceux que j'aime.

J'ai besoin d'un sas entre la chaleur familiale et la solitude glacée. Une respiration dans laquelle récupérer mes forces et prendre mon élan.

Je passe une journée de plus à bord du *Campina*, à refaire l'inventaire de mon équipement...

Cette fois, je suis prêt.

Sur la glace de la baie de Bouor-Khaïa, je me dirige vers le delta du fleuve Lena. Je suis dans les temps pour le traverser avant qu'il ne dégèle. Mais à trente kilomètres de Tiksi, la tempête me retient quarante-huit heures prisonnier sous ma tente, et je crains que sa violence ne disloque la glace du delta. Je repars en mettant les bouchées doubles. Le vent du nord-est vient à mon aide, et je déploie mon cerf-volant. Plus léger qu'avant Tiksi, je trace à plus de soixante-dix kilomètres par jour.

Je trouve l'embouchure du fleuve prise dans une chape glacée, sans une faille, véritable pont bétonné entre les deux rives. Malheureusement, les sédiments sablonneux que charrie la Lena se sont mélangés à la glace, lui donnant une consistance rugueuse qui ne cesse d'accrocher mes skis ou mon traîneau. Chaque fois, c'est la chute. Pourtant, en alternant la marche et le cerf-volant, il m'arrive de parcourir cent vingt kilomètres dans la journée ! Le triple de ma moyenne d'avant Tiksi.

À ce rythme, je serai à Khatanga, sur le fleuve du même nom, avant qu'il ne dégèle. Dans ce cas, je pourrai aller jusqu'à Dudinka, sur le fleuve Ienisseï, avec mon matériel actuel. Je décide donc de repousser jusque-là mon réapprovisionnement de Khatanga, celui où je comptais organiser une conférence de presse pour marquer le moment symbolique où j'aurais repris mon kayak pour la dernière partie de mon périple.

Les vents se maintiennent ; s'intensifient même, au point de me faire réduire la taille de ma voilure à celle d'un grand mouchoir.

Après avoir établi un nouveau record – cent quarante kilomètres en une journée ! –, je retrouve la neige de la toundra, sous laquelle commence à percer une broussaille piquante. Il fait jour en permanence[1] et la relative douceur des températures – autour de moins quinze – devrait désormais

1. Le « jour polaire », c'est-à-dire l'époque où le soleil ne se couche plus, commence officiellement le 10 mai.

m'épargner les gelures... sauf si je tombe à l'eau. Un peu partout, la faune arctique exécute son grand numéro de printemps ; ce qui me rappelle que les ourses et leurs petits, en fin d'hibernation, doivent également être de sortie...

Grâce au cerf-volant, je dévore du kilomètre mais, pour éviter les chutes et les obstacles dangereux, je ne peux pas relâcher une seconde ma concentration, ni l'effort permanent que le *kite* exige des genoux et des bras. Je me fatigue plus vite qu'en avançant normalement et, en fin de journée, je ne sens plus mes jambes : exposées, immobiles, au vent de la vitesse, elles finissent par s'engourdir et deviennent dures comme du bois.

L'horizon se bouche à nouveau, la visibilité se réduit une fois de plus, mais le vent ne faiblit pas. Tracté par mon cerf-volant, j'ai encore abattu plus de cent vingt kilomètres dans la journée et j'ai mal partout ; je ne vais plus tarder à m'arrêter. Soudain, je repère du coin de l'œil une sorte de rebord derrière lequel... rien. D'ailleurs, je ne suis pas sûr de l'avoir réellement vu. Mais un signal d'alarme s'allume dans ma tête : je suis tout près de la rivière Popigay, et les cours d'eau creusent des sillons profonds dans le sol de la toundra, créant de chaque côté des surplombs élevés. Leurs corniches, à dix ou quinze mètres du sol, ne demandent qu'à céder sous le poids de celui qui s'y aventure et à l'enterrer vivant sous des tonnes de neige...

Quand brusquement le gouffre apparaît, je pivote sur mes skis et pile net. Mais, emporté par son élan, mon traîneau, qui pèse cent cinquante kilos, me dépasse et fait le plongeon. L'instant d'après, il est suspendu dans le vide et je lutte pour l'empêcher de m'entraîner avec lui. Finalement, je parviens à donner un peu de mou aux courroies, juste assez pour pouvoir actionner le mousqueton et me libérer. Le traîneau tombe comme une masse et s'abat lourdement une quinzaine de mètres plus bas, dans une épaisseur de neige qui amortit sa chute.

Tout allait si bien – et si vite...

Je prends de nouveau des risques que je ne devrais pas prendre. Cet incident – qui aurait pu être grave – est un avertissement.

De toute façon, je peux me permettre de ralentir un peu. J'ai couvert huit cents kilomètres en sept jours et, à moins d'un nouvel incident, j'aurai parcouru sans m'arrêter les deux mille kilomètres qui séparent Tiksi de Dudinka ! Plus long que la distance du Canada à la Russie en passant par le pôle !

Si tout va bien, dans moins de cinq mois, je reverrai les falaises du cap Nord...

J'ai failli ne plus rien voir du tout.

Arrivé sur une nouvelle corniche à pleine vitesse, dans un brouillard blanc, je suis passé par-dessus sans même ralentir, comme un sauteur à skis décollant de son tremplin. Mon vol est stoppé net par le poids de mon traîneau et je tombe comme une pierre ; de pas trop haut, heureusement. Mais mon traîneau, qui me suit, se plante dans l'extérieur de ma cuisse. La « béquille » classique, en beaucoup, beaucoup plus douloureux.

Couché dans la neige contre ma remorque, je suis sûr d'avoir eu la jambe écrasée. Et la souffrance physique n'est rien à côté de celle que j'éprouve à l'idée que mon expédition est terminée...

Peu à peu, pourtant, la douleur se calme et je retrouve l'usage de ma jambe. Rien de grave, apparemment. Quand le traîneau m'a percuté, l'épaisseur de la neige a amorti l'impact.

Deuxième avertissement.

J'avais pourtant pris la résolution de ralentir...

J'arrive à Khatanga seize jours après mon départ de Tiksi. En ne tenant pas compte des trois jours pendant lesquels j'ai été immobilisé par la tempête, cela donne mille deux cents kilomètres en treize jours, soit un peu plus de quatre-vingt-dix par jour.

Pas mal...

La petite agglomération de Khatanga, au cœur de la plaine de Sibérie septentrionale, est une ville fermée, transformée en une mare de boue par le chauffage des habitations et l'échappement des véhicules. La – relative – chaleur qui règne ici m'est pénible. Par chance, peu après mon installation dans une sorte de pension de famille dont je suis le seul client, une tempête de neige vient rafraîchir l'atmosphère...

Le réapprovisionnement de Khatanga annulé, je suis privé des cartes d'état-major dont j'ai besoin pour me guider jusqu'à Norilsk et Dudinka. Cathy réussit à me les faxer et, grâce à un savant collage, je reconstitue l'ensemble.

Je vais repartir en suivant la surface gelée du fleuve Khatanga jusqu'à Volochanka, à mi-chemin de Dudinka. Mais on m'avertit que le microclimat qui règne sur le plateau Poutorana va faire descendre des eaux moins froides dans celles du Khatanga et entamer son dégel. En clair : je n'arriverai à Dudinka, sur le fleuve Ienisseï, que si je change de stratégie.

Filer droit vers l'ouest, à travers la plaine ? Impossible, à cause de la densité des immenses forêts de pin de la taïga. Seule solution : suivre sud-sud-ouest la rivière Kheta jusqu'au village de Volochanka, en prenant le risque que la région soit inondée avant que j'y arrive.

Je quitte Khatanga au bout de quarante-huit heures. La course contre la fonte des glaces recommence...

Le cours de la Kheta ouvre une saignée dans un paysage totalement nouveau pour moi : la taïga, ou la toundra avec des arbres. Ceux-là – des légions de pins trapus s'étendant jusqu'à l'horizon – sont les premiers que je vois depuis le début de mon expédition.

Sur la rivière gelée, je traîne ma remorque à travers un mélange de boue, de sable, d'excréments canins et d'ordures...

Le lendemain, je tente le *kite*, mais mes skis accrochent une plaque de sable invisible sous une fine couche neigeuse, et je m'étale sur la glace. Le nez plus saignant qu'une tomate écrasée, je couvre quand même cent quatorze kilomètres.

Mais le jour suivant, je ne dépasse pas les quarante-deux : en me noyant dans des tourbillons de flocons, les vents d'ouest m'ont interdit l'usage du cerf-volant.

La remontée du thermomètre amollit la neige, qui forme des paquets sous mes skis. Entre cette bouillie et un brouillard blanc permanent, la progression devient pénible.

Pour couronner le tout, je découvre que le *pack* existe aussi en rivière. Heureusement, celui que les courants et les remous de la Kheta ont créé ne m'oblige qu'à de petits détours.

Pour rattraper le retard qu'ils m'occasionnent, je m'offre une étape de vingt-quatre heures non-stop.

Les loups, dont je n'avais pas eu de nouvelles depuis un moment, se remettent à me suivre. De temps à autre, j'en aperçois un, ou plusieurs. Ils appliquent la même tactique que leurs cousins canadiens qui me traquaient de loin sur le lac Sapoutine : coincer leur victime sur un lac ou un cours d'eau gelé dont elle ne peut s'échapper.

Ils hésitent sans doute à m'attaquer – mon aspect est différent de celui de leurs proies habituelles –, mais ne me quittent pas des yeux, je le sais. Je devine leur présence, même quand je ne les vois pas.

Un chien me suit également depuis des jours, et de beaucoup plus près. Un husky sibérien, qui a dû perdre son maître. Probablement compte-t-il sur moi pour le nourrir. Je n'ai malheureusement pas de quoi le faire. L'idée me traverse l'esprit de l'achever, pour lui épargner de mourir de faim... Réflexion faite, à la vitesse où je vais, j'ai largement assez de vivres pour tenir jusqu'à Dudinka. La réserve de pain rassis que j'ai quelque part fera un paquet de croquettes très honorable.

Le chien continue à me suivre, dormant chaque soir devant ma tente.

Je l'ai appelé Arktos. Il est devenu mon meilleur ami...

J'avale les kilomètres, en rêvant de glace en train de fondre...

Jour après jour, je garde dans un coin de ma tête l'image de cette falaise, au cap Nord, qui est à la fois ma ligne de départ et d'arrivée. Je me la suis gravée dans la mémoire pour pouvoir la visualiser à tout instant et me dire : « C'est là que je vais. »

Quelques baraques délabrées, une poignée d'habitants perdus mais chaleureux, passé l'habituelle surprise un peu effrayée devant leur tout premier étranger – forcément un espion... Volochanka est déjà un village fantôme. D'ici quatre à cinq ans, il n'existera sans doute plus.

La première personne que je rencontre est le vrai propriétaire d'Arktos. Fou de joie de retrouver son chien, il me remercie avec enthousiasme de le lui avoir ramené.

Je vais regretter sa compagnie. Mais c'est sans doute préférable pour tout le monde.

D'ici, je compte emprunter la Kheta jusqu'au fleuve Piassina, qui me conduira au fleuve Ienisseï. Mais on me dit qu'à deux cents kilomètres d'ici, la Kheta est dégelée. Je ne pourrai guère avancer sur la glace pendant plus de quatre jours...

Tout bien réfléchi, au lieu d'aller au nord attraper la Piassina, je vais contourner le plateau Poutorana et traverser le lac Passino, à la hauteur de Norilsk, ce qui me conduira jusqu'à Dudinka.

Dans la taïga, la neige se retire par plaques. Les oies sauvages, les canards, les cygnes, les lièvres, les renards réapparaissent dans un monde qui va de nouveau pouvoir les nourrir. Des hordes de *diki* (« caribous ») sillonnent la plaine. Mes vieux copains les ours sont là aussi, de loin en loin. Mais ce sont des ours bruns, peu agressifs et plutôt farouches.

Cette plaine de Sibérie septentrionale est une véritable réserve naturelle, où une faune d'une richesse incroyable s'ébat comme à l'aube des temps. Sans doute parce qu'aucun être humain n'est là pour la déranger.

Les torrents qui dégringolent du Poutorana font déborder les cours d'eau, qui charrient des flots boueux et de véritables icebergs. Je traverse une succession de rivières en crue, cherchant mon équilibre sur des plaques de glace flottantes...

Certaines rivières sont recouvertes d'une croûte neigeuse fragile comme du papier. Au premier moment d'inattention, je plongerai dans l'eau glacée, dont je ne sortirai que pour mieux geler sur place. À moins dix, moins quinze, il fait encore assez froid pour ça.

Sur d'autres, la couche de glace est inondée, donc fragile. L'un de ces miroirs noyés cède sous mes pas et je me retrouve dans l'eau jusqu'à mi-cuisses. Ailleurs, la glace se met à bouger, à craquer de partout. Je retiens mon souffle et tâche de répartir mon poids pour me faire le plus léger possible...

Je suis trempé en permanence, mon équipement aussi.

Entre la mauvaise neige, la glace qui fond et les rivières qui débordent, le printemps, dans l'Arctique, ne se prête pas plus que l'hiver aux déplacements. C'est même pire, à bien des égards. En hiver, on est préparé aux rigueurs des froids extrêmes. Au printemps, parce que le climat est moins rigoureux, on a tendance à relâcher sa vigilance... ce qui ne fait qu'accroître le danger.

Un coup de froid raffermit la neige et l'épaissit, ce qui me permet quelques heures de cerf-volant. Mais quand la toundra vire au marécage, je suis obligé de marcher dans le lit de la rivière Avam, qui déborde et dont l'eau m'arrive aux genoux.

Je commence à comprendre pourquoi, à Khatanga, on m'affirmait que je n'arriverais jamais à Dudinka.

Il faut pourtant que j'y arrive, et vite ! Sinon, c'est à la nage que je vais devoir continuer !

Je me mets à marcher la nuit – une nuit « relative » –, comme je le faisais au Canada et en Alaska, parce que les quelques degrés en moins affermissent la glace et durcissent la neige. Je me risque une première fois à quitter le lit de l'Avam pour couper à travers les méandres, ce qui m'oblige à me battre avec la forêt de pins : mes skis, mon traîneau et les courroies de mon harnais ne cessent de se prendre dans les résineux ; la poudreuse est si haute que je m'y enlise régulièrement jusqu'à la poitrine ; l'horizon totalement bouché me fait perdre tous mes repères. J'ai l'impression de faire du sur-place.

Quand je retrouve l'Avam, après dix heures de bagarre épuisante, c'est pour constater que mon « raccourci » m'a pris deux heures de plus que si j'étais resté sur la rivière.

Mais j'avance... Enfin, je quitte la zone d'influence du plateau Poutorana. Bientôt, j'aborde les rives du lac Passino.

Je m'attendais à ce qu'il soit impraticable, mais il est encore gelé. La glace n'est sans doute pas très épaisse, mais je suis prêt à tenter ma chance, plutôt que d'être obligé de faire le tour, ce qui me rapprocherait de Norilsk.

Par habitude, j'évite les agglomérations, surtout lorsqu'elles sont aussi importantes que celle-ci, dont les fumées noires et le nuage de pollution, visibles à des dizaines de kilomètres, m'écœurent et me dépriment par avance...

Le lac Passino est si large que, une fois lancé sur sa surface, je n'en vois pas l'autre rive. Il fait soixante kilomètres de long et dans sa partie sud débouche une rivière dont le flot accentue le processus d'inondation et de fragilisation de la glace. C'est pourquoi je le traverse dans la partie nord, que l'eau de la rivière n'a pas encore envahie.

Malgré cela, les craquements inquiétants qui m'accompagnent me donnent une idée de la minceur de la glace. Je marche sur du verre et j'en ai des sueurs froides...

Mon dernier réapprovisionnement remonte à Tiksi, à deux mille kilomètres, et je commence à être à court de vivres. Mais Cathy et mon équipe profiteront de la rencontre avec les journalistes, organisée à quinze kilomètres de Dudinka, pour renouveler mes stocks. Mes sponsors transporteront la presse par hélicos et l'installeront en pleine toundra : deux grandes tentes, plantées tout près de la mienne. Ainsi, les journalistes seront déjà dans l'ambiance...

Arrivé au point de rendez-vous, je les attends trois jours.

J'apprends qu'ils sont bien arrivés à Moscou. Mais le représentant de notre agence de voyages les a emmenés faire un bon déjeuner en attendant le vol de Norilsk... et il a oublié l'heure de l'avion !

Incroyable, mais vrai !

Je préfère patienter sur place jusqu'au prochain vol.

J'attends six jours, au milieu de nulle part. Si je tarde trop, je ne pourrai plus traverser le Ienisseï à pied. Ici, déjà, l'eau avance et m'oblige à déplacer ma tente.

Ils arrivent finalement de Norilsk : les hélicos emmènent les journalistes à Dudinka, où je les rejoins à skis. Puis, je retourne avec eux à Norilsk (que j'avais pourtant juré d'éviter), pour quelques séances photo et d'ultimes interviews. Une fois qu'ils ont repris l'avion, je repars en direction de Dudinka.

Le fleuve Ienisseï, en plein dégel, ne charrie plus que des morceaux de glace sur son colossal torrent de sept kilomètres de large ! Inutile de dire qu'il est inenvisageable de le traverser autrement qu'en kayak. Et même, de préférence, en bateau.

Malheureusement, mon kayak, qui devait arriver avec le dernier réapprovisionnement, est resté bloqué à la douane de Moscou.

J'ajuste autour de mon traîneau une sorte de bouée gonflable qui lui donne l'allure d'un Zodiac sans moteur, et je traverse en pagayant, assis dessus.

Mais une fois sur l'autre rive, je constate qu'il m'est impossible d'aller plus loin, faute de neige. J'avais prévu d'aller à skis jusqu'à la *Tazovskaïa gouba*, la baie du Taz, mais cette toundra détrempée est impraticable. Je ne pourrai même pas y traîner mon chargement.

Ces six jours d'attente m'ont coûté cher...

Je retourne déposer mon traîneau à Dudinka. Serguei, qui, depuis Moscou, m'aide efficacement à résoudre mes problèmes logistiques russes, le fera réexpédier à Norilsk avec mon équipement d'hiver.

Je repars sac à dos pour un trek relativement court (mon sac pèse quand même trente-cinq kilos) à travers la toundra, vers la rivière Messoyakha. Mon équipe m'y enverra mon kayak par hélico, et je suivrai la rivière jusqu'à la baie du Taz...

Je transporte quinze jours de vivres, une tente et un sac de couchage ultralégers, des vêtements à la fois coupe-vent et imperméables, un réchaud de modèle plus réduit et un minimum de fuel : là où je vais, les rivières charrient assez de bois flottant pour que je puisse faire du feu n'importe quand.

Je ne tarde pas à tomber sur le gazoduc au moyen duquel la compagnie Gazprom, qui exploite les immenses réserves de gaz naturel de la région, envoie le gaz vers Norilsk. L'agglomération a besoin d'énormes quantités de chaleur pour faire fonctionner ses mines de nickel, parmi les plus importantes du monde. Ce sont ces mines qui ont donné naissance à la ville... et sont à l'origine de la monstrueuse pollution qui en saccage les alentours.

Vieux d'une trentaine d'années, le gazoduc a été construit par les derniers prisonniers du goulag sibérien de cette région. Ceux-là mêmes dont les prédécesseurs, sur les ordres de Staline, avaient posé les rails du futur Transsibérien. On raconte encore, par ici, l'histoire de ces malheureux qui mouraient gelés, collés aux rails par la glace...

L'énorme tube rouillé d'un mètre soixante de diamètre, suspendu au-dessus du sol, court sur des centaines de kilomètres, jusqu'aux gisements de gaz de la Messoyakha.

Justement, c'est ma direction. Je grimpe dessus et me mets à jouer les funambules. L'équilibre n'est pas toujours facile à tenir. Mon sac à dos offre une prise au vent, qui me secoue et fait onduler le gazoduc ; lequel est, par surcroît, enduit d'un antirouille gras et terriblement glissant. Je marche les pieds « arrondis », mais je me fais jeter à terre plusieurs fois.

Sur de longues sections – au passage des rivières, notamment –, le tube est suspendu à quinze mètres au-dessus de l'eau brune, où je vois se découper mon ombre. J'attrape des sueurs froides à me concentrer pour ne pas faire le plongeon.

Pour que le gazoduc puisse se rétracter ou se dilater sous l'effet des changements de température, il suit une trajectoire en zigzag entre ses intersections, où on a laissé du jeu. D'où un effet bandonéon qui, sur cinq cents kilomètres, peut le faire raccourcir ou rallonger de deux cents mètres !

Les zigzags me font faire d'énormes détours, mais les innombrables rivières et lacs de cette région aussi : quand ils sont trop larges, le gazoduc ne les survole pas, il les contourne.

Arrivé à la rivière *malaï* Heta, la petite « Heta », le gazoduc disparaît sous le fond. Plus question, donc, de marcher dessus. Revêtu de ma combinaison étanche – l'eau charrie encore des glaçons –, je traverse à la nage en poussant devant moi mon sac, dans un vieux bidon scié en deux.

Une autre rivière, la *bal'choï* Heta, la « grande » Heta, m'oblige à recommencer l'exercice (sans bidon, cette fois : je n'en trouve pas). Elle fait un bon kilomètre de large et lorsque, au bout d'une heure, j'atteins l'autre rive, ses courants violents m'ont déporté de quatre kilomètres. Je mets quatre heures, enlisé dans un marécage où ma progression vire au parcours du combattant, pour revenir sur ma trajectoire.

Entre les traversées de la *malaï* Heta et de la *bal'choï* Heta, le marécage et le temps passé à retrouver ma route, j'ai fait deux kilomètres de progression réelle en une journée ! Et ces deux rivières glacées, malgré ma combinaison étanche, m'ont laissé dans un état de semi-hypothermie qui m'engourdit et ralentit mes gestes.

Le temps est dégagé, dans l'ensemble, mais il change incroyablement vite, dans l'Arctique. Régulièrement, de brèves et violentes averses alimentent le permafrost mais imbibent la toundra, lui donnant une consistance d'éponge. J'ai des cuissardes très hautes, style pêche à la mouche, qui m'évitent d'être complètement trempé quand un vent trop violent m'oblige à descendre du gazoduc. J'alterne avec des chaussons légers où l'eau entre et sort facilement. Ils me donnent une agilité idéale sur la toundra, même si j'ai un peu froid aux pieds.

Le soir, je n'ai pas chaud dans ma tente d'été, qui n'a qu'une épaisseur. L'air ne circulant plus entre les parois, elle s'embue très vite, entre les averses et ma propre chaleur corporelle.

Pendant mes heures de marche, je n'entends que le souffle ininterrompu du vent, traversé de l'appel strident d'un volatile de l'Arctique, tels ces hiboux qui, séparés d'un kilomètre, communiquent en se regardant dans les yeux. Mes pas s'enfoncent dans le sol fangeux avec un chuintement dont le rythme est imprimé dans mon inconscient ; le plus léger ralentissement m'avertit de ma fatigue avant même que je la ressente...

Dans la nuit de l'hiver arctique, mon ouïe s'est développée comme celle d'un aveugle. Sur la toundra, elle s'est affinée au point que *j'entends* désormais les saisons changer. Mes autres sens ont suivi. Je savoure le goût de la mer, longtemps avant de la voir ; je renifle la présence de n'importe quel animal...

En devenir un soi-même – du moins en partie –, c'est la seule manière de survivre.

Après la *bal'choï* Heta, je remonte sur le gazoduc. Quelques kilomètres plus loin, je tombe sur une cabane où est posté un homme chargé de surveiller la pression dans le conduit. Il ne fait rien d'autre, vingt quatre heures sur vingt quatre, par périodes de quinze jours, comme tous les employés de Gazprom dans la région. Toutes les quatre heures, il envoie à la station principale un rapport de niveau... en utilisant un nom de code !

Le mesureur de pression gazeuse s'appelle Tola. Je m'invite « chez lui », histoire de me réchauffer après mes deux traversées de rivière et de reprendre des forces. Ravi d'avoir de la visite, il me bichonne : il me coupe les cheveux, m'offre un *banya* – un sauna russe...

Quand Cathy m'apprend que les douaniers moscovites retiennent toujours mon kayak et que je vais devoir l'attendre un jour ou deux... je me dis que je suis aussi bien ici, « chez » Tola, que sur les bords de la Messoyakha.

Quand je repars, au bout de deux jours, il y a encore de la glace sur les lacs, mais, après quarante-huit heures de températures relativement douces, plus une parcelle de neige sur la toundra elle-même.

J'y vois le signe de tous les espoirs... Cette fois, l'hiver est bien fini. L'Arctique entre officiellement dans sa belle saison.

Des saisons, il n'y en a que deux, au pays du froid : l'hiver, et celle qui commence maintenant. Elle dure deux semaines. Cette brièveté fait qu'à la fonte des neiges, on a l'impression d'assister à la projection d'un film en avance rapide. La toundra vire du brun au vert en vingt-quatre heures. Sous la lumière qui ne s'éteint jamais, il suffit de rester immobile et de fixer son attention sur un point précis pour *voir* l'herbe pousser et la végétation s'épanouir ! Et ce n'est pas une façon de parler. Du jour au lendemain, la toundra est pleine de nids, la vie pousse partout. Les petits doivent être amenés très vite à l'âge de la mue pour que leurs plumes leur permettent de voler vers le sud, quand le froid reviendra. L'apprentissage de la survie se fait en accéléré : les renards sont de sortie et les guettent déjà. Les souris de la toundra pointent le bout de leur museau ; les canards et les cygnes patrouillent sur les rivières ; les oies sauvages quadrillent le ciel...

La végétation n'est pas en reste. Je peux désormais m'asseoir n'importe où et faire provision de champignons, me gaver de mûres... rien qu'en allongeant le bras.

Malheureusement, les oiseaux, eux aussi, se gavent de mûres, et défèquent en abondance sur le gazoduc, ce qui le rend encore plus glissant.

Et sitôt que les lacs achèvent de dégeler, c'est au tour des moustiques d'entrer en scène. Des hordes, des légions, des nuages de moustiques, prêts à dévorer sur pied n'importe quelle créature humaine ou animale. Ils ne disparaissent que lorsque le vent de la toundra les balaie de son souffle. Le reste du temps, il faut faire avec, puisqu'ils sont eux aussi un indispensable maillon de la chaîne : celui qui sert à nourrir les poissons et les insectes...

Ma traversée de la jungle amazonienne, il y a quatre ans, m'a rendu zen par rapport aux moustiques. De plus, Tola m'a donné un chandail de laine aux mailles très larges, sur lequel s'enfile une sorte de chemise-moustiquaire. Les bestioles ne peuvent m'atteindre au travers, grâce à l'épaisseur des fils de laine. Quant au chandail, il évoque plutôt un filet de pêche et ne me tient pas chaud, heureusement : certains jours de ce bref été sibérien, le thermomètre monte jusqu'à plus trente !

Si je compare cette température avec les plus froides que j'ai subies au cours de cette expédition (autour de moins soixante), j'aurai connu des variations de quatre-vingt-dix degrés !

Comme le paysage, je change d'aspect, en accéléré, moi aussi. Mes gelures cicatrisent, la peau de mon visage, brûlée par le froid, se reconstitue, et j'attrape un hâle que n'importe quel vacancier m'envierait.

Certaines habitudes changent tout aussi vite. Lorsque, par des froids extrêmes, le besoin de me vider l'intestin me prenait, je ne cédais qu'au troisième « appel », et me rhabillais si vite que je n'avais le temps de me soulager qu'en partie. Ici, je réponds tout de suite à la nature, mais je continue à me rajuster précipitamment avant d'avoir terminé ce que j'ai entrepris. Ce n'est plus le froid qui m'agresse... mais les millions de moustiques qui fondent comme une tornade sur mes excréments, mes fesses et mes parties intimes, sitôt que j'ai posé culotte.

Le gazoduc me conduit vers le petit village de Uzshno Solynensky (« la rivière du Sud »), sur les bords de la Messoyakha. C'est là que se trouve le dernier puits de forage de la chaîne, ainsi que la station de compression qui envoie le gaz jusqu'à Norilsk, à cinq cents kilomètres de là... en passant par la cabane de Tola.

C'est à Uzshno Solynensky [1] que je vais récupérer mon kayak. On doit me l'envoyer en profitant d'une des rotations bimensuelles du personnel entre ici et Norilsk, assurées par les hélicos de Gazprom. Au moins, cette fois, je suis certain qu'il n'y aura pas de problème...

Je ne suis plus qu'à quarante kilomètres du rendez-vous quand Cathy m'appelle pour m'annoncer que mon kayak est introuvable ! Les services concernés affirment l'avoir expédié à Norilsk... où on a perdu sa trace.

Je réfléchis. Dans le pire des cas, je pourrai toujours marcher jusqu'à la baie du Taz ; et même jusqu'au golfe de l'Ob. Mais face à quarante-cinq kilomètres d'eau, il me sera impossible d'aller plus loin. Et contourner le golfe me ferait descendre au-

1. Prononcer : « Ioujni Saloné ».

dessous du cercle arctique ; ce que, même brièvement, je me suis interdit de faire[1]. Bref : j'ai absolument besoin de ce fichu kayak.

Un nouveau cauchemar logistique commence, où je vois se profiler un jeu de piste administratif typiquement russe, dont le but est : trouver la personne qui détient mon bien et me le rendra avec le sourire, moyennant un suffisamment gros paquet de dollars. Si cette personne ne se manifeste pas, cela fait également partie du jeu : le temps que je mettrai à la repérer augmentera le besoin que j'aurai de mon kayak... et le prix que je serai disposé à payer.

Le lendemain, nouveau rebondissement : on a retrouvé mon kayak... à Moscou ! Il n'a jamais quitté la capitale, contrairement à ce qu'on nous avait affirmé. J'ai au moins une surprise agréable : personne ne me réclame d'argent. Et Serguei, mon contact à Moscou, me promet que mon bateau sera à Uzshno Solynensky dans quatre jours.

On verra bien...

Puisque je suis à nouveau obligé d'attendre, je le fais sur les bords de la Messoyakha, chez un autre Serguei, l'ingénieur en chef d'un poste d'entretien des machines où travaillent une quinzaine d'ouvriers. Lorsque, au bout de deux jours, j'estime qu'il est temps de repartir, j'ai droit au cérémonial d'usage. D'abord le *pasachok*, l'équivalent russe du « coup de l'étrier » français, qui consiste à vider cul sec un verre de *samagon*, un alcool à base de mûres (que j'ai déjà dégusté chez Alexi, le pêcheur solitaire d'avant l'evek). Puis, selon une tradition dont j'ai eu un avant-goût rapide – j'étais poursuivi par le

1. Sauf, rappelons-le, en cas d'interruption de mon voyage pour raisons techniques, comme celles qui, au Groenland, m'ont obligé à redescendre jusqu'à Angmagssalik pour faire réparer mon bateau ; ou de contraintes administratives, comme celles qui m'ont fait passer par Provideniya.

FSB – à Pevek, chacun à tour de rôle s'assoit sur mon sac à dos pour me porter chance. Après, seulement, on me laisse reprendre ma route.

Ou plutôt, mon gazoduc...

En fin d'été, sur la toundra, les moustiques cèdent la place à une engeance encore plus redoutable : les *moskos*, qu'on appelle en anglais les *no see hims*, littéralement « qu'on voit pas ». Ces bestioles microscopiques ne sucent pas le sang, mais arrachent des parcelles de peau. Les démangeaisons qui en résultent sont encore pires que les piqûres.

Les *moskos* m'entrent dans les yeux, les narines, et s'insinuent dans mes manches à la hauteur des poignets, me déclenchant un urticaire insoutenable.

Heureusement, Serguei m'a donné un remède efficace : un flacon de *samagon* dont il suffit de se frotter aux endroits sensibles pour éloigner les *moskos*.

Et ça marche, en plus !

Cette balade d'environ trois cents kilomètres sur le gazoduc sibérien n'aura pas été facile, loin de là. Mais à cause de l'extraordinaire spectacle qu'elle m'aura offert, à cause des expériences nouvelles qu'elle m'aura permis de vivre, elle aura été de bout en bout un plaisir total.

À Uzshno Solynensky, le chef de station, prévenu par Serguei de mon arrivée, m'offre amicalement de m'héberger en attendant celle de mon kayak.

Pas une fois, depuis Dudinka, je n'ai été reçu autrement qu'à bras ouverts, chaleureusement et avec générosité. Dans toute cette région où la principale activité est liée à l'exploitation du gaz, chacun a averti le suivant de ma venue. Et chaque fois, on m'a accueilli comme un frère.

Et aussi comme un prétexte à faire la fête, puisque la plupart de ces hommes – ils me l'ont confirmé – n'avaient jamais vu passer un étranger.

L'administration russe est une chose, les Russes en sont une autre.

Des gens merveilleux.

Ils me manqueront.

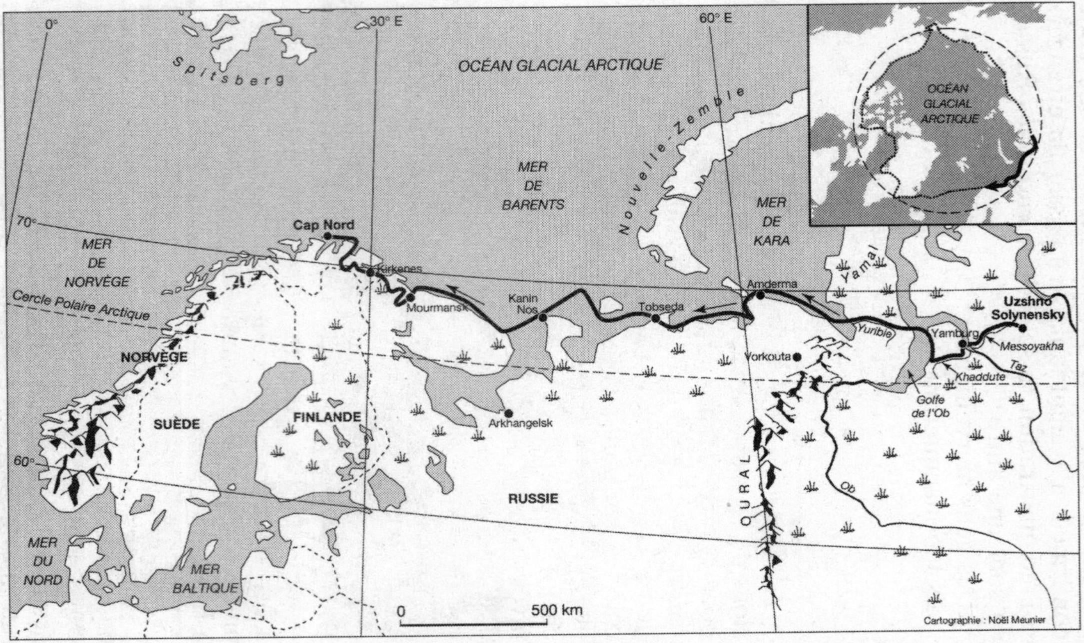
OCÉAN GLACIAL ARCTIQUE
Spitsberg
0°
30° E
60° E
70°
60°
MER DE NORVÈGE
Cercle Polaire Arctique
MER DE BARENTS
Nouvelle-Zemble
MER DE KARA
OCÉAN GLACIAL ARCTIQUE
Cap Nord
Kirkenes
Mourmansk
Kanin Nos
Tobseda
Amderma
Yamal
Yuribie
Uzshno Solynensky
Yamburg
Messoyakha
Taz
Khaddute
Golfe de l'Ob
Vorkouta
Arkhangelsk
NORVÈGE
SUÈDE
FINLANDE
RUSSIE
OURAL
Ob
MER DU NORD
MER BALTIQUE
0
500 km
Cartographie : Noël Meunier

8

Le dernier homme

À Uzshno Solynensky, j'effectue quelques missions de reconnaissance le long de la Messoyakha, pour repérer les fonds les plus navigables. Trois rivières l'alimentent, ce qui devrait me permettre de pagayer jusqu'à la baie du Taz. Si, en effet, les cours d'eau gonflent et débordent à la fonte des neiges, le niveau redescend presque jusqu'à l'assèchement quand la fonte s'achève. La période favorable à la navigation en rivière, même à bord d'un kayak, ne dépasse pas deux semaines.

Trois jours après mon arrivée, le chef de station me réveille en sursaut.

– Mike ! L'hélico de la relève du personnel sera là d'une minute à l'autre. Ton kayak est à bord !

Je ne sais pas comment Serguei s'est débrouillé, à Moscou. Sans doute a-t-il fait jouer quelques-unes de ses innombrables relations. En tout cas, il a bien travaillé.

Je dresse l'inventaire des dégâts : pagaie cassée, équipements manquants... Mais le mât et les flotteurs sont là, ainsi que les sacs imperméables destinés à protéger mes sacs. Une partie des rations alimentaires qu'on m'a envoyées en même temps que le kayak a disparu, mais j'aurai besoin de moins de calories à la belle saison (quatre mille par jour suffiront). Et grâce au filet que m'a donné Tola, je vais pouvoir pêcher : la Messoyakha regorge de poissons.

La Messoyakha, comme tous les cours d'eau de l'Arctique, va bientôt recommencer à geler. Quand je repars, l'eau est déjà si peu profonde que je dois slalomer entre les bancs de sable.

La rivière est pleine de méandres qui rallongent mon parcours. Au bout de sept kilomètres, je n'en ai fait qu'un seul vers l'ouest. Au bout de soixante, je n'en ai effectué que quatorze dans la bonne direction !

Une consolation : il se remet à pleuvoir, ce qui relève un peu le niveau de l'eau et accentue le courant favorable.

Tout autour, la faune est toujours en effervescence. Les caribous s'immergent dans la rivière pour échapper aux moustiques. Seule leur tête dépasse, couronnée de ramures majestueuses. Ne m'ayant pas entendu venir, ils ne m'aperçoivent souvent qu'au dernier moment et bondissent, leur masse imposante m'envoyant des litres d'eau à la figure.

Le spectacle sauvage et grandiose continue. Je ne m'en lasse pas et – après tant de mois passés dans l'obscurité glaciale et morte – je ne m'en lasserai jamais.

Pour rester hors de portée des ours bruns – moins dangereux par ici, mais autant ne pas prendre de risques –, je campe au milieu de la rivière, sur les bancs de sable. J'évite de planter ma tente sur les avancées où ils sont susceptibles de venir pêcher ou s'ébattre. Après tout, ils sont chez eux : c'est à moi de respecter leur territoire.

Pendant mon sommeil, mon filet de pêche immergé fait mes courses pour le lendemain. Et les œufs, les champignons, les mûres dont la toundra regorge me permettent de varier mes menus.

Les jours passent... Depuis Uzshno Solynensky, je n'ai plus vu un être humain.

Le vent se lève... si violent qu'il arrache le sable des bancs et me l'envoie dans les yeux, les narines et la bouche. J'en ai en permanence entre les dents. Ma pagaie prend le vent et je dois la pousser dans l'air avant de la plonger dans l'eau. Un effort qui, ajouté à celui de hisser les cent vingt kilos de l'équipement et le poids du kayak, fait subir à la partie supérieure de mon corps une rude séance de musculation.

Comme je n'ai plus pagayé depuis longtemps, je mets cinq ou six jours à revenir au niveau physique nécessaire.

Mes distances quotidiennes, d'abord modestes – quatorze kilomètres, vingt-six, vingt-huit... –, flirtent ensuite avec les quarante, comme lorsque j'avançais à skis. À ceci près que les boucles de la Messoyakha m'obligent à ramer plus de cent kilomètres, pour ces quarante « utiles » !

Le 16 juillet, je me porte un toast à moi-même... avec l'eau de la rivière. Et je m'offre en guise de cadeau d'anniversaire vingt-quatre heures de pagayage non-stop, de zéro heure à zéro heure. Le vent est faible, le temps est idéal, et j'ai droit, en prime, au spectacle de cette faune spectaculaire et de cette immensité grandiose, pour moi seul sous le soleil de minuit. Je suis l'homme le plus privilégié du monde.

Comme s'il avait voulu m'offrir une trêve pour mon anniversaire, le vent se lève de nouveau le lendemain, rendant le pagayage presque impossible. Dès qu'il tourne, j'en profite pour hisser la voile et sortir mes flotteurs. Les Américains qui m'ont fourni ces accessoires me les ont garantis tout-terrain, ultrarésistants. J'ai eu tort de les croire sur parole : au premier coup de vent un peu sec, tout se disloque. C'est d'autant plus catastrophique que j'allais avoir besoin de cette voile tout au long du parcours qui me reste à faire en kayak jusqu'à Tobseda, sur la mer de Barents. Que je dois traverser en bateau avant que les tempêtes produites par la « chaîne des dépressions » automnales ne rendent la navigation impossible.

Et je n'ai pas envie d'attendre le prochain hiver pour traverser à pied.

La défaillance de mon armature de flotteurs et support de mât va m'obliger à pagayer jusqu'à Tobseda. À ce rythme, quand je serai sur la mer de Barents, il n'y aura même plus de « fenêtres » entre deux tempêtes !

Je suis fou de rage après les fabricants ! C'est comme s'ils m'avaient poignardé dans le dos ! Leur équipement était peut-être « à toute épreuve », à condition que cette épreuve se limite à une balade estivale sur le lac de Genève !

Et pour couronner le tout, il constitue désormais un poids mort qui me ralentit encore plus !

À l'approche de l'embouchure de la Messoyakha, alors que ni un être humain ni un village ne sont en vue et que rien ne figure sur mes cartes, j'entends soudain ce qui ressemble à un lointain grondement de tracteur. Plus j'approche de la baie du Taz, plus le volume sonore augmente. Comme si une légion de pelleteuses invisibles était en action quelque part.

Et brusquement, en débouchant dans la baie, je découvre une armée de *caterpillars* déplaçant la terre, des bateaux, des remorqueurs, des machines-outils, des baraques préfabriquées qui se montent...

On dirait qu'une ville est en train de pousser ici, à partir de rien.

Et si on construit une ville, on doit pouvoir réparer un support de mât et un bras de flotteurs...

Le premier ouvrier que j'interroge m'apprend que ce chantier est celui de la future station d'exploitation du gisement de gaz naturel qu'on vient de découvrir. Elle sera reliée à un nouveau gazoduc qui passera sous les douze kilomètres de la baie du Taz. On est déjà en train d'en souder des tronçons de plusieurs kilomètres, qu'on immerge avant de les enterrer sous le fond. Le futur conduit alimentera en gaz russe deux gros clients de Gazprom : l'Allemagne et la France.

Je me fais conduire jusqu'au bureau de l'ingénieur en chef, une cabane mobile qui se déplace en même temps que les travaux et qui sera bientôt de l'autre côté de la baie. L'ingénieur me demande d'où je sors.

– Provideniya, réponds-je.

Il marque un temps.

– *Buketa de Provideniya ?* La baie de Provideniya ?

– *Da.* Dans le Tchoukotka.

Il se lève et, comme s'il avait reçu un coup sur la tête, retombe sur sa chaise.

– Qu'est-ce qu'on peut faire pour toi ? demande-t il.

J'explique, en deux mots.

Instantanément, tout le chantier – dont le fonctionnement doit coûter plusieurs centaines de milliers de dollars par jour – s'arrête. Le personnel au grand complet se rassemble autour de mon kayak et se creuse la tête. Il n'y a pas d'aluminium sur le site, rien que des éléments de gazoduc et du matériel de soudure. Chacun suggère des solutions à mon problème. Devant mon état de fatigue, le chef finit par me proposer d'aller dormir.

– Quand tu te réveilleras, affirme-t-il, ton bateau sera réparé, prêt à partir.

On me conduit à la cantine du chantier, où j'ai droit à un copieux repas chaud, ainsi qu'à une provision de fruits et de biscuits. Puis on m'installe dans un *mobil home* équipé de deux lits et d'une salle de bains, où je m'offre ma première douche chaude depuis Uzshno Solynensky.

Avant de me laisser dormir, l'ingénieur en chef m'entraîne dans sa cagna privée et sort une magnifique boîte tapissée de velours rouge. Elle contient une bouteille de whisky Johnny Walker *Blue Label* – un trésor qui doit coûter trois cents dollars, au bas mot –, cadeau d'un prestataire de services à qui il a fait décrocher un contrat. Il pose deux verres à vodka sur la table et les remplit à ras bord. Nous trinquons.

– *Dai, dai, echoa din!* fait-il. Allez, allez, encore un ! *Bayekh li!* Ensemble !

Les Russes, je commence à le savoir, ne se contentent jamais d'un verre. Mon hôte descend son précieux scotch comme de l'eau. J'y vais plus prudemment, ayant perdu l'habitude de boire. (Sauf quand, avec chaque ravitaillement, Jean-Philippe apporte une des désormais traditionnelles bouteilles d'absinthe du « Val de Travers » de notre ami le restaurateur, Pierre-Alain...)

La tête sur l'oreiller, je m'endors. Quand j'ouvre un œil, sept heures plus tard, mon kayak m'attend sur le pas de la porte. Flambant neuf, prêt à prendre la mer.

Dans ce court délai, les Russes ont tout simplement taillé dans l'alliage de leur gazoduc – et ajusté au millimètre ! – une réplique exacte de ma structure bras de flotteurs-support de mât. Et vu le métal utilisé, celle-là devrait *réellement* être à toute épreuve !

D'ailleurs, on me l'affirme avec fierté : « Fabrication russe : ça ne cassera jamais ! »

Parce qu'on ne peut poser les éléments de gazoduc que par vent nul et mer calme, le chantier dispose des prévisions météo les plus affûtées. On m'avertit que du mauvais temps se prépare et que le vent du nord soufflera si violemment et soulèvera de telles vagues en baie du Taz qu'il me sera impossible de la remonter, comme je l'avais prévu. Ma seule option, me dit-on, consiste à la descendre sur cinquante-six kilomètres, jusqu'à la rivière Khaddute. Celle-ci, empruntée à contre-courant, m'emmènera au sud, sud-ouest, sur une cinquantaine de kilomètres, jusqu'à un pont ne figurant sur aucune carte ! Ce pont débouche sur une route conduisant au village de Yamburg, sur le golfe de l'Ob.

Les remerciements que j'adresse à tout le monde sont faibles, eu égard à ce que j'ai reçu dans ce « village » qui n'a pas de nom et n'existe pas.

Bientôt, le vent du nord gonfle ma voile et je file sur les eaux de la baie du Taz. Comme le détroit de Béring, elle est peu profonde et les vagues y sont d'autant plus hautes. En glissant sur l'une d'elles, ma double pagaie, fixée à l'armature, agit comme un aileron qui me fait piquer du nez et plonger dans la vague suivante. Je me retrouve presque à la verticale, planté dans l'eau, poussé par la vague qui arrive derrière moi. Je pagaie comme un fou en sens contraire pour rétablir l'équilibre, mais je me sens basculer vers l'avant. Si je me retourne en plein milieu de la baie, à quatre kilomètres et demi des côtes, je n'en réchapperai pas !

À ce moment précis, sous la pression contraire du vent et de l'effort que je lui impose, ma rame se casse en deux comme une branche morte, avec un claquement sec. C'est ce qui me sauve. Libéré de cette poussée vers le bas, le kayak relève le nez. Je continue avec ma pagaie « indienne ». Les deux morceaux de l'autre sont restés fixés à la superstructure ; je trouverai bien, tôt ou tard, le moyen de la faire réparer.

La mer me porte et le vent me pousse jusqu'à l'embouchure de la rivière Khaddute. Au moment d'y entrer, la tempête me jette sur un îlot de sable. Cet incident, après que j'ai frôlé le naufrage, me confirme que j'ai fait le bon choix en passant par le sud de la baie. Les gens du gazoduc avaient raison : vers le nord, par vent contraire, je ne serais jamais passé.

Je suivrai leur second conseil : m'assurer que la météo est favorable, avant de m'attaquer aux trente-cinq kilomètres du golfe de l'Ob, un bras de mer où les orages sont aussi fréquents que violents. Gazprom y a laissé des péniches autrement carénées que mon kayak.

Je plante ma tente sur la toundra qui borde la Khaddute. Le lendemain, c'est le cœur léger d'être toujours vivant que j'en affronte les innombrables méandres et les terribles courants contraires, dès que le vent s'arrête et laisse refluer l'eau de mer dont il a gonflé la rivière. (Et quand le vent retombe, les moustiques attaquent...)

Je suis décidé à éviter désormais tout risque inutile. Je me trouve encore à plus de mille kilomètres de Tobseda ; ce n'est pas le moment de tout gâcher.

Éviter les risques inutiles... pas les risques. La prudence, oui, la frilosité, non.

Les boucles de la Khaddute me protègent des vagues, mais elles me ralentissent terriblement. Avec le courant contraire, les seize à dix-huit heures que je passe chaque jour à pagayer ne me font pas progresser de plus d'une vingtaine de kilomètres. En moyenne, j'avance d'un kilomètre tous les trois kilomètres.

J'aurais peut-être dû aller au nord, maintenant que la tempête s'est calmée dans le Taz... De toute façon, il est trop tard pour repartir en arrière.

Je me concentre sur Tobseda, mon objectif.

Je ne m'arrête même plus pour uriner. Quand je sors de mon kayak, le sang ne circule plus dans mes jambes et j'ai du mal à tenir debout.

Après trois jours sur la Khaddute, je découvre enfin le pont dont on m'a parlé, et la route goudronnée (!) qui mène à Yamburg, sur le golfe de l'Ob.

Je hisse mon kayak hors de l'eau, décidé à arrêter le premier camion qui passe et à demander au chauffeur de transporter ma pirogue jusqu'à Yamburg. Moi j'irai à pied.

Bientôt, un gros semi-remorque s'arrête. Le conducteur accepte volontiers d'emporter mon kayak et de le déposer au commissariat de Yamburg, où je n'aurai qu'à le récupérer.

Pendant que mon kayak s'éloigne en camion, je prends la route à pied. Une sensation étonnante ! Je ne me rappelle plus quand j'ai marché sur une route goudronnée pour la dernière fois. À Provideniya, je crois... Le temps est agréable. Tout cela est presque trop beau pour être vrai.

Ça l'est. Cinquante kilomètres après le pont, je me retrouve devant un barrage routier, sévèrement gardé par des militaires en armes. Devant leur baraque, j'aperçois mon kayak.

Les ennuis recommencent...

– Vous allez où, comme ça ? m'interroge un soldat.

– À Yamburg, pourquoi ?

– Vous avez un *proposk* ? Une autorisation ?

Je sors mon passeport, je montre mon visa russe, j'exhibe mes différents permis...

Au chantier Gazprom, on a oublié de me dire que Yamburg était le site d'un important forage pétrolier privé, rigoureusement interdit d'accès à toute personne non autorisée. On ne passe que muni d'un permis spécial.

L'officier m'annonce sans sourciller que je dois faire demi-tour et aller jusqu'à Yuronguey... à quatre cents kilomètres au sud ! C'est là que se trouve le bureau habilité à délivrer les autorisations pour Yamburg. Mais on n'en donne qu'aux personnes ayant un motif professionnel d'accéder au site.

Je ne vais pas parcourir huit cents kilomètres à pied, aller-retour, pour me faire refuser un laissez-passer.

J'insiste, j'explique, je discute pendant des heures. Mais je parle à des murs.

Tout en me débattant avec les uniformes, je réfléchis. Quitter la route et passer par la toundra ? Les gardes m'ont prévenu que si je m'y risquais, ils étaient en droit de m'abattre ! Une autre option consiste à regagner la Khaddute, à la remonter sur quelques dizaines de kilomètres et à transporter mon kayak par voie de terre jusqu'au golfe de l'Ob... Une troisième, à revenir sur mes pas pour emprunter la baie du Taz, contre les vagues... Mais dans les deux cas, j'en ai pour plus de dix jours. Et je ne dispose pas de dix jours. De plus, l'eau ayant reflué avec le changement de vent, le niveau baisse rapidement dans la Khaddute, qui sera bientôt impraticable en kayak.

Il faut que j'avance. Par tous les moyens.

Je promets aux militaires que s'ils me laissent passer, je n'irai même pas à Yamburg : je contournerai le site et reprendrai directement la mer.

C'est toujours non. Avec l'éternelle excuse : « On ne fait que notre travail. » Combien de fois l'aurai-je entendue, celle-là ?

Ils consentent à appeler leur supérieur, qui ne fait que confirmer l'interdiction pour moi d'aller plus loin.

Comme j'ai l'obligation d'attendre au moins vingt-quatre heures avant de repartir, on m'installe dans une sorte de minuscule débarras jouxtant le poste de garde, avec une plaque de métal en guise de lit. J'appelle Serguei, à Moscou.

– Nous sommes vendredi soir, me dit-il. Je ne peux rien faire avant lundi.

Trois jours d'attente !... au bout desquels Serguei ne me cache pas qu'il n'est pas certain de m'obtenir le droit de passage.

De deux choses l'une : soit je lui fais confiance et j'attends ici, soit je ne prends pas le risque et je rebrousse chemin, ce qui me fera perdre une dizaine de jours.

Il y a peut-être d'autres options...

Je passe la plus grande partie du samedi à bricoler mon kayak, à le déplacer, à déballer et à remballer mes affaires... Dès que les gardes, habitués à ma présence, se désintéressent de ma personne, je déplace innocemment ma pirogue, jusqu'à ce qu'elle se retrouve de l'autre côté de la barrière.

J'ignore encore quelle forme prendra mon « évasion ». Une fois du « bon côté » du barrage, je ne serai guère plus avancé : la route s'étire, rectiligne, sur des dizaines de kilomètres de terrain plat comme la main. On ne verra que moi et je serai une cible facile. Surtout si je traîne un kayak...

Mais trente mètres après le barrage se trouvent deux baraques qui servent de dépôt de matériel au service d'entretien.

Au bout de trois jours d'acrobaties, je parviens à cacher mon bateau derrière...

Quatre jours que je suis coincé là. Moi qui me félicitais d'avoir suivi les conseils des gens du chantier... J'aurais peut-être mieux fait de rester sur ma première idée et de remonter la baie du Taz.

Un plan s'échafaude dans ma tête... Les camions, après avoir passé le barrage, s'arrêtent parfois à la hauteur des baraques du service d'entretien. Si je pouvais convaincre l'un des chauffeurs de charger mon kayak en vitesse et de l'emporter jusqu'à Yamburg...

J'ai plusieurs fois parcouru à pied la distance qui sépare le barrage des baraques d'entretien, sans pour autant rameuter la garde. Mon kayak parti, je n'aurais plus qu'à filer par la toundra, où on ne me retrouverait jamais.

J'arrête systématiquement les chauffeurs qui reviennent de Yamburg et leur demande si, à leur prochain voyage, il leur serait possible de s'arrêter, le temps de charger mon embarcation. L'un d'eux accepte (la promesse de quelques dizaines de dollars US l'a aidé à se décider). Il repassera par ici mardi et promet de prendre mon bateau au passage.

Les gardes du barrage, à force de me voir aller et venir, disparaître et réapparaître, se sont habitués à moi au point de ne plus me voir. Je vais de plus en plus loin sur la route interdite, jusqu'à vingt-cinq kilomètres, mais je reviens toujours. Quand on me questionne, je réponds simplement que j'entretiens ma forme en faisant de l'exercice.

J'espère m'être si bien fondu dans le décor que mardi, à la relève de la garde – elle a lieu toutes les douze heures –, les soldats oublieront de dire aux suivants de me surveiller. Si j'ai cette chance, je pourrai disparaître en toute tranquillité.

Lundi, Serguei m'apprend qu'il n'arrive pas à débloquer la situation par les voies officielles.

Mardi, aucune réaction de la part des gardes, alors qu'ils ne m'ont pas vu de la journée. C'est bon signe. J'ai l'impression que ma « fenêtre » approche. Mais mon routier n'est pas au rendez-vous.

À tout hasard, je rappelle Serguei. Qui exulte :

– Ça y est, Mike ! Tu peux y aller ! Mon copain de Mourmansk, le général, a parlé au chef de la sécurité de Yamburg... tu as le feu vert. Tu passes quand tu veux !

Le temps de me le faire confirmer par les gardes, le camion arrive. Sans perdre une minute, je charge mon kayak, je monte et nous partons pour Yamburg.

Le chauffeur nous dépose, ma pirogue et moi, sur le port. Je lui donne sa prime.

Les soldats du poste de garde m'ont prévenu que mon autorisation était valable douze heures, pas une minute de plus. Donc, pas question de m'attarder ici, ni même d'y dormir.

Je vais voir un des hommes de la sécurité de Yamburg. Son chef sait que mon autorisation est limitée à douze heures, pas lui. Après quelques minutes de conversation amicale, il accepte de surveiller mon kayak, pendant que je souscris à une petite formalité : les cent kilomètres aller et retour qu'il me reste à refaire à pied, entre Yamburg et le poste de garde, pour ne pas violer la règle numéro un de mon expédition.

Alternant marche et jogging, j'y consacre l'essentiel de la journée, en profitant d'un flottement dans la communication entre les services : il est rigoureusement interdit de circuler sur cette voie, autrement qu'à bord d'un véhicule ayant lui-même reçu toutes les autorisations.

Quand je réapparais, l'homme de la sécurité est dans tous ses états. Il me demande où j'étais passé – je réponds évasivement que je me baladais dans le coin – et insiste pour que je parte immédiatement. Maintenant, il est au courant, pour les douze heures.

Pas de problème.

À bord de mon kayak, je remonte la côte est de l'Obskaïa gouba – le golfe de l'Ob. Mais avec une centaine de kilomètres dans les jambes, je n'ai pas la force de faire plus de dix kilomètres. J'installe ma tente sur une magnifique plage avec la satisfaction d'être sorti des ennuis, enfin libre d'avancer...

Le lendemain, je fais cinquante-cinq kilomètres, et campe à Mys Paros, le « cap de la Voile », ainsi nommé à cause de ses falaises hautes et lisses. C'est ici que le golfe de l'Ob est le plus étroit : trente-deux kilomètres. On m'a prévenu que la traversée était périlleuse, à cause des brusques variations climatiques. Pourtant, à l'aube, je me lance sur une mer d'huile qui, d'après mon baromètre, devrait le rester jusqu'à l'autre rive.

Mais à cinq kilomètres du rivage, un vent du Nord puissant se met à souffler latéralement. La mer gonfle et les vagues ne tardent pas à me frapper sur le flanc. Si je me positionne face aux rouleaux, j'aurai cent kilomètres devant moi avant la prochaine côte. Les courants divergents se rejoignent et s'affrontent à cet endroit du golfe, soulevant des vagues désordonnées qui se croisent et s'abattent sur moi de toutes les directions à la fois. À deux reprises, des rouleaux me passent dessus et manquent me retourner. Je rétablis de justesse et, tant bien que mal, garde le cap.

Le golfe de l'Ob aura finalement été digne de sa réputation.

Devant moi, sur les hauteurs de Mys Kamina (le cap Kamina), j'aperçois une de ces stations de surveillance radar qui sont l'équivalent russe de la *DEW Line*[1] américaine. Celle-là a sans doute pour fonction de protéger de toute approche hostile les bases de sous-marins nucléaires des îles de

1. Rappel : *Defense Early Warning.*

la Nouvelle-Zemble, entre la mer de Kara et la mer de Barents. Et puis, nous ne sommes qu'à deux mille kilomètres de l'Alaska[1]...

Après huit heures d'une traversée cauchemardesque, je suis presque heureux d'être une fois de plus arrêté par les gardes-côtes. De loin, ils ont vu ma voile se diriger vers Mys Kamina, un endroit – comme tant d'autres dans ce pays – dont l'accès est strictement interdit. Mon kayak est entouré d'hommes en uniforme à l'instant même où il s'échoue sur la plage caillouteuse. Trempé, glacé, les jambes engourdies, je ne pense qu'à m'en extraire pour satisfaire l'énorme envie d'uriner qui me tenaille depuis des heures.

Il s'en faut de peu que je ne pisse sur une paire de bottes fraîchement cirées.

Le bateau reste sur la plage, gardé par deux hommes armés de kalachnikovs, pendant qu'on me conduit au poste des gardes-côtes. De là, j'appelle Serguei, qui m'explique qu'à cause des trois mois pendant lesquels j'ai été retenu entre Nome et Provideniya, la plupart de mes permis et autorisations – y compris celle de traverser le Yamal – ont expiré.

Inutile d'espérer que les militaires ferment les yeux sur ce détail. Heureusement que Serguei est toujours plein de ressources.

– Donne-moi un moment, dit-il, le temps d'appeler mon ami le général, à Mourmansk...

Une demi-heure plus tard, le gradé qui dirige la base débarque dans le bureau et se confond en excuses pour le dérangement. Il va de soi que je suis libre de continuer ma route. Et bienvenue au Yamal !...

1. En passant par le pôle, bien sûr.

Le mauvais temps et la fatigue m'empêchant de repartir tout de suite, on m'installe dans un bâtiment où logent les techniciens de la tour de contrôle aérien située tout près. Mys Kamina se trouve en effet sur la trajectoire des vols long-courriers entre l'Europe et le Japon, qui doivent se signaler au passage.

L'un des techniciens me renseigne sur les conditions météo du côté de la baie de Baïdaratsa, que j'aurai à traverser, une fois de l'autre côté de la péninsule de Yamal. Elle ne devrait pas encore être prise dans les glaces, ce qui me permettra de passer en kayak. Mais cela représente quand même soixante-quinze kilomètres de pleine mer.

Si je la contourne, je mettrai deux jours au lieu d'un. Peut-être trois.

On verra, une fois sur place.

C'est par la rivière Yuribie, qui traverse la péninsule de Yamal, que j'atteindrai la baie de Baïdaratsa.

Mais la Yuribie est à soixante-dix kilomètres. Je pourrais faire un partage mais je suis pressé par le temps. Un pilote d'hélicoptère me propose d'y déposer mon kayak.

Je n'ai plus qu'à le rejoindre à pied.

Après deux jours de marche, je pose mon embarcation sur des eaux cristallines. Malheureusement, la Yuribie est pire que la Messoyakha. Ses boucles et ses méandres refusent systématiquement de me porter dans la bonne direction. Elle sinue en lacets de chaussures, serpente en épingles à cheveux, pique vers le nord, plonge au sud, me ramène même vers l'est ! Et le terrain broussailleux qu'elle traverse rend le portage impossible.

Les progrès que je fais sont dérisoires. Mais je me console en pensant que peu d'êtres humains ont vu les terres que je suis en train de voir...

Le 4 août, c'est le deuxième anniversaire de mon départ. Deux années entières que je voyage. Pourtant, je n'ai pas l'impression d'être parti depuis aussi longtemps... Je pagaie tout au long de cette journée en pensant à tout ce que j'ai vécu depuis deux ans. Je me projette le film du Groenland, du Canada, de l'Alaska, de la Sibérie... en accéléré. Ces vingt-quatre mois m'ont semblé vingt-quatre heures.

J'avais annoncé que je mettrais environ deux ans. J'aurais tenu parole, sans la paperasserie qui m'a bloqué à Provideniya. Mais si tout va bien, je ne serai pas très loin du compte.

Ce même jour anniversaire, un reflet blanc, au bord de la rivière, accroche mon regard. Émergeant d'un monticule terreux, je découvre une défense de mammouth d'au moins soixante kilos.

Soudain, je les *vois*, ces gentils pachydermes velus, évoluant tout autour de moi en mâchouillant benoîtement des épineux, dans ce paysage qui n'a pas dû tellement changer depuis la préhistoire... Et je pense à tout ce que nous infligeons à la planète. Pendant combien de temps encore nos enfants et petits-enfants pourront-ils, dans des endroits comme celui-ci, faire des découvertes comme celle que je viens de faire ?

Quelques jours plus tard, c'est une autre forme de préhistoire que je rencontre : les Nenets du Yamal habitent des tipis, comme les Indiens d'Amérique, mais, comme les Tchouktches, vivent de l'élevage des rennes. Ils s'établissent près des rivières pour pouvoir pêcher et, chaque année, migrent sur de grandes distances, entre la toundra du nord et la taïga du sud. Ils me montrent leurs attelages, leurs jeux, m'invitent à partager leur repas... J'ai l'impression d'avoir fait un bond de plusieurs siècles en arrière.

Lorsque je débouche enfin dans la baie de Baïdaratsa, le dilemme se pose : en faire le tour, ou risquer la traversée. Après mon expérience limite sur le golfe de l'Ob, j'ai promis à Cathy de ne pas tenter le diable une seconde fois. Je suis trop près du but pour me noyer maintenant !

Mais perdre deux jours, peut-être trois...

Contourner la baie, cela signifie passer chaque soir la barre des rouleaux pour venir bivouaquer sur la côte, et la repasser chaque matin. C'est-à-dire risquer deux fois par jour d'y laisser mon kayak et mon matériel.

Quand les vagues m'obligent à les traverser pour me mettre à l'abri de leurs déferlantes, et que je me retrouve au large avant même de m'en rendre compte... c'est le déclic.

Je décide de tenter la traversée.

Le lendemain, après avoir pris la précaution de ne pas boire depuis la veille (je ne pourrai uriner que sous moi pendant la traversée), j'entasse le plus de matériel possible dans les compartiments étanches de ma pirogue, je m'enveloppe d'un coupe-vent, de gants et d'une capuche imperméable, et je me lance, prêt à affronter douze heures de pagayage.

Les premiers rouleaux me saisissent – l'eau est à quatre degrés – et me rejettent vers la plage. Mais je finis par passer. Bientôt, la côte s'éloigne ; l'autre est encore loin d'être à portée de regard.

Ne pouvant utiliser ni ma boussole ni mon GPS, je me repère à la crête blanche des vagues et à la direction du vent. La mer s'engouffre par le nord-ouest dans la baie de Baïdaratsa, les vagues sont perpendiculaires à cet axe... Le vent souffle dans la même direction. Il suffit qu'il reste à un angle de 45° par rapport à mon visage.

Un mauvaise trajectoire, et je pourrais très bien filer droit vers la mer de Kara, sans jamais atteindre aucune terre...

Au bout de cinq heures de pagayage, je me trouve – d'après mes estimations – au milieu de la baie. Le vent se change en bourrasque et m'arrive de face. La météo prévoyait un peu de gros temps. Mais le souffle augmente en intensité de minute en minute... Je ne tarde pas à être trempé et mon kayak alourdi par le poids de toute l'eau qui y a pénétré, en passant entre moi et la « jupe ». Il fait de plus en plus sombre, la mer est de plus en plus grosse, menaçante... La voix de la raison me souffle de faire demi-tour et de me laisser pousser jusqu'à la côte. Autrement, je me prépare au moins huit heures d'une bagarre dont je ne suis pas certain de sortir vainqueur...

Pour la première fois depuis longtemps, j'envisage la possibilité de jeter l'éponge. Si je dois faire le tour de la baie de Baïdaratsa, eh bien... j'en ferai le tour.

Mais je n'arrive pas encore à m'y résigner tout à fait. Je m'accroche et continue à lutter de toutes mes forces contre le vent et les vagues...

Bien qu'il fasse pratiquement noir et que je ne distingue aucune terre, je devine que je me rapproche de la côte ouest de Baïdaratsa : les vagues sont plus hautes et font plus de bruit en se brisant, ce qui signifie qu'il y a moins de fond.

Trois rouleaux me frappent successivement, sans que je puisse dire où ils se situent dans la séquence dont toute vague fait partie, et me préparer à la suite. La dernière grande vague de la série m'embarque de profil. Je me retrouve dans un rouleau qui me pousse longuement dans la direction de la côte. Puis la mer prend une sorte d'inspiration et je suis de nouveau attiré au large...

Je ne vois pas la terre, mais elle doit être à environ cinq kilomètres. À force de pagayer, je progresse petit à petit en direction de la côte. Bientôt, je me repositionne dans un axe qui me permet d'utiliser la puissance des vagues.

Je finis par être rejeté sur le rivage, comme un poisson dont la mer ne voudrait plus. Mon kayak est rempli d'eau, mes jambes engourdies au point de ne plus me porter. Je jette ma pagaie aussi loin que possible et fais rouler l'embarcation sur le côté pour pouvoir m'en extraire. Peu à peu, le sang se remet à circuler dans mes jambes...

La traversée a duré onze heures angoissantes, pendant lesquelles j'ai dû uriner deux fois dans ma combinaison étanche. Je suis heureux d'avoir réussi, mais je fais le serment de ne plus jamais tenter une traversée pareille en kayak.

Incapable d'aller plus loin, je monte ma tente si près des vagues qu'elles viennent lécher mon abri.

Après une nuit de sommeil, je n'ai toujours pas la force d'en sortir. Je décide d'y rester et de dormir toute la journée, afin de récupérer. Malheureusement, je n'ai plus une goutte d'eau douce à boire et – n'ayant rien bu depuis avant la traversée – je suis complètement déshydraté. Les lacs de la toundra sont rendus inaccessibles par une butte de sable et de permafrost d'au moins vingt mètres de haut, creusée à la base par les vagues. Mais une rivière, la Kara, débouche un peu plus loin. Je pourrai y faire le plein d'eau potable.

Je repars le long de la côte ouest de la baie de Baïdaratsa. Malgré le manque d'eau douce, j'ai suffisamment récupéré pour pagayer seize heures d'affilée et parcourir quatre-vingt-six kilomètres. Toute la journée, sur ma gauche, je contemple les premiers massifs de la chaîne de l'Oural, couronnés de neiges éternelles. De l'autre côté, c'est l'Europe...

Il ne fait que moins cinq – c'est encore l'été –, mais c'est suffisant pour que le vent fasse geler l'eau sur mes gants, qui collent au manche en carbone de ma pagaie ; ce qui me rappelle encore une fois que je n'ai pas de temps à perdre, si je ne veux pas connaître un troisième hiver arctique.

Quatre-vingt-quatre kilomètres... Quatre-vingt-deux... Après des semaines à me traîner sur des rivières paresseuses, j'abats près de trois cents kilomètres en trois jours, à contre-courant et avec le vent de face.

Le soir du troisième jour, pressé d'accoster pour installer mon campement sur le rivage étroit, je ne remarque pas tout de suite l'ours polaire qui se baigne dans la partie caverneuse de la falaise. Au moment où mon kayak va toucher la plage, sa tête surgit brusquement de l'eau et il me fixe de ses petits yeux. Je prends le large à toute vitesse (les ours sont des nageurs rapides). Je ne me suis pas inquiété des nombreuses traces de plantigrades que j'ai vues de chaque côté de la baie de Baïdaratsa, mais je sais qu'en ce moment, séparés de leur banquise nourricière, ils ont faim et peuvent être dangereux. En gardant mes distances, je filme l'ours pendant qu'il vient vers moi, recule, se dresse sur ses antérieurs, hésitant visiblement sur la conduite à adopter devant ce drôle d'engin jaune d'où dépasse la moitié d'un homme.

Quant à moi, je vais planter ma tente plus loin... beaucoup plus loin.

Je m'éloigne un peu de la côte et dépasse le point de rupture des vagues. À présent, la baie de Baïdaratsa s'ouvre sur la mer de Kara.

Soudain, un souffle de geyser me fait sursauter. Une superbe baleine blanche vient de surgir si près de mon kayak que je pourrais presque la caresser ! L'instant d'après, il me semble que la mer s'est couverte de crêtes claires, comme si le vent s'était brusquement levé. Mais ces éclats scintillants à perte de vue, ce sont des dizaines, des centaines d'autres baleines, qui s'ébattent gracieusement avec un ensemble parfait, comme si une seule d'entre elles était multipliée par un jeu de miroirs.

C'est la seconde fois que j'ai le privilège d'assister à ce spectacle grandiose et émouvant. C'est toujours un peu plus beau.

Le lendemain, les rouleaux m'obligent à prendre au large pour arriver vent arrière dans le port d'Amderma. La mer de Kara est entre deux et quatre degrés, je suis trempé en permanence et les vents violents me congèlent pratiquement sur place. Heureusement qu'après Amderma, je passerai dans la mer de Barents et retrouverai le Gulf Stream. La température de l'eau remontera de deux ou trois degrés ; ce sera définitivement la fin des conditions les plus rigoureuses.

Du temps de la guerre froide, Amderma était une importante base militaire, aérienne et navale.

Il en reste un port, accessible seulement par air ou par mer (à moins de venir comme je l'ai fait), suffisamment important pour figurer sur toutes les cartes de la région.

Pourtant, j'ai le sentiment d'entrer une fois de plus dans une ville fantôme. Les quais sont à l'abandon, les structures portuaires à l'état de carcasses, le vent éparpille les ordures qui s'entassent un peu partout.

Et pas une âme en vue.

Je me glisse entre les deux quais du port, où des bateaux rouillés semblent s'accrocher pour ne pas couler tout à fait. Le vent est retombé, le silence est angoissant. J'amarre mon kayak et grimpe à quai.

Toujours personne, sur une toile de fond de grands immeubles gris qui me rappellent Provideniya : les logements communs pour économiser la place, la chaudière unique qui, pour ne pas gaspiller d'énergie, chauffe un appartement, qui chauffe celui du dessus, etc.

J'avance, gelé dans mes chaussons de Néoprène, coupe-vent et pantalon trempés.

Enfin, j'aperçois quelqu'un. Un civil. L'homme se dirige vers moi et, sans un mot, m'examine comme le Martien que je suis à ses yeux.

Je demande si je suis bien à Amderma.

– *Da, da, Amderma*, répond l'autre.

– Est-ce qu'il y a un hôtel ?...

L'autochtone ouvre des yeux ronds :

– Non, pourquoi ?

– Et les gens, où sont-ils ?

– Tous partis, dit-il comme une évidence.

C'est la fermeture de la base militaire qui a désertifié l'endroit. En quelques semaines, la population est passée de trente mille habitants à quatre cents. Les deux vols par jour à destination d'Amderma sont devenus deux par semaine, puis deux par mois...

Mon interlocuteur m'entraîne chez lui, m'offre un verre de vodka et me fait des œufs. Après quoi, il insiste pour me conduire au *banya*. À force de faire sous moi, je ne dois pas sentir la rose...

Des avions de chasse et même des hélicoptères, élevés au rang de héros de l'ex-Union soviétique pour avoir participé à des batailles historiques, trônent encore sur leurs socles, aux carrefours.

L'homme dirige la station de production d'électricité (un générateur au diesel), où j'ai droit à un sauna russe. Dans mon état de saleté et de fatigue, un vrai bonheur.

Quand j'annonce que je compte repartir demain matin, il m'objecte qu'avec un temps pareil, c'est impossible. Il fait froid, la pluie tombe sans arrêt, tout est noyé dans un brouillard épais, et des vagues énormes s'abattent sur la côte...

Il n'a pas tort. Je vais attendre que ça se dégage.

Il met mon kayak à l'abri dans un garage rempli de camions de la Seconde Guerre mondiale, et me loge avec sa fille, son gendre et son petit-fils.

Je pointe au poste des gardes-frontières pour signaler mon passage et officialiser mon permis de séjour à Amderma. À la station météo du coin, je me renseigne sur une éventuelle fenêtre qui me permettrait de repartir. On n'en prévoit aucune avant trois jours au moins. Mais le responsable m'offre généreusement les cartes qui me guideront jusqu'à Tobseda. Faute de réapprovisionnement depuis Norilsk-Dudinka, elles me faisaient cruellement défaut. Celles-ci – des cartes d'état-major devenues inutiles depuis qu'Amderma n'est plus une base militaire – sont idéalement détaillées ; et introuvables dans le commerce.

Deux jours que je suis à Amderma, et on m'annonce encore au moins trois ou quatre jours de mauvais temps.

Je ne peux pas me permettre d'attendre aussi longtemps ; il faut que je trouve une solution.

C'est un vieux conducteur d'autobus qui me la fournit.

Chaque jour, il traverse la ville dans son bus brinquebalant qui démarre à la manivelle et n'a plus ni portes ni vitres. L'unique distraction des habitants consiste à s'y entasser pour ce voyage qui ne conduit nulle part. À l'arrière, les enfants sautent joyeusement sur les banquettes en bois qui ne sont plus qu'un souvenir...

Le chauffeur, au détour d'une conversation, me suggère d'emprunter une petite route qui, à douze kilomètres, aboutit au lac Totento, le réservoir d'eau douce de la ville. Au sud de ce lac donne une rivière qui me conduira jusqu'à la mer en évitant le cap où le vent et les vagues sont les plus dangereux. D'après lui, j'en aurai pour trois jours.

L'idée me paraît excellente. Et j'ai tellement besoin de bouger que je n'hésite pas.

Je fais mes adieux, une fois encore.

Mais arrivé au lac, le froid, la neige et un vent de dix-huit mètres/seconde m'empêchent de faire un mètre de plus.

J'en prends mon parti. Les trois employés de la station de pompage m'offrent l'hospitalité et je passe quarante-huit heures à pêcher en contemplant la nature.

Dès que le temps se dégage, je me remets à pagayer sur le lac Totento, vers la rivière. Le paysage, tout en verdure, en rocailles et en lumière, est magnifique. Mais un ours polaire égaré me rappelle une fois encore les dérèglements climatiques progressifs dont la planète est victime. C'est le réchauffement qui a séparé cet animal de la banquise, son habitat naturel, et l'a condamné à chercher sa pitance au milieu de la toundra.

La rivière est pleine de rapides, et mon kayak « de mer » n'y est pas adapté. Régulièrement, je dois me résoudre à effectuer des portages.

Chaque fois, c'est un petit enfer : ma pirogue attachée dans mon dos par un système de courroies, je la traîne à travers la toundra marécageuse et glissante, comme un escargot sa coquille... à peu près à la même vitesse : un kilomètre et demi à l'heure, en moyenne. De quoi devenir fou.

Depuis que j'ai récupéré mon kayak, le portage n'a été pour moi qu'un dernier recours quand vraiment je ne pouvais pas faire autrement.

Au moins, je n'ai plus à affronter les vagues de l'océan, et je ne suis jamais à court d'eau douce. Et quand je me retrouve au fond d'une gorge abrupte où se pressent des eaux bouillonnantes, mon voyage, dans ce décor majestueux, prend des allures de rafting dans le Colorado.

Malgré les portages, les trois jours que j'aurai mis à atteindre la mer, depuis Amderma, auront eu des airs de vacances...

Je franchis la ligne imaginaire qui sépare l'Asie de l'Europe. Sitôt dans la mer de Barents, le Gulf Stream réchauffe l'eau de deux ou trois degrés ; je les sens sur mes mains, comme j'éprouve sur mon visage la température un peu moins rigoureuse du vent.

Au cap Byele Nos, « Nez Blanc », ainsi nommé à cause de la couleur de ses rochers, les cargos défilent dans le chenal séparant le continent de l'île Vaïgatch. Je campe devant ce détroit, le temps de décider de la marche à suivre.

J'explore aussi les ruines d'un ancien goulag. Les guichets minuscules dans les portes, les cellules avec des grilles en guise de plafond disent encore toute la souffrance dont cet endroit a été à la fois le témoin et l'instrument. Cela me fait réfléchir. Mes souffrances à moi sont peu de choses, puisque je les ai choisies.

J'ai le choix entre faire le tour de l'immense baie qui s'ouvre devant moi, ou tenter la plus longue de toutes mes traversées en kayak.

Après la baie de Baïdaratsa, je me suis juré de ne plus jamais me lancer dans ce genre d'aventure. La Baïdaratsa m'a secoué, a entamé ma confiance... Mais elle m'a beaucoup appris et m'a fait repousser mes limites. Je me sens désormais capable, en kayak, de gérer des situations... extrêmes.

Le défi est tentant. C'est l'occasion de restaurer ma confiance. Et c'est peut-être le dernier grand challenge de mon expédition. Si je ne le relève pas, je passerai le reste de ma vie à me demander si j'en aurais été capable.

Dans un premier temps, la prudence l'emporte et je descends le long de la côte, ce qui m'entraîne vers l'est et rallonge encore la traversée.

Et puis... le plus naturellement du monde, je vire à droite sur 90° et pique vers le large. Parce que, tout à coup, c'est une évidence et parce que l'expérience de mes traversées précédentes doit me permettre de réussir celle-là.

Les vents d'ouest, nord-ouest soufflent à cinquante à l'heure et les courants provoqués par les petites îles, de l'autre côté de la baie, me compliquent la tâche. Mon kayak se remplit d'eau. Malgré tout, je ne suis jamais dépassé par la situation et la traversée s'avère beaucoup moins difficile que celle de la baie de Baïdaratsa.

Seize heures après mon virage fatidique, j'atterris en surfant de l'autre côté de la baie.

J'ai remporté mon pari, et gagné trois jours.

À la hauteur de l'île Dolgiy, des rouleaux impressionnants défendent l'accès au large. Je dois traîner mon kayak le long de la plage sur douze kilomètres ! Le vent est si violent qu'il le recouvre de sable pendant que j'avance, et m'oblige en pleine nuit à modifier la position de ma tente.

Deux jours de suite, la bourrasque est telle que je ne peux même plus marcher. Puis les conditions s'améliorent. Sans perdre une seconde, je saute dans mon kayak. À coups d'étapes de quarante à soixante kilomètres par jour, franchissant au passage une nouvelle baie de cinquante kilomètres, je fonce vers Tobseda.

De nouveau, le vent et les vagues m'empêchent d'avancer pendant deux jours. La température est redescendue à moins dix. Le Gulf Stream n'a pas tenu toutes ses promesses...

Au delà d'une étendue de pleine mer se dresse un cap, derrière lequel s'ouvre la baie Tchechkaïa, sur laquelle se trouve Tobseda. J'ai le choix entre une nouvelle traversée après laquelle je contournerai le cap et redescendrai vers Tobseda ; ou longer la côte, ce qui m'obligera à effectuer un autre portage sur les derniers kilomètres.

L'éclaircie de vingt-quatre heures qui s'annonce enfin est trop courte pour tenter la traversée. Je vais devoir suivre la côte, remonter la rivière Petchora et faire un portage d'une trentaine de kilomètres jusqu'à Tobseda.

D'une traite, j'atteins l'embouchure de la Petchora, d'où sortent des chalutiers industriels basés à Mourmansk ou à Naryan Mar, un port qui se trouve quatre-vingts kilomètres plus haut, sur la rivière. Il recommence à faire nuit et j'ai peur d'être écrasé comme une mouche par un éléphant...

Sur l'autre rive de la Petchora, j'aperçois une maison isolée. Je m'y dirige avec l'intention de demander l'hospitalité. Elle est occupée par les trois gardes forestiers d'une sorte de réserve naturelle, qui m'accueillent chaleureusement et me donnent toutes les indications nécessaires pour gagner Tobseda en suivant les cours d'eau.

Le chemin est bon, mais difficile. Je passe la journée du lendemain à naviguer en pointillé, à traîner mon kayak entre collines, marécages et toundra sablonneuse. Un véritable gymkhana, et l'une des pires journées de mon parcours terrestre. J'avance en tout et pour tout de neuf kilomètres en quinze heures.

Au telsat, je joins Martin, qui est à bord de mon trimaran *Corsair 28*. J'avais commandé un « *31* » aux États-Unis, mais entre le retard du porte-conteneurs et les formalités diverses... j'y ai renoncé, préférant retrouver le trimaran avec lequel j'ai déjà fait le tour du monde et traversé trois océans[1].

1. Cf. *Latitude zéro,* Pocket, n° 11856.

J'ai demandé à Jean-Philippe et Martin de le convoyer jusqu'à Kirkenes, en Norvège, sur la mer de Barents et la frontière russe. Une balade de quatre mille kilomètres. Restait à trouver un skipper supplémentaire pour le piloter de Kirkenes à Tobseda. Lorsque Cathy a cherché, Bernard Stamm est le seul à s'être proposé. Il est vrai que naviguer sur un huit mètres en mer de Barents en cette saison n'était pas très tentant. Mais Bernard, qui a remporté le tour du monde en solitaire sur son monocoque de soixante pieds, détenu le record du monde de la traversée de l'Atlantique et participé au Vendée Globe, en a vu d'autres.

Il a simplement demandé où il devait se trouver, et quand.

– Demain, à Kirkenes, a répondu Cathy.

– Pas de problème, a simplement dit Bernard.

Martin, Jean-Philippe et lui ne sont plus qu'à une journée de mer de Tobseda. Raphaël Blanc et Sebastian Devenish doivent arriver de leur côté, en hélicoptère, depuis Naryan Mar.

Les trois navigateurs, partis de Kirkenes, se sont dispensés des formalités d'entrée en Russie. Leur retour n'en sera que plus simple : un hélico viendra les chercher pour les ramener à Naryan Mar, d'où ils prendront l'avion pour Moscou. Là, quand on constatera qu'ils sont en situation illégale, on les expulsera en douceur et le tour sera joué.

Je campe sur la baie, à neuf kilomètres de Tobseda, quand mon bateau arrive. Mais les vents contraires et les bancs de sable nous empêchent de nous rejoindre.

Le lendemain, je traîne mon kayak à travers la toundra – une fois de plus – sur six kilomètres.

Enfin, j'aperçois d'une hauteur les quelques maisons de l'ancien village de pêcheurs, aujourd'hui abandonné.

Ma dernière étape russe avant la ligne d'arrivée...

Une rivière et une anse où la mer est forte nous séparent encore, mon équipe et moi. Je termine mon parcours de kayakiste en me battant avec les vagues pour franchir cette dernière baie, relever cet ultime défi. Pas question que je le contourne. Pas question que la nature ait le dernier mot (même si je sais qu'elle l'aura toujours).

Douze kilomètres, face à un vent qui me repousse en arrière dès que je cesse de pagayer...

Arrivé de l'autre côté, je ne vois toujours pas ma bande. J'appelle Martin : lui et les autres se trouvent plusieurs kilomètres plus bas, sur la plage. Je finis par dinstinguer cinq silhouettes minuscules, qui avancent dans ma direction...

Leur présence signifie que toutes les pièces du puzzle sont à leur place, que mon bateau est là, que plus rien ne peut m'arrêter. Cette fois, c'est comme si je voyais la ligne d'arrivée.

C'est un bonheur de retrouver Jean-Philippe, Sebastian et Raphaël, que je n'ai pas vus depuis Norilsk ; Martin, que je n'ai pas vu depuis un an et demi ; Bernard, depuis deux ans. Tellement de choses se sont passées pendant tout ce temps... Nous tombons dans les bras les uns des autres, nous marchons sur la plage sans pouvoir nous lâcher. On parle, on rit, on fait assaut d'anecdotes héroïques ou hilarantes. Martin traîne mon kayak sur le sable comme un gamin son pneumatique... Nous laissons éclater notre joie d'être à nouveau réunis.

Le soir, dans la station météo désaffectée dont nous avons fait notre résidence, nous partageons un festin de cœur de filet, saucisse et fondue, apporté par Jean-Philippe et offert par son ami le restaurateur des « Six Communes »... Sans oublier les vins, et la fameuse bouteille d'absinthe du « Val de Travers ».

Il y a de quoi se régaler pendant plusieurs jours. Tant mieux, car mes propres réserves sont totalement épuisées.

Pendant quarante-huit heures, nous réalisons un maximum d'images pour le livre et le film de l'expédition. Je soigne mon mollet, sérieusement brûlé peu après Amderma, quand le vent a renversé dessus une casserole d'eau bouillante. (Au moins le froid m'a-t-il évité les risques d'infection.)

L'hélicoptère de Naryan Mar, que nous avons déjà affrété pour faire venir Raphaël et Sebastian, revient chercher toute l'équipe.

Nous nous reverrons bientôt.

Sitôt rentré chez lui, Bernard Stamm se mettra en communication avec moi et jouera les « routeurs » pour me guider vers le cap Nord. Cathy, de son côté, surveillera la météo et guettera la fenêtre propice. Rien de tout cela ne sera du luxe. Nous sommes déjà le 18 septembre et la chaîne de basses pressions venues de l'Atlantique Nord va bientôt rendre la mer de Barents et la mer Blanche impraticables.

Le voyage des uns et des autres se déroule sans problème, sauf pour Jean-Philippe, qui, de Naryan Mar, a pris un vol intérieur pour Mourmansk (dans le but de me retrouver ensuite à Kirkenes). Malheureusement pour lui, à la descente de l'avion, la police s'est aperçue qu'il n'était pas en règle, l'a arrêté et emprisonné. Interrogé, il a reconnu qu'il était arrivé en bateau, et que le bateau en question se trouvait à Tobseda... où personne n'est joignable pour confirmer l'information.

Forcément... tout ce qui reste de Tobseda, ce sont quelques maisons que le vent salé de la mer achève de ronger. Plus personne n'y vit. Il n'y a ni police, ni gardes-frontières, ni... rien. C'est pourquoi j'ai choisi cet endroit pour m'y faire livrer mon bateau. Ailleurs, il aurait été confisqué, mis sous scellés par les autorités locales. Ici, au moins, pas de danger.

C'est la règle de base à appliquer avec l'administration russe : évitez qu'elle ne connaisse votre existence, vous serez tranquille et elle aussi. Autrement, vous lui compliquez la vie et elle vous le rend au centuple.

À Tobseda, il n'y a plus personne... sauf une personne.

Vassia.

Vieil homme exilé au bout de la terre et prisonnier de la mer, sans argent, sans ressources et sans but, il attend la fin comme une sentinelle sacrifiée. Quand on a évacué le village, à la chute du communisme ou à la fin de la perestroïka – il ne sait plus très bien –, le dernier hélicoptère n'avait pas de place pour lui. On l'a laissé là.

Il pêche pour se nourrir, se chauffe au bois que la mer rejette, soigne sa mélancolie à la vodka – il boit moins qu'il n'a bu, dit-il –, en attendant que son cœur malade rende les armes une fois pour toutes.

Ses trois chiens lui tiennent compagnie et éloignent les ours. De temps en temps, un cuissot de renne offert par les Nenets agrémente son ordinaire.

Il n'est pas malheureux.

À bord de mon bateau, ancré sur la baie Tchechkaïa, j'effectue quelques travaux d'entretien quand la tempête se lève. Bernard m'a prévenu qu'une méchante dépression se dirigeait vers moi. Étant relativement à l'abri, je ne m'affole pas et prends le parti de laisser passer l'orage.

Mais il ne passe pas, et mon filin d'ancrage finit par casser sous les assauts de la mer. Je largue ma seconde amarre, mais elle est traînée sur le fond par mon bateau, lui-même poussé de profil par les vagues, vers la rive, puis aspiré à chaque ressac, et projeté de nouveau vers la côte.

Debout dans l'eau glacée, arc-bouté contre mon trimaran, je lui fais – littéralement – un rempart de mon corps pour l'empêcher d'aller se déchirer sur les troncs et les branches échoués qui hérissent le sable du rivage.

Deux jours que je lutte... Je suis à bout de forces.

Dans un moment d'inattention de ma part, mon trimaran, projeté contre moi par une vague, me casse en deux et me dévaste les vertèbres et les muscles de la région lombaire.

Je parviens quand même, en me plaçant dessous, à utiliser l'élan de la vague suivante pour le hisser un peu plus – il ne pèse « que » une tonne et demie – et le poser sur le tronc qui émerge du sable.

Mais la vague suivante le soulève encore plus haut et le laisse retomber...

« CRRAAAAKK !!... » Ce bruit horrible, ce sont les couches de résine et de fibre de verre de la coque, « délaminée » par le tronc d'arbre !

C'est comme si on m'arrachait le cœur et les tripes.

Vassia, tiré du sommeil où sa faiblesse cardiaque le plonge une partie de la journée, sort en courant de chez lui. Il me crie de laisser tomber mon bateau et de me sauver, moi. C'est hors de question. Ce bateau, c'est ma passerelle pour le cap Nord, mon passeport pour la victoire.

Les vagues sont si grosses et si violentes, à présent, qu'elles viennent mourir dans la toundra, au-delà de la plage. C'est donc dans la toundra que je plante deux troncs d'arbres autour desquels j'improvise un *winch* avec des cordages et un système de poulies récupérés dans le trimaran.

Vassia me vient en aide de toutes ses pauvres forces... et s'écroule. Je le hisse sur mon dos cassé et le ramène dans sa maison. Son cœur bat à peine... Je le couche et lui donne les comprimés dont il m'a parlé, à lui faire avaler en cas de crise.

Ne pouvant rien faire de plus dans l'immédiat, je ressors pour aller « wincher » mon bateau. Entre la distance qui le sépare de la terre ferme et l'état de la mer, la tâche est interminable, et épuisante.

Je fais du soixante mètres à l'heure...

Après quoi, je retourne voir Vassia. Je passe la nuit au chevet du vieil homme, qui récupère peu à peu.

Le lendemain, je creuse sous mon trimaran une tranchée qui me permet de le mettre en cale sèche sans avoir à le déplacer.

Il y a une brèche de quarante centimètres dans la coque principale.

J'appelle Cathy pour lui annoncer que je ne serai pas au cap Nord le 28 septembre, comme prévu. Elle va devoir annuler le voyage organisé pour tous ceux qui comptaient venir m'y accueillir.

Yvan Ravussin prépare la résine et le durcisseur nécessaires à la réparation de mon trimaran, et y joint ses instructions d'utilisation. On charge quelqu'un de convoyer le colis jusqu'à moi... mais à Moscou, la résine et son complément sont saisis par la douane !

En racheter sur place ? Impossible : en Russie, la résine de polyester est introuvable dans le commerce.

Sauf, bien sûr, pour mon ami Serguei, qui réussit à s'en procurer. Malheureusement, la résine et son durcisseur sont interdits d'avion et devront m'être expédiés par cargo, ce qui prendra trois jours de plus.

Serguei s'envole pour Naryan Mar avec le papier de verre, le petit générateur électrique, la torchère à essence, etc.

Le temps passe... la saison s'avance, et mes chances de traverser la mer Blanche s'amenuisent. Entre ça et le fait d'avoir quasiment perdu mon bateau... qu'est-ce qui peut encore me tomber dessus ?

Les gardes-frontières !

Lorsque Serguei se pose à Naryan Mar, ils refusent dans un premier temps de le laisser prendre l'hélicoptère avec ma livraison. Puis, ayant appris par leurs collègues de Mourmansk (renseignés malgré lui par Jean-Philippe) qu'un bateau douteux se trouvait à Tobseda, ils décident d'embarquer dans l'hélico avec Serguei et d'aller voir eux-mêmes ce qu'il en est.

Une fois sur place, ils m'interrogent interminablement sur les itinéraires empruntés par

Bernard, Martin, Jean-Philippe, etc. Ils veulent voir mon journal de bord. J'explique que, n'étant pas venu en bateau, je n'en ai pas. J'ai beau être parfaitement en règle, ils font tout pour me compliquer la vie, comme si elle ne l'était pas déjà suffisamment ! Leurs godillots laissent de vilaines marques sur mon trimaran, ce qui n'arrange pas mon humeur. Je deviens agressif ; la tension monte...

Je finis par craquer :

– Sortez de mon bateau ! Foutez le camp ! Et débrouillez-vous tout seuls pour rentrer à Naryan Mar ! C'est MON hélico ! C'est moi qui l'ai affrété !

Serguei essaye de calmer le jeu en me rappelant discrètement que ces gardes-côtes ont le pouvoir de mettre mon bateau sous scellés, si l'humeur leur en prend.

L'un des fonctionnaires ne se prive d'ailleurs pas de me le dire.

Je rugis :

– Essayez, pour voir !

Réparer mon bateau et partir d'ici est devenu une mission sacrée. Celui qui essaiera de m'en empêcher risque gros...

Tout le monde finit par se calmer. Les gardes-côtes acceptent de me laisser partir, en échange de quoi je m'engage à ne pas m'éloigner de plus de dix-huit kilomètres des côtes et à m'arrêter à Mourmansk pour me signaler au bureau principal (des patrouilles maritimes s'assureront que je n'« oublie » pas).

L'hélicoptère repart avec Serguei et les gardes-côtes, et je me mets à l'ouvrage. Je chauffe la zone de la brèche, car la résine ne stabilise pas par températures trop basses (il fait moins cinq).

Après vingt-quatre heures de travail ininterrompu, les dégâts sont réparés. Je suis prêt à prendre la mer. Justement, Bernard m'annonce une fenêtre météo de trois jours, suffisante pour me permettre d'aller jusqu'au cap Nord.

J'ai réparé les filins d'ancrage et je n'ai plus qu'à « wincher » mon trimaran dans l'autre sens, jusqu'à l'eau. La mer s'est retirée avec la fin de la tempête, et je passe près de deux jours à traîner ma charge d'une tonne et demie sur un demi-kilomètre. Vassia, qui va mieux, m'aide dans la mesure de ses moyens physiques. Il est heureux de ma présence, et réciproquement. En peu de temps, une réelle amitié est née entre nous.

Pour me faciliter le travail, je fais rouler mon bateau sur des rondins (ce qui me fait passer de soixante à cent mètres à l'heure). Mon colmatage tient le coup, mais à chaque passage sur un morceau de bois, le « bon » côté de l'étrave émet des craquements qui m'inquiètent...

À quelques mètres de l'eau, la coque pousse soudain une plainte qui me vrille le cœur. Je l'examine et découvre une fissure de deux mètres cinquante !

Je passe deux nouvelles journées à wincher mon trimaran dans l'autre sens, jusqu'à son point de départ !

Je n'ai plus assez de résine pour réparer une faille aussi importante. Et pour la traversée qui m'attend, pas question de me contenter d'à-peu-près.

Je peux dire adieu à la « fenêtre » de Bernard. Tant pis, j'arriverai au cap Nord quand j'arriverai. Mais j'ai un grand coup de lassitude, soudain. J'en ai assez. Pas de cette expédition : assez de la casse, assez des réparations, assez du matériel qui lâche et qui m'oblige à toutes sortes de péripéties supplémentaires, juste pour pouvoir continuer...

J'appelle Jean-Philippe, que les autorités de Mourmansk ont fini par relâcher et qui m'attend à Kirkenes. Je lui demande de me rejoindre avec quelqu'un qui nous aidera à réparer. Je voudrais que ça aille vite... Mon responsable logistique déniche un expert norvégien, basé dans les îles Lofoten, qui se dit prêt à venir avec le matériel nécessaire et à effectuer une réparation professionnelle. Formidable ! L'ennui, c'est que le Norvégien exige mille cinq cents euros par jour, déplacement compris !

Nous envoyons ce profiteur sur les roses. C'est finalement à Kirkenes que Jean-Philippe trouve l'homme providentiel : un Russe qui ne demande « que » mille dollars, tout compris.

En les attendant, je creuse une nouvelle « cale sèche » sous mon bateau, je sable et je nettoie la brèche, je découpe le fond du trimaran pour avoir accès à la cassure depuis l'intérieur.

Dès que les deux autres sont là, nous isolons le chantier derrière des bâches et nous attaquons, à la fois de l'extérieur et de l'intérieur. À la lumière produite par le générateur, nous travaillons toute la nuit, chalumeau en main, en prenant garde à ne pas enflammer la résine, ni faire exploser le gaz qu'elle dégage dans les espaces clos.

Sans électricité et par ce froid, le chalumeau est hélas le seul moyen de faire sécher la résine. C'est ce que je fais, accroupi à fond de cale, quand... « VLAOUFFF ! »

L'intérieur du bateau s'est embrasé d'un seul coup ! Je veux arracher la couche de résine enflammée, mais la chaleur l'a déjà fait adhérer au fond. Je frappe les flammes du plat des mains, ce qui ne fait qu'éparpiller le gaz et répandre l'incendie. Je me jette dehors en hurlant :

– Y'a le feu ! De l'eau, vite ! De l'eau !

La plus proche est celle de la mer, qui est à cinq cents mètres ! Jean-Philippe se précipite avec un seau, bat des records de vitesse, en perd la moitié en route et me tend un récipient contenant un peu de liquide et beaucoup de sable. Je vide le tout sur les flammes, qui s'éteignent en grésillant... et repartent de plus belle ! J'attrape une couverture et en recouvre l'incendie, mais la résine imprègne le tissu, qui s'enflamme à son tour ! Notre ami russe jette un peu d'eau, qui forme avec l'autre une petite mare au fond de la coque. Je la récupère dans le creux de mes mains pour arroser le feu, et finis par en venir à bout. Une fumée noire, épaisse et nocive, rend l'habitacle irrespirable.

Le spectacle, dans un jour gris qui se lève à peine, est si déprimant que je décide de tout laisser en plan. Demain – tout à l'heure –, on y verra plus clair.

Je cherche déjà des solutions de rechange. Mon autre bateau est à Amsterdam ; il lui faudra des semaines pour arriver ici... Je connais quelqu'un, à Kirkenes, qui a un voilier ; mais s'il vient me chercher, je devrai repartir avec lui, et mon expédition se déroule en solo...

J'ai la figure encore noircie par la fumée, et les autres font grise mine – tout ce travail pour rien ! – quand nous faisons l'inventaire des dégâts.

L'intérieur n'est pas beau à voir, mais... le bateau est sauvé ! Mon équipement, qui était dedans, aussi. Quant à nos travaux, ils ont été achevés avec succès. Heureusement, car nous avons utilisé la totalité de la résine et du fixatif.

Jean-Philippe et l'ami russe m'aident à rapprocher mon trimaran de l'eau. Quelques heures plus tard, l'hélicoptère vient les prendre pour les ramener à Kirkenes, *via* Arkhangelsk et Mourmansk.

J'annonce à Bernard Stamm et à Cathy que je suis – à nouveau – prêt à partir. Justement, une fenêtre météo de vingt-quatre heures se présente. C'est court mais, dans ce laps de temps, je devrais pouvoir dépasser l'île Kolgouïev et doubler la péninsule de Kanin...

Mon bateau est à l'eau. Après vingt jours à Tobseda, où je ne croyais faire que passer, le moment est finalement venu d'embarquer.

Il ne me reste plus qu'à faire mes adieux à Vassia. Le vieil homme vient à ma rencontre, sur la plage, et je le serre longuement dans mes bras. Il me demande de rester. Je réponds que c'est impossible : j'ai une famille, un foyer qui m'attend... Devant le désespoir que je lis dans ses yeux, je lui propose de l'emmener à Mourmansk.

– Non, répond-il. Merci. Qu'est-ce que je ferais à Mourmansk, sinon mourir ? Ici, au moins, je peux vivre encore un peu.

Je l'abandonne avant que le chagrin me gagne, moi aussi.

Dans ma combinaison isolante, je nage jusqu'à mon bateau, ancré à une cinquantaine de mètres. Je hisse ma voile et adresse un dernier signe à Vassia, toujours immobile sur la plage, dans son ciré jaune.

Au moment où je lève l'ancre, Vassia entre dans l'eau. Bientôt, il est immergé jusqu'au torse.

Quand je déploie mon foc et que mon trimaran se met en mouvement, Vassia, de l'eau jusqu'au menton, tend les bras comme pour tenter de retenir le bateau. Ses lèvres semblent supplier : « Ne me laisse pas !... Ne me laisse pas ! »

J'ai le cœur qui saigne, mais je sais qu'il a raison : ailleurs, il ne survivrait pas. Malgré tout, pour le remercier de son aide et parce que nous sommes devenus si proches, je lui ai donné la totalité de l'argent russe que je possédais encore. Assez pour affréter un hélicoptère. S'il le décide...

Je bénéficie, comme prévu, de douze heures de vent favorable, pendant lesquelles je navigue cap à l'ouest, entre le continent et l'île Kolgouïev. À la nuit, le vent change et Bernard, qui me guide par telsat, me fait contourner l'île par le nord-ouest.

Le jour suivant est clair et dégagé. Je file comme un oiseau en direction du point où je dois virer à quatre-vingt-dix degrés, vers la péninsule de Kanin. À l'endroit convenu, j'effectue la manœuvre sans problème. « Tu passeras au moins à sept, huit kilomètres de la péninsule, me recommande Bernard. La violence de l'océan est telle, à cet endroit, que tu risquerais d'être projeté sur les rochers de la côte. »

Compris.

Tout se présente pour le mieux. Mais soudain, Cathy m'annonce une énorme tache jaune, sur sa carte météo informatique : une tempête, et je fonce dessus. Bernard me le confirme : « Il y a une grosse prune droit devant : accroche-toi ! »

Je réduis la toile au maximum, j'enferme tout ce qui est enfermable, je sangle le reste...

La seule chose qui m'inquiète vraiment, c'est que la tempête me pousse vers la pointe de Kanin et m'empêche de manœuvrer pour l'éviter, me mettant à la merci des vagues énormes soulevées par la proximité des côtes.

Dès que les premiers paquets de mer s'abattent sur moi, l'eau envahit l'habitacle et provoque un court-circuit qui me prive d'électricité. Plus d'électronique, plus de pilote automatique...

Accroché au gouvernail dans ma combinaison étanche, je lutte contre une tempête qui me fait danser comme un bouchon au milieu des masses sombres couronnées de blanc. La bourrasque augmente en intensité; elle me fait face et va bientôt m'immobiliser, si je n'ouvre pas l'angle de mon bateau pour recoller au vent. Mais la proximité de la péninsule m'en empêche. Je ne sais plus quoi faire...

Huit heures après le début de sa « grosse prune », j'appelle Bernard, qui m'annonce qu'aux dernières nouvelles, elle va durer, non pas dix à douze heures, mais dix-huit! En revanche, les vents ne devraient pas dépasser cinquante nœuds.

Puisque je n'ai pas le choix, je m'accroche, prêt à me bagarrer aussi longtemps qu'il le faudra. Mon trimaran vole sur la crête des vagues et retombe avec fracas au fond de gouffres noirs. Entre deux plongeons, j'aperçois le cap menaçant de la péninsule de Kanin. Pour m'en éloigner, je saisis la moindre occasion d'ouvrir l'angle pour me redonner un peu d'impulsion. Sans résultat...

Sur la péninsule se fracassent les plus énormes vagues que j'ai vues de ma vie. Si l'une d'elles m'attrape... au revoir tout le monde. Pour échapper au pire, je donne un peu plus de toile, bien que le vent souffle au point d'avoir arraché un de mes autocollants, qui ne tient qu'à un point de colle et claque comme un fanion sur une voiture officielle.

Je frôle la péninsule de Kanin... et je passe. Tout juste. Enfin, je peux donner de la toile, profiter du vent et repartir à pleine vitesse dans la bonne direction.

Je file tout droit à travers la mer Blanche, jusqu'à la presqu'île de Kola où je repère une petite baie, relativement protégée de la tempête qui continue à faire rage.

Au moment d'amener mon foc, je constate que le gros temps que je viens de traverser a faussé le tambour d'enroulage. Impossible de « ferler » ma voile, donc – théoriquement – de m'arrêter. Je « choque » la toile – je la lâche complètement – pour qu'elle s'amollisse et que je puisse l'amener manuellement.

En entrant dans la baie, je constate qu'un autre bateau, beaucoup plus gros que le mien, y est déjà réfugié. J'amarre mon trimaran contre sa coque. Ce sont des biologistes russes qui étudient les tourteaux pour le compte de la pêche industrielle. Ils m'invitent à partager leur repas et à passer la nuit à bord. Je m'endors sans problème : voilà soixante heures que je n'ai pas fermé l'œil !

Au matin, les biologistes repartent. J'approche mon bateau d'un petit poste d'observation désaffecté, vestige de la guerre froide. En le fouillant, j'y trouve de quoi effectuer les réparations que la tempête a rendues nécessaires sur mon trimaran.

À six heures, le lendemain matin, je reprends mon cap le long de la presqu'île de Kola. Cathy et Bernard m'ont promis un temps clair et dégagé jusqu'à Mourmansk.

À quatre heures, le matin suivant, je pénètre dans l'embouchure tout au fond de laquelle se trouve le port. Mourmansk est à la fois une base de sous-marins nucléaires, de porte-avions et de brise-glace, une gigantesque plaque tournante du commerce maritime, et une métropole de plusieurs centaines de milliers d'habitants. Au telsat, Jean-Philippe me rappelle qu'il n'est pas question pour moi d'entrer tranquillement dans la rade et de jeter une amarre autour du premier anneau venu. On n'a le droit de circuler dans le port qu'au moteur. Je dois impérativement me faire remorquer par un bateau-pilote, que je contacterai en signalant mon approche sur la fréquence 12.

Je le fais répéter : c'est la fréquence 16 que nous utilisons en mer, habituellement. Non, dit Jean-Philippe, à qui on a bien précisé : la 12.

Mais j'ai beau appeler sur cette fréquence, et renouveler mon appel de plus en plus souvent à mesure que j'approche de Mourmansk, personne ne me répond. Plus j'avance, plus l'embouchure rétrécit et plus le trafic s'intensifie. Face aux croiseurs et aux pétroliers, je me serre contre le rivage, branchant mon pilote automatique (quand il veut bien marcher) pendant que je multiplie mes appels :

– Bateau-pilote Mourmansk, ici voilier *Arktos*. Où êtes-vous ? Bateau-pilote Mourmansk...

Toujours rien. Je ne suis plus qu'à une vingtaine de kilomètres de Mourmansk.

Je renouvelle ma tentative sur le canal 16...

Soudain, un fracas épouvantable me fait sursauter. Je suis projeté en avant comme si le bateau venait de percuter un mur.

Une fontaine d'eau jaillit du fond de la cabine !

Ma dérive, que j'ai descendue pour empêcher le vent de me déporter, vient de heurter de plein fouet un rocher !

C'est le moment que choisit le bateau-pilote pour se manifester enfin.

– Ne passez pas par là, me dit-il : le tirant d'eau est trop faible.

J'avais remarqué, merci ! Si quelqu'un m'avait renseigné un peu plus tôt, ça m'aurait rendu service !

Je n'ai pas le droit d'entrer dans le port de Mourmansk, me dit le pilote, sans que mon passeport ait été visé par les gardes-frontières... dont le poste se trouve derrière moi ! Le remorqueur me ramène donc en arrière, pendant que j'écope à la main toute l'eau que ma pompe électrique n'a pas empêchée de monter jusqu'à la ligne de flottaison.

Je me retrouve amarré à un quai, devant un bâtiment officiel, sous l'œil noir de gardes pointant leurs kalachnikovs dans ma direction.

Au telsat, Jean-Philippe me confirme que je ne peux pas bouger avant l'arrivée des gardes-côtes.

Ils arrivent seize heures plus tard ! Seize heures que je passe à écoper l'eau de mon bateau, sans pouvoir descendre à quai. Tout ça pour que les gardes-côtes me confirment que Naryan Mar leur a bien signalé mon arrivée, tamponnent mon passeport et m'annoncent que je suis autorisé à accoster à Mourmansk.

J'attends six heures de plus un remorqueur pour m'y emmener.

Non loin de moi est amarré un bateau que j'ai déjà vu quelque part. C'est celui du navigateur Henk Van de Velde, que j'avais rencontré à Tiksi, où il attendait que les glaces libèrent son voilier. Mais elles l'ont écrasé, et un brise-glace les a conduits jusqu'à Mourmansk, son bateau et lui, pour qu'il puisse faire effectuer les réparations. Je vais aux nouvelles. Il compte toujours rallier le cap Nord... mais là encore, il y a de fortes chances que j'arrive avant lui.

En attendant, il m'offre une fois de plus l'hospitalité, le temps que durera mon séjour à Mourmansk.

J'y arrive à deux heures du matin, épuisé et trempé, après trois jours sans sommeil, dont la majeure partie passée à écoper. On m'assigne une place à un endroit que je ne peux pas quitter sans assistance. Les engins de levage ne fonctionnant pas à cette heure, je vais devoir continuer à écoper jusqu'au matin.

Je ne me sens pas la force de passer quatre jours sans dormir...

Un docker me propose d'installer dans mon bateau une pompe, habituellement utilisée pour aspirer le pétrole, qui videra mon trimaran en deux minutes. Et renouvellera l'opération tant que ce sera nécessaire, ce qui me permettra au moins de dormir en attendant que les grues reprennent du service, à neuf heures.

Le tout pour la modique somme de cent euros de l'heure.

Ça recommence...

Je n'ai pas le choix. Et puis, il n'y en a que pour quelques heures... Mais ce jour-là, à quatre heures de l'après-midi, les engins de levage ne fonctionnent toujours pas.

La pompe me coûte deux mille euros.

Le grutier qui finit par faire son apparition demande à voir les plans de mon bateau pour, dit-il, étudier la forme de la coque ; ceci afin de le soulever et de le poser sans dommage.

J'appelle Cathy pour lui demander de me les faxer.

Mais, dit le grutier, il va falloir d'abord hisser le bateau sur une grue flottante – six cents euros de l'heure – qui le transportera jusqu'au palan qui le mettra en cale sèche. Quatre cents euros de plus.

Les différentes corporations de ce racket sont liées. Impossible de dire « oui » à l'une et « non » aux autres. La mafia portuaire de Mourmansk me tient. Elle sait que j'ai besoin de ce bateau, que je ne peux pas me permettre de le perdre, lui ou l'équipement qu'il contient.

Pour éviter que les choses ne dégénèrent en incident fâcheux, je décide de me retirer de la discussion et de passer le bébé à Jean-Philippe. Après tout, le responsable de ma logistique, c'est lui. Jean-Philippe recrute une interprète, qui nous rejoint et fait des prodiges de diplomatie.

Pendant ce temps-là, je m'occupe des journalistes qui, ayant eu vent de ma présence en ville, viennent me réclamer des interviews.

Malgré le talent de l'interprète, il a quand même fallu payer. Mais devant les exigences croissantes et sans fin de mes interlocuteurs, je décide de faire réparer mon bateau à Kirkenes. Il suffira de le faire transporter jusque-là. Je le rejoindrai en deux jours de vélo, par la route goudronnée qui relie les deux villes, distantes d'environ trois cents kilomètres. Le trimaran une fois en état, il ne me restera plus qu'une petite journée de voile jusqu'au cap Nord...

J'ai une remorque à bateau, qui m'attend à Kirkenes. Pour la convoyer jusqu'à Mourmansk, mettre le trimaran dessus et ramener le tout à Kirkenes, une compagnie norvégienne, Nord Cargo, me réclame deux mille euros.

Il n'y a pas que la mafia russe qui pratique le racket.

Je les envoie promener et fais appel à un transporteur de Mourmansk qui, après avoir jeté un œil au trimaran, m'annonce un tarif de sept cents euros.

C'est déjà mieux.

Reste les formalités de sortie et les taxes portuaires. Le responsable m'annonce sans rire qu'elles s'élèvent à trois mille euros !

J'appelle Serguei, à Moscou, qui m'apprend que le tarif normal est de deux cents euros.

J'interromps le fonctionnaire, qui a déjà commencé à remplir ses documents : pas la peine de cocher une case de plus. À partir de maintenant, je m'occupe de tout : formulaires, transport, etc.

J'ai négligé un détail : comme tout le monde, ici, cet homme est lié à la mafia locale. Deux heures plus tard, mon transporteur m'annonce que, pour des raisons personnelles, il renonce à convoyer mon bateau. Il est clair qu'on lui a « gentiment » fait comprendre que s'il tenait à rester en bonne santé, il valait mieux qu'il m'oublie.

Puisque c'est comme ça, j'annonce que je vais effectuer moi-même, sur place, les réparations de mon bateau, et que je partirai ensuite par mes propres moyens.

Avec l'aide d'un mécanicien du cru, je répare la manche de ma dérive. Puis je me prépare ostensiblement à lever l'ancre...

Comprenant que je vais leur échapper, les gens du syndicat portuaire perdent pied. En position de force, je leur fais une proposition : ils me laissent utiliser mon transporteur russe et je leur verse une somme équivalente à ce qu'ils ont déjà payé aux uns et aux autres, plus deux cents euros. Contents de s'en tirer à si bon compte, ils acceptent.

Ce qu'ils ignorent – et que je viens d'apprendre –, c'est que j'ai devant moi au moins quatre jours de mauvais temps qui m'interdit de prendre la mer.

Je quitte Mourmansk un samedi, sur un vélo acheté ici. Mon V.T.T. Trek haut de gamme, spécialement conçu pour mes besoins, est à Kirkenes, mais d'après Jean-Philippe, les obstacles administratifs sont tels qu'il est impossible de lui faire traverser la frontière russe.

La route goudronnée descend le long d'une rivière, avant de la traverser et de remonter. Elle s'élève et redescend sans cesse, dans un paysage de toundras escarpées, de collines et de lacs. Malheureusement, elle est en mauvais état, pleine de trous et verglacée. Sous le mélange de neige et de pluie qui ne cesse de tomber, je m'offre quelques « gadins » spectaculaires...

L'hiver est revenu. L'eau gèle dans ma bouteille. Pour éviter d'en faire autant, je pédale sans m'arrêter.

À mi-chemin entre Mourmansk et Kirkenes, je tombe sur un poste de contrôle, sorte de *checkpoint* où, une fois de plus, on examine mes papiers (mon visa russe d'un an est encore valable) en me posant les questions d'usage. Tout près, une sorte de refuge propose des chambres à trente roubles la nuit...

Au matin, Jean-Philippe me confirme pour demain l'arrivée de mon bateau à Kirkenes. Je remonte sur mon vélo. Quelques heures plus tard, je me présente au premier poste-frontière russe. Entre celui-ci et le second se trouvent vingt kilomètres de route, accessibles exclusivement en véhicule fermé.

Serguei, à ma demande, a aplani les obstacles. Non seulement il m'a obtenu une autorisation exceptionnelle, mais les gardes m'accueillent avec des acclamations enthousiastes. Ça me change...

On me laisse passer avec le sourire. Je traverse ce *no man's land* qui sépare les deux postes-frontières russes. Quand j'arrive au second, les gardes me font de grands signes pour que j'accélère. Ils expédient les formalités (ça aussi, ça me change) et me font passer devant la foule des Russes qui, descendus de leurs autocars avec leurs bagages, se préparent à faire d'interminables heures de queue avant de pouvoir passer en Norvège.

Le traitement VIP.

Sans diminuer les mérites de Serguei, les Russes sont probablement ravis d'être enfin débarrassés de moi.

Je ne peux pas m'empêcher de penser que s'ils avaient fait preuve du même zèle depuis le début, ils seraient débarrassés de moi depuis longtemps. Et que nous nous serions tous simplifié la vie...

Cent mètres plus loin, c'est le poste-frontière norvégien.

Je l'ai fait. J'ai traversé la Russie en onze mois (à peu de chose près), comme je l'avais pronostiqué.

Plus rien ne peut m'empêcher de réussir, à présent. Mon trimaran sera à Kirkenes d'une heure à l'autre ; dans le pire des cas, je pourrais même continuer à vélo jusqu'au cap Nord.

Mais je tiens à y arriver comme j'en suis parti : en bateau ; revoir ces mêmes falaises dont j'ai l'image dans la tête depuis plus de deux ans...

À ma grande surprise, le garde-frontière norvégien est beaucoup moins affable que ses collègues russes. Il prend un air dégoûté devant cette espèce de hippie cycliste, barbu et crasseux, qui prétend entrer dans son pays si propre. Une chance que tous mes papiers soient en règle. Il les examine longuement et me demande :

– Combien de temps comptez-vous travailler en Norvège ?

Passé le choc, j'explique que je viens simplement terminer mon expédition. Après, je rentre chez moi. Promis, juré !

Il ne veut rien savoir et s'obstine à me considérer comme un candidat à l'immigration sauvage. Il refuse de me laisser passer... à moins que deux contacts sérieux, en Norvège, se portent garants de moi. Je cite Stig-Tore Johansen, qui vit à Kirkenes et qui nous a déjà beaucoup aidés ; et Borge Ousland, à Oslo.

L'autre change d'expression :

– Vous voulez parler de Borge Ousland... lui-même ?

En Norvège, Borge est une véritable star, aussi connu que le roi.

– En personne, dis-je. C'est un de mes meilleurs amis.

À son air narquois, il pense visiblement que je bluffe. J'appelle Cathy pour lui demander les numéros de téléphone, que je n'ai pas sur moi. Le garde commence par Borge... et rectifie la position en entendant sa voix.

– J'ai ici un nommé Mike Horn... commence-t-il.

– Mike ! rugit Borge. Passez-le-moi !

Le garde obéit. Borge et moi bavardons un bon quart d'heure.

Quand je raccroche, l'homme en uniforme a déjà changé d'attitude. Pour la forme, il appelle

Stig-Tore, qui lui confirme que je résiderai chez lui, à Kirkenes.

Les ultimes barrières sont levées. Un cachet de plus apposé sur mon passeport, je fais les derniers kilomètres qui me séparent de Kirkenes. Sur la route gelée, je repense à tout ce que je viens de vivre et réfléchis à tout ce qui m'attend. Je commence à me préparer à cette arrivée qui me laissera vide, une fois disparue la nécessité de repartir le lendemain, de continuer...

Un cargo lancé à pleine vitesse met dix kilomètres à s'arrêter. Combien de temps me faudra-t-il, à moi ? Depuis Mourmansk, je n'ai prêté que peu d'attention au mauvais temps qui s'acharne : j'ai commencé à freiner...

Stig-Tore et sa famille m'accueillent dans leur grande et belle maison qui domine le fjord. Douché, rasé, reposé, je commence à reprendre les apparences de la civilisation, en attendant l'arrivée de mon bateau.

Lequel a une journée de retard à cause du transporteur. Quand, finalement, il arrive à la frontière russe, il y reste bloqué par de nouveaux problèmes de paperasserie. Jean-Philippe, qui l'accompagnait, doit rentrer en Suisse de toute urgence pour donner une conférence sur sa traversée de l'Australie en char à voile (réalisée pendant un temps mort dans ma propre expédition). Il passe la frontière en stop pour aller prendre son avion et laisse mon bateau à la douane. Ne pouvant pas retourner en Russie, je vis quelques heures angoissantes, sans savoir ce qui arrive à mon trimaran.

Mais je réussis à le récupérer, après huit heures de démarches.

Mon bateau est à Kirkenes. Je n'ai plus qu'à voguer vers le cap Nord. Mais j'en ai pour une journée à peine, ce qui me mettra très en avance sur le 21 octobre 2004, date « officielle » que Cathy et moi avons fixée pour mon arrivée.

Je décide de profiter de cette avance pour découvrir à vélo le superbe pays d'îles et de fjords qui s'étend entre ici et ma destination. Une balade de trois cents kilomètres, que je bouclerai sans forcer en trois ou quatre jours, en me donnant le temps de profiter du paysage, de réfléchir, de rêver, de décompresser... Je ferai les derniers kilomètres à la voile, et j'arriverai – si j'en crois les prévisions de Cathy – couronné de soleil.

Je roule dans le bonheur, jusqu'à un petit fjord justement nommé Small Fjord, où Stig-Tore, deux jours plus tard, me rejoint par la route avec mon bateau. Nous passons une journée à le mettre à l'eau et à le préparer. Sur le trimaran s'entassent mon vélo, mon kayak, la plus grande partie de mon équipement... comme une image raccourcie de mon expédition. Stig retourne à ses activités de professeur et j'attaque ma dernière étape en solo. La voile gonfle doucement sous un vent idéal, le bateau se met en mouvement. Je me glisse, minuscule, entre des falaises immenses, dignes de la légende viking qui imprègne ces lieux majestueux.

Le 20 octobre, j'arrive à Skargwag, un petit port qui se trouve sur l'île du cap Nord. Ici, je vais pouvoir me préparer tranquillement pour le grand moment, prévu demain en fin de matinée.

J'ai encore un peu de décompression à faire, un peu d'élan à prendre...

Encore besoin d'être seul.

Cathy, les filles, ma mère, mon équipe et une bonne centaine d'amis sont arrivés à Hönningsvag, la petite ville la plus proche.

À une vingtaine de kilomètres d'eux, je passe ma dernière nuit sur mon bateau.

Le 21 octobre au matin, je lève l'ancre pour la dernière fois. Je mets le cap au nord, pour pouvoir revenir ensuite sur une trajectoire qui me conduira au pied du grand promontoire où se trouve le centre touristique du cap Nord, le globe de bronze que j'ai vu d'en bas le jour de mon départ, et le vaste espace panoramique d'où, chaque année, des millions de visiteurs scrutent l'océan Arctique en imaginant le pôle, droit devant.

C'est là-haut que tous ceux qui m'attendent aujourd'hui guettent, non le pôle Nord, mais l'instant où un minuscule trimaran de huit mètres, perdu sur l'immensité, franchira une ligne imaginaire...

Soudain, alors que je double une avancée rocheuse, le cap surgit devant moi. La voilà, cette falaise immense et noire dont j'ai serré l'image contre mon cœur pendant vingt-trois mois. Je la sens rayonner de la racine de mes cheveux à mes orteils. Je n'ose fermer les yeux, de peur qu'elle ne disparaisse.

Un quart d'heure plus tard, je passe la ligne d'arrivée virtuelle. Là-haut, très loin, je vois s'agiter une foule minuscule dans laquelle, je le sais, se trouvent ma femme et mes filles.

Le sentiment de victoire est moins fort que le bonheur d'être rentré. Les mots qui me viennent ne sont pas : « J'ai gagné », mais : « Je suis revenu. »

Je fais demi-tour et contourne le cap pour aller jeter l'ancre dans une petite baie, de l'autre côté de l'île. Jean-Philippe et Steve sont là pour prendre possession du bateau, qu'ils ramèneront à Skargwag.

J'ai repéré cette baie avant mon départ, il y a vingt-trois mois. D'ici, j'ai regardé vers l'est en me disant : « C'est de là que je viendrai ! » Aujourd'hui, du même endroit, je regarde dans la même direction, en pensant : « C'est de là que je viens ! »

À pas de géant, je grimpe vers le plateau à l'extrémité duquel tout le monde m'attend. Un hélico me survole régulièrement, emmenant chaque fois une poignée de passagers curieux de me voir d'en haut faire mes derniers mètres. Nous échangeons des signes...

En débouchant sur le plateau, j'aperçois le dôme blanc du centre touristique et, devant le bâtiment lui-même, la foule qui se trouvait tout à l'heure de l'autre côté. Cette fois, les silhouettes ont presque taille humaine. Le groupe avance vers moi, et moi vers lui. Il y a des caméras... Soudain, la foule ralentit pour laisser trois personnes s'en détacher.

Cathy, Annika et Jessica.

Ma mère est juste derrière elles.

Ma femme et mes filles se jettent dans mes bras. Cathy rit et pleure en même temps, les filles s'accrochent à ma parka. Nous continuons à marcher en grappe. Je m'entends prononcer des banalités, du genre : « Ça va bien ? Contentes de revoir Papa ? »

Je trouverai les mots plus tard.

Quand je serai réveillé.

Épilogue

Dans l'Arctique, quand le soleil se reflète dans les cristaux de glace, il crée un prisme contenant toute la palette des couleurs de ce monde froid et magnifique. Ces vingt-trois mois ont été un prisme de vie, un concentré d'émotions. J'y ai vécu tout ce que j'avais vécu en trente-huit ans d'existence : la peur, la douleur, la joie, la déception, l'euphorie, la rage, l'espoir et le désespoir... et le bonheur, surtout, avec une intensité surmultipliée. Un « grand 8 » du sentiment.

J'ai vu tout ce que je voulais voir, vécu tout ce que je voulais vivre, appris à gérer la déception et l'échec comme des éléments inévitables de toute trajectoire, affûté mon sens des priorités...

Chaque jour, j'ai appris quelque chose.

Je suis revenu un autre. Meilleur, j'espère. Un peu plus humble, un peu plus sage, un peu plus heureux de vivre avec moi-même et avec autrui.

Je sais que tout ce que j'ai vécu et assimilé pendant ces vingt-trois mois me servira dans l'avenir.

Mes expéditions, tout en restant des défis physiques, ressemblent de plus en plus à des voyages initiatiques. J'en rapporte de tels trésors de savoir et de connaissances qu'il me semble que je ne pars plus que pour aller les chercher.

Je peux désormais répondre, quand on me demande pourquoi je fais ce que je fais :

Parce que plus j'avance en âge et en expérience, plus je me pose de questions dont j'ignore les réponses...

Parce que, à mes yeux, repousser ses limites est la seule manière de se connaître mieux et de progresser humainement.

Les vingt mille kilomètres que j'ai parcourus m'ont ramené à mon point de départ. Déplacement zéro. C'est en moi-même que j'ai fait le plus long chemin.

Ma façon de vivre pendant ces vingt-trois mois est devenue une seconde nature. En rentrant chez moi, il m'a fallu un peu de temps pour m'habituer à ne plus monter ma tente tous les soirs, ne plus allumer mon réchaud pour préparer mon repas ; du temps pour m'accoutumer à ne plus repartir chaque jour ; pour comprendre que je n'avais plus d'objectif géographique et que j'avais le droit de m'arrêter ; du temps pour ne plus fonctionner comme un homme dont la seule priorité est de survivre... du temps pour cesser de penser à moi et me remettre à penser aux autres.

Du temps, aussi, pour refaire connaissance avec le monde que j'avais quitté plus de deux ans auparavant et qui en avait profité pour changer.

(À l'aéroport de Genève, quelqu'un m'a mis son portable sous le nez. J'ai cru qu'il voulait que je parle à un ami... c'était pour me prendre en photo !)

Depuis tant d'années que je joue à survivre comme d'autres vont au bureau, je ne possède rien, si ce n'est mon expérience, la somme de connaissances que j'ai accumulées, et toutes les vies que j'ai vécues. Mais ce sont des trésors inestimables que personne ne peut m'enlever.

Les longues périodes passées loin de celles que j'aime, la privation des conforts élémentaires dont bénéficient la plupart des gens, la souffrance physique et morale, le risque de mourir... ne sont que les aspects les moins plaisants d'un métier que j'ai choisi et que je fais plus que jamais avec le sourire. J'ai la chance de vivre mes rêves, et je ne changerais de vie – et de rêves – pour rien au monde.

Mais j'aurai bientôt quarante ans et je ne pourrai pas continuer indéfiniment à faire ce « métier ». Peut-être consacrerai-je la seconde partie de ma vie à réapprendrer le sens des valeurs à des jeunes en difficulté, ou délinquants. J'aurai, je crois, la crédibilité et l'autorité nécessaires pour, dans le cadre d'expéditions difficiles, leur réapprendre le sens de l'effort et de la solidarité, en refaire des hommes forts et droits.

Peut-être...

Mais je ne suis pas encore à la retraite. Le projet que je rumine, s'il se réalise, dépassera tout ce que j'ai fait jusqu'à présent, en combinant le plus difficile de toutes mes expéditions...

Je voudrais offrir à Cathy une bague, ornée d'un « solitaire ». L'anneau symbolisera mon périple autour du cercle arctique, mon vécu pendant cette expédition, et la trajectoire parfaite effectuée pour être de nouveau réuni à celles que j'aime. Le diamant symbolisera la beauté sublime des mondes que j'ai traversés, la dureté de la glace, son éclat, et sa valeur inestimable puisqu'elle est source de vie. C'est aussi la rudesse de mon voyage, et celle que j'ai dû acquérir pour en venir à bout.

Pour couper un diamant, il en faut un autre...

C'est enfin, comme pour le diamant, toutes les années que j'ai mis à me former, avant d'être capable de relever le défi.

Après tout ce temps, tout ce travail, tous ces drames, toutes ces épreuves et toutes ces joies, je n'ai envie de dire qu'une chose : « Je suis heureux d'être en vie. »

Ce que j'ai laissé dans l'Arctique ? Quelques traces de pas vite effacées. Ce que l'Arctique m'a donné ? Un trésor d'expérience et de sagesse que l'on ne pourra jamais m'enlever et qui a fait de moi un autre homme. Un peu meilleur, peut-être...

Je dis souvent...

Je n'établis pas de nouveaux records à battre, je modifie une certitude : ce qui était théoriquement impossible ne l'est plus.

Physiquement, beaucoup de gens sont à mon niveau et même au-dessus. Si j'ai deux atouts supplémentaires, ce sont la volonté et le mental.

Faute de terres vierges restant à découvrir, c'est le territoire humain que j'explore.

Beaucoup de gens se gâchent la journée – et celle des autres – pour des détails. J'ai appris que les choses qui méritent de nous compliquer l'existence sont très rares.

On me reproche parfois de fuir les réalités de la vie. Mais les réalités de ma vie sont différentes.

Je peux toujours revenir au monde des autres. L'inverse est plus difficile.

L'envie de gagner doit être plus forte que la peur de perdre.

Le risque et le danger stimulent l'imagination en posant de nouveaux problèmes à résoudre.

Quand on ne se sert pas de sa pelle, on ne risque pas d'en casser le manche.

Je crois à la générosité profonde de la nature humaine. Elle est simplement étouffée par la vie sociale. Là où je vais, la mascarade cesse et le meilleur ressort.

On n'atteint pas toujours son objectif. Ce n'est pas une raison pour renoncer.

Contrairement à ce qu'on s'imagine souvent, je ne suis ni fou ni suicidaire.

On qualifie d'impossible les choses que l'on n'a pas vraiment envie de faire.

Je suis un homme ordinaire qui fait des choses... sortant de l'ordinaire.

Je ne veux pas devenir un héros mort. La véritable réussite, à mes yeux, consiste à vivre assez vieux pour raconter mes exploits à mes petits, et pourquoi pas arrière-petits-enfants.

Dans mon monde, si quelqu'un ne remplit pas sa part du contrat, n'honore pas ses engagements ou se révèle peu fiable, je risque de le payer de ma vie. C'est pourquoi je ne supporte plus les paroles creuses et les fausses promesses.

Les gens qui me promettent de m'aider alors que je ne leur ai rien demandé, et qui ne le font pas, devraient se taire. J'aurais plus de respect pour eux.

Je suis de ceux qui croient encore que si la parole d'un homme ne vaut rien, lui non plus. Même s'il est immensément riche.

Remerciements

À tous ceux qui m'ont aidé, soutenu, avant et pendant toute la durée de cette expédition, je veux dire ma gratitude et mon amitié. Rien n'aurait été possible sans eux.

Sponsors principaux
Groupama Assistance ; Mercedes-AMG ; Mirabaud & Cie Banquiers Privés ; Panerai Watches.

Partenaires
Andaska ; Eider/Gore-Tex ; Commune de Château-d'Oex /Pays d'Enhaut ; Julbo ; Salomon.

Fournisseurs officiels
Corsair Marine ; Ferrino ; Prijon GmbH ; Trek ; Vade Retro.

Autres fournisseurs
Ajungilak ; Energizer ; Global Satellite US ; IBM Think Pad ; Katadyn ; Montana Sport Int. ; Morand ; Musto ; Othovox ; Toko.

Équipe de logistique
Cathy Horn ; Jean-Philippe Patthey ; Martin Horn ; Philippe Varrin.

Skippers – convoyage de bateau
Bernard Stamm ; Pierre-Yves Martin ; Ronan Le Goff.

Cameraman de l'expédition
Raphaël Blanc.

Photographe de l'expédition
Sebastian Devenish.

Remerciements tout particuliers à :

Borge Ousland ; Groupe de soutien – Team Mike Horn ; Johann Rupert et le comité des « Laureus awards » ; Philippe Rochat ; Steve et Yvan Ravussin ; Thierry Legeret et Tiziana Camerini de TLRP.

Imprimé en France par

CPI
BRODARD & TAUPIN

à La Flèche (Sarthe)
en mai 2010

POCKET – 12, avenue d'Italie - 75627 Paris cedex 13

N° d'impression : 57968
Dépôt légal : mars 2006
Suite du premier tirage : mai 2010
S16125/07